W0173665

Konzepte der Humanwissenschaften

Serge Lebovici
Der Säugling, die Mutter und der Psychoanalytiker

Die frühen Formen
der Kommunikation
Aus dem Französischen
von Dietmar Friehold

Klett-Cotta

Inhalt

Teil I
Allgemeine Einleitung
zur Untersuchung der Interaktionen im
Hinblick auf die psychoanalytische
Theorie

1 Zum Interaktionsbegriff in Psychologie und Psychopathologie

Von Interaktion ist überall und bei jedem beliebigen Anlaß die Rede. Trotzdem ist in dem großen Wörterbuch *Littré* dieses Stichwort nicht zu finden. Es erscheint in der Enzyklopädie *Larousse* [1] und wird dort als wechselseitige Rückwirkung zweier Phänomene definiert; der Gebrauch dieses Begriffes wird zunächst im Zusammenhang mit der Erforschung aerodynamischer Probleme betrachtet. Jedoch wird in dem Wörterbuch auch die erweiterte Bedeutung dieses Ausdrucks in der Philosophie untersucht: Er wird mit dem Begriff der Wechselwirkung und der gegenseitigen Abhängigkeit in Verbindung gebracht, und der Autor des Artikels hält ihn für eine Grundanschauung jedes dialektischen Denkens; so bedingen sich beispielsweise die Vorgänge in Natur und Gesellschaft gegenseitig. Desgleichen entwickelt sich ein Lebewesen unter dem Einfluß seiner Umgebung, die aber umgekehrt auch von ihm verändert wird. Hier kann als Beispiel der Kreislauf im Sauerstoff- und Kohlendioxidzyklus bei den Tieren und im Pflanzenreich genannt werden; in anderen Bereichen wird man sich die gegenseitige Beeinflussung von wirtschaftlichen und sozialpolitischen Faktoren vor Augen führen, die Rolle der wissenschaftlichen Theorie in der Technologie sowie die Art und Weise, in der die neuartigen Techniken die Bildung theoretischer Hypothesen ermöglichen.

Die Interaktion ist also ein universelles Phänomen. Im Umfeld der Biologie wird dieser Begriff jedoch nicht so formal und eher verschwommen gebraucht. So gibt es keine Lebensäußerung, bei der auf eine Erregung nicht eine Unerregbarkeit folgte; aber jene bedingt dabei diese, wohingegen eine Erregung keinen Rückschluß auf eine Unerregbarkeit zuläßt. Für das Nervensystem zeigen neuere Untersuchungen über Neurotransmitter und andere chemische Mittlersubstanzen deutlich, daß sich die synaptischen Quer-

---

[1] *Grand Larousse encyclopédique*, Paris, Larousse, 1962.

verbindungen nach den Regeln von Leitung und Hemmung, nach den agonistischen und antagonistischen Kräften richten, die sich interaktionsartig aufeinander einspielen. Die anthropomorphistischen, bildhaften Ausdrücke laufen leicht auf eine Vermenschlichung der Tätigkeit des Nervensystems hinaus, welches man sich in Gestalt eines Gleichgewichts vorstellen möchte, das für eine teleologische Sichtweise ja so überaus begehrt ist.

Es läßt sich aber nur sagen, daß, um einen Ausdruck von J. Monod aufzugreifen, der Zufall zur Notwendigkeit wird. Dadurch, daß die Zeit zum Verständnis einer Tatsache herangezogen wird, die ihre eigene Geschichte hat, ist es jedenfalls möglich, den Grundsatz einer Interaktion zwischen Beobachter und Beobachtetem zu verallgemeinern. So gehen I. Prigogine und I. Stengers[2] von einer These aus, die sie J. Monod entgegensetzen, der 1970 in *Le hasard et la nécessité*[3] schrieb: »Das alte Bündnis ist zerbrochen: Der Mensch weiß endlich, daß er in der indifferenten Grenzenlosigkeit des Alls, aus der er durch Zufall hervorgetreten ist, allein steht.« Diese Autoren schlagen also ein neues Bündnis vor, das die Wirklichkeit gegenüber dem Begehren des Menschen nicht als unabänderlich betrachtet, wie die gelehrten »Entdecker der Wirklichkeit« es vertreten. Nach dem szientistischen und triumphalistischen Mythos des 19. Jahrhunderts stehen wir heute vor der Tatsache, daß Natur- und Humanwissenschaften ineinander übergehen und beide die Unumkehrbarkeit der Zeit berücksichtigen müssen. In unserer Welt gehören sicheres Wissen und Ungewißheit zusammen. In der Biologie können kleinste Schwankungen zu einschneidenden Veränderungen führen und zur Entstehung neuer Gebilde beitragen.

Auf diese Weise ist die Existenz solcher interaktionsartigen Veränderungen durch das Werden gewährleistet. Seiendes ist auch Werdendes, was auch eine treffende Übersetzung für *From being to becoming* von Prigogine wäre. Ebenso zeigt Henri Atlan in seinem Buch *Entre le cristal et la fumée*[4], daß die Strukturen »zwi-

[2] I. Prigogine und I. Stengers, *La nouvelle alliance*, Paris, Gallimard, 1979.
[3] J. Monod, *Zufall und Notwendigkeit*, Piper, München, 1983.
[4] H. Atlan, *Entre le cristal et la fumée* (Essai sur l'organisation du vivant), Paris, Le Seuil, 1979.

schen Gespenstern und Leichen« zu erstarren drohen, werden sie nicht in ihrer Unumkehrbarkeit dargestellt, die mit den Energiegesetzmäßigkeiten, welche den Strukturen ihre Ordnung verleihen, vorgegeben ist.

In diesem Bereich der Interaktion ist die Zeit unumkehrbar und entwickelt sich nach dem Muster der Epigenese, wobei Gegenwart und Zukunft die Gewähr für die Vergangenheit sind und gestatten, sie »vorherzusagen«. Das Leben wiederholt sich, da ja das Lebendige zugrunde geht[5], d. h. zur Regungslosigkeit des Nicht-Lebens vergeht. Aber die epigenetischen Interaktionen erzeugen Neues auf dieser Welt, dessen Lauf sich in die Tendenz einfügt, Erregung in einen Ruhezustand überzuführen. Zur Darstellung der Entwicklung des irdischen Lebens und der Auswahl der Arten greift François Jacob in *Le jeu du possible*[6] den Begriff des Probierens auf, den er von C. Lévi-Strauss übernimmt. Diese Vorgehensweise unterstellt den Einfluß von Normen, aber auch die Wirksamkeit von Umständen, die unverhofft zusammen auftreten und Ursache für Veränderungen sind.

Man kann ganz allgemein feststellen, daß die Natur großzügig, ja verschwenderisch ist. Die Interaktion zwischen ihren Schöpfungen und dem selektiven Moment läuft auf eine beschränkende Wirkung hinaus. Wie wir sehen werden, schützt die Mutter das Baby gegen die unzähligen Reize, die es zu überfluten drohen; gleichzeitig verleiht sie durch ihre Antizipationen einigen von ihnen einen Sinn, die sich dann zusammenfügen und eine zeitliche Dimension bekommen. So lösen sich eben unzählige synaptische Strukturen unseres Gehirns allmählich dadurch auf, daß sie im Gefüge der interaktionsartig sich vollziehenden Epigenese nicht wieder aufgenommen werden.

In einer neueren Arbeit unterscheidet A. Bourguignon[7] zwischen einer genetischen und einer *epigenetischen* Veranlagung des

---

[5] So wird auch der Todestrieb verstanden, den S. Freud in *Jenseits des Lustprinzips* (1920) diskutiert.
[6] F. Jacob, *Le jeu du possible*, Paris, Fayard, 1981.
[7] A. Bourguignon, »Fondement neurobiologique pour une théorie de la psychopathologie: un nouveau modèle«; in: *Psychiatrie de l'enfant*, XXIV, 2, 1981, S. 445–540.

13

Zentralnervensystems. Tatsächlich zeigt dieser Autor, daß die Anzahl der Gene, aus denen die Anlage des Menschen besteht, verhältnismäßig begrenzt ist und daß sie dennoch 10^{11} Neuronen und 10^{14} Synapsen produzieren müssen. Das setzt voraus, daß »sowohl die epigenetischen Interaktionsprozesse zwischen den einzelnen Bestandteilen des Großhirns als auch die Interaktionsvorgänge zwischen diesen Bestandteilen und der Außenwelt am Aufbau der Hirnstruktur beteiligt sind ... In den Anfängen der Ontogenese sind die epigenetischen Vorgänge im Innern des Organismus eingebettet, weiten sich sodann aber, besonders nach der Geburt, auf die Interaktionen mit der Außenwelt aus«.[8] Eine solche Entwicklung stützt auch die von J.-P. Changeux[9] vertretene Theorie über die *selektive Festlegung der Synapsen:* »Die gesamte Entwicklung vollzieht sich (also) vermutlich so, als ob die genetische Anlage, die das Gedächtnis der phylogenetischen Umwelt ist, jeden Menschen zu einem individuell nur schwach ausgeprägten Angehörigen seiner Gattung machte und erst die selektive Festlegung der Synapsen, durch die eine bestimmte Anzahl von typischeren Verhaltensweisen gespeichert wird, dem einzelnen eine viel deutlichere Individualität verleihen würde, die zweifelsohne durch seine postnatale Umwelt endgültig entschieden und bestimmt wird, welche er auf diese Weise in der Erinnerung bewahrt.«[10]

So bringt die Interaktion zwischen dem Organismus (und besonders den Leitungsbahnen der Axone) einerseits und der Welt andererseits Leben und »Höheres« hervor. Will man die Rolle der Interaktion in der Entwicklung erforschen, wie es unsere Absicht ist, so ist dies ein mögliches Modell.

---

[8] A. Bourguignon, a. a. O., S. 459.

[9] J.-P. Changeux, »Apprendre par stabilisation sélective des synapses«, in: E. Morin u. Platteli, M. Palmorini (Hrsg.), *L'unité de l'homme,* Paris, Le Seuil, 1974, S. 320–357.

[10] A. Bourguignon, a. a. O., vgl. Anm. 7, S. 471.

Die Interaktion in Psychologie und Psychopathologie

Über die bemerkenswerte Verbreitung dieses Begriffes mag man zunächst erstaunt sein, hingegen ist er in dem recht bedeutenden, kürzlich erschienenen *Dictionnaire de psychologie*[11] nicht erfaßt. Zweifellos ist er in zwei Bereichen zum Gemeingut geworden, und zwar durch den systembezogenen Ansatz in der Familienpsychiatrie und durch die neueren Untersuchungen über die Entwicklung des Kleinkindes.

Im einen wie im anderen Fall ist der Bezug zu kybernetischen Modellen die Regel. Daran erinnert Paul Watzlawick in der von ihm verfaßten Einleitung zu einem Band mit dem Titel Interaktion.[12] Für ihn beruht die psychoanalytische Theorie Freuds oder überhaupt jede psychodynamische Theorie auf der Erforschung einer linearen Kausalität, der zufolge die Frage nach dem Phänomen A ihre Antwort in dem vorgängigen Phänomen B findet.»Tatsächlich ist oft eingeräumt worden, daß die Psychodynamik auf dem im Grunde hydraulischen Modell einer Flüssigkeit beruht, die ein gewisses Maß an Klebrigkeit hat (Libido). Die Kausalitätsvorstellung, die diesem Modell zugrunde liegt, beinhaltet eine ganz lineare, in nur eine Richtung zielende Notwendigkeit: Sie geht davon aus, daß das Ereignis A das Ereignis B beeinflußt (bestimmt), dessen Auftreten seinerseits die Ursache für das Ereignis C ist und so weiter, wobei von der Vergangenheit, über die Gegenwart, in die Zukunft gegangen wird. Innerhalb dieses Bezugsrahmens richtet sich jede Forschung, jede Aufklärung zwangsläufig an der Vergangenheit aus, denn diese ist dabei der Grund für die Gegenwart; dementsprechend ist das Verständnis der Vergangenheit die Vorbedingung für jegliche Veränderung in der Gegenwart.«[13]

Dies ist eine ziemlich naive Beurteilung der Erforschung der psychischen Kausalität, wie S. Freud sie angeblich vertreten hat. Ein paar grundlegende Aspekte der psychoanalytischen Theorie

---

[11] N. Sillamy, *Dictionnaire de psychologie*, 2 Bände, Paris, Bordas, 1980.
[12] P. Watzlawick u. J. H. Weakland, *Interaktion*, Huber; Bern, Stuttgart, Wien, 1980.
[13] P. Watzlawick, a. a. O., S. 14.

werden dabei außer acht gelassen. Nur einige davon seien hier ganz kurz erwähnt:

1. Der Begriff der Verzeitlichung meint, daß der Einfluß der Zeit berücksichtigt werden muß; er zeigt sich erst im Phänomen der Nachträglichkeit, die einem neuen Erlebnis einen anderen Sinn verleiht, sei es nun ein Ereignis, eine Verhaltensweise, ein Gefühl einer Phantasie, ein Gedanke usw. Die Theorie der Nachträglichkeit ist mit der Schrift über die *erste Lüge* oder das *Proton pseudos* [14] in Zusammenhang zu bringen. Bekanntlich handelt es sich um die Geschichte einer jungen Frau, die kein Geschäft betreten konnte, weil sie fürchtete, die Angestellten würden sich über sie lustig machen. Die Analyse förderte zutage, daß sie als kleines Mädchen Bonbons kaufen ging. Ein Angestellter berührte ihre Geschlechtsteile und lachte dabei. Dieses Verhalten führte bei ihr zu keinerlei Erregung. Erst später, mit dem Eintritt in die Pubertät, verlieh das aufkommende Schamgefühl über sexuelle Erregung diesen *unmerklichen* und *belanglosen* Liebkosungen, denen sie als kleines Mädchen ausgesetzt war, eine Bedeutung. Die mit der Entwicklung forschreitende Zeit verlieh den jahrelang zurückliegenden Ereignissen einen Sinn; die Eigendynamik der Interaktion hatte sich im Erwachsenenalter in Form eines Phobieverhaltens herausgebildet.

2. Das Kausalitätsprinzip in der Psychoanalyse richtet sich bei weitem nicht allein nach dem linearen Verlauf der Zeit. Kein Psy-

---

[14] Das Proton pseudos ist Gegenstand einer Mitteilung an Fliess (Standard Edition, Bd. I, S. 352–359) und wird im 4. Kapitel des Entwurfs einer naturwissenschaftlichen Psychologie erwähnt. Der kurze Abriß, den ich hier gebe, ist zur Erläuterung vereinfacht. In seiner skizzenhaften Darlegung führt S. Freud noch zwei erschwerende Momente an:

– Einerseits spielt hier die passive Verführung eine Rolle, der das kleine Mädchen ausgesetzt war und die im jugendlichen Alter durch das Tragen reizvoller Kleidung wieder in ihm wachgerufen wird.

– Andererseits führt er an, daß sich in der ursprünglichen Situation aufgestaute, die nicht gelöste sexuelle Spannung in Angst verwandelte. Diese war Ursache für die Vermeidung und wird es auch noch späterhin sein. Durch die Wiederholung der Gefühlsregung bekommt das Ereignis also eine Bedeutung.

choanalytiker wird behaupten, daß B auftrete, weil A aufgetreten sei. Er wird mit der Verdrängungsarbeit rechnen und wissen, daß sie auf der Repräsentanz von dem Ereignis A beruht, nicht etwa auf dem mit ihr einhergehenden Affekt. Dieser Affekt wird sich auf eine andere Repräsentanz verschieben. In der Übertragungssituation können die Affekte durch die Rekonstruktionsarbeit wieder an die ursprüngliche Stelle zurückkehren. Daraus folgt, daß mit den Bemühungen, einen Sinn zu finden, zugleich eine Verschiebung und auch eine Änderung im Spiel der Besetzungen und Gegenbesetzungen von Repräsentanzen stattfinden muß.

Diese kurzen Bemerkungen sind unentbehrlich, bevor wir uns die wesentlichen Grundzüge der Systemtheorie ins Gedächtnis rufen. Nur so wird verständlich, warum ein Psychoanalytiker Interesse an der Erforschung der Interaktionen im Verhalten entwikkeln kann. Wir nehmen dies zum Anlaß, gleich zu Beginn dieser Arbeit unsere Anschauung vorzubringen; es gibt Interaktionen auf der Ebene der Phantasien, oder anders gesagt: Die Erforschung der Interaktionen im Verhalten rechtfertigt den Versuch, die Bedeutung des Phantasielebens für das menschliche Verhalten zu begreifen.

Wie dem auch sei, die allgemeine Theorie der Systeme scheint von L. von Bertalanffy [15] als ein Arbeitsmodell angeregt worden zu sein, das für die Humanwissenschaften ebenso wie für die Physik zutrifft, wenn es darum geht, ihren Aufbau, ihre Entwicklung als Ganzes und ihre Interaktionsvorgänge zu untersuchen.

Wir haben nicht den Anspruch, diese Theorie hier darzustellen, sondern werden uns darauf beschränken, in ganz groben Zügen einige ihrer Grundsätze in Erinnerung zu bringen.

a) Ein System ist ein Ganzes. Seine Teile (oder »Bestandteile«) und deren Merkmale (oder »Wesenszüge«) können nur in Abhängigkeit vom Systemganzen geschildert werden. Diese Bestandteile stehen miteinander in einem interaktionsartigen Zusammenhang; mit der Art ihres Ausdrucks beeinflussen sie die jeweils anderen Teile, welche ihrerseits wiederum auf sie zurückwirken. Die Gesamtheit der Bestandteile in diesem System beschränkt sich nicht

---

[15] L. von Bertalanffy, *General systems theory*, New York, Brazilles, 1969.

auf ihre Summe. Das Ganze ist mehr als ihre Summierung. Die *Vermittlungen* innerhalb des Systems stellen also einen grundlegenden Aspekt dieser in Entwicklung begriffenen und doch auf Beständigkeit ausgerichteten Totalität dar. Die Gesamtheit des Systems bestimmt auch seine *Schnittstellen*.

b) Der Begriff der Homöostase wurde von B. Cannon in die Biologie eingeführt. Mit der *kybernetischen Erforschung* der Systeme wird er in der Systemtheorie wiederaufgenommen. Von außen herangetragene Informationen lösen praktisch durch Rückwirkung oder »Feedback« Änderungen der Systeme aus, so wie die Informationen, die ein außerhalb des Hauses angebrachter Thermostat liefert, die Temperatur der Räume dieses Hauses verhältnismäßig konstant zu halten gestatten.

Allerdings schwingt in diesem Begriff der Homöostase von gesellschaftlichen Systemen auch etwas Abtötendes mit, das ihn in die Nähe des Todestriebes rücken könnte, so wie er von S. Freud dargestellt wurde. Der Ansatz ist gut auf die Familien Schizophrener anwendbar; dort wird die Homöostase durch die Geisteskrankheit eines Familienmitgliedes gewährleistet und steht den gesundheitlichen Besserungen und Wandlungen entgegen. So unterscheiden einige Systemtheoretiker einen zweifachen Vorgang von *Morphostase* (bzw. Homöostase) und *Morphogenese* (bzw. konstruktiver Entwicklungstendenz).[16]

c) Die Systemtheorie vertritt die Auffassung, daß der Kausalzusammenhang bei Ereignissen, die den Menschen betreffen, nicht linear, sondern kreisförmig, interaktionsartig, vermittelnd und rückwirkend ist. Betrachtet man die Sache etwas genauer, so richten die Systemtheoretiker ihr Augenmerk eigentlich gar nicht auf den Kausalzusammenhang; sie interessieren sich viel mehr für das *Wie* als für das *Warum*; der Schwerpunkt liegt auf der Beobachtung, auf dem *Hier und Jetzt*.

Die Ursache bleibt in Skinners »schwarzem Kasten« verborgen; die Beobachter menschlicher Systeme interessieren sich damit hauptsächlich für das Verhalten, nicht aber für dessen Grundlage: die Gedanken und Phantasien. In dieser Hinsicht kann gesagt wer-

---

[16] P. Watzlawick, a. a. O., vgl. Anm. 11.

den, daß die Darstellungen von Interaktionen in der Verhaltensforschung, gelte sie nun dem Menschen oder dem Tier, im allgemeinen einfach bloß verhaltensorientiert sein wollen. Diese Forscher interessieren sich mehr dafür, die Hauptpersonen der Interaktion in Kategorien einzuordnen, als daß sie sich deren Persönlichkeit selbst widmen.

Diese knappen Bemerkungen über die Systemtheorie und ihren Nutzen für die Betrachtung der Interaktionen zwischen Baby und Mutter sind ernsthafter Überlegungen wert, auf die wir ausführlicher werden zurückkommen müssen; derartige Überlegungen drängen sich einem Psychoanalytiker auf, der die Ergebnisse von psychoanalytischer Rekonstruktion mit denen der Interaktionsforschung in Einklang bringen will.

Die psychoanalytische Rekonstruktion zielt auf die ontogenetische Erforschung der Entstehung des psychischen Lebens und des Funktionierens mentaler Vorgänge, was eine psychische Realität umfaßt, welche nicht zwangsläufig mit den Anschauungen des sogenannten objektiven Realismus übereinstimmt. Dagegen haben die Untersuchungen über die Interaktion eine Forschung objektiven Stils zur Voraussetzung, die peinlich genau zu sein vermag und es ermöglicht, experimentelle Verfahren einzusetzen und Messungen vorzunehmen, die auch Verallgemeinerungen zulassen.

Wir werden uns vorläufig damit begnügen, folgende These aufzustellen: Die Entdeckungen der Psychoanalyse betreffen die Sexualität und die Wünsche des Kindes; dieses entwirft den Gegenstand der inneren Realität, die es nichtbegrifflich erfährt oder nachbildet. Deshalb zeichnet die psychoanalytische Untersuchung den Weg nach, der von völliger Abhängigkeit von mütterlicher Fürsorge, von der ursprünglichen Hilfsbedürftigkeit (*helplessness*) zu einer gewissen Autonomie in bezug auf äußere Objekte führt. Das psychoanalytische Theoriegebäude wurde genau dazu errichtet, um diese Bewegung des *Denkens* zu schildern, das die Negation des psychischen Nicht-Lebens ist, dieser hypothetischen Situation, in der eine vollkommene Einheit von Neugeborenem und mütterlicher Fürsorge bestehen würde.

Wenn die Psychoanalytiker im Hinblick auf die ersten Anfänge der Objektbeziehung von wechselseitigem Austausch gesprochen haben, so räumten sie damit auch ein, daß der Theorie über eine ursprüngliche Abhängigkeit eine Theorie der »Beziehungsspirale« an die Seite gestellt werden muß, bei der Mutter und Baby sich gegenseitig beeinflussen.[17] Uns geht es darum zu begreifen, wie diese Wechselbeziehungen sich im Rahmen der Eigendynamik der Interaktion in Raum und Zeit gestalten, um zur Ursache für die strukturellen Besonderheiten der psychischen Abläufe bei Kindern und Erwachsenen zu werden. Aber zunächst werden wir hier eine möglichst stimmige Theorie über die Entstehung der kindlichen Objektbeziehungen vorlegen müssen.

---

[17] S. Lebovici, »La relation objectale chez l'enfant«, in: *Psychiatrie de l'enfant*, 1960, S. 147–226.

S. Escalona, *The roots of individuality*, Chicago, Alidne Publishing Comp., 1968.

2 Die Entstehung der Objektbeziehung beim Kind

Wir haben nicht die Absicht, in diesem Kapitel eine schlüssige Theorie vorzulegen, die sich der Entstehung des inneren Objektes und damit der Bildung der Repräsentanzen widmet. Vielmehr soll gezeigt werden, was Freud und nach ihm andere Psychoanalytiker zum Verständnis von Entstehung und Entwicklung der innerpsychischen Zusammenhänge beigetragen haben. Eigentlich konnten die meisten von ihnen die Ausführungen Freuds bestätigen, vervollkommnen oder geringfügig ändern. Doch haben die Kinderpsychoanalytiker einen nachhaltigen Eindruck hinterlassen, indem sie durch einen ganz besonderen methodologischen Zugang die psychoanalytische Rekonstruktion mit den Ergebnissen ihrer eigenen Beobachtungen verknüpften. Die Psychoanalytiker, die mit Erwachsenen arbeiten, legen ihrerseits eine Rekonstruktion der Vergangenheit vor, die im Rahmen der psychoanalytischen Kur stattfindet. Lange Zeit stützten sie sich auf ein Modell, das zwei Komponenten enthält[1]: die Übertragungsneurose, die sich im Laufe der Kur herausbildet, und die infantile Neurose. Die erstgenannte Neurose ermöglicht die Rekonstruktion der zweiten, welche ihrerseits die Grundlage für die erste abgibt. Aber in der Nachfolge Freuds interessierten sich andere Psychoanalytiker für jene Zeit, die der ödipalen Konstellation vorausgeht, also für die präödipalen Phasen des seelisch-geistigen Lebens, die durch die Analysen von Fällen rekonstruiert werden können, die schwerwiegender als die (Übertragungs)neurosen[2] sind.

---

[1] S. Lebovici, »Névrose infantile et névrose de transfert«, in: *Revue française de Psychanalyse*, 1980, *44*, S. 733–1121.

[2] Um dem semantischen Gleichlaut und den beiden beieinanderliegenden Bedeutungen Rechnung zu tragen, habe ich in der in Anmerkung 1 angegebenen Arbeit vorgeschlagen, gegebenenfalls folgende Unterscheidung vorzunehmen: a) Jene Neurosen, die in der psychoanalytischen Kur die neurotische Übertragung hervorbringen, heißen »névroses à transfert«; b) die neurotische Form der Verschiebungen bei der Übertragung heißt »névrose de transfert«.

Eine Überprüfung der unterschiedlichen Darstellungen ist hier angebracht, um danach herauszufinden, ob diese Entdeckungen und theoretischen Hypothesen mit den Untersuchungen zu den frühen Interaktionen in Einklang zu bringen sind; wenn dies der Fall ist, muß geprüft werden, inwieweit die Ergebnisse der Verhaltensforschung mit jenen Tatsachen vereinbart werden können, welche die Psychoanalytiker zusammengetragen und erschlossen haben, um Zugang zur geistig-seelischen Repräsentanzenwelt und damit auch zu den entsprechenden Beziehungen zu gewinnen.

S. Freud vertritt die Auffassung, daß das Kind zu Beginn des Lebens zwischen äußeren und inneren Reizen nicht unterscheidet; es ist durch seine anfängliche Hilfsbedürftigkeit abhängig von mütterlicher Fürsorge und bildet mit ihr eine Einheit. Diese Stufe entspricht dem primären Narzißmus, ein Begriff, der einen Grenzzustand bezeichnet. Das stabile, narzißtische Paradies, in dem das Ich offensichtlich sich selbst genügen kann, würde jedoch zum Tod führen oder zumindest die Entstehung des Seelenlebens verhindern, wenn die mütterliche Fürsorge für das Überleben nicht unentbehrlich wäre: »Ja, der narzißtische Urzustand könnte nicht jene Entwicklung nehmen, wenn nicht jedes Einzelwesen eine Periode von *Hilflosigkeit* und *Pflege* durchmachte, während dessen seine drängenden Bedürfnisse durch Dazutun von außen befriedigt und somit von der Entwicklung abgehalten würden.«[3]

Dieses narzißtische Stadium, welches die Besetzung des Ichs und die Befriedigung der Bedürfnisse voraussetzt, führt zur Entstehung der Objektbeziehung. Die Hypothesen Freuds stellen in dieser Hinsicht einen entscheidenden theoretischen Rahmen dar, der sich schon bei der Untersuchung der Traummechanismen abzeichnete.[4] In dem bereits zitierten Aufsatz »Triebe und Triebschicksale« kommt jedoch am deutlichsten zum Ausdruck, welcher Bezug zwischen der Einheit von Kind und mütterlicher Fürsorge einerseits und der halluzinatorischen Wunschbefriedigung andererseits besteht: »Es wird mit Recht eingewendet werden, daß eine solche Organisation, die dem Lustprinzip frönt und die Realität der

---

[3] S. Freud, »Triebe und Triebschicksale« (1915), GW Bd. X, S. 227, Fußnote.
[4] S. Freud, *Die Traumdeutung* (1900), GW Bd. II/III.

22

Außenwelt vernachlässigt, sich nicht die kürzeste Zeit am Leben erhalten könnte, so daß sie überhaupt nicht hätte entstehen können. Die Verwendung einer derartigen Fiktion rechtfertigt sich aber durch die Bemerkung, daß der Säugling, *wenn man nur die Mutterpflege hinzunimmt*, ein solches psychisches System nahezu realisiert. *Er halluziniert* wahrscheinlich *die Erfüllung seiner inneren Bedürfnisse . . .*«[5]

Diese kurzen, oft zitierten Zeilen lenken unser Augenmerk auf Kapitel VII der *Traumdeutung* und weisen uns damit den Weg, der von der narzißtischen Selbstgenügsamkeit zu dem Wunsch nach einem Objekt und zu dessen Wahrnehmungsrepräsentanz führt. In dem Kapitel wird die Grundhypothese erörtert, nach welcher die Bilderwelt des Traumes (und der Phantasie) der Wiederbelebung von Erinnerungsspuren entspricht, die etwas Lustvolles oder die Befriedigung eines Bedürfnisses zum Inhalt haben.

In einem allgemeineren Sinne findet diese Hypothese ja auch in dem Grundsatz ihren Ausdruck, daß der (Objekt)wunsch auf der Befriedigung der Bedürfnisse beruht. So löst sich das Kind aus seiner Verbindung mit der mütterlichen Fürsorge heraus; denn diese Einheit wäre, wie bereits erwähnt, für sein Seelenleben tödlich. Durch die Stimulierung seiner erogenen Zonen werden die Gedächtnisspuren des Kindes aktiviert, und es halluziniert eine lustvolle Befriedigung. Der Weg von der halluzinatorischen Befriedigung, vom Bedürfnis oder der halluzinierten Lust zur Halluzination des Objekts wird von einigen Entwicklungsforschern aufgezeichnet, deren Werk an späterer Stelle Berücksichtigung finden wird.

Für Freud jedenfalls wird das innere Objekt eben durch den Wunsch geschaffen und damit auch wiedergeschaffen. Danach ist die Vorstellung des Objekts gewissermaßen Ergebnis seiner Halluzination. Man könnte sagen, daß sich seine Wahrnehmung nach dem Muster desselben Prozesses gestaltet.

Hier wäre auch eine andere Rückbesinnung auf die psychoanalytische Theorie möglich, so daß das Schicksal der Triebe ins Blickfeld

---

[5] S. Freud, »Formulierungen über zwei Prinzipien des psychischen Geschehens« (1911), GW Bd. VIII, S. 232, Fußnote; (Hervorhebungen S. L.)

gerät: Der Reiz, dessen Abkömmlinge die Triebe sind, oder die Erscheinungsweise des Reizes werden auf Grund der Besetzung des inneren Objektes »vorgestellt«. Daher konnten wir auch sagen, daß »die Mutter libidinös besetzt worden ist, noch bevor sie wahrgenommen wird«[6]; dieser Satz wird bei der Untersuchung der Interaktion durch einen zweiten ergänzt werden: »Die Mutter wird erst durch das Baby geschaffen.«

Natürlich lassen sich die Entdeckungen Freuds zu diesem Thema nicht auf wenigen Seiten zusammenfassen; doch sind Wunsch und Objektfindung in ihrer Verflechtung nur zu verstehen, wenn neben der Entstehung des Wunsches und der Objektbesetzung noch weiteren bedeutsamen Aspekten Rechnung getragen wird:

a) Mit dem Umweg über das Denken, das bei der Bewältigung der äußeren und inneren Reize allmählich entsteht, geht auch die Unterscheidung zwischen Lust und Realität, zwischen Primär- und Sekundärvorgang einher: »Die notwendig gewordene Aufhaltung der motorischen Abfuhr (des Handelns) wurde durch den *Denkprozeß* besorgt, welcher sich aus dem Vorstellen herausbildete. Das Denken wurde mit Eigenschaften ausgestattet, welche dem seelischen Apparat das Ertragen der erhöhten Reizspannung während des Aufschubs der Abfuhr ermöglichten.«[7]

b) Mit dem Denksystem und dem Einsetzen der Sekundärvorgänge muß auch die wachsende Bedeutung der verschiedenen primären Identifizierungen beachtet werden; sie vollziehen sich in Form der Einverleibung (K. Abraham) und der Introjektion (S. Ferenczi). Dazu ist Voraussetzung, daß in der Funktion des Ichs sein Doppelcharakter als Lust-Ich und Real-Ich wirksam wird. Das Realitätsprinzip ist nichts anderes als jenes Moment, das eine Wahrnehmungsidentität zwischen dem äußeren Objekt und der unlustvollen Realität herstellt. Die dabei wirkende Verdrängung behandelt in der Tat die unlustvollen inneren Reize so wie äußere und schreibt sie der äußeren Realität zu. Auf diese Weise wird durch die

[6] S. Lebovici, »La relation objectale chez l'enfant«, in: *Psychiatrie de l'enfant*, 1960, VIII, *1*, S. 147–226.

[7] S. Freud, a. a. O. (vgl. Anm. 5), S. 233.

Verdrängung und ihr Korrelat, die Verneinung, ebenso wie durch die Aufspaltung des Ichs bewirkt, daß die Vorstellung von dem Objekt oder das innere Objekt in gewissem Maße mit seiner Wahrnehmung in der Außenwelt zusammenfällt.

c) Diese aktive Leistung ist darauf ausgerichtet, das ökonomische Gefüge des psychischen Haushaltes aufrechtzuerhalten und dabei mit einem Mindestmaß an Energieaufwand auszukommen. Das ursprüngliche Lustprinzip, welches zunächst für das Seelenleben ausschlaggebend war, hat sich in das Realitätsprinzip verwandelt, dessen Ziel die Minderung von Unlust ist.

Freud knüpft also mit seinem Verständnis von der Entstehung der Objektbezogenheit beim Kleinkind an jene Lehren an, die er aus den psychoanalytischen Behandlungen wie auch aus bestimmten Beobachtungen des Kindes in seiner natürlichen Umgebung gezogen hat. Seine Kenntnisse werden durch eine Theorie gestützt, die durch die psychoanalytische Erfahrung nahegelegt wird und die ihre innere Geschlossenheit durch ursprüngliche Konfigurationen und Muster gewinnt, deren Bedeutung wir versucht haben aufzuzeigen.[8]

Es ist nicht möglich, all jene Arbeiten zu nennen, die sich im Anschluß an Freud dieser Frage der Beziehung zum inneren Objekt gewidmet haben; denn eine entsprechende Bestandsaufnahme würde erfordern, sich eingehend mit den meisten psychoanalytischen Veröffentlichungen zu beschäftigen, in denen Hypothesen über das Verhältnis von Mutter und Vater zu ihrem Kind erörtert werden. Wenn wir hier einige der Studien erwähnen, die uns am wichtigsten erscheinen, so liegt dies darin begründet, daß sie uns vielleicht deutlicher vor Augen führen, wie die Psychoanalytiker zu Erforschern der Interaktion werden können. Wir werden noch sehen, daß trotz allem mit dieser andersartigen Zugangsweise den Psychoanalytikern kein echter wissenschaftstheoretischer Bruch zugemutet wird, sondern daß ein *fachübergreifender Ansatz* bei der Untersuchung der Beziehungen zwischen Mutter und Baby

---

[8] Vgl. zu diesem Thema das Kapitel »Der notwendige Rückgriff auf die Metapsychologie«, in meinem gemeinsam mit M. Soulé verfaßten Buch mit dem Titel *Die Persönlichkeit des Kindes*, Kindler, München, 1978.

möglich ist; Voraussetzung dafür ist jedoch eine sorgfältige Prüfung der psychoanalytischen Arbeiten.

Einige bedeutende Beiträge nach Freud

1. Melanie Klein und ihre Schüler sind gesondert zu betrachten, da sie sehr eng der psychoanalytischen Methode, d. h. der Rekonstruktion, verbunden geblieben sind; dies gilt ganz besonders für den Bereich der sogenannten Psychoanalyse des frühesten Kindesalters. Zwar findet man bei Melanie Klein einen Artikel über die Beobachtung des Säuglings[9], aber sie hat ihr ganzes Leben lang daran festgehalten, in beinah monotoner Weise den jeweiligen Stellenwert des inneren Objekts darzulegen; es wird sofort in ein gutes und ein böses Objekt aufgespalten und bringt damit den innerpsychischen Kampf von Lebens- und Todestrieb zum Ausdruck.

[9] M. Klein, »On Observing the Behaviour of Young Infants«, in: J. Rivière (Hrsg.), *Developments of Psychoanalysis*, Hogarth Press, London, 1952.

In dieser Arbeit weist M. Klein darauf hin, daß die Vertrautheit der Psychoanalytiker mit dem Unbewußten die Beobachtung erleichtert und auch schärft. Der Artikel widmet sich eher der Frage, welchen Einfluß konstitutionelle Faktoren wie die Erfahrung von Geburt, Ernährung, Pflege etc. auf das Verhalten der Säuglinge ausüben. M. Klein merkt an, daß die unbewußten Einstellungen der Mutter sehr stark auf die unbewußten Vorgänge beim Baby einwirken, und zwar bereits in den ersten Tagen. Nach M. Klein treten daher die konstitutionellen Vorgänge mit den Umweltfaktoren in Interaktion. Durch sorgfältige Beobachtung der Babys werde das »intuitive« Verständnis ihres Gemütslebens und ihrer künftigen Entwicklung erleichtert.

In einzelnen Punkten steht dieser Artikel in Gegensatz zu den üblichen Schriften Melanie Kleins, die der Erforschung der unbewußten Phantasien gelten. Im 2. Kapitel werden die verschiedenen Verhaltensweisen untersucht, die mit dem Stillen zusammenhängen. »Natürlich müssen wir alle Einzelheiten sorgfältig berücksichtigen, wenn wir ins Auge fassen, wie die Mutter ihr Kind füttert und behandelt. Man kann beobachten, daß eine Haltung, die große Erwartungen hinsichtlich der Nahrung erweckt, doch Einbußen erfährt, wenn die Voraussetzungen für die Ernährung ungünstig sind; hingegen können beim Stillen auftretende Erschwernisse oft durch geduldige Zuwendung der Mutter gemildert werden.« (a. a. O., vgl. S. 239) In dieser Arbeit hält M. Klein praktisch an ihren Ausführungen zur depressiven Phase fest, meint aber, daß die Verfolgungsängste durch eine gute Fürsorge gemindert werden können.

Die Angst der paranoid-schizoiden Position ist charakteristisch für die »extrajizierenden« Mechanismen der projektiven Identifikation. Die spätere depressive Position ist durch das Bedürfnis geprägt, das Objekt wieder gutzumachen, welches als beständiges und ganzes Objekt wahrgenommen wird; dabei handelt es sich um eine Entwicklungsstufe, bei der Melanie Klein Ergebnisse der Säuglingsbeobachtungen berücksichtigt, die sich auf das Ende des ersten Lebensjahres beziehen. Vor diesem Hintergrund beschreiben M. Klein und ihre Anhänger jenen Doppelcharakter des Objekts, der gemäß den widersprüchlichen, ödipalen Objektbesetzungen das ganze Leben über wirksam bleibt.

Für die Schule um M. Klein existiert also keine dem Objektverhältnis vorangehende Beziehung. Susan Isaacs stellt Halluzination, Introjektion und Phantasie miteinander gleich. In ihrer Arbeit heißt es: »Auch wenn Freud bei seinen Ausführungen zur Introjektion niemals den Begriff der ›unbewußten Phantasie‹ benutzt, so wird doch sichtbar, daß er mit unserer Hypothese, es gebe in den ersten Anfängen des Lebens solch unbewußte Phantasien, gedanklich in Einklang steht.«[10] Sie schreibt sogar, daß sich die Phantasie als Folge der Reizung eines Organs wie zum Beispiel des Mundes einstellt. »Die Phantasien gestalten sich durch Erfahrung mit der Außenwelt und gewinnen dadurch ihre Ausdruckskraft, ohne jedoch in ihrer Existenz von dieser Erfahrung abhängig zu sein.«[11]

Die Autoren, die in der Tradition M. Kleins stehen, haben sich um die Beschreibung solcher geistig-seelischer Strukturen bemüht und betrachten sie in ihrer Unvergänglichkeit als ein ausgesprochen frühes Phänomen, tauchen sie doch auf Grund dieser Zeitlosigkeit schließlich im Seelenleben der Erwachsenen auf.

Hanna Segal hat in ihren Arbeiten immer wieder wichtige Beiträge zur Theorie M. Kleins geleistet. Im Zusammenhang mit den Problemen der Entwicklung der Beziehung zum inneren Objekt war sie insbesondere bestrebt, die Ausrichtung auf das symboli-

---

[10] S. Isaacs, »The Nature and Function of Phantasy«, in: J. Rivière (Hrsg.), *Developments in Psychoanalysis*, Hogarth Press, London, 1952, S. 87.
[11] S. Isaacs, a. a. O., S. 112.

sche Denken darzustellen. Sie hat vorgeschlagen, dabei zwischen einer symbolischen Gleichsetzung und dem eigentlichen Symbol zu unterscheiden: »Bei der symbolischen Gleichsetzung wird das Ersatzsymbol *für den Gegenstand selbst* gehalten. Die symbolische Gleichsetzung wird vollzogen, um die Anwesenheit des Idealobjekts anschaulich zu erfassen oder um ein Objekt zu kontrollieren, das als verfolgend empfunden wird. Diese Gleichsetzung gehört zu den frühen Phasen der Entwicklung. Das eigentliche Symbol, das der Sublimation dient und das die Ausbildung des Ichs fördert, wird als *stellvertretend* für das Objekt angesehen; seine typischen Merkmale werden anerkannt, als unveränderlich hingenommen und dienstbar gemacht.«[12] Dieses Zitat macht noch einmal deutlich, – wenn es dessen noch bedarf –, wie wichtig es für die Schule um M. Klein ist, daß das Kind seine Mutter als ein Ganzobjekt anerkennt; dabei ist der Übergang von der symbolischen Gleichsetzung zum symbolischen Denken ein Zeugnis für den Eintritt in die depressive Phase, in der es um die Wiedergutmachung des Ganzobjektes geht.

2. Ferenczi und die übrigen Mitglieder der ungarischen psychoanalytischen Schule hatten bereits ein Gespür dafür entwickelt, wie bedeutsam die intimen Bindungen zwischen dem Baby und seiner Mutter sind. So hat Ferenczi in zwei Schriften den Zusammenhang zwischen der Identifizierung und den ursprünglichen Introjektionen dargestellt.

In der ersten Arbeit[13] stellt er eine Verbindung zwischen Übertragung und Introjektion her und versucht am Beispiel von Hypnose und Suggestion zu zeigen, daß die Übertragung einem blinden Glauben, einem »Rest des infantil-erotischen Liebens und Fürchtens«[14] entspricht; dies stimmt mit der Introjektion der elterlichen Imagines überein, die ja bei den ersten affektiv bedeutsamen Erlebnissen stattfindet und auch bei der psychoanalytischen Behand-

---

[12] H. Segal, *The Work of Hanna Segal. A Kleinian Approach to Clinical Practice*, J. Aronson, New York, 1981, S. 57.

[13] S. Ferenczi, »Introjektion und Übertragung« (1909), in: S. Ferenczi, *Bausteine zur Psychoanalyse*, Bd. I, Huber, Bern, Stuttgart, Wien, 1984, S. 9–57.

[14] S. Ferenczi, a. a. O., S. 57.

lung eine Rolle spielt. In seinem zweiten Aufsatz [15] geht Ferenczi auf das Zusammenspiel von *Introjektion* und *Projektion* ein und erklärt, wie introjizierte Inhalte wieder nach außen gewendet werden; dadurch wurde Melanie Klein angeregt, den Begriff der projektiven Identifikation einzuführen.

Nur schwer läßt sich genau angeben, wo zu jener Zeit die Trennungslinie zwischen S. Ferenczi und S. Freud verläuft; für beide ist die Bildung des inneren Objektes, die sich mit dem Halluzinieren lustbetonter Gedächtnisspuren vollzieht, an Projektion und an die Rekonstruktion der Außenwelt gebunden: Die Wirklichkeit wird rekonstruiert und unterscheidet sich von der objektiven Realität. Für beide Forscher gestaltet sich dieser Vorgang im Rahmen der Verdrängung und der primären Identifikationen; diese Begriffe werden wir in ihrer Bedeutung genauer erfassen, wenn es um die Erörterung der Introjektionsvorgänge im Bereich der Phantasien geht.

S. Freud erkannte an, was er Ferenczi und dessen Ausführungen zur Introjektion verdankte. Da er dem Narzißmus jedoch ein so großes Gewicht beimißt, betreibt er seine weitere Forschung unter zweifachem Gesichtspunkt: Im Sinne der Introjektion widmet er sich einerseits der Identifizierung mit dem Objekt, und zum anderen betrachtet er die narzißtische Identifizierung als Besetzung des eigenen Ichs; diese Vorgänge werden oft mit der Metapher *Haben und Sein* belegt, deren volle Bedeutung in der Schrift »Trauer und Melancholie« [16] entfaltet wird: Hier erfährt das Denken Freuds neue Impulse, wenn die Besetzungen des Ichs und des Objekts in ihren unauflöslichen Verflechtungen geschildert werden und gleichzeitig auf den ökonomischen Aspekt der Libido verwiesen wird, der die Repräsentanzen und die Affekte mit einschließt.

Wie aus dem *Versuch einer Genitaltheorie* [17] hervorgeht, sollte

[15] S. Ferenczi, »Zur Begriffsbestimmung der Introjektion« (1912), in: S. Ferenczi, a. a. O., S. 58–61.

[16] S. Freud, »Trauer und Melancholie« (1915), GW, Bd. X, S. 428–446.

[17] S. Ferenczi, *Versuch einer Genitaltheorie*, Internationaler Psychoanalytischer Verlag, Leipzig, Wien, Zürich, 1924.
In diesem Werk rückt S. Ferenczi das Symbolische in die Nähe des Ursprüng-

S. Ferenczi einerseits zur Annahme einer Urliebe gelangen, die das Bindeglied zwischen der Mutter und ihrem Baby ist. Überhaupt erkennen sich die Verfechter der Theorie der Bindung eher in dem Werk der ungarischen Psychoanalyse wieder als in der Gedankenwelt Freuds. Diese Urliebe wird in mehrfacher Hinsicht mit einem ozeanischen Gefühl verglichen; in einer Weise, die an die hinduistische Philosophie erinnert, werden dabei die primären Fusionserlebnisse dargelegt; aber Ferenczi will auch die ursprüngliche Erfahrung der Mutterleibssituation als Grundlage der Amphimixis [18] verstanden wissen, in der diese Erfahrung aufgehoben ist: Der Koitus sei somit ein komplexer Versuch, zu den Urbedingungen des Lebens, bei denen Ontogenese und phylogenetische Erfahrung miteinander zusammenfallen, Zuflucht zu suchen und auf sie zu regredieren: »Es tauchte in mir die Idee auf, daß, gleichwie der Sexualverkehr halluzinatorisch, symbolisch und real irgendwie auch die Regression, wenigstens in der Ausdrucksform, zu den Zeiten in und vor der Geburt bedeuten könnte, die Geburt und die ihr vorausgehende Existenz im Fruchtwasser selbst ein organisches Erinnungssymbol jener großen geologischen Katastrophe und der An-

---

lichen, das Psychische in die Nähe des Biologischen. Damit glaubt er eine Grundlage für etwas geschaffen zu haben, das er als eine Entdeckung bezeichnet, nämlich für die *Bioanalyse*. So wird leicht verständlich, daß diese Bestrebungen, das Seelenleben zum Symbol der Realität zu wandeln (und umgekehrt), für jene zu einer Verlockung werden konnten, die sich dann wie Bowlby darin versuchten, in einer Theorie der Bindung die Verhaltensforschung mit der Psychoanalyse zu verschränken.

[18] Mit dem Begriff »Amphimixis« wird in der Biologie der Vorgang bezeichnet, bei dem zwei Teile zu einem einzigen verschmelzen; so entsteht beispielsweise die Zygotenzelle aus zwei Gameten. Im zweiten Kapitel seiner Genitaltheorie beschreibt Ferenczi den Koitus als einen »amphimiktischen Vorgang«. Nach einer Auffassung kommt es mit dem Ejakulationsakt zu einer amphimiktischen Vermengung; damit wird im Koitus auch die Geschichte der Menschheit reproduziert. Die gesamte sexuelle Spannung, die letztlich auf der Ebene des Autoerotismus und seiner erogenen Zonen angesiedelt ist, gewinnt in der Verbindung des männlichen Ejakulationsaktes mit den weiblichen Sekretionsvorgängen eine konkrete Gestalt. Die beiden Ichs vereinigen sich, um in den Zustand der stillen See-Existenz zurückzukehren. Damit wird die Behauptung aufgestellt, daß jedem Wunsch – auch dem differenzierten – der Wille innewohnt, diese besondere Verschmelzungssituation herzustellen.

passungskämpfe sein mag, die unsere Vorfahren in der tierischen Ahnenreihe durchleben mußten . . . « [19]

3. K. Abraham könnte als ein Psychoanalytiker betrachtet werden, der ebenfalls einen Beitrag zu den Theorien der Schule um M. Klein geleistet hat, indem er seinen wissenschaftlichen Überlegungen die Beziehungen zwischen biologischer und psychischer Entwicklung zugrunde legte. Er hat in seinen Schriften nicht nur mit Nachdruck die aggressiven Anteile an der Entwicklung der Libido betont, sondern brachte sie auch mit körperlichen Veränderungen wie beispielsweise dem Zahnen in Zusammenhang, das die Bildung der kannibalischen Einverleibungsphantasien fördert. [20]

4. Um zu einem tieferen Verständnis der kindlichen Entwicklung zu gelangen, hielt es nach dem Zweiten Weltkrieg eine Gruppe von Psychoanalytikern für unerläßlich, sich der unmittelbaren Beobachtung und Erforschung von Kindern zuzuwenden. Dabei ließen sie sich von den Ideen und Werken Anna Freuds leiten, deren Denken musterhaft in ihrer Arbeit »Kinderbeobachtung und klinische Prognose« zum Ausdruck kommt. [21]

---

[19] S. Ferenczi, »Männlich und Weiblich. Psychoanalytische Betrachtungen über die ›Genitaltheorie‹ sowie über sekundäre und tertiäre Geschlechtsunterschiede« (1929), in: S. Ferenczi, *Bausteine zur Psychoanalyse*, Bd. III, Huber, Bern, Stuttgart, Wien, 1984, S. 459–460.

[20] K. Abraham, »Untersuchungen über die früheste prägenitale Entwicklungsstufe der Libido« (1916), in: K. Abraham, *Psychoanalytische Studien zur Charakterbildung*, Bd. I, S. Fischer, Frankfurt, 1969, S. 84–112.

In meiner Ansprache als Vorsitzender des Internationalen Kongresses für Psychoanalyse (Jerusalem, 1977) habe ich aufzuzeigen versucht, daß dieser Ansatz vielmehr zur Aufdeckung von Phantasien führt, die zum Wesen des Menschen gehören; die kannibalische Gier stellt eine Möglichkeit für die Mutter dar, ihre Phantasien innerhalb des Beziehungsgeflechtes mit ihrem Baby einzusetzen. (S. Lebovici, »Presidential Address in Honour of the Centenary of the Birth of Karl Abraham«, in: *International Journal of Psychoanalysis*, 1978, *59*, 2–3, 113–144).

[21] A. Freud, »Kinderbeobachtung und klinische Prognose. Vortrag zum Gedächtnis von Ernst Kris« (1957), in: A. Freud, GW, Bd. VI, S. 1707–1738.

Dieser Artikel, der anläßlich einer Gedenkfeier für E. Kris nach dessen Tod erschien, stellt ein sehr durchdachtes theoretisches Gefüge dar, das auf Forschungen

Ernst Kris führte am Child Study Center von Yale (USA) eine Längsschnittuntersuchung zur Kindesentwicklung durch. Grundlage dieser Forschungsarbeit war eine Stichprobe von Müttern, die seit ihrer Schwangerschaft von Mitarbeitern vreschiedener Berufsgruppen betreut worden waren. Ihre Kinder wurden dann nach ihrer Geburt in einem besonderen Kindergarten sowie auch in psychoanalytischen Behandlungen einer wissenschaftlichen Betrachtung unterzogen. Diese Längsschnittstudie diente dem Zweck, die ursprünglichen Vorhersagen zu bestätigen. E. Kris starb jedoch, bevor er die Untersuchung abschließen konnte. Seine Fehleinschätzungen waren dann Gegenstand wichtiger Hinweise von Marianne Kris.[22]

Der kurze Artikel ist im Zusammenhang mit dieser Arbeit von erheblichem Wert: Dort wird gezeigt, daß sich das Verhalten der Mütter durch zufällige Umstände ändern kann und damit zu Abweichungen in der Prognose führt; so pflegen zum Beispiel rigide,

---

von E. Kris über die Vorhersehbarkeit von Entwicklungsverläufen beruht (vgl. E. Kris, »Bemerkungen zur Entwicklung und zu derzeitigen Problemen der psychoanalytischen Kinderpsychologie« (1950), in: E. Kris, *Psychoanalytische Kinderpsychologie*, Suhrkamp, Frankfurt, 1979, S. 56–80).

In ihrem Aufsatz räumt A. Freud – in Gegensatz zu ihrer früheren Anschauung – zunächst ein, daß die direkte Beobachtung eine wissenschaftliche Methode ist, die zu neuen Erkenntnissen führen kann, aber in ihrem Anspruch über die Leistungen der psychoanalytischen Rekonstruktionen hinausreichen muß; dies gilt in besonderem Maße für Langzeitbeobachtungen. Die Verknüpfung von direkter Beobachtung und Rekonstruktion ist nach ihrer Meinung bei der psychoanalytischen Behandlung von Kindern äußerst wirksam. So erfährt die Psychoanalyse dadurch eine Unterstützung, daß man vorab Kenntnis über das Leben des Kindes erhält oder etwas darüber in Erfahrung bringt, indem man die Mutter unter analytischem Blickwinkel befragt. A. Freud kritisiert die Begriffe der guten und der schlechten Mutter, so wie sie von M. Klein in die theoretische Debatte eingeführt wurden, und spricht eher von einer Triebambivalenz; dabei fügt sie hinzu, daß die Eltern insofern eine direkte Rolle bei der Entwicklung des Kindes spielen, als sie durch ihre *Einstellungsänderungen* in bezug auf das Kind beteiligt sind. Nach ihrer Einschätzung eröffnen die Arbeiten von Spitz über die anaklitische Depression das Verständnis auch für die Auswirkungen von Trennungsvorgängen, die weniger ins Gewicht fallen. Insgesamt skizziert sie das Bild einer psychoanalytischen Entwicklungspsychologie.

[22] M. Kris, »The Use of Prediction in a Longitudinal Study«, in: *The Psychoanalytic Study of the Child*, 1957, *12*, S. 175–189.

übertrieben genaue Mütter, deren Baby ein hohes Geburtsgewicht und daher guten Appetit hat, einen viel entspannteren Umgang mit ihrem Kind, als man angenommen hatte; sie zeigten also nicht die Haltung, die zu befürchten war, so daß die Entwicklung des Kindes viel harmonischer verlief, als man vorhersagen konnte. Auf Grund einer derartigen Tatsache läßt sich bereits absehen, wie bedeutsam der Einfluß des Babys auf seine Mutter ist; wir werden noch Anlaß haben, auf diesen Punkt später zurückzukommen. Hier liegt ein Ansatzpunkt für die Untersuchung jener Austauschvorgänge, die zwischen den beiden Protagonisten innerhalb ihrer Interaktion statthaben.

René A. Spitz untersuchte in seiner Forschung zunächst, welche Auswirkungen die Trennung des Babys von seiner Mutter hat; auch erörterte er die Folgen der »anaklitischen« Depression und des Hospitalismus. Ihm ging es vornehmlich darum, die Entstehung der Objektbeziehung genau zu bestimmen. Seine Arbeiten finden ihren gesammelten Niederschlag in der Untersuchung über das erste Lebensjahr.[23] Um sein Denken auf eine Kurzformel zu bringen, reicht hier der Hinweis aus, daß nach dem Urteil des Autors die Entwicklung des psychischen Apparates beim Baby an die Beziehung zu seiner Mutter gebunden ist: Das Kind löst sich aus dem ursprünglich undifferenzierten Zustand heraus und gelangt über verschiedene charakteristische »Organisatoren« im Zuge seiner Entwicklung allmählich zu einer mannigfaltigen Beziehung mit dem stabilen inneren Objekt, das seine Mutter für es darstellt. Solche Organisatoren der Entwicklung sind jeweils Kennzeichen für entscheidende Phasen, die sinngebend für angeborene Verhaltensweisen sind, mit denen die Entwicklung der Objektbeziehung angebahnt wird. Dies gilt insbesondere für drei Organisatoren:

a) Das erste Lächeln erlangt seine Bedeutung, wenn das Baby die Grundzüge eines menschlichen Gesichtes, das sich ihm von vorne zuwendet und spricht, libidinös besetzt.

b) Die Furcht vor dem Gesicht eines Fremden ist ein Beweis dafür, daß das Kind zwischen Anwesenheit und Abwesenheit der Mutter unterscheidet. Das Fernbleiben der Mutter ist jener Gefahr gleich-

---

[23] R. A. Spitz, *Die Entstehung der ersten Objektbeziehung*, Klett, Stuttgart, 1973.

wertig, die durch das Auftreten eines Unbekannten entsteht, auf den das Kind nach dem Muster einer echten phobischen Verschiebung seine Angst projiziert, die durch die Trennung von der Mutter ausgelöst wird. Dieser Organisator ist ein Beleg dafür, daß die Mutter nicht mehr auf ihre Funktion reduziert ist, sondern als ein lebendiges, differenziertes Wesen gilt, das in seiner Beständigkeit anerkannt wird; gleichzeitig wird dadurch ganz deutlich, daß es zu aktiven, »gedachten« Phantasien und zu Sekundärvorgängen kommt.

c) Das »Nein«, welches durch abwendende Bewegungen des Kopfes gekennzeichnet ist, beruht auf der Fähigkeit des Kindes, sich aktiv mit den Frustrationen zu identifizieren, die durch die Verbote der Mutter ausgelöst werden.

Diese Darlegungen haben zweifellos durch neuere Arbeiten zur Erforschung der frühen Interaktionen eine Relativierung erfahren; jedoch behalten sie den Wert eines unersetzlichen theoretischen Modells: An ihnen läßt sich ablesen, wie sich innerhalb des ungebrochenen Beziehungsgeflechtes von Mutter und Baby die sekundäre Bearbeitung entwickelt. Entsprechend dem Prinzip, nach dem das Halluzinieren des Objekts auf der Halluzination der Befriedigung beruht, verläuft hier alles so, als würden die Erinnerungsspuren der Lusterfahrungen durch die Entwicklungsfortschritte wieder aufgenommen und dann mit einem neuen Sinn erfüllt, wodurch das Phantasieleben angeregt wird.

Das von R. Spitz vorgeschlagene Modell hat außerdem den Vorzug, daß hier zwei Momente in einen gemeinsamen Zusammenhang gebracht werden; einerseits handelt es sich um die metapsychologischen Erwägungen über die Auswirkungen der ursprünglichen Hilfsbedürftigkeit des Neugeborenen sowie um die Schlußfolgerungen aus der Untersuchung jener Anteile seiner Entwicklung, die der epigenetischen Steuerung unterliegen, andererseits geht es um die angeborenen Mechanismen, die unter dem Begriff der archaischen Reflexe bekannt sind: Das typische erste Lächeln, das sich bei Annäherung des mütterlichen Gesichtes einstellt, bedeutet zum Beispiel den aufkeimenden Sinn für eine Beziehung; dieses Entwicklungsmoment beruht zugleich auf den Reflexen der Mund-Zungen-Region wie auch auf der Wirkung der Mutter, die mit ihrer antizipatorischen Einstellung gegenwärtig ist.

Margaret Mahler[24] ist Psychoanalytikerin und hat sich in ihrer Forschungsarbeit ebenfalls mit ganz kleinen Kindern beschäftigt und sie beobachtet. Ihre Theorie über das Verhältnis von Trennung und individueller Persönlichkeitsentwicklung beruht auf dem Vergleich der Entwicklung von normalen und psychotischen Kindern. Sie fand zwei Arten von infantiler Psychose, die sie als autistische und symbiotische Form einander gegenüberstellt und jeweils zu der von ihr so genannten autistischen und der symbiotischen Entwicklungsphase in Beziehung setzt. Bei dieser Darstellungsweise stützt sie sich auf die Theorie über die Entstehung der Selbst- und der Objektvorstellung.[25] Nach ihrer Ansicht besteht die Hilflosigkeit bei der autistischen Psychose darin, daß das Kind seine Mutter in der äußeren Welt nicht wahrnimmt. Die Mutter bietet ihm keine Orientierung an, wenn es seine Umgebung erforscht und erkundet: Es erkennt seine Mutter nicht. Diese Weigerung (oder dieses Unvermögen) wird als ein »negatives halluzinatorisches Verhalten« beschrieben, das in seiner libidinösen Besetzung an jene Mechanismen erinnert, durch die sich das Neugeborene schützt, um schädlichen äußeren und inneren Reizen auszuweichen. Mit anderen Worten, es besteht zwischen den Vorstellungen von sich selbst und der Objektvorstellung kein Unterschied.

Als symbiotische Psychose wird ein Zustand bezeichnet, bei dem Mutter und Kind eine zweifache Einheit innerhalb eines gemeinsamen Raumes bilden, dessen innere Grenzen mit einer »symbiotischen Membran« verglichen werden könnten; dort bildet sich der »harmonische Rhythmus einer Interaktion« heraus. Wenn die Repräsentanzen vom Selbst und von der Mutter allmählich eigenstän-

---

[24] M. Mahler, *Die psychische Geburt des Menschen. Symbiose und Individuation*, Fischer, Frankfurt, 1978.

[25] Das Wort »Selbst« wird hier in seiner angelsächsischen Bedeutung gebraucht, die recht weit an die des Ich heranreicht; das »self« könnte hier mit »Selbstbezogenheit« übersetzt werden, insofern es das Objekt einer Repräsentanz ist. Sonst aber ist das Selbst nicht Gegenstand seines eigenen Denkens und Handelns; dies könnte man mit »Ich« übersetzen. Das Selbst stellt ein Moment dar, das recht früh in der Entwicklung auftritt und der Bildung des Ichs vorangeht; das »ich« hingegen, das sich vom »du« und vom »er« unterscheidet, entsteht eigentlich erst im dritten Entwicklungsstadium nach R. Spitz, der Phase des »Nein«.

dig werden, kann die Mutter sich in solchen Fällen jedoch nicht von ihrem Kind trennen, weil sie dadurch zu stark in ihrer Lebenskraft geschwächt würde.

Der anhand dieses Grundgedankens geschilderte Individuationsprozeß basiert auch auf direkter Untersuchung des Anpassungsvermögens des Kindes und seines Interaktionsverhaltens; dabei wurden vier Phasen herausgearbeitet: Differenzierung, Einstimmung, Annäherung und Eintritt in die differenzierte Objektbeziehung.

Die Forschungsarbeiten von M. Mahler sowie ihrer Mitarbeiter beruhen auf der Untersuchung von Daten, die an schwer gestörten und an normal entwickelten Kindern gewonnen wurden. Zwar hat man dabei auf die psychoanalytische Theorie der Objektbeziehung zurückgegriffen, aber es handelt sich doch um methodische Studien von eher kleinem Maßstab; nichtsdestoweniger genügten sie der amerikanischen Fachwelt als ein weithin anerkanntes Modell, das die Grundlage abgab, die Verhaltensweisen von Säuglingen und ihren Müttern aus psychoanalytischer Sicht zu betrachten.

Diese Anschauungsweise wird somit von zahlreichen amerikanischen Psychoanalytikern geteilt, welche Babys und ihre Interaktion mit Müttern untersuchen. Vielen von ihnen ist kaum an dem Versuch gelegen, die Rekonstruktion der Vergangenheit mit direkten Beobachtungen des Interaktionsverhaltens zu verknüpfen. Darauf wird in dem Abschnitt dieses Buches eingegangen werden, den S. Stoléru verfaßt hat; er widmet sich dort einer direkten Untersuchung der frühen Interaktionen. Da auch zahlreiche Psychoanalytiker in den Vereinigten Staaten an diesem Gegenstand arbeiten, hat das »National Institute of Mental Health«, ein angesehener Forschungsträger, unter dem Titel *The Course of Life*[26] ein großes, dreiteiliges Werk veröffentlicht. Der allen Bänden gemeinsame Untertitel lautet: »Psychoanalytische Beiträge zum Verständnis der Persönlichkeitsentwicklung«. Der erste Band widmet sich

---

[26] *The Course of Life: Contributions Toward Understanding Personality Development*, Bd. 1: *Infancy and Early Childhood*; herausgegeben von S. I. Greenspan u. G. H. Pollock, US Department of Health and Human Services, DHHS Publication no. (ADM) S. 80–786, 1980.

der Untersuchung von Säugling und Kleinkind. Die Verfasser sind durchweg Psychoanalytiker oder stehen der psychoanalytischen Theorie besonders aufgeschlossen gegenüber, alle sind national und international wohlbekannt; die Kapitel enthalten sehr interessante Beiträge über die ersten drei Lebensjahre. Anna Freud entwickelt dort ihren Begriff der »Entwicklungslinien«, und Erik Erikson stellt seine psychoanalytische Theorie der psychosozialen Entwicklung vor. Nach einem Aufsatz zur Theorie der affektiven Vorgänge (Robert N. Emde) wird in den folgenden Kapiteln, die übrigens durch dokumentarisches Material ausgezeichnet belegt sind, immer wieder versucht, die neurobiologischen und/oder reifungsbezogenen Ansätze und die psychoanalytische Rekonstruktion einander anzunähern. Théodore Shapiro und Daniel Stern jedoch schildern vom psychoanalytischen Standpunkt aus das erste Lebensjahr als die Phase der Errichtung des Objekts innerhalb des affektiven Kraftfeldes. Diese Perspektive steht meiner Auffassung sehr nahe, wie später dargelegt werden soll. Damit wird die Konfrontation zwischen psychoanalytischer Theorie und Methode einerseits und der Verhaltensbeobachtung andererseits überwunden.

Gleichwohl ist der Eindruck nicht von der Hand zu weisen, daß die meisten Arbeiten, die der Schule um Anna Freud zuzurechnen sind, die Kontroversen zwischen den Anhängern dieser Richtung und den Psychoanalytikern aus der Schule M. Kleins widerspiegeln. Zu diesem Schluß konnte man übrigens auch auf dem 23. Internationalen Kongreß für Psychoanalyse (Helsinki, 1981) gelangen, als es zu einem Streitgespräch zwischen Hanna Segal, Psychoanalytikerin und Anhängerin M. Kleins[27], und Albert Solnit[28] kam, der das »Yale Child Study Center« leitet und einer der Herausgeber der Publikationsreihe mit dem Titel »The Psychoanalytic Study of the Child« ist, die hauptsächlich den Schülern Anna Freuds offensteht. Inhalt der Diskussion zwischen den beiden Rednern waren ihre theoretischen Ansätze: Sie legten ihre Ansichten zu den Er-

---

[27] H. Segal, »Early Infantile Development as Reflected in the Psychoanalytic Process«, *Int. Journ. of Psychoanal.*, 1982, *63*, 1, S. 15–22.

[28] A. J. Solnit, »Early Psychic Development as Reflected in the Psychoanalytic Process«, *Int. Journ. of Psychoanal.*, *63*, 1, S. 23–38.

gebnissen der frühkindlichen Entwicklung dar und zogen daraus ihre Schlußfolgerungen für den psychoanalytischen Prozeß.

Nach Einschätzung von A. Solnit hängt die im Zuge der Analyse stattfindende Regression nicht von den Bedingungen ab, unter denen sich seinerzeit die Objektwahl vollzog und die für die Bildung der Objektbeziehungen bestimmend waren. Daher kann man sich anhand der von ihm durchgeführten Untersuchung psychoanalytischer Behandlungsverläufe ein entsprechendes Bild von dem Schicksal der unterschiedlichen libidinösen Besetzungen der frühen Kindheit machen. Wenn die Liebesobjekte wechseln, wirkt sich schon ihre Wahl als solche früh auf diese Entwicklungsvorgänge aus. Trotzdem ist A. Solnit der Ansicht, daß ein Vergleich zwischen jenen Forschungsergebnissen über die Bindungen der Kleinkinder, die durch Direktbeobachtung gewonnen wurden, und den Rekonstruktionen der entferntesten Lebensabschnitte lediglich ahnen läßt, welchen Einfluß die Vergangenheit auf die Folgezeit hat; dies gilt selbst für Fälle, die über Jahrzehnte hinweg begleitet wurden. Die Stärke der Triebkonstitution und der Beziehungen zu den Primärobjekten ist doch noch so gewichtig, daß sie für das Leben ebenso wie für die psychoanalytische Behandlung praktisch als ausschlaggebend angesehen werden kann; als Beleg dafür mag ein Fall dienen, der zunächst von E. Kris und später von Solnit, Ritvo und S. Provence untersucht wurde: Das Kind kam mit fünf Jahren in psychoanalytische Behandlung; die Mutter wurde gleichzeitig durch eine Beratung unterstützt. Über einen Zeitraum von etwa 20 Jahren hinweg wurden mit dieser Patientin in regelmäßigen Abständen katamnestische Untersuchungen durchgeführt; nach dieser Zeit erwies sie sich als sozial gut integriert; zweifellos waren die besonderen Umstände ihrer ursprünglichen Mutterbindung zum Gegenstand einer gelungenen Bearbeitung geworden. Die Angst vor Regressionen und die Errichtung eines umfangreichen Abwehrsystems, das vor ihnen schützen soll, bezeugen jedoch nach Ansicht des Verfassers, wie bedeutsam die frühzeitig sich vollziehende Ausgestaltung der Bindung ist. »Ihre Mutter und sie hatten verfrüht Zuflucht zu toten Objekten genommen, um damit die körperlichen Kontakte zu ersetzen; anstatt sich im affektiven Bereich aufeinander einzulassen, nutzten sie nur ihre geistigen Kräfte.« Mit diesen

Worten wurden die Interaktionen in der Langzeitstudie von Yale geschildert; sie blieben dann auch weiterhin bestehen und beschränkten die Möglichkeit, in affektiven Beziehungen eine Erfüllung zu finden. A. Solnit hält also den prognostischen Wert, den die Untersuchung derartiger Interaktionen hat, für erheblich; dies spricht offensichtlich dafür, Hilfsmaßnahmen schon ganz früh einzuleiten.

Hanna Segal hingegen ist der Auffassung, daß es möglich ist, auf Grund der Eigenart der Übertragung unmittelbar und durch einfache Anschauung zu Schlußfolgerungen über die frühen Objektbeziehungen zu gelangen. Bei der Übertragung läßt sich auch nachspüren, in welcher Weise die präverbalen Erfahrungen integriert werden oder nicht. Es hat also den Anschein, als würde ein Traum oder eine Phantasie die Deutung einer Situation begründen, die in der Sprache frühester ödipaler Beziehungen formuliert ist und mit der ambivalenten Zweiteilung des mütterlichen Objektes in Zusammenhang steht.

Andere Psychoanalytiker haben in ihrer Arbeit beide Forschungsansätze berücksichtigt. Neben Hanna Segal wurden auch Bion und Meltzer durch die Arbeiten der Schule um M. Klein angeregt. Bion hat den Begriff des inneren Behälters und des Behaltenen (»container« und »content«) geringfügig verändert und gemäß der Theorie Freuds das Denken mit der Abwesenheit des Objektes, d. h. der Brust, verknüpft; dabei stellt er jedoch den Vorgang der Bildung des Denkens als eine Konzentration der projektiven Identifikationen dar. Zusammen mit anderen Anhängern M. Kleins wie D. Meltzer und Frances Tustin hat sich Bion dem Autismus zugewendet.[29] Sie schildern die untersuchten Situationen als das Ergebnis eines Prozesses, der in einer äußerst weit zurückliegenden Vergangenheit entstand, die durch die Entwicklung nicht berührt wurde.

Andere Forscher untersuchen die Bedeutung der frühen Verhaltensäußerungen und versuchen deren weiterreichende Auswirkungen einzuschätzen, soweit es ihnen auf Grund ihrer psychoanalyti-

---

[29] D. Meltzer, J. Bremner, S. Hoxter, D. Weddell, I. Wittenberg, *Explorations in Autism*, Clunie Press, Perthshire, 1974.

schen Erfahrung gelingt. Die zahllosen, überaus fesselnden Beiträge der einzelnen Forscher können hier nicht alle aufgeführt werden. Judith Kestenberg[30] hat zum Beispiel untersucht, wie sich die Weiblichkeit und frühkindliche Sexualität entwickeln: Sie zeigt, wie die Stimulation der äußeren Geschlechtsorgane bei der Körperpflege sich allmählich auf die Vagina und andere Körperregionen verlagern kann. So stellte sie fest, daß die sexuelle Reizung schon bei ganz jungen Mädchen in bestimmten Rhythmen erfolgt:

a) Der »orale« Rhythmus mit seiner spielerischen Anspannung und Entspannung, der durch leichtes Beklopfen der Dammuskulatur hervorgerufen wird; dabei kann der Eindruck von Kontraktionen im Genitalbereich entstehen;

b) Ein Rhythmus mit verzögerten Kontraktionen und abrupter, intensiver Entspannung, der eher als »anal« denn als »orgastisch« zu bezeichnen ist;

c) ein »urethraler« Rhythmus, der im wesentlichen der Beherrschung der Kontinuität und ihrer Unterbrechung gilt;

d) ein echter »vaginaler« Rhythmus, der sich im Alter von etwa zwei Jahren einstellt.

Die Art und Weise der Erregung, je nachdem ob sie eher innen oder außen wirkt, hat also für das Verhalten des kleinen Mädchens, für die jugendliche und erwachsene Frau eine gewisse Bedeutung. J. Kestenberg berichtet beispielsweise von Müttern, die sich so verhalten, daß sie ihre innere Erregung nach außen kehren und dabei das Baby zu ihrem Objekt machen. Verläuft das psychische Geschehen nach diesem Muster, so wandelt sich der sexuelle Gehalt der Vagina und tritt in den Dienst einer mütterlichen Aktivität, die leicht verführerische Züge trägt und den Charakter einer Sublimation hat. Scheitert dieser Vorgang, nimmt das Verhalten der Mutter ganz offen die Gestalt einer Verführung an: Gleichzeitig mit ihren Tätigkeiten wie dem Stillen, der Körperpflege etc. treten bei ihr die genitalen Gefühlsregelungen zutage.

Ich habe diese Arbeit von J. Kestenberg hier nicht nur hervorgehoben, weil sie so bedeutsam ist, sondern weil durch sie auch deut-

[30] J. Kestenberg, Le dehors et le dedans, le masculin et le féminin«, in: M. C. Barrett, *La sexualité féminine controversée*, Paris, PUF, 1976.

lich wird, welche Bedeutung die körperbezogenen Verhaltensweisen in ihrer jeweiligen Vielfältigkeit für das Sexualleben haben und welche Rolle dabei die Rhythmen spielen, in denen dieses Verhalten zum Ausdruck kommt; ebenso wichtig sind die Verhaltensäußerungen für die Interaktionen, die sich im Rahmen der kindlichen Fürsorge ergeben.

In dem Aufsatz wird auch der Gegensatz von innen und außen gebührend berücksichtigt, auf den wir hier eingehen müssen, denn es geht dabei um einen wesentlichen psychoanalytischen Beitrag zur Erforschung der frühen Interaktionen.

a) Wie bereits deutlich wurde, ist die Schaffung eines psychischen Raumes für die Vorstellung, die Affekte, die Gedanken, für die Phantasien und den Traum an die Voraussetzung gebunden, daß allmählich innere Vorgänge ausgelöst werden, die eine zeitliche und räumliche Perspektive eröffnen. Gemäß der psychoanalytischen Theorie fallen dann die Sachvorstellungen mit den gespeicherten Wörtern zusammen und verleihen ihnen so die Kraft der Bedeutung und stellen einen Handlungsbezug her. Außen- und Innenwelt bildeten solange eine Wahrnehmungsidentität, bis sie durch das Denken voneinander geschieden wurden. Die Vorstellungen innerhalb der Psyche aber, die in Worte gefaßt werden, konstituieren die äußere Welt. Die Verdrängungsleistung geht mit der Verleugnung jener Inhalte einher, die aus dem eigenen Innern ausgestoßen werden, damit sich die äußere Realität des psychischen Innenraumes mit der anderen, der sogenannten objektiven Realität deckt. Die Zeit, die der Errichtung dieses Raumes gewidmet wird, ist die Phase der frühen Wechselbeziehungen, so daß die Ausgestaltung von Raum und Zeit nach derselben Orientierungsgröße erfolgt, mit deren Hilfe zunächst zwischen äußeren und inneren Reizen unterschieden werden kann, die sodann aber auch der Beurteilung von Dingen dienen, die als etwas Gewesenes oder etwas Erwartetes existieren. Der Raum des Beziehungsgeschehens und die Zeit der Interaktionen treten konkret zwischen Mutter und Baby, um sich jeweils geltend zu machen oder sich auch zurückzunehmen, damit die beiden Hauptakteure auf ihre Weise neue Kräfte schöpfen können: Das Baby erholt sich im Schlaf, die Mutter findet in anderen Aufgaben einen Rückhalt.

b) Durch die Leistung jener Körperregionen des Babys, die der sogenannten autoerotischen Befriedigung zugänglich sind, wird der Begriff des »innen« und »außen« ebenfalls ins Spiel gebracht. Die Urhöhle ist nach René Spitz ein Bereich, der nicht nur den Mund und die Mundhöhle umfaßt, sondern in den alle aktiv beteiligten Glieder mit einbezogen sind; dazu gehören die Arme und die Finger des Babys, die jene der Mutter umschließen und die von ihr umschlossen werden, wenn sie es in den Armen hält. Diese Urhöhle, die beim Stillen oder Füttern so lebhaft beteiligt ist, wird bei der Reaktivierung der lustvollen Erinnerungsspuren mit in Schwingung versetzt. Die Entstehung des inneren Objektes hängt von der Fähigkeit ab, mit der diese imaginäre Szene auf der Grundlage erfahrener Befriedigung wiederbelebt werden kann. Durch die psychisch bedeutsamen Erlebnisse sowie durch den Wunsch, mit dem sie halluzinatorisch wachgerufen werden können, wird auf diese Weise die Realität einer historisch bedingten Beziehung mit den Grundzügen seelisch-geistiger Tätigkeit verknüpft.

Wenn später durch die Ausscheidung der Fäkalien intensive Gefühle von schlagartiger Entspannung und Gewalt hervorgerufen werden, so wird der Übergang von innen nach außen als ein Verlust erlebt, der nur überwunden wird, um den Bezug zur Mutter zu erhalten.

Einerseits haben wir auf die innere Realität eines zeitlich begründeten psychischen Raumes hingewiesen und andererseits hervorgehoben, welche Rolle die für die autoerotische Befriedigung wichtigen Körperzonen spielen, wenn sie mit ihrer Funktionslust[31] zur Entstehung dieser inneren Realität beitragen; damit kann sowohl auf psychischer Ebene – auf seiten des Babys – als auch auf realer Ebene – zwischen Baby und Mutter – unterschieden werden, was innen und was außen ist.

Die Beziehungen zwischen Mutter und Kind kommen weder nur zu ganz bestimmten Zeiten noch ausschließlich im Bereich der autoerotisch bedeutsamen Zonen zustande, die geographisch durch Berührungspunkte festgelegt sind, welche isoliert zwischen Innen-

[31] E. u. J. Kestenberg, »Contributions à la perspective génétique en psychanalyse«, *Revue franç. de Psychanalyse*, 1966, *30*, S. 5–6, 569–713.

und Außenwelt existieren. D. Anzieu hat nur jenes komplexe Gefüge dargestellt, aus dem in seinen Augen das *Haut-Ich* besteht.[32] Der Verfasser stützt sich auf die Ideen Bowlbys über die Bindung und bezieht sich auf die Versuche von Harlow, der das Verhältnis zwischen kleinen Affen und ihren Müttern untersucht hat; unter Hinweis auf den engen Kreis von Teilnehmern an psychoanalytischen Gruppensitzungen hat er als Hypothese den Begriff des »Haut-Ichs« eingeführt. »Mit Haut-Ich bezeichnen wir ein Gebilde, das dem kindlichen Ich im Laufe seiner verschiedenen Entwicklungsphasen dazu dient, durch seine Erfahrung mit der Körperoberfläche eine Vorstellung von sich selbst als Ich zu gewinnen. Dies entspricht jenem Zeitpunkt, da sich das psychische Ich auf handlungspraktischer Ebene von dem Körper-Ich abtrennt, aber auf der Vorstellungs- und Phantasieebene weiterhin mit ihm eine Einheit bildet . . .«[33] Im weiteren stellt D. Anzieu die Grundlagen des Haut-Ichs dar, die er in folgenden drei Funktionen sieht:

a) Es ist ein Behälter, der jene wohltuende Üppigkeit in sich birgt, die ihm mit dem Stillen, mit der Fürsorge und mit den überschwenglichen Worten zuteil wird;

b) es stellt eine Begrenzung dar, mit der die äußere Welt ferngehalten wird;

c) es dient als Schutzwall gegen die Aggression der anderen.

Der Verfasser zieht die Möglichkeit in Erwägung, daß sich an diesem Haut-Ich der primäre Narzißmus und der primäre Masochismus ansiedeln. Im Falle des Narzißmus hat die Haut kein Bedürfnis nach liebevoller Zuneigung; beim Masochismus kann sich die Haut des Babys von der Haut seiner Mutter nur durch einen Bruch abtrennen, der eine erneute Zusammenfügung ausschließt.

Mit diesen metaphorischen Umschreibungen hat Didier Anzieu dazu beigetragen, daß die Psychoanalytiker eine körperorientierte Sprache verwenden. Winnicott war darin ein Meister.

5. Wir schreiben Winnicott nämlich eine besondere Bedeutung zu, weil sein Ansatz, der ihn von der Kinderheilkunde zur Psycho-

---

[32] D. Anzieu, »Le moi-peau«, *Nouvelle Revue de Psychanalyse*, 1974, *9*, S. 195–208.
[33] D. Anzieu, a. a. O., S. 207.

analyse führte, ganz neuartig ist; auch spricht er eine Sprache, durch die Mutter und Baby mit ihrem Körper Eingang in die Psychoanalyse finden.

Wollte man seine Theorie kurz zusammenfassen, würde sie leicht ihres Gehalts beraubt. Daher beschränken wir uns auf den Hinweis, daß zunächst auch Winnicott von der Grundannahme einer Einheit von Neugeborenem und mütterlicher Pflege ausging; er schildert, wie sehr beide Seiten danach streben, eine beinah vollkommene, einheitliche Verbindung herzustellen. Sobald die Mutter wieder zu sich kommt und zu ihrem eigenen Leben zurückfindet, wird das Kind dazu veranlaßt, ihre Anwesenheit auf halluzinatorischem Wege herbeizuführen; jedoch ist Winnicott der Auffassung, daß das Kind seine Mutter und ihre Brust tatsächlich kennengelernt haben muß, um auf sie allmählich verzichten zu können; genau in diesem Punkt weicht er von Freud ab. Für ihn entsteht mit dieser Art von Trennung die »Besorgnis« des Kindes, das zwar wohlgesättigt ist, aber in seiner Aufregung die Erfahrung machen muß, daß seine Mutter durchaus überlebt, wenn durch das Trinken Löcher in ihr entstehen. In einem langsamen Prozeß erwirbt es das Gefühl einer kontinuierlichen Existenz; dieses Gefühl ist nichts anderes als sein Selbst.[34] Die Kontinuität führt zur Errichtung eines Übergangsbereiches, der weder aus dem Ich des Babys noch aus dem der Mutter besteht; innerhalb dieses Rahmens entfaltet das Kind seine kulturellen Bestrebungen, seine Fähigkeit zum Spiel und seine Kreativität.

Zur Umschreibung dieser ursprünglichen Beziehung zwischen

---

[34] Der Begriff »self« hat bei Winnicott einen ganz anderen theoretischen Hintergrund als in der psychoanalytischen Schule Hartmanns (vgl. Anm. 26). Für Winnicott hat er nicht einen topischen Stellenwert im Sinne der psychoanalytischen Theorie, sondern bezeichnet eine lebendige Erfahrung. Wohlgemerkt trägt diese Erfahrung bei ihm zur Bildung einer bestimmten Art von Aktivität bei, die durch eine *good enough mother* ermöglicht wird; damit ist nicht eine Mutter gemeint, die hinreichend gut ist, sondern nach einer Bemerkung von J. McDougall ist sie eher als »verhältnismäßig gut« zu bezeichnen (vgl. J. McDougall, *Les théâtres du Je*, Paris, Gallimard, 1982). Winnicott meint, eine gute Mutter würde zu einer regelrechten Pflegeperson, die ihrerseits vom Baby verlangt, daß es von ihr abhängig wird; das »falsche Selbst« des Kindes wäre dann nur zu ihrer eigenen Befriedigung da.

Mutter und Kind bedient Winnicott sich einer inzwischen allseits bekannten Metapher. Der dazu von ihm verwendete Begriff des »holding« ist schwer zu übersetzen: Er bezeichnet eine Mutter, die ihr Kind hält, es aber auch festhält, umschlossen hält, erhält etc. Diese Variationen und Vorsilben veranschaulichen das Anliegen Winnicotts, die Unmittelbarkeit und das Wechselverhältnis in der Beziehung zwischen den beiden Partnern herzustellen. So würde er zum Beispiel sagen, daß ein Kind in einen unendlich tiefen Abgrund fällt, wenn seine Mutter es auch nur um ein paar Zentimeter hinabgleiten läßt. In demselben Sinne werden die pflegerischen Verrichtungen (»handling«) sowie das kreative Spiel des Kindes (»playing«) erörtert.

Winnicott sagt in diesem Zusammenhang anscheinend nicht viel mehr als die bereits erwähnten Psychoanalytiker, die in ihren Arbeiten versucht haben, den Inhalt der Beziehung zwischen Mutter und Baby zu charakterisieren. Seine treffsicheren, geistreichen Metaphern, mit denen er seine genialen Einsichten darlegt, bedeuten jedoch für jene Leser eine Versuchung, die voreilig von der Möglichkeit überzeugt sind, mit den von ihm eingeführten Begriffen arbeiten zu können, ohne eine gründliche Erfahrung zu besitzen. Winnicott hat praktisch insofern einen neuen Weg innerhalb der Psychoanalyse beschritten, als er Bilder und Begriffe, intraindividuelle und interindividuelle Gegebenheiten miteinander verflochten hat.

Die Aufrichtigkeit, mit der Winnicott seine persönlichen Erfahrungen und Erlebnisse mitgeteilt hat, ist nicht bei allen wiederzufinden, die dies für sich in Anspruch nehmen; daher rührt die übertriebene Ausdehnung einiger seiner Begriffe wie dem des »holding«, des »Übergangsbereiches« oder des »Übergangsobjektes« etc. So wurde beispielweise aus dem »holding« das »bonding«; damit werden jene engen Bindungen bezeichnet, die in Anlehnung an J. Bowlby immer wieder dargestellt wurden. Hier wird auf die Metapher der Sklavenfessel zurückgegriffen, um die Beziehung zwischen Baby und Mutter zu veranschaulichen; natürlich ist dieses Bild äußerst aussagekräftig, zeigt jedoch auch, wie leicht aus der psychoanalytischen Theorienbildung eine Metapher oder eine einfache Beschreibung werden kann, sei es nun im Sinne Winnicotts oder auch gegen ihn gerichtet.

Mit diesen Bemerkungen soll keine Kritik an Winnicott geübt werden, der ja mit seiner großen Begabung die psychoanalytische Theorie über die Entstehung der Objektbeziehung in reichhaltigen Farben ausgemalt hat; vielmehr wollen wir seine Leser warnen zu glauben, es sei leicht, seine Schriften zu verstehen oder gar anzuwenden. Lieber sollte man versuchen, möglichst weit in seine schweren Aphorismen vorzudringen.

Winnicott nimmt unter den Psychoanalytikern, die sich im Anschluß an ihn mit den Grundlagen der Objektbeziehung beschäftigen, eine besondere Stellung ein, denn er bedient sich bereits einer Sprache, die heute von jenen Forschern verwendet wird, die sich der Erfassung des Interaktionsverhaltens widmen.

Aber noch Winnicott hält an der von Freud begründeten und von seinen späteren Anhängern verfeinerten Theorie fest, die der Errichtung des inneren Objektes den Vorrang einräumt; für Melanie Klein ist dieses Objekt von vornherein vorhanden und steht in engem Zusammenhang mit den Trieben; für die anderen entsteht es durch Halluzinieren der Befriedigungssituation. Alle sprechen jenem Punkt große Bedeutung zu, an dem eine Differenzierung des Objektes eintritt und innerhalb des Phantasielebens die Sekundärvorgänge eine Rolle zu spielen beginnen. Melanie Klein hat dies in ihrer Theorie als die depressive Phase der Wiederherstellung des Ganzobjektes bezeichnet. Damit wird die große Bedeutung betont, die dem Ende des ersten Lebensjahres zukommt; in der anschließenden Zeit entwickelt sich dann eine gewisse psychische Autonomie.

Diese Ausführungen beruhen auf den metapsychologischen Überlegungen Freuds, nach denen der produktive Wunsch nach einem inneren Objekt auf der Befriedigung und dem Mangelgefühl basiert, die ihrerseits wiederum durch das Objekt der äußeren Realität bestimmt werden. Die Erkenntnisse der Psychoanalytiker, die sich mit der direkten Beobachtung des Babys beschäftigt haben, ließen es zu, zwischen den metapsychologischen Erwägungen und den psychoanalytischen Konstruktionen einerseits und der Untersuchung des frühkindlichen Verhaltens andererseits eine tragfähige Verbindung herzustellen.

Die gehaltvollen Darstellungen des Interaktionsverhaltens stellen diesen Zusammenhang in Frage. J. Bowlby hat die allgemein anerkannten Anschauungen als erster einer einschneidenden Revision unterzogen; das soll im folgenden gezeigt werden.

Teil II
Die Theorie der Bindung

3 Die bahnbrechende Revision durch John Bowlby [1]

Wie im ersten Teil dieses Buches gezeigt wurde, haben die Psychoanalytiker seit Ende des Zweiten Weltkrieges den Erkenntnissen auf dem Gebiet der Methode und der Theorie die direkte Beobachtung des Kindes gegenübergestellt. Die Mehrzahl von ihnen trug auf diese Weise dazu bei, daß das Verständnis der Kindesentwicklung im Rahmen der Theorie über die Objektbeziehung weiter vertieft werden konnte. Diese angelsächsischen Analytiker werden oft als die Gruppe der »genetisch« orientierten Forscher bezeichnet; ihnen kam es auf die innere Geschlossenheit jenes Wissenschaftszweiges an, der psychoanalytische Psychologie des Kindes genannt werden könnte.

So blieb nicht aus, daß sich viele von ihnen gleichzeitig auf ihre psychoanalytische Forschung und auch auf die Arbeiten der »genetischen Psychologie« wie zum Beispiel die Untersuchungen Jean Piagets beriefen.

Es ist durchaus denkbar, daß John Bowlby von denselben Ideen ausging, als er begann, allmählich die Theorie der Bindung zu erarbeiten. Dieser Autor ist Psychoanalytiker und steht der englischen Schule um M. Klein verhältnismäßig nahe; nach dem Krieg arbeitete er an der Tavistock-Klinik in London. Seine Aufgaben boten ihm Anlaß zu recht zahlreichen Untersuchungen, die der Frage galten, wie sich die Ablösung des kleinen Kindes von der Mutter auswirkt. Die Weltgesundheitsorganisation regte spezielle Forschungsarbeiten an, die in ein Buch Eingang fanden, an dem J. Bowlby zu jener Zeit arbeitete: *Maternal Care and Mental Health* [2]. Vom Jahre 1957 an war dieser Autor jedoch an anderen Ansätzen interessiert, die schließlich in seiner Theorie der Bindung mündeten, mit der defi-

---

[1] J. Bowlby, *Bindung – Eine Analyse der Mutter-Kind-Beziehung*, Kindler, München, 1980.

[2] J. Bowlby, *Mütterliche Zuwendung und geistige Gesundheit*, Kindler, München, 1973.

niert wird, »wie der Zusammenhang beschaffen ist, der das Kind mit seiner Mutter zu einer Einheit verbindet«[3].

Seine Kenntnisse in der Erforschung des Tierverhaltens haben ihn zweifellos zur Lektüre der Werke von Lorenz und Tinbergen bewogen, die ihre Schriften in den fünfziger Jahren veröffentlichten; auf sie werden wir später zurückkommen. Hier soll lediglich erwähnt werden, daß nach Ansicht Bowlbys die Verwirrung, die bei Säugetieren durch ihre Trennung von der Mutter ausgelöst wird, mit der entsprechenden Reaktion beim Baby vergleichbar ist. Mit dieser inhaltlichen Annäherung sah sich Bowlby vor die Frage gestellt, welche Bedeutung dem Begriff der oralen Abhängigkeit beim Säugling beizumessen sei.

Da ihm auch sehr daran gelegen war, die entwicklungstheoretischen Arbeiten Piagets miteinzubeziehen, zog er sich schließlich aus dem Kreis der Psychoanalytiker zurück, denen es um die Folgen einer frühzeitigen Trennung von Mutter und Kind ging: Bowlby fand es ganz unnütz, daß René Spitz der psychoanalytischen Theorie Freuds die Treue hielt und so abhängig von ihr blieb. Ihm schien der theoretische Apparat bei M. Klein nicht stichhaltig, weil sie die Urverbindung mit der Mutterbrust so in den Vordergrund rückte. Die psychoanalytischen Arbeiten der ungarischen Schule hingegen schienen für ihn eher mit den Erfahrungen und Erkenntnissen der Verhaltensforscher zusammenzuhängen; so gesteht er diesen Psychoanalytikern zu, daß man mit ihnen durchaus über eine primäre Bindung reden könne; dafür hatten A. und M. Balint mit ihrer Metapher des ozeanischen Gefühls ein anschauliches Bild geliefert. Imre Hermann beschrieb das kindliche Bestreben, nach etwas zu greifen, und konnte in diesem Zusammenhang von einem »Kindestrieb« sprechen.[4]

---

[3] J. Bowlby, »An Ethological Approach to Research in Child Development«, *Brit.*, *J. Med. Psych.*, 1957, *30*; »The Nature of the Child's Tie to His Mother«, *Int. J. of Psychoanal.*, 1958, *39*. In diesem Artikel kommt am deutlichsten zum Ausdruck, zu welch gründlicher Revision J. Bowlby sich veranlaßt sah, bevor er 1960 seine Überlegungen zur Trennungsangst niederschrieb (»Separation Axiety«, *Int. J. of Psychoanal.*, *41*, S. 2–3).

[4] I. Hermann, *L'instinct filial*, Paris, Denoël, 1972; Übersetzung aus den Ungarischen.

Als J. Bowlby dieses Stadium in seinen Forschungen erreicht hatte, kam er auf den Gedanken, es existiere ein Bindungstrieb; dabei handele es sich um einen ursprünglichen Trieb, der nicht an die Libido gebunden sei; in Abhängigkeit von der kindlichen Entwicklung werde in den ersten beiden Lebensjahren das Bindungsverhalten durch diesen Trieb bestimmt. Fünf aufeinanderfolgende Verhaltensweisen werden genannt: das Saugen, das Greifen, das Schreien, das Lächeln und der Wunsch, sich zu einem Ziel hinzubewegen sowie sich anzuklammern.

Zu dieser Zeit faßte J. Bowlby den Plan, eine umfassende Darstellung über die Bindung und ihren Verlust zu erarbeiten; so veröffentlichte er drei Bände, die von 1969 an nacheinander erschienen.[5]

Im Laufe dieser langsamen Entwicklung versuchte Bowlby, bestimmte Aspekte der Kommunikations- und der Systemtheorie in seine Forschung über die Bindung zu integrieren; wir haben diese Ansätze bereits in Kapitel I im ersten Teil dieses Buches besprochen.

Diese theoretische Revision hat umfangreiche Folgen gehabt, die sogar an das Verständnis von Fürsorge und Prävention auf dem Gebiet der psychischen Gesundheit von Kleinkindern rührten: R. Spitz zeigte in seinen experimentellen Untersuchungen zur anaklitischen Depression von kleinen Kindern, die in Krankenhäusern untergebracht waren oder in anderen Institutionen aufwuchsen, wie leicht die Not des Babys gelindert wurde, wenn es zu seiner Mutter zurückkehrte und von den dramatischen Auswirkungen verschont blieb, die mit dem Entzug mütterlicher Fürsorge einhergehen. Die Theorie über den Hospitalismus erregte so viel Aufsehen, daß eine Verlängerung des Mutterschaftsurlaubes für die Zeit nach der Geburt des Babys empfohlen wurde. Man war der Ansicht, daß die Kinder ihre Mutter für die Entwicklung wirklich brauchen. Die weitere Verbreitung dieser Grundsätze vollzog sich nicht kritik- und widerspruchslos, wie sich in einer Monographie der Weltge-

---

[5] J. Bowlby, 1. *Bindung – Eine Analyse der Mutter-Kind-Beziehung*, Kindler, München, 1980. 2. *Trennung – Psychische Schäden als folge der Trennung von Mutter und Kind*, Kindler, München, 1976. 3. *Verlust, Trauer und Depression*, Fischer, Frankfurt, 1983.

sundheitsorganisation nachlesen läßt; Gegenstand der Arbeit ist eine Neubewertung des Begriffes der unzulänglichen mütterlichen Fürsorge[6]: Margaret Mead schreibt dort beispielsweise, daß die Ratschläge, welche den Müttern auf Grund dieser Theorien erteilt werden, darauf hinauslaufen würde, die Fortschritte in bezug auf die Anerkennung der Rechte der Frauen zu untergraben, weil ihnen so die Berufstätigkeit erschwert würde und sie auf Heim und Herd verpflichtet blieben. Andere Verfasser eröffneten eine Diskussion über die Merkmalsbestimmung des Hospitalismus; dabei erkennen sie ganz entschieden dem Begriff des Mangels an mütterlicher Fürsorge uneingeschränkte Gültigkeit zu; aber es müssen dabei die Umstände bedacht werden, die sich aus der Geschichte der familiären Beziehungen des Babys ergeben.

Diese Kontroverse war von weitreichender Bedeutung. Geht man wirklich davon aus, daß die Bindung an die Mutter nicht ausschließlich individuell gestaltet ist, so wird man in der Sozialpolitik das Augenmerk vor allem darauf zu richten haben, wie der Zusammenhalt von Mutter und Kind bei den verschiedenen Arten der Betreuung gewährleistet werden kann. Denn Untersuchungen haben vielfach gezeigt, daß die Babys aus sozial benachteiligten Bevölkerungsschichten viel zu häufig ins Krankenhaus kamen, obwohl sie nur ein harmlose Erkrankung hatten, daß sie in Säuglingsheimen oder besonderen Einrichtungen untergebracht wurden, um so angeblich in den Genuß eines beschützten Rahmens zu gelangen, daß die Kinderkrippen noch zur Verschlechterung der Situation beitrugen, indem sie die Trennung von der Mutter als eine positive Erfahrung ansahen, daß schließlich die Kinder bedenkenlos gegen Bezahlung zu Tagesmüttern gegeben wurden, die ohne jegliche Ausbildung waren.

In Anbetracht der beklagenswerten Vergangenheit einiger Kinder, die geistig zurückgeblieben und abgestumpft sind und/oder zu Psychopathen wurden, tritt die soziale Tragweite der damals von Bowlby vorgenommenen theoretischen Revision deutlich zutage. Aus der Betrachtung der frühen Interaktionen wird indes hervor-

---

[6] »La carence de soins maternels, réévaluation de ses effets«, *Cahiers de Santé publique, 14*, Genf, Weltgesundheitsorganisation, 1972.

gehen, daß die Mutter neben der Pflege auch noch auf eine ganz andere Weise auf das Kind einwirkt, denn sie ist ein menschliches Wesen und bringt in das Interaktionsverhältnis, das sie mit ihrem Baby eingeht, auch ihre Phantasien ein.

Wir beabsichtigten hier nicht, auf die zahllosen Arbeiten näher einzugehen, die im Zusammenhang mit der Theorie der Bindung entwickelt wurden. Viel wichtiger scheint uns zu begreifen, daß zu diesem historischen Zeitpunkt eine Verschiebung stattgefunden hat. Die Wissenschaftler wollten sich in ihren theoretischen Überlegungen weder länger auf die Trennung noch auf die Angst als Grundlage stützen. Diese Unterschiedlichkeit des Denkansatzes bleibt in unseren Augen jedoch von Bedeutung, da sie ja Ausgangspunkt dafür ist, daß wir bei der Erforschung der Interaktionen eben zwei Ansätze für notwendig halten: die Interaktionen im Verhalten und die Interaktionen im Bereich der Phantasien.

4 Wesen und Funktion des Bindungsverhaltens beim Menschen

Als J. Bowlby seine Theorie über die Bindung entwickelte, war er stark von den Arbeiten der Verhaltenswissenschaftler beeindruckt, die einerseits erforschten, nach welchem inneren Mechanismus die Auslösung festgelegter Verhaltensmuster[1] erfolgt, und die sich andererseits mit der Rolle der Prägung beschäftigten. So beschreibt K. Lorenz[2] die Mutterfunktion, indem er die typischen Merkmale jenes Tieres hervorhebt, das die Rolle der Mutter spielt.

Die Theorie der Prägung hat von seiten der Verhaltensforscher oft Anlaß zu Kritik gegeben; sie wenden ein, daß sie sich auf eine Beschreibung der Motivationen beschränke, anstatt die psychophysiologischen Mechanismen ausfindig zu machen, die dem Verhalten zugrunde liegen.

Lange schon interessieren sich die Psychoanalytiker dafür, wie diese Erkenntnis in die Untersuchungen über die Anfänge des kindlichen Lebens einbezogen werden können. Bereits 1959 veranstaltete die Internationale Psychoanalytische Vereinigung ein Symposium über die »Anwendung der Verhaltensforschung«; dort stellten J. Bowlby[3] und J. C. Kaufman[4] ihre Beiträge vor.

Die Nutzung der verhaltenstheoretischen Veröffentlichungen insbesondere zur Primatenforschung hat sich zweifellos günstig auf die Untersuchung der Fähigkeiten sehr junger Babys und die Erforschung der innerfamiliären Interaktionen ausgewirkt.

---

[1] N. Tinbergen, *Instinktlehre. Vergleichende Erforschung angeborenen Verhaltens*, Parey, Berlin, Hamburg, 1979.

[2] K. Lorenz, *Das sogenannte Böse. Zur Naturgeschichte der Aggression*, dtv, München, 1980.

[3] J. Bowlby, »L'éthologie et l'évolution des relations objectales«, Revue française de Psychanalyse, 1961, *25*, S. 623–631.

[4] J. C. Kaufman, »Quelques considérations théoriques tirées de l'étude du comportement des animaux et pouvant faciliter ma conception de l'instinct, de l'énergie et de la pulsion«, Revue française de Psychanalyse, 1961, *25*, S. 633–649.

Die Psychoanalytiker berücksichtigen nun gewöhnlich die Bindung und tragen sogar auch der Beziehung des »bonding« Rechnung:[5] Damit wird – wie bereits gesagt – eine ganz anschauliche Metapher eingeführt; wir meinen hier das Bild der Ketten, mit denen die Sklaven gefesselt waren. Die Verfasser befürworten einen intensiven Kontakt. Wie die Psychoanalytiker zeigten, fördert das enge Zusammensein des Neugeborenen mit seiner Mutter tatsächlich die Erfahrung des Babys in bezug auf die äußere Welt und auf Lustobjekte. Mutter und Kind bilden eine geschlossene Einheit und schaffen eine Sphäre, die dazu geeignet ist, bei der Mutter eine zusätzliche Befriedigung ihrer Triebansprüche zu bewirken. Wird der Mutter das Baby genommen, fühlt sie sich niedergeschlagen, so als würde sie um das in ihrer Vorstellung existierende Kind trauern. Damit wird sichtbar, daß eine derartige Praxis zu Betrachtungen führen kann, die zusammen mit einem Verständnis der psychischen Dimensionen dazu anregen, über die Bedeutung des menschlichen Verhaltens nachzudenken.

---

[5] Siehe K. H. Klaus u. J. H. Kennell, *Mutter-Kind-Beziehung. Über die Folgen einer frühen Trennung*, Kösel, München, 1983.

5 Objektbeziehung und Bindung

Das Werk von J. Bowlby hat eindeutig zu beträchtlichen Änderungen im Verständnis der Interaktionsvorgänge geführt, die zwischen dem Baby, seiner Mutter oder seinen Eltern ablaufen. Als dieser Forscher daranging, anhand seiner Idee der Bindung die Beziehungen zwischen Mutter und Baby zu bestimmen, waren die Einwände auf seiten der Psychoanalytiker nicht zu überhören, denn sie mußten mit ansehen, wie einer aus ihren Reihen in zunehmendem Maße auf das theoretische, metapsychologische Rüstzeug verzichtete, das sie doch alle miteinander verband. Indem Bowlby den Wert der theoretischen Annahmen zur Triebökonomie und der entsprechenden Vorstellungen in Zweifel zog, entfernte er sich in der Tat von den beharrlich gesammelten, durch Rekonstruktion und Beobachtung gewonnenen Erkenntnissen über die Entstehung der Objektbeziehung beim Kind.

Wie jedoch ein Blick in zahlreiche Arbeiten zeigt, die sich dem Interaktionsverhalten beim Kind widmen und die vielfach von Psychoanalytikern verfaßt wurden, hat diese unerbittliche Opposition an Schärfe verloren. Zur Zeit sind die Psychoanalytiker nicht weit davon entfernt, nicht nur auf den Begriff der Bindung Bezug zu nehmen, sondern auch auf den Ausdruck des *bonding*[1] zu verweisen. Das wird beispielsweise auch in einer Arbeit erkennbar, die Sylvia Brody[2] im Jahre 1981 vorlegte.

Klaus und Kennell haben die Bindeglieder zwischen Mutter und Kind von den ersten Lebensstunden an dargestellt und dabei gezeigt, welchen Gefahren die Kinder ausgesetzt sind, wenn sie von

---

[1] M. H. Klaus u. J. H. Kennell, *Mutter-Kind-Bindung. Über die Folgen einer frühen Trennung*, Kösel, München, 1983.

Nach meiner Meinung ist dieser Begriff des *bonding* wegen seiner metaphorischen Ausdruckskraft durchaus von Nutzen. Er erinnert nämlich an die Fesseln des Sklaven. Ebenso beinhaltet das von Brazelton eingeführte Wort *scaffolding* den Begriff des Gerüstes, der zu dem Bild eines im Bau befindlichen Wohnhauses überleitet, dessen Betonausstattung ein wesentliches Moment seiner Stabilität darstellt.

[2] S. Brody, »The Concepts of Attachment and Bonding«, *J. Am.* Psychoanal. Assoc., 1981, *29*, 4, S. 815–830.

ihren Müttern vernachlässigt oder auch mißhandelt werden; ebenso bedroht sind Frühgeburten oder Neugeborene, die in medizinischer Hinsicht als kritisch zu beurteilen sind. Bei den zuletzt genannten Fällen kommt ja noch hinzu, daß sich die Bildung dieser innigen Beziehung verzögert. Aus diesen Motiven wurde auf den Entbindungsstationen die Praxis des *rooming-in* eingeführt.[3] S. Brody und S. Axelrod sind der Ansicht, daß das *bonding* eine ganz besondere, günstige Beziehung darstellt, die sich auf seiten der Mutter dadurch auszeichnet, daß sie den Wunsch hat, ihr Baby zu berühren, zu streicheln, zu halten, zu umsorgen und mit ihm in Blickkontakt zu treten. Sie stellen die Hypothese auf, daß es sich dabei um Verhaltensweisen handelt, die im Zuge einer sensiblen Phase der Mutter auftreten und an biochemische sowie an sensorische Vorgänge gebunden sind. Nach ihrer Meinung wird auch die zeitliche Übereinstimmung, die in der Beziehung herrscht, durch die intrauterinen Bewegungen des Babys vorbereitet.

Klaus und Kennell empfehlen daher, den von ihnen so genannten *extended contact* (EC) weiter zu entwickeln; dieser Ausdruck könnte mit »intensiver oder ausgedehnter Kontakt« übersetzt werden. Nach dem Urteil der Autoren sind jene Mütter, die Gelegenheit bekamen, ihr Baby während der ersten zwei Stunden nach der Geburt für eine Stunde und in den folgenden drei Tagen jeweils fünf Stunden lang an ihren nackten Körper zu legen, besser in der Lage, eine Kommunikation durch direkten Blickkontakt herzustellen als die Mütter einer Kontrollgruppe. Wie eine Untersuchung nach dem ersten Lebensjahr zeigte, blieben die »EC-Mütter« häufiger und länger in der Nähe ihres Babys; nach dem 13. Lebensmonat der Kinder erwies sich das mütterliche Verhalten als stabiler; als die Kinder zwei Jahre alt waren, verhielten sich die Mütter immer noch spürbar anders: So war beispielsweise der stimmliche, sprachliche Ausdruck viel reichhaltiger. Im Alter von fünf Jahren erreichten die Kinder der EC-Gruppe einen höheren Intelligenzquotienten und hatten ein besseres sprachliches Ausdrucksvermögen. Dieselben Forscher führten eine noch breiter angelegte Untersuchung in

[3] S. Brody u. S. Axelrod, *Angst und Ich-Bildung in der Kindheit*, Klett, Stuttgart, 1974.

Guatemala durch, die nicht so klare und sogar entgegengesetzte Ergebnisse brachte, die dann Gegenstand vielfältiger Diskussionen wurden. Indes sprechen viele, verschiedenartige Untersuchungen wohl dafür, daß eine derartige Praxis von Nutzen ist; sie scheinen jedenfalls zu bestätigen, daß es für diesen direkten Hautkontakt eine sensible Phase gibt.

Gleichwohl ist recht bemerkenswert, daß es Klaus und Kennell selbst schwergefallen ist, sich mit voller Kraft für die verhaltenstheoretischen Hypothesen über die Bindung einzusetzen.

Wie bereits erwähnt, wurde Bowlby von den Psychoanalytikern heftig kritisiert, die ja der Ansicht waren, daß die sozialen Bindungen im Vergleich zur Abhängigkeit und zu den von ihr gebildeten Triebrepräsentanzen zweitrangig ist. Mit anderen Worten, die Verweise auf Werke, in denen auf die Theorie der infantilen Sexualität gepocht wird, laufen alle auf ein paar ganz bestimmte Gesichtspunkte hinaus, die man folgendermaßen zusammenfassen kann:

a) Zur Bedeutsamkeit des allgemeinen Lustprinzips, das schließlich zur dreifachen Gliederung des psychischen Geschehens führt, gehört auch die Entwicklung der Affekte und der Repräsentanzen, die man nicht vernachlässigen kann. Daher könnte man auch sagen, daß das Ich auf Grund der Funktionen, die sich dabei entwickeln, für die Sozialisation verantwortlich ist.

b) Es ist praktisch unumgänglich, die Existenz von inneren Beweggründen zu berücksichtigen und dabei nicht zu vernachlässigen, daß sie möglicherweise unbewußter Natur sind.

c) Aus den unweigerlich auftretenden Rückschlägen und Unsicherheiten, die sich den frustrierenden Zügen der äußeren Realität verdanken, folgt der Begriff der Ambivalenz und der Konfliktbewältigung.

Außerdem ist völlig klar, daß es auf Grund der Einbeziehung der Sprache in die Interaktionsverhältnisse nicht möglich ist, die Vorgänge beim Tier mit denen des Kindes in jeder Hinsicht zu vergleichen.

In dem Artikel von Sylvia Brody, den wir eingangs kurz erwähnten, wird aufgezeigt, daß die Wiederholung der kindlichen Verhaltensäußerungen in gewissem Maße dazu dient, Spannungen zu mindern. Solange das im Zuge der positiven Erfahrungen gesteigerte

Lustgefühl anhält, ohne zu einem Zustand der Überreizung beizutragen, unterstützt es auch die Regsamkeit des Kindes. Der Lustgewinn entsteht wohlgemerkt nicht nur durch das innere Wohlbehagen, sondern hängt auch von der Fähigkeit des Kindes ab, bei der Mutter entsprechende positive Reaktionen hervorzurufen. Die Autorin vertritt die Auffassung, daß zwischen der von ihr so bezeichneten physiologischen und der psychologischen Angst ein kontinuierlicher Zusammenhang bestehe, der an die fortschreitende Unterscheidung zwischen äußeren Reizen und inneren Empfindungen gebunden sei. Nach der Theorie Freuds bedeutet diese Angst ein inneres Gefahrensignal und ist ein Beleg dafür, daß das Kind eine in der Zukunft liegende, unliebsame Situation zu fürchten vermag. Das Bewußtsein der vorhandenen oder versagten Befriedigung stellt ein breitgefächertes Erfahrungspotential von Lust und Unlust dar. Sylvia Brody ist der Ansicht, daß mit dem von Geburt an praktizierten, intensiven Kontakt bereits das unmittelbare Erleben eines Lustobjektes beginnt. Sobald sich der Schrecken und die Angst vor dem Geburtsvorgang bei der Mutter gelegt hat, bekommt der direkte Hautkontakt nach Meinung der Verfasserin einen realen erogenen Gehalt; das gilt übrigens auch für das Stillen. In diesen Fällen bilden Mutter und Kind eine Sphäre, die geeignet ist, bei der Mutter eine Befriedigung von Trieben und Triebderivaten zu bewirken, während jener Bestrebung, die man als einen erogenen Masochismus betrachten könnte, erst später Genüge getan wird. Wenn man der Mutter das Baby wegnimmt, fühlt sie sich traurig, einsam und vielfach auch deprimiert. Mit Klaus und Kennell könnte man hier von einer echten Trauer sprechen, um so mehr als sich während der Schwangerschaft feste Bindungen entwickelten und das in der Vorstellung existierende Kind wirklich »eingebunden« werden konnte. Wir würden unsererseits noch hinzufügen, daß eine Frau, welche gerade ein Kind geboren hat, durch diese Trauer, die zugleich Objektverlust und narzißtische Verletzung bedeutet, mit dem Verlust des in ihrer Vorstellung und in ihren Phantasien existierenden Kindes konfrontiert wird, während sie sich gleichzeitig mit dem realen Kind zufriedengeben muß, dessen Erscheinung nicht immer ihren Wünschen entspricht.

Aus all diesen Gründen ist Sylvia Brody der Ansicht, daß die Begriffe, die sich um das Bindungsverhalten drehen, auch wenn sie sich in den Forschungsarbeiten als berechtigt erwiesen haben, doch die Gefahr in sich bergen, alle Schwierigkeiten in den Hintergrund zu drängen, die sich – zumindest in unserer Kultur – bei bestimmten Müttern und bei manchen Babys ergeben können. Angesichts der psychischen Dimensionen der Interaktionsvorgänge und ihrer möglichen Ausprägungen benutzt die Autorin lieber den Ausdruck der früheren Beziehungen zwischen Mutter und Baby. Selbst wenn es nur um die Beobachtungen von Verhalten geht oder wenn versucht wird, etwas zur Verhaltensänderung zu unternehmen, so fließt in das Verständnis des gesellschaftlichen Charakters dieser frühen Beziehungen auch die metaphorische Kraft der psychoanalytischen Theorie mit ein: Damit werden wir daran erinnert, daß die Menschen über eine seelisch-geistige Aktivität verfügen.

6 Der Wert der psychoanalytischen Theorie für die Untersuchung der frühen Interaktionen

Wir haben soeben versucht zu zeigen, daß mit der verhaltenswissenschaftlich und kybernetisch orientierten Theorie der Bindung leicht die psychischen Dimensionen übersehen werden, die man ja nicht ausgrenzen kann. Liest man eine der neuesten Arbeiten von John Bowlby [1], so spürt man, wie weit der Verfasser von der Theorie Freuds entfernt ist, mag er sich auch noch so sehr bemühen, diesen Eindruck zu vermeiden. Er behauptet tatsächlich, daß er sich weiterhin dem Grundgedanken des »Entwurfs« [2] verpflichtet fühle, und ordnet damit die Psychologie den Naturwissenschaften zu. Bowlby meint, daß die Definition Freuds aus dem Jahre 1925, nach welcher die Psychoanalyse »die Wissenschaft von den unbewußten psychischen Vorgängen« [3] ist, an diesem ursprünglichen Gedanken nichts ändere. Aus der Enttäuschung darüber, daß die Metapsychologie für die Bildung einer allumfassenden Theorie nicht ausreicht, zogen sicherlich einige den Schluß, die Psychoanalyse den Sozialwissenschaften zuzuordnen. Aus diesen Gründen tritt Bowlby, der sich mit den Zielsetzungen Freuds ganz in Einklang sieht, für neuartige Ansatzmöglichkeiten ein. Außer der Analyse von Patienten rechnet er dazu auch die direkte Beobachtung der Interaktion zwischen Kindern und Eltern. Er vermutet, daß die Interaktionsvorgänge in engem Zusammenhang mit dem Bindungs- und dem Explorationsverhalten stehen, das er als unmittelbar gegeben voraussetzt. Individuelle Unter-

---

[1] J. Bowlby, »Psychoanalysis as a Natural Science«, *Int. Rev. Psychoanal.*, 1981, *8*, S. 243 ff.

[2] S. Freud, »Entwurf einer Psychologie« (1895); bekanntlich hat Freud diese Arbeit an Fließ geschickt und beabsichtigte nicht, sie zu veröffentlichen. Der Text wurde jedoch in den Band aufgenommen, der die Briefe von Freud an Fließ enthält; er erschien unter dem Titel: *Aus den Anfängen der Psychoanalyse*, S. Fischer, Frankfurt, 1975.

[3] S. Freud, »Selbstdarstellung« (1925), GW Bd. XIV, S. 31–96.

schiede in den Verhaltensäußerungen erklärt er mit den Erlebnissen und Ereignissen, die im Austausch jedes einzelnen mit seinen Eltern stattfinden. Mit dieser theoretischen Auffassung wird der Blick zwangsläufig wieder auf die Ansätze der Verhaltensforschung sowie der System- und der Informationstheorie gerichtet.

In den Modellen zur Veranschaulichung der bewußten und unbewußten Vorgänge wird zwischen Ursache, Funktion und Ziel einer Verhaltensweise unterschieden; ebenso zwischen biologischem und psychischem Bereich getrennt. So besteht zwischen der Motivationstheorie und der Libido- und Triebtheorie Freuds ein grundlegender Unterschied; und die Entwicklungstheorie ist etwas ganz anderes als die Darstellung der Phasen, die die Libido durchläuft. Dem Begriff der Bindung muß ein ebenso fester Platz eingeräumt werden wie den sexuellen, oralen, analen etc. Verhaltensäußerungen; dies gilt um so mehr, als er sich ja auf das ganze Leben bezieht.

In einem kürzlich erschienenen Aufsatz[4] habe ich ähnlich wie Bowlby darauf hingewiesen, daß Freud in eine Umgebung hineinwuchs, die ihn mit ihren richtungsweisenden biologischen Theorien nicht unbeeinflußt lassen konnte. In dieser Hinsicht ist er dem Grundsatz Haeckels treu geblieben, dem Propheten des Darwinismus: »Genau wie Kopernikus (1543) den auf die Bibel gegründeten geozentrischen Dogmen einen Todesstoß versetzte, verfuhr Darwin (1859) mit den anthropozentrischen Dogmen; beide sind miteinander auf das engste verknüpft.« Die Wissenschaftstheorie Freuds[5] ist unmittelbar in die Strömung des Berliner Kreises einzuordnen, dem daran gelegen war, die Physiologie, die ja eine Naturwissenschaft ist, und die Psychologie, die physiologisch ausgerichtet sein sollte, von physikalisch-chemischen Denkfiguren abzuleiten. Nach einer Mitteilung von Jones sei Freud ursprünglich sehr von Goethe angetan gewesen und habe durch ihn zur Medizin gefunden, als er eine Vorlesung zu seinem Aufsatz über die Natur hörte; dann schlug er jenen Weg ein, der ihn – nach Haeckel – bis zu Darwin führte. Er begeisterte sich für die Naturphilosophie der Romantik

---

[4] S. Lebovici, »Une lecture en 1981 de l'article de S. Freud ›Une difficulté dans la psychanalyse‹ (1917)«, *Revue française de Psychanalyse*, 1981, *45*, 6, S. 1291–1313.

[5] P.-L. Assoun, *Introduction à l'épistémologie freudienne*, Paris, Payot, 1981.

und gehörte zu den Jüngern Darwins, die in seiner Lehre den Beginn einer wissenschaftlichen Auffassungsweise sahen. Aber damit stößt die Übernahme der positivistischen Anschauungen durch Freud auch schon an ihre Grenze, auch wenn ihm offenbar nichts anderes übrigblieb, als sein Werk in Anlehnung an die bestehenden Denkweisen voranzutreiben. Mit der Psychoanalyse entsteht eine Psychologie, die an die Grenzen der realen Welt und der psychischen Realität reicht: Freud setzt den Denkmodellen, die er vorfindet, die »Hexe« Metapsychologie entgegen, die »sein eigenes Kind« ist und auf der Triebebene arbeitet; sie ist weder körperlich noch seelisch festgelegt, sondern bewegt sich im Bereich der Triebvorstellungen und der Phantasien. Freud mußte sich also mit dem Gedanken eines psychosomatischen Dualismus anfreunden. Die anatomisch-physiologische Betrachtungsweise behielt in seinen Augen für das Seelenleben weiterhin ihre Gültigkeit, wenn man von der Voraussetzung ausgeht, daß es sich in seinem Aufbau vom Reflexbogen ableitet und von den Energiemengen abhängt, die erforderlich sind, um die inneren Reize konstant zu halten.

Mit anderen Worten, das Halluzinieren der Befriedigung stellt nach Ansicht Freuds für den Menschen das Mittel dar, mit dem er sich von seiner Geburt an sein geistig-seelisches Leben erschafft. Sein unbewußter Wunsch ist die Erwiderung auf die ursprüngliche Hilflosigkeit des Neugeborenen.

Wie aus dem im vorigen Kapitel erwähnten Artikel von Sylvia Brody hervorgeht, hat die Darstellung des Bindungsverhaltens bei Bowlby eine Vernachlässigung der unbewußten Bestrebungen zur Folge. In der kurzen Erläuterung eines Falles, den Bowlby zu den narzißtischen Störungen zählt, bietet er zum Beispiel diese Erklärung: »Um über den Zustand dieser Frau Aufschlüsse zu erhalten, die ich angesichts des derzeitigen Wissensstandes für zutreffender halte und die ich auf Grund unserer Kenntnisse über die Informationsverarbeitung des Menschen auch einleuchtender finde, könnte folgendermaßen argumentiert werden: Die intensiven Schmerzen, die sich im Laufe der ersten Jahre als Folge langanhaltender und vermutlich häufig wiederkehrender Frustration ihrer Bindungsbestrebungen einstellten, sind letztlich durch das immer wieder auftretende Bedürfnis bedingt, in dem Wunsch nach liebevoller Fürsorge enttäuscht zu werden. Die innere Anlage ihres Verhaltens, die die Beziehungsaufnahme steuert, wurde von ihrem aktiven Teil abgetrennt und bestand gleichwohl in Form von Impulsen und Begehren fort, die ihren Wünschen zuwiderliefen. Dies hatte zur Folge, daß sich die Wünsche, Gedanken und Gefühle, die an den auf die Bindung zielenden Regungen beteiligt sind, ihrem Bewußtsein entziehen.« Bowlby fügt noch hinzu, daß diese verhaltenstheoretische Darstellung den Aussagen Winnicotts sehr nahekomme, wenn er bestimmte Krankheitsbilder auf Unzulänglichkeiten der mütterlichen Fürsorge zurückführt (»die nicht ausreichend gute Mutter«).

Ergänzend merkt er an, daß der selektive Ausschluß bestimmter Inhalte, den er bei dieser Patientin vermutet, mit unserer Kenntnis des Wahrnehmungsapparates übereinstimmt. Er definiert diese Sperre als eine Abwehr, die eine fortwährende Aktivität innerhalb des Unbewußten erfordert.»Die Tatsache, daß das innere Verhaltenssystem unangetastet bleibt und wieder neu aktiviert werden kann, erklärt jene Erscheinungen, die Freud veranlaßten, von einer Dynamik im Unbewußten und von Verdrängung zu sprechen. Die von mir postulierte abwehrende Zurückweisung ist in der Tat nichts anderes als die Verdrängung.« Bowlby nimmt an, daß diese neue Terminologie eher dem Bezugsrahmen entspricht, an dem man sich nach seiner Auffassung orientieren sollte. Im Zuge des psychoanalytischen Prozesses ergibt sich vielleicht, daß der Patient in dem Sicherheit gebenden Rahmen der Analyse den Mut findet, die ausgeschlossenen Zusammenhänge in sein Bewußtsein aufzunehmen. Das setzt natürlich die Bereitschaft des Analytikers voraus, dem Patienten behilflich zu sein, sich auf die aus der Erinnerung hervortretenden Erlebnisinhalte einzulassen. Damit gibt es zwei Arten von Informationen: Neben den unmittelbar aus der Vergangenheit herrührenden Fakten gibt es jene, die durch Übertragung zugänglich werden. Kann der Patient die jeweiligen Zusammenhänge annehmen, wird dadurch natürlich sein bindungsorientiertes Verhalten gefördert.

Mit unserer ausführlichen Erörterung der Arbeit Bowlbys wollten wir zeigen, daß der von ihm eingeschlagene Weg zu einer Absage an die unbewußte Tätigkeit des Seelenlebens führt oder diesen Begriff zumindest auf ein Verständnis von nicht bewußten Gedanken und Gefühlen reduziert, das lange Zeit vor Freud gültig war.

Bei der Darstellung jenes Geschehens, das wir die Interaktionen im Bereich der Phantasien nennen wollen, wird sichtbar werden, wie bedeutsam die Phantasien der Mutter für Aufbau und Entwicklung dieser Interaktionen sind. Aber selbst wenn man nur in Betracht ziehen will, was im Zusammenhang mit den Fähigkeiten des kleinen Babys dargelegt worden ist, so darf gesagt werden, daß die Mutter die zur Äußerung gelangten Signale versteht, weil sie eine antizipatorische Erwartungshaltung hat. Man kann also die Frage aufwerfen, ob die Bezugnahme auf die unbewußten Wünsche der Mutter nicht unerläßlich ist.

Wollte man die verhaltensorientierte Darstellungsweise der Interaktionsvorgänge plump den psychoanalytisch begründeten Ansätzen gegenüberstellen, würde man vermutlich übersehen, daß zahlreiche Analytiker zu den neuen Entdeckungen über die Entwicklung des jungen Säuglings einen Beitrag geleistet haben. Dennoch bleibt die Frage unausweichlich, ob die Rückbesinnung auf die Metapsychologie Freuds nützlich ist. Diese Frage stellt sich auch W. W. Meissner[6] in seinem Aufsatz »Metapsychologie – wer braucht sie?«

Die Haupteinwände gegen die Metapsychologie Freuds werden von jenen Forschern erhoben, die ihm den Grundgedanken einer ständigen Triebaktivität streitig machen. Bei den modernen Anschauungen wird das Gewicht vielmehr auf die Außenreize (»inputs«) gelegt, die ihrerseits verändernd auf das Nervensystem einwirken; seine Funktion besteht nicht in der Übermittlung von Energie, sondern es dient dazu, die Nervenimpulse über bestimmte Regelsysteme weiterzuleiten; diese Impulse unterscheiden sich dabei von der bekannten, gewöhnlichen physikalischen Energie. Es handelt sich, so meint man, um ein Spiel von Kräften und Energien, bei dem die Informationen durch interaktionsartige Rückkoppelungsprozesse übermittelt werden. So entsteht die Vorstellung, daß sich angesichts dieser neuartigen Auffassung des Ner-

6 W. W. Meissner, »Metapsychology – Who Needs It?«, *J. Amer. Psychoanal. Assoc.*, 1981, *29*, S. 921–938.

vensystems auch die psychoanalytische Theorie wandeln müsse, die auf irreführenden, veralteten Annahmen über die neurophysiologischen Vorgänge beruhe.[7] Wie erwähnt machten andere Kritiker den wissenschaftlichen Status der Psychoanalyse zum Gegenstand ihrer Einwände. In dieser Hinsicht heißt es oft, daß eine exakte Wissenschaft auf die Frage »Wie?« eine Antwort gebe, wohingegen die Psychoanalyse »Gründe« in Form ihrer rekonstruktiven Deutungen liefere. »Es wäre falsch, das Modell der Sozialwissenschaften, mit dem Erklärungen im Sinne von Motiven gewonnen werden, auf den Bereich der Naturbeobachtung anzuwenden. Ebenso unangemessen wäre, wenn man die naturwissenschaftliche Denk- und Urteilsweise auf die Erforschung gesellschaftlicher Ursachen und individueller oder zwischenmenschlicher Geschehnisse übertragen wollte.«[8] Diese Einwände veranlaßten einige Verfasser, unter ihnen auch George Klein, die klinisch-praktischen Ausdrücke und die theoretischen Begriffe der Metapsychologie einander gegenüberzustellen.[9] So weist der Autor zum Beispiel darauf hin, daß die Psychoanalytiker ein wertvolles Werk vollbracht hätten, indem sie aufzeigten, daß Träume, Fehlleistungen, Symptome etc. eine Bedeutung haben und daß es einen Zusammenhang zu sexuellen und aggressiven Wünschen sowie zu bewußten und unbewußten Vorgängen gibt, der unserem Verständnis zugänglich ist. Leider wollten sie ihre Erklärungsansätze durch eine Art wissenschaftlichen Manierismus vereinheitlichen, obwohl eine wissenschaftlich fundierte Theorie eigentlich gar nicht notwendig scheint und den klinischen Krankheitsbegriffen nichts weiter hinzufügt.

In derselben Arbeit schlägt G. Klein vor, die Unterscheidung von klinisch-praktischer und metapsychologischer Theorie dadurch zu ersetzen, daß der Bereich der »innerphänomenologischen« Erfahrung, die man »intersubjektiv« nennen könnte, dem funktionel-

[7] R. R. Holt, »A Review of some of Freud's Biological Assumptions and Their Influence on His Theories«, in: N. S. Greenfield u. W. C. Lewis (Hrsg.), *Psychoanalysis and Current Biological Thought*, Madison, Univ. Wisconsin Press, 1965, S. 93–234.
[8] W. W. Meissner, a. a. O., S. 925.
[9] G. S. Klein, *Psychoanalytic Theory: An Exploration of Essentials*, New York, Yale Univ. Press, 1976.

len Bereich entgegengestellt wird. Das innerphänomenologische Erleben wird dem Patienten zugeschrieben, auch wenn er sich dessen nicht bewußt ist; der Analytiker kann nämlich mit Recht voraussetzen, daß eine unbewußte Phantasie für den Patienten das entscheidende Medium darstellt, um zu erleben, was ihm allein oder in seinen Beziehungen zu anderen widerfährt. Die Brennpunkte einer psychoanalytischen Sitzung können also in jenem Erleben gesucht werden, das der Patient beim Analytiker auslöst. Das funktionale Geschehen spielt in der praxisorientierten Theorie ebenfalls eine Rolle; es geht dabei um so bekannte Vorgänge der psychoanalytischen Technik wie beispielsweise die Abwehrmechanismen.

Roy Schafer entwickelte eine recht ähnliche Theorie, indem er von der »Handlungssprache« ausgeht: »Die Begriffe der Freudschen Metapsychologie sind Begriffe der Naturwissenschaften. Freud, Hartmann und andere sprachen absichtlich von Kräften, Energien, Funktionen, Strukturen, Apparaten und Prinzipien, um so der Psychoanalyse den Charakter einer physikalistischen Psychologie zu geben. Unvereinbar mit einer wissenschaftlichen Sprache dieser Art ist es, von Absichten, Gründen, von Sinn oder subjektivem Erleben zu sprechen ... Gemäß dieser Strategie werden Gründe zu Kräften, Interessen werden zu Energien, Tätigkeit wird Funktion, aus Gedanken werden Repräsentanzen, Affekte werden Triebabfuhr oder deren Signale etc. ... Und gemäß der Annahme eines durchgängigen Determinismus ist das Wort *Entscheidung* aus dem metapsychologischen Vokabular völlig ausgeschlossen worden.«[10]

Wie R. Schafer meint, hat dieser szientistische Ansatz unter anderem zur Folge, daß die Psychoanalytiker ständig anthropomorphisierende Metaphern gebrauchen, die der Verfasser gern mit einer Regression auf eine primitive, gegenständliche Denkweise vergleicht, die nur schwerlich eine Theorie genannt zu werden verdient. Für ihn ist von Belang, daß sich die Psychoanalyse den Gedanken eines handelnden Subjekts zunutze macht; der Analytiker

---

[10] R. Schafer, *Eine neue Sprache für die Psychoanalyse*, Klett, Stuttgart, 1982, S. 31.

wendet sich mit seinen Deutungen nicht an eine Maschine, sondern an ein menschliches Wesen. Ebenso gehen in seinen Augen nicht Automaten, sondern Personen ein therapeutisches Bündnis miteinander ein.

Ein derartiger Zugang zur psychoanalytischen Theorie läuft darauf hinaus, innerhalb des *Hier und Jetzt* einen Gegensatz zwischen der klinischen Seite und der Metapsychologie herzustellen. Roy Schafer spricht sogar von einem »Erzählmodus« aus Gegenwart und Vergangenheit, die sich im psychoanalytischen Prozeß miteinander verschränken. Indem in der Analyse nach den Neuauflagen des Erzählten gesucht wird und sich die Übertragungsneurose bildet, kommt es zu einer Aktualisierung der unbewßten psychischen Regungen, die keiner zeitlichen Ordnung unterliegen. »Bei seiner Auswahl aus der Vielfalt der möglichen Mitteilungen, die den Inhalt der Sitzungen bilden, orientiert sich der Analytiker an seiner theoretischen Ausrichtung und an den Reaktionen des Patienten auf seine Interventionen. Die in der Analyse zutage tretende Lebensgeschichte und die Geschichte der Analyse selbst bestehen schließlich aus einem Gemisch von Theorien und Beobachtungen sowie von subjektiven und objektiven Momenten aus Gegenwart und Vergangenheit.«[11]

Mit dieser Revision, die sich in ihrer Theorie an der Behandlung orientiert, wie auch mit dem Ansatz von G. Klein wird also nicht nur die Metapsychologie Freuds in Frage gestellt, sondern auch die Gültigkeit der Psychoanalyse, die darauf gründet, daß (Re)konstruktionen auch der entferntesten Vergangenheit möglich sind. Das »Erzählen« in den Sitzungen ist nur eine Sprachform, die sich mit der Sprache des Analytikers, der die Herstellung der Übertragungsneurose fördert, verflicht und zur Aktualisierung nicht bewußter Inhalte führt.

Mit diesen Theorien wird also auch in Zweifel gezogen, daß der psychoanalytische Prozeß ein Verständnis für den Determinismus psychischer Abläufe zu eröffnen vermag.

---

[11] R. Schafer, »The Relevance of the ›Here and Now‹ Transference Interpretation to the Reconstruction of Early Development«, *Int. J. Psychoanal.*, 1982, *63*, S. 77–82.

In einer Veröffentlichung verteidigt D. Widlöcher[12] die Handlungssprache, greift die Thesen von Wallon und von Lagache auf und weist darauf hin, daß die Kluft zwischen der Metapsychologie Freuds und dem Behaviorismus nicht überwunden ist. Wir haben es hier mit einem Dilemma zu tun, denn »einer idealistischen (cartesianischen) Theorie, die das Verhalten als den Ausdruck eines Subjekt-Organismus begreift, steht eine positivistische Theorie gegenüber, in der das Verhalten als eine beinah mechanische Eigenschaft eines Objekt-Organismus (bei Freud der psychische Apparat) erscheint und unerschlossen bleibt.«

Seiner Meinung nach sollte man das Verhalten als einen wissenschaftlichen Gegenstand behandeln und von der Erforschung der Motive und Beweggründe zur Erklärung der Verhaltensweisen übergehen. Für D. Widlöcher gibt es keine Veranlassung, auf der Handlungsseite eine psychische Realität zugrunde zu legen; vielmehr sollten Begriffe wie der des Wunsches als eines der Prädikate der Handlung betrachtet werden: »Wünschen bedeutet zu versuchen, etwas zu tun oder es sich vorzustellen; in beiden Fällen bedeutet es jedoch zu handeln.«

Bereits in seinem Vortrag auf dem Kongreß für Psychoanalytiker aus dem französischen Sprachbereich hatte D. Widlöcher[13] die metapsychologische Theorie in Frage gestellt; er schilderte dort, welche Rolle die Phantasien in bezug auf die Libidoentwicklung spielen. An die Stelle des zeitlichen Charakters dieses Entwicklungsverlaufs möchte er eine durchdachte diachronische Entwicklungstheorie setzen, die sich in ihrem Verständnis an den gedanklichen Abläufen orientiert.

Seiner Meinung nach kann sie folgendermaßen umrissen werden:

a) Sie beinhaltet eine Kommunikation, die einen informativen Charakter besitzt; der Realität des Selbst, das als ein fortwährender, beständiger Erfahrungsprozeß erlebt wird, in dessen Zuge es

---

[12] D. Widlöcher, »L'étude des déterminismes des comportements humains«, *Psychiatrie de L'enfant*, 1983, *26*, 1, S. 141–158.

[13] D. Widlöcher, »Genèse et changement«, *Revue française de Psychanalyse*, 1981, *45*, S. 889–976.

71

durch die neurobiologischen Grundlagen zu einer Rekonstitution oder gar zu einer Rekonstruktion kommt, stehen dabei die Vorstellungen gegenüber, die im Vorbewußten aufgehoben sind.

b) Daneben gibt es eine interaktionsbezogene Kommunikation, die sich im Laufe der psychoanalytischen Erfahrung herstellt: Die vom Psychoanalytiker im voraus geahnte Reaktion setzt einen Interaktionsprozeß auf der gedanklichen Ebene in Gang. Nach D. Widlöcher ist der Analytiker an der Einleitung dieses Prozesses mit beteiligt, in dem er Vorstellungen zu Interaktionen anbietet; außerdem weckt er kraft des therapeutischen Bündnisses auch die Aufmerksamkeit des beobachtenden Ichs. Eine Deutung, die auf dem Hintergrund dieses Geschehens möglich ist, fördert die innere Einsicht (»insight«), wohingegen der Patient mit seinen gewöhnlichen Gesprächspartnern die informativ ausgerichtete Kommunikation ausübt.

Aber in seiner Theorie über die gedankliche Interaktion als Grundlage der psychoanalytischen Erfahrung räumt D. Widlöcher auch ein, daß es bevorzugte Momente in der analytischen Kommunikation gibt, »die uns diese Verschiebung der Besetzung sichtbar machen können, wenn die Überbesetzung gerade ausreicht, die Mitteilung der Vorstellung zu ermöglichen, ohne dabei die Assoziationsdynamik zu stören, die zu dieser Form von Regulierung gehört.«[14]

Diese Art von Interaktion zwischen dem Analytiker und seinem Patienten stellt ein »vollwertiges« Kommunikationselement dar, so daß es schwierig ist, nur von Gedanken und Repräsentanzen zu sprechen, ohne gleichzeitig auch den Affekt mit zu berücksichtigen. Aus diesen Gründen war ich anderer Meinung als D. Widlöcher: »Ohne hier auf den Energiehintergrund eingehen zu wollen, der den Wortvorstellungen oder dem gesamten symbolischen Inventar zugrunde liegt, das uns zur Verfügung steht und das eigentlich kaum zu einer starren Substanz gerinnen kann, möchte ich doch das Problem der Verknüpfung zwischen Gedanken und Vorstellungen einerseits sowie dem Affekt andererseits hervorheben. Eine affektive Reaktivierung unserer gedanklichen Gebilde stellt wohl auch

---

[14] D. Widlöcher, a. a. O., vgl. Anm. 13.

eine Neugestaltung der Ausgewogenheit zwischen den Affekten und Vorstellungen dar. Die Verdrängungsleistung gilt nur der Vorstellung; so jedenfalls können wir es den Schriften Freuds entnehmen, wenngleich man darüber geteilter Meinung sein kann. Nach den Erfahrungen aus meinen Psychoanalysen von Erwachsenen und Kindern können die gedanklichen Gefüge und Strukturen nur in Bewegung geraten, wenn sie sich mit wieder auflebenden Affekten verbinden, die dadurch einen zeitlichen Gehalt bekommen oder als neubearbeitete Vergangenheit dem Verständnis zugänglich werden.«[15]

Mit diesen kurzen Zeilen soll in Frage gestellt werden, ob D. Widlöcher die Auffassung der traditionellen Metapsychologie, nach der das Triebgeschehen über die Phantasien in die Handlung mündet, zu Recht verwirft, zumal er damit auch das biologische Modell der inneren Reizquelle in Zweifel zieht. Für ihn bedeutet der Trieb also nicht mehr als die Tatsache, daß eine Form des Daseins libidinös besetzt ist; im psychoanalytischen Erfahrungsprozeß kommt dies durch die Gedanken zum Ausdruck, die der Besetzung vorausgegangen sind: »Der Beitrag der Psychoanalyse scheint mir darin zu liegen, daß sie auf eine Art des Kausalzusammenhangs hingewiesen hat, bei dem die Verkettung der Repräsentanzen das aktive Moment ihrer jeweiligen Besetzung darstellt; außerdem hat sie die Nutzlosigkeit einer andersgearteten biologischen Bezugsgröße aufgezeigt.«[16]

Im Sinne dieser Hypothese könnte man zu dem Schluß gelangen, daß mit der Interaktion zwischen dem gegenwärtigen somatischen Zustand und der augenblicklichen Umweltsituation scheinbar ein System von Gedanken entstehen konnte, dessen diachronische Verknüpfungen die Grundlage für die Abfolge der Phantasien abgeben würde. Sicherlich widerspricht diese Theorie nicht jener Auffassung, nach der die Entwicklung des seelischen Lebens den Wirkungen unterworfen ist, die sowohl von der Neotenie als auch von der Einheit aus Neugeborenem und mütterlicher Fürsorge ausgehen. Die daraus entstehende Triebgrundlage sieht D. Widlöcher jedoch

---

[15] S. Lebovici, »A propos du rapport de D. Widlöcher«, *Revue française de Psychanalyse*, 1981, *45*, 4, S. 1048–1056; Zitat S. 1050.
[16] D. Widlöcher, a. a. O., vgl. Anm. 13.

nicht als die treibende Kraft an, mit der die Verbindung der Wahrnehmung und der Abkömmlinge des Unbewußten einerseits und der seelischen Verarbeitung andererseits angebahnt wird.

Er spricht zwar von einer Ausgangsphantasie und von Urphantasien, die ihre Form und ihre Besetzung auf Grund einer fortwährenden Bestätigung bewahren, die ihnen im Seelenleben und in der äußeren Realität, in der sie mehr oder minder gut verankert sind, zuteil werden; auch gesteht er zu, »daß sich die bewußte oder unbewußte Illusion über eine mögliche Erfüllung der Phantasie auf die Erfassung dieser Realität auswirkt und die Phantasietätigkeit in Gang hält.« Aber er stellt den zeitlichen Ablauf des Denkens und des seelischen Geschehens der diachronischen Zeit gegenüber und bringt damit etwas zum Ausdruck, das sich von dem Bild eines linearen Systems aus Raum und Zeit deutlich unterscheidet. In seinen Augen erscheint die psychische Realität unter dem Gesichtspunkt der Zeit; die kindliche Entwicklung ist lediglich dadurch gekennzeichnet, daß Denk- und Handlungsformen allmählich zunehmen; dabei wird davon ausgegangen, daß die zeitliche Dimension nicht nur Angleichung und Anpassung, sondern auch Widerstand und Rückfall bedeutet. Innerhalb dieser Darstellung, die Denken und Handeln einander annähert, kommen unserer Ansicht nach jene fruchtbaren, strukturstiftenden, lebendigen Momente, in denen die Sprache der mütterlichen Affekte aufscheint, nicht ausreichend zur Geltung und ebensowenig *mutatis mutandis* jene besonderen Augenblicke, in denen dem Analytiker mit der Hysterisierung seines Denkens Deutungen gelingen, welche die Übertragungsbeziehung ändern und zu ganz anderen Verläufen führen, als es im allgemeinen der Mechanismus der Wiederholung ermöglicht.

Setzt man sich als Psychoanalytiker mit den Revisionen der Metapsychologie Freuds auseinander, so bleibt man unter anderem auf die eigene alltägliche Erfahrung und auch auf eine Rekonstruktion angewiesen, die sich nicht mehr an dem archaischen Modell ausrichtet, das auf das Kind zielt.

In einem Aufsatz von J.-B. Pontalis [17] erfahren wir, daß man sich

[17] J. B. Pontalis, »La chambre des enfants«, *Nouvelle Revue de Psychanalyse*, 1979, *19*, S. 5–12.

gar nicht in dem seelischen System und Unbewußten befindet. Er schreibt: »Paradoxerweise müßte uns die Kinderpsychoanalyse viel entschiedener zur Aufgabe der archaischen Illusion bewegen als die Analyse von Erwachsenen«; und an anderer Stelle heißt es: »Das bedeutet für uns in zweifacher Hinsicht eine große Lehre: Wenn man weiterhin die Ereignisse in der Kinderstube belauschen will, sei es von der Tür aus oder sei es, daß man sie betritt, so läuft man leicht Gefahr, nur die Laute der eigenen inneren Stimme zu vernehmen. Vor allem die Urphantasien, die ja ebenso der Spurensuche des Analytikers zugrunde liegen wie sie auch die kindliche Neugier wecken, führen darüber hinaus allmählich auf einen praktisch unausweichlichen regressiven Abweg, der darin besteht, daß der Charakter des Ursprünglichen ausgehöhlt wird, um es damit letztlich zu einer greifbaren Realität umzuformen. Dabei ist gleichgültig, ob diese Realität als gegenständlich (›Umwelt im Säuglingsalter‹) oder als psychisch (›archaische Phantasien‹) angesehen wird.«

In derselben Ausgabe der *Nouvelle Revue de Psychanalyse* veröffentlicht A. Green[18] einen Artikel, in dem er die szientistische und die hermeneutische Auslegung der Psychoanalyse einander gegenüberstellt. Er geht mit den entwicklungsorientierten Ansätzen hart ins Gericht und rückt sie in die Nähe medizinischer und damit zwangsläufig auch »geradliniger« Betrachtungsweisen, selbst wenn sie von dem Wunsch getragen sind, zu helfen und zu bessern. »Die ›Entwicklungs‹-Psychoanalyse hat das ›Kind Freuds‹ nicht zum Gegenstand der Theorie erhoben, sondern es nur zu einer einfältigen Hagiographie herabgewürdigt.« Daher kommt es auch zu den heftigen Angriffen, mit denen er die direkte Beobachtung durch den Psychoanalytiker zu treffen hofft. Er setzt das wahre Kind der Psychoanalyse – und das Kind der konstruierten historischen Wahrheit – dem realen Kind der Psychologie entgegen. Mit seinen grundlegenden Gedanken zur Traumarbeit, so lesen wir bei Green, hat Freud der Psychoanalyse die Möglichkeit eröffnet, den infantilen Wunsch ausfindig zu machen. Das Kind ist ebenso Bestandteil der psychoanalytischen Theorie wie die Phantasie, die Übertragung oder das Symptom. »Als Freud später die kindliche

---

[18] A. Green, »L'enfant modèle«, *Nouvelle Revue de Psychanalyse*, 1979, *19*, S. 27–48.

Sexualität in Angriff nimmt und damit die Bildung der psychoanalytischen Theorie abschließt, stützt er sich nicht – oder nicht nur – auf Beobachtungen, sondern stellt gleichzeitig Hypothesen über Vorgänge auf, die grundsätzlich nicht der Anschauung zugänglich sind; so kommt er beispielsweise zu der Behauptung, daß aus keiner Beobachtung etwas abgeleitet werden könne, daß aber ein *Gedanke* eine Konstruktion ermöglicht. Er hebt als erster besonders *die Diskontinuität* der menschlichen Sexualität hervor, die von Anbeginn vorhanden ist (sie wird verdrängt oder wirkt latent, um danach voll wieder aufzublühen: Scheintod und anschließende Wiedergeburt).«

Letzten Endes befinden sich jene, die in Anlehnung an Bowlby die metapsychologische Version einer Konstruktion der Vergangenheit beanstandet haben, im Verein mit den anderen kritischen Stimmen, die den Psychoanalytikern streitig machen wollen, bei der Erforschung der kindlichen Vergangenheit mit der Beobachtung der frühen Interaktionen anzusetzen.

Nimmt man diese Einwände zur Kenntnis, so sind mehrere Möglichkeiten denkbar. Man kann den Wert der Arbeiten über die frühen Interaktionen in Zweifel ziehen, die sich mit ihrer wissenschaftlichen, d. h. experimentellen Formalisierung über die Einimaligkeit des individuellen menschlichen Erlebens hinwegsetzen und um der Objektivität willen zu einer Verkürzung führen. Auch kann man sich an das psychoanalytische Grundmuster klammern und insbesondere hinsichtlich der Konstruktion der kindlichen Geschichte jeglichen interdisziplinären Ansatz ablehnen. Andere Analytiker – und zu ihnen gehört auch Bowlby – geben, wie wir dargelegt haben, einfach die psychoanalytische Theorie auf.

Einige Wissenschaftler wie Robert N. Emde [19] empfehlen den Psychoanalytikern, die sich neue Zugangsmöglichkeiten bei der Erforschung des Kindesalters erschließen, die daraus entstehenden Probleme zu bedenken; seiner Meinung nach spielen folgende Momente dabei eine Rolle:

a) Die historische »Realität«, die »Eigendynamik« der Lebens-

[19] R. N. Emde, »Changing Models of Infancy and the Nature of Early Development: Remodeling the Foundations«, *J. Amer. Psychoanal. Assoc.*, 1981, *29*, I, S. 179–220.

geschichte, die eine Kenntnis der aktuellen, realen Gegebenheiten beinhaltet;

b) die Tendenz zur Selbstkorrektur, durch die das Kind bei Fehlentwicklungen wieder auf die vorgezeichnete Bahn zurückgeführt wird;

c) die Fähigkeit, im frühen Alter äußerst schwere traumatische Erlebnisse zu ertragen, ohne zwangsläufig erhebliche Schäden zu erleiden;

d) die Möglichkeit, durch Interaktion mit der Umwelt die gesamte Ausrichtung der eingespielten Objektbeziehungen zu ändern; damit erlangt die Untersuchung der »Wechselbeziehung« im Versuch zur innerindividuellen Realität eine besondere Bedeutung.

Sowohl die vorgetragenen Revisionen als auch die ablehnende Haltung gegenüber dem äußeren Verhalten und der Entwicklungsbeobachtung haben aber doch etwas Verblüffendes: Es mangelt ihnen an einem Freudverständnis, das den energetischen und ökonomischen Aspekten Rechnung trägt. Die Affekte, die Besetzungen und Gegenbesetzungen geraten darüber in Vergessenheit.

Wie ja bereits sichtbar wurde, waren die Psychoanalytiker im Anschluß an Freud darauf bedacht, in ihren (Re)konstruktionen möglichst weit an das archaische Erbe heranzureichen; sodann glaubten sie die Treffsicherheit dieser Konstruktionen dadurch verbessern und befestigen zu können, daß sie die Ergebnisse aus der Erforschung der kindlichen Entwicklung der Theorie und Praxis ihrer Psychoanalyse gegenüberstellten. Angesichts der neuerlich durchgeführten Untersuchungen zu den führen Interaktionen kann ihnen nicht daran gelegen sein, das reale Kind mit dem Kind der Psychoanalyse zu vermengen. Sie könnten also auch der Meinung sein, daß das Kind unabhängig von der Zugangsweise und der Auffassung her den Gegenstand unserer Forschungsbemühungen darstellt. Weder die Psychoanalytiker noch die Verhaltensforscher können da einen Besitzanspruch geltend machen.

Aus diesem Grund sind wir der Ansicht, daß eine *fachübergreifende* Erforschung der Interaktionen zwischen dem Baby und seinen Eltern für Psychoanalytiker in Betracht kommt, die die zahlreichen Arbeiten über die innerfamiliären Austauschprozesse wohl kennen und die sich auch darüber im klaren sind, daß das Baby, so wie Freud schreibt, zusammen mit der mütterlichen Fürsorge tatsächlich ein derartiges psychisches Gefüge bildet.[20]

Diese oft zitierte Formel müßte heutzutage dergestalt geändert werden, daß man der Fürsorge auch die *mütterlichen Phantasien* hinzufügt. Im folgenden Teil dieses Werkes werden wir diese Behauptung weiter ausführen.

[20] S. Freud, »Formulierungen über die zwei Prinzipien des psychischen Geschehens« (1911), GW Bd. VIII, S. 229–238.

Teil III
Die frühen Interaktionen

Einleitung

In den vorangehenden Kapiteln haben wir zunächst ausgeführt, wie sich die Entstehung des seelischen Lebens im Säuglingsalter unter dem Blickwinkel der Theorie Freuds darstellt; danach erörterten wir, welche Folgen sich daraus ergaben, daß mit den wissenschaftlichlichen Arbeiten über das Wesen der Bindung auch eine Revision verbunden war. In den ersten beiden Teilen dieses Buches haben wir versucht, die neuesten Veröffentlichungen zu sichten, und konnten uns ein gewisses Bild von den methodologischen und wissenschaftstheoretischen Problemen machen, vor die sich Forscher und Psychoanalytiker gestellt sehen, wenn es darum geht, Modelle zu entwickeln, die zum Verständnis der Vorgänge zwischen einer Mutter und ihrem Baby beitragen.

Unzählige Arbeiten widmen sich diesen Forschungsansätzen, die zum Teil darauf abzielen, die Kompetenzen des Kleinkindes genauer zu erfassen.[1] Sie bringen unerwartete Ergebinsse und bestätigen im Grunde die Überlieferungen der Volkstraditionen. Sie geben Anlaß, die pseudowissenschaftliche Vorstellung zu überdenken, nach der ein Säugling ein Lebewesen ist, das man füttern und schlafen lassen müsse. Andererseits ist die Verhaltensbeobachtung an Babys nach Methoden durchgeführt worden, die Fachleute auch bei der Erforschung des Tierverhaltens anwenden.

Die beiden großen Forschungsrichtungen haben sich im Anschluß an die Revision gebildet, die J. Bowlby vorgeschlagen und ausführlich dargelegt hat, wie im zweiten Teil dieses Buches gezeigt wurde. Er vermutet bereits, daß die ursprünglichen Bindungen durch das interaktionsbezogene Gleichgewicht eines Systems bestimmt werden.

Diese Hypothese ist praktisch die theoretische Grundlage, auf

---

[1] Der Begriff der Kompetenz ist irreführend: Im Englischen bedeutet er nicht nur eine Anlage, sondern das voraussichtliche Vermögen des kompetenten Subjekts, von ihr unter günstigen Bedingungen, die die Umwelt ihm bieten kann, auch Gebrauch zu machen.

der die Arbeiten über die frühen Interaktionen beruhen. Im großen und ganzen setzen sie sich nicht nur mit der Bindung des Babys an die Mutter auseinander, sondern mit den grundsätzlich vorbestimmten Verhaltensweisen, die an der wechselseitigen Beeinflussung beteiligt sind. Ihre Neuartigkeit besteht also in der Erfassung von Verhaltensweisen des Babys, die sich auf das Verhalten der Mutter auszuwirken scheinen.

Alles in allem ermöglichen diese eingehenden Beobachtungen, Untersuchungen und Studien, die erstaunliche Entwicklung der frühesten Interaktionssysteme zu erfassen. Obwohl nach J. Bowlby die auf der Bindung beruhenden Verhaltensweisen während des ganzen Lebens bei jedem Menschen eine Rolle spielen, haben sich die Forscher vordringlich der Darstellung der Interaktionen beim Kleinkind in den ersten drei Lebensjahren zugewandt.

Die verhaltensorientierte Betrachtungsweise will theoretisch völlig voraussetzungslos sein; die Erforschung der Beziehungen zwischen dem Mutter- oder Kindesverhalten einerseits und den Veränderungen der neurophysiologischen und neurohormonalen Systeme andererseits weckt jedoch bei vielen Wissenschaftlern Hoffnungen. Darüber hinaus können die zahlreichen Psychoanalytiker, denen, wie erwähnt, an der direkten Beobachtung des Kindes gelegen ist, nicht umhin zu versuchen, zwischen ihren Theorien, die sie vielleicht zu überdenken bereit sind, und den sich häufenden Neuentdeckungen wieder einen Zusammenhang herzustellen.

Man kann wohl sagen, daß die verhaltensorientierten Forscher sich der Erfassung der sozialen Interaktionen verschrieben haben. Aber die Psychoanalytiker können gar nicht anders, als der Dimension der elterlichen Psyche mit ihren unbewußten und bewußten Konflikten Rechnung zu tragen. Sie werden schließlich die Bedeutung des Gefühlslebens bei den Protagonisten der Interaktion hervorheben. Sie werden also den interaktionsbezogenen Aspekt der von Mutter und Baby erlebten Affekte darlegen. In Frankreich haben wir uns auch mit den Eigenheiten der zwischenmenschlichen Bindungen beschäftigt, die zwischen Kind und Mutter bestehen, sowie mit der Rolle, die die mütterlichen Phantasien bei der Entfaltung des Babys spielen. Daher ist auch von Interaktionen auf dem Gebiet der Phantasien die Rede.[2]

Der dritte Teil dieses Buches wird also zwei Abschnitte umfassen:

- Im ersten Teil, den S. Stoléru verfaßt hat, werden wir uns ein Urteil über die zahlreichen Arbeiten bilden, die sich mit den Kompetenzen des Babys und den frühen Interaktionen beschäftigen.
- Der zweite Teil wird uns von der ursprünglichen Bindung zu der Interaktion im Bereich der Phantasien führen.

---

[2] L. Kreisler u. B. Cramer: »Sur les bases cliniques de la psychiatrie du nourisson«, *Psychiatrie de l'enfant*, 1981, *24*, 1, S. 223–263.

S. Lebovici: »Pour une clinique de l'interaction«, *Perspectives Psychiatriques*, 1983, *90*.

Erster Abschnitt.*
Untersuchungen über die Kompetenzen des Babys und die frühen Interaktionen

* Der erste Abschnitt des dritten Teils wurde von S. Stoléru verfaßt.

7 Vorbemerkung: Die Interaktion zwischen Mutter und Säugling. Beobachtungsvoraussetzungen und klinisches Material

In den folgenden Kapiteln wird der Begriff der Interaktion in den Phantasien vorgestellt und erörtert. Er vertieft das Verständnis für die Interaktion zwischen Mutter und Säugling und führt insbesondere dazu, daß wir das Augenmerk unserer Forschung auf die Dimension des Unbewußten in dieser Interaktion richten. Zunächst geht es vor allem um die Interaktion, wie sie sich unter dem Blickwinkel verschiedener Methoden direkter Beobachtung darstellt.

Die Forschungen auf diesem Gebiet nehmen ständig zu, wobei die Lücken in unserem derzeitigen Wissen uns anregen, Mutter und Baby sowie ihren wechselseitigen Umgang in der Praxis zu untersuchen.

Sehr lückenhaft sind vor allem unsere Kenntnisse über das Baby. Da das von Psychiatrie und Psychologie bevorzugte Medium, nämlich die Sprache, größtenteils ungeeignet ist, müssen wir uns nach anderen Kommunikationsmöglichkeiten umsehen, um den Säugling zu verstehen. Selbst das Spiel, das die Forschungen der Kinderpsychoanalytiker vorangebracht hatte, ist hier mitunter zwar brauchbar, aber nicht unmittelbar oder nur in neuen, ungewohnten Formen, die für uns von Interesse sind. Wir müssen uns also nach neuen Anhaltspunkten, nach anderen Äußerungsformen stimmlicher, mimischer, affektiver Art umsehen und uns eine neue Zeichentheorie erarbeiten.

Zwar erkennen wird bestimmte größere Störungen in der neuropsychischen Entwicklung und auch psychopathologische Zustände des Säuglings immer besser; aber es gibt auch schwächer ausgeprägte Störungen, die auf einen weniger dramatischen, aber weiterhin sehr besorgniserregenden pathologischen Prozeß hindeuten, der als solcher erkannt und eingeschätzt werden muß.

Auch scheint uns das Ziel D. W. Winnicotts, nicht nur die Pathologie zu vermeiden, sondern auch die Persönlichkeitsentfaltung voranzutreiben, heute noch genauso aktuell zu sein wie damals, als er es formulierte. Meiner Meinung nach bedeutet das auch, daß wir mit den Aspekten vertrauter werden müssen, die die Interaktion Mutter-Säugling annimmt, wenn sie sich harmonisch und zum Wohl beider Beteiligten entwickelt.

Die Interaktion Mutter-Säugling wird heute als ein Vorgang begriffen, in dessen Verlauf die Mutter dadurch mit ihrem Baby in Kontakt tritt, daß sie bestimmte »Botschaften« an es richtet, während das Baby seinerseits mit Hilfe der ihm eigenen Mittel seiner Mutter »antwortet«. Damit erscheint die Interaktion Mutter-Säugling als eine Urform aller späteren Formen von wechselseitigem Austausch. Bei dieser »Unterhaltung« werden die Wröter und Sätze von der Mutter oft, vom Säugling jedoch immer durch nonverbale Botschaften wie Gesten, Lautbildungen, Lächeln etc. ersetzt.

Diese Vorgehensweise bei der Beobachtung der Beziehung zwischen Mutter und Säugling gibt es jedoch erst seit höchstens 30 Jahren; und erst seit ungefähr 15 Jahren wird sie wirklich weiterentwickelt. In den ersten Auffassungen über die Beziehungen zwischen Eltern und Säugling wurde das Baby zu einem passiven Objekt gemacht, das den verschiedensten elterlichen Einflüssen unterworfen war; die frühen Theorien betonten die Umwelt des Babys, die es prägte und welche die Richtung seiner Entwicklung und deren verschiedene Ausprügungen bestimmte. Bildlich gesprochen, wurde der Säugling nach dieser Auffassung als ein Stück gestaltlosen Tones angesehen, das seine Eltern weitgehend formen und dem sie leicht ihr Gepräge verleihen konnten. Der von dem Baby auf die Eltern zurückwirkende Impuls war kein bedeutender Bestandteil in der Darstellung der Eltern-Kind-Beziehung.

Seit Ende der sechziger Jahre wird die Beziehung zwischen Eltern und Säugling nicht mehr als eine »Einbahnstraße« betrachtet. Das Baby erscheint nunmehr als ein Wesen, das in der Lage ist, in der gleichen Weise auf seine menschliche Umgebung einzuwirken, wie es auch ihrem Einfluß unterworfen ist. Der Nachweis dafür wurde auf vielfältige Art und Weise erbracht. In verschiedenen Arbeiten wurde gezeigt, daß das Gebaren und die Verhaltensweisen der Eltern in Abhängigkeit von Merkmalen der Babys wie Alter, Geschlecht, psychomotorischer Entwicklungsstand etc. variierten. Da sich herausstellte, daß die Babys große individuelle Unterschiede in der Art ihrer Interaktionsaufnahme mit der Mutter aufweisen, konnte darüber hinaus gezeigt werden, inwieweit die Unterschiede zwischen den Babys Ursache für die verschiedenen Formen von Zuwendung zu sein scheinen, mit der die Mütter ihrerseits reagieren. Schließlich wurden vor allem die Interaktionsabfolgen Mutter – Baby als Sequenzen wechselseitigen Austausches betrachtet und analysiert, wo jeder an der Interaktion Beteiligte gehalten ist, dem anderen zu »antworten« und ihm damit eine Botschaft anzutragen, auf die dieser seinerseits antworten kann oder auch nicht. Das Modell der Interaktion Mutter – Säugling hat sich also zu einer Abfolge wechselseitiger Austauschbewegungen gewandelt, die sich durch Botschaften und Signale gemäß dem Entwicklungsstadium des Säuglings vollziehen. Das vorrangige Interesse der Forschung hat sich dann auf die Struktur dieser Interaktionsabfolgen verlagert, auf ihren Rhythmus, die zeitliche Übereinstimmung in der Interaktion der beiden Partner oder auch den Grad der Wechselseitigkeit in den Austauschbewegungen.

In dem Augenblick, wo die Mutter ihr Neugeborenes zum ersten Mal in die Arme nimmt, berührt sie es, spricht zu ihm, schaut es an, läßt es ihren Geruch und ihre Wärme spüren; diese Merkmale der Mutter sind schon mehr als objektivierbare Daten, so wie wir als Erwachsene sie wahrnehmen: Sie sind ebenso von Anbeginn in dem Maße interaktionsbezogene Reize, wie sie vom Baby aufgenommen werden können, denn es verfügt bereits über sensorische Fähigkeiten wie z. B. visuelle, auditive, olfaktorische etc. Und schon sendet das Baby seinerseits Botschaften aus, auch wenn sie nur darin bestehen, daß es schläft, schreit, saugt etc.

Daher beginnen wir in unserer Arbeit über die Interaktion Mutter – Säugling mit den sensorischen Fähigkeiten des Neugeborenen, welche die Verhaltensweisen der Mutter ihm gegenüber nicht nur als »Fürsorge« erscheinen lassen, sondern auch als Ausgangspunkt für die ersten Interaktionsgeschehnisse.

8 Das Neugeborene: Sensorische und interaktionsbezogene Fähigkeiten

Eines der bemerkenswertesten und spannendsten Gebiete, das die neueste Forschung entdeckt hat, betrifft die Fähigkeiten des Neugeborenen, insbesondere seine *sensorischen und interaktionsbezogenen Fähigkeiten*. Zum Verständnis der Interaktion zwischen dem Elternteil und dem Neugeborenen ist es von Vorteil, sich anzuschauen, auf welche Wahrnehmungen und Empfindungen sie sich stützen und gründen kann.

Das Sehvermögen

In der Arbeit von Greenman[1] wird dargelegt, daß sich die überwältigende Mehrheit der Neugeborenen (95%) schon in den ersten vier Lebenstagen in der Lage zeigt, einen bunten Gegenstand wie z. B. einen roten Ring mit den Augen zu verfolgen. Die Augenbewegungen sind sicherlich manchmal unregelmäßig, und die Augen bewegen sich oft sprunghaft fort, um den wandernden Gegenstand wieder zu »erwischen«. Während dieser Phase visueller Aufmerksamkeit stellt das Baby seine eigenen Körperbewegungen ein, so daß es von seinem Interesse an dem visuellen Zielobjekt völlig gefesselt zu sein scheint. Einige Neugeborene gehen sogar so weit, daß sie den Kopf drehen, um leichter mit den Augen zu folgen.

R. L. Fantz[2] zeigte seinerseits, daß Neugeborene im Alter von zehn Stunden bis fünf Tagen längere Zeit visuell auf etwas konzentriert waren, wenn ihnen visuelle Vorlagen dargeboten wurden, die eine Struktur aufwiesen (Gesicht, konzentrische Kreise, Buchstaben), als wenn diese Vorlagen nur einfarbig waren. Er schloß daraus, daß das Vermögen, die strukturellen Momente einer visuellen

---

[1] G. W. Greenman: »Visual Behavior in Newborn Infants«, in: A. J. Solnit u. S. A. Provence (Hrsg.), *Modern Perspectives in Child Development*, New York, Hallmark, 1963.
[2] R. L. Fantz: »Pattern Vision in Newborn Infants«, *Science*, 1963, *140*, S. 296–297.

Vorlage wiederzuerkennen, schon im Säuglingsalter vorhanden ist. Die visuelle Konzentration bei diesen Neugeborenen schien darauf hinzudeuten, daß sie lieber solche Bilder anschauten, die eine gewisse Komplexität aufwiesen, als einfache Formen oder einfarbige Flächen. Mit derartigen Untersuchungen sind frühere Auffassungen überholt, nach denen das Neugeborene ein Organismus war, dessen Nervensystem nur den Hirnstamm unter Ausschluß der Hirnrinde beanspruchte. Sie haben zusätzlich die Aussagen der Mütter bestätigt, die behaupten, daß ihr Baby sie schon im Säuglingsalter anschaue. Übrigens sind das Halten und Liebkosen des Babys genau die Gebärden, die in der Untersuchung von Greenman das Öffnen der Augen bei Neugeborenen begünstigten und damit das weitere Betrachten des visuellen Reizes ermöglichten. *Vom Säuglingsalter an* erscheint der Blick des Babys als eine Art und Weise, in das Baby die Kraft der affektiven Bindung zwischen ihm und seiner Mutter entwickeln kann.

Kann das Neugeborene akkommodieren und damit seinen visuellen Apparat den verschiedenen Entfernungen anpassen, die es von den Gegenständen trennen? Nach Haynes u. a.[3] scheint es, daß sich das Akkommodationssystem vor dem Alter von einem Monat nicht den Entfernungsänderungen der visuellen Vorlagen anpaßt und daß es auf Gegenstände eingestellt ist, die ungefähr 20 cm entfernt sind. Dafür reift das System vom zweiten Lebensmonat an so geschwind, daß der Säugling mit vier Monaten bereits die volle Akkommodationsfähigkeit eines Erwachsenen besitzt.

M. Haith[4] lenkt die Aufmerksamkeit auf die Strategien, die das Neugeborene anwendet, um die Gegenstände visuell zu erkunden. Er zeigt, daß das Neugeborene sich an die *Umrisse* der Objekte, an die Scheidelinie zwischen zwei farblich unterschiedlichen Bereichen hält; gibt man ihm ein Dreieck vor, tastet es mit den Augen die Winkel der Figur ab. In dieser Weise lenkt er seinen Blick auf die Bereiche, die die meisten visuellen Informationen liefern.

---

[3] H. Haynes, B. L. White u. R. Held, »Visual Accomodation in Human Infants«, *Science*, 1965, *148*, S. 528–530.

[4] »Regarder, chercher... découvrir«, Interview mit M. Haith, in: E. Herbinet u. M.-C. Busnel (Hrsg.), *L'aube du sens*, Paris, Stock, 1982.

Es scheint sich also so zu verhalten, als ob es die Informationen, die es aus seiner Umgebung aufnimmt, aktiv so »bearbeitet«, daß es seiner visuellen Wahrnehmung eine Gestalt verleiht und die einzelnen Objekte in der Außenwelt unterscheidet, indem es sich auf ihre Umrisse konzentriert.

Im übrigen haben Neugeborene eine Vorliebe für visuelle Ziele, die eine gewisse Komplexität aufweisen (Figuren mit zehn Winkeln); diese werden länger betrachtet als einfachere Strukturen (Figuren mit fünf Winkeln).[5]

Insgesamt geht aus den Arbeiten hervor, daß das menschliche Neugeborene seine Umwelt visuell aktiv zu erkunden scheint, so daß diese in seiner Wahrnehmung zu einer Struktur werden kann.

Der Geruchs- und Geschmackssinn

Der Geruchssinn. – Vom Alter von zwei Tagen an ist erkennbar, daß das Neugeborene über ein Geruchsvermögen verfügt. Die Untersuchungen von McFarlane[6] ermöglichten den Nachweis dieses Geruchsvermögens durch Anwendung folgenden experimentellen Verfahrens: Jedem Baby wurde, einige Zentimeter seitlich von seiner Nase entfernt, jeweils ein Wattebausch dargeboten, wobei der eine mit dem Geruch der Brust seiner eigenen Mutter durchtränkt war und der andere mit dem Geruch der Brust einer fremden Mutter. Bei diesen Untersuchungen wurden auch Fehlerquellen kontrolliert (wie z. B. die Bevorzugung einer bestimmten Seite durch das Baby, unabhängig vom dargebotenen Wattebausch). Die Ergebnisse waren statistisch signifikant und zeigten, daß die Neugeborenen vom Alter von sechs Tagen an ihren Kopf vorzugsweise, d. h. länger, dem Wattebausch zuwandten, der mit dem Geruch der eigenen Mutter durchsetzt war.

[5] M. Hershenson, H. Munsinger u. W. Kessen, »Preference for Shapes of Intermediate Variability in the Newborn Human«, *Science*, 1965, *147*, S. 630–631.

[6] A. McFarlane, »Olfaction in the Development of Social Preferences in the Human Neonate«, in: *Parent-Infant Interaction* Ciba Foundation Symposium 33, Amsterdam, Associated Scientific Publishers, 1975.

Diese Ergebnisse rechtfertigen die Annahme, daß die Neugeborenen einerseits über die sensorische Fähigkeit des Riechens verfügen und andererseits darüber hinaus zwei ähnliche Gerüche voneinander unterscheiden und trennen können.

Vielleicht sind die Geruchsempfindungen beim Neugeborenen zarter als beim Kind oder Erwachsenen. Im Gegensatz zu anderen sensorischen Bereichen ist dies vermutlich ein Beispiel, bei dem die sensorischen Leistungen des Neugeborenen ganz außerordentlich sind. Das kann man mit der Bedeutung des Riechens bei den Tieren vergleichen, die höheren Säugetiere mit eingeschlossen, und mit dem Gesetz von Serres und Haeckel in Zusammenhang bringen, nach dem die (ontogenetische) Entwicklung des Individuums die (phylogenetische) der Art nachvollziehen muß.

In mehr praktischer Hinsicht lassen die so ermittelten Tatsachen vermuten, daß das Riechen die Suche und das Annehmen der mütterlichen Brust erleichtert. Sie geben uns auch zu bedenken, daß bei der Erfahrung, die das Neugeborene macht, die Geruchswahrnehmungen eine verhältnismäßig größere Rolle spielen als beim Kinde oder Erwachsenen.

Bei dieser Gelegenheit ist interessant zu bemerken, wie häufig Mütter sagen, daß sie ihre Neugeborenen riechen, darunter sogar diejenigen Mütter, die unter anderen Lebensumständen den Geruchsmerkmalen ihrer Umwelt nur wenig Interesse und Beachtung schenken.

Der Geschmackssinn. – In dem Maße wie die Erfahrung der Nahrungsaufnahme in diesem Lebensabschnitt eine Rolle spielt, kommt beim Neugeborenen wahrscheinlich auch den Geschmacksempfindungen eine große Bedeutung zu. Schon für die intrauterine Lebensphase konnte nachgewiesen werden, daß die Menge an Fruchtwasser, die der Fetus schluckt, in Abhängigkeit von seinem Geschmack variiert und sich nach künstlicher Zufuhr einer süßen Substanz erhöht, wohingegen sie bei Zugabe eines bitteren Stoffes abnimmt.[7] Dasselbe kann man nach der Geburt beobachten. Kobre

[7] R. M. Bradley u. C. M. Mistretta, »Fetal Sensory Receptors«, *Physiological Re-*

und Lipsitt[8] haben das in Untersuchungen des Saugverhaltens an drei Gruppen von Neugeborenen gezeigt, die eine Zuckerlösung (15% in Wasser gelöste Glukose), reines Wasser und abwechselnd Zuckerlösung oder Wasser erhielten. Ganz eindeutig wurden die Babys der dritten Gruppe in ihrem Schluckverhalten immer dann aktiver, wenn sie Zuckerlösung bekamen. Wenn die Babys der dritten Gruppe (im Wechsel mit der Gabe von Zuckerlösung) Wasser erhielten, wurde ihre Saugaktivität sogar schwächer als die der Babys aus der zweiten Gruppe, die bei diesem Durchgang nur Wasser bekommen hatten. Es hat sich also eine Entwicklung vollzogen, in deren Verlauf die Babys der dritten Gruppe »gelernt« haben, daß nach der Gabe von Wasser immer eine Zuckerlösung dargeboten wurde.

Das Hörvermögen

Das Hörvermögen des Neugeborenen ist in Ansätzen schon beim Fetus vorhanden und konnte untersucht werden, indem die Äußerungen des Herzrhythmus oder die Bewegungen des Fetus als Anhaltspunkt für eine Hörempfindung genommen wurden. Dabei stellte sich heraus, daß von der 26. Schwangerschaftswoche an die Feten mit Änderungen im Herzrhythmus und in ihrer Bewegungsaktivität auf reine Töne reagierten, die ihnen durch die Bauchdecke der Mutter hindurch dargeboten wurden.[9] Bei einigen dieser Experimente wurde der Mutter ein Helm aufgesetzt, so daß sie selbst diese Töne nicht hören konnte.

Außerdem erwies sich, daß die Feten imstande sind, mehrere Töne verschiedener Frequenz voneinander zu unterscheiden: Wird derselbe Ton wiederholt dargeboten, schwächen sich die Reaktionen allmählich ab und verschwinden (Gewöhnung); wird nach der Gewöhnung ein Ton in einer anderen Frequenz dargeboten, so setzen die Herz- und Bewegungsreaktionen wieder ein.

views, 1975, 55, 352–382; A. W. Liley, »The Foetus as a Personality«, *Australian and New Zealand Journal of Psychiatry*, 1977, 6, S. 99–105.

[8] A. Kobre u. L. P. Lipsitt, »A Negative Contrast Effect in Newborns«, *Journal of experimental Child Psychology*, 1972, 14, S. 81–91.

[9] Y. Tanaka u. T. Arayama, »Fetal Responses to Acoustic Stimuli«, *Practica oto-rhino-laryngologica*, 1969, 31, S. 269–273.

Da die Umgebung der Gebärmutter unter natürlichen Bedingungen nicht lautlos ist (der von der Mutter herrührende Schallpegel liegt bei 72 dB), kann es sein, daß die Stimme der Mutter und in geringem Maße auch die des Vaters auf den Fetus wirken und dadurch die postnatalen Reaktionen des Kindes auf die menschliche Stimme und insbesondere auf die seiner Eltern mit bestimmen.

Das Hörvermögen des Neugeborenen: Befindet sich ein Neugeborenes in ruhigem, aufmerksamem Wachzustand, so löst der links oder rechts neben dem Baby dargebotene Klang, beispielsweise eines Glöckchens, sehr häufig Orientierungsreaktionen aus: Das Baby wendet seine Augen und manchmal auch seinen Kopf in die Richtung der Schallquelle.

Wenn das Baby döst, so bewirkt ein dargebotener Ton, daß es seine Augen öffnet. Wenn die Neugeborenen hingegen weinten, war zu beobachten, daß ein ununterbrochener Ton (250 Hz, 85 dB) sie dazu bewegen kann, aufzuhören zu schreien, und sich damit als ebenso wirkungsvoll erweist wie ein zuckriger Schnuller.[10]

Das Neugeborene scheint nicht nur zu hören, sondern erweist sich auch als in der Lage, klangliche Reize voneinander zu unterscheiden. Derartige Fähigkeiten zur Unterscheidung wurden für Frequenz und Schallstärke verzeichnet. Was die menschliche Stimme anbelangt, so wirkt diese anders als die übrigen Laute; insbesondere in der zweiten Lebenswoche kann die Stimme (der Mutter, einer anderen Frau, eines Mannes) viel häufiger ein Lächeln hervorrufen als andere akustische Reize.[11] Es konnte sogar gezeigt werden, daß einen Monat alte Babys so feine akustische Unterscheidungen vornehmen konnten, wie ein »p« und ein »b« auseinanderzuhalten. Durch folgende Methode konnte dies herausgefunden werden: Die Neugeborenen, die an dieser Untersuchung[12] teilnahmen, saugten an einem Schnuller, der so mit einem Lautsprecher

[10] B. Birns, M. Blank u. W. H. Bridger (1966), »The Effectiveness of Various Soothing Techniques on Human Neonates«, *Psychosomatic Medicine, 28,* S. 316–322.

[11] P. H. Wolff, »Observations on the Early Development of Smiling«, in: B. M. Foss (Hrsg.), *Determinants of Infant Behavior,* II, New York, Wiley, 1963.

[12] P. D. Eimas, E. R. Siqueland, P. Jusczyk u. J. Vigorito, »Speech Perception in Infants«, *Science,* 1971, *171,* S. 303–306.

gekoppelt war, daß die Saugbewegungen immer den gleichen Laut auslösten: pa-pa-pa-pa. Nachdem sie eine Zeitlang kräftig gesaugt hatten, war eine Abnahme dieses Verhaltens zu beobachten. Darauf veränderten die Untersucher den Aufbau so, daß das Saugen den Laut »ba-ba-ba-ba« auslöste. Alsbald nahm das Saugverhalten wieder merklich zu. Das anfängliche Absinken bei diesem Experiment entspricht dem wohlbekannten Phänomen der Gewöhnung, die der Grund dafür ist, daß die wiederholte Darbietung desselben Reizes mit einem Nachlassen des Interesses einhergeht. Die Zunahme des Saugens ist Zeugnis dafür, daß der Laut »ba-ba-ba-ba« als neu erkannt und damit von dem vorhergehenden, jedoch recht ähnlichen Laut unterschieden wurde.

9 Die Wachzustände in der Interaktion zwischen Mutter und Säugling

Die Wachzustände

Die psychologischen Arbeiten über Erwachsene gehen nicht systematisch auf das Moment der Wachheit ein, denn im allgemeinen ist anzunehmen, daß erwachsene Personen über mehrere Stunden hinweg ununterbrochen wach sind und daß bei ihnen Übergänge vom Schlaf zum Weinen und umgekehrt nicht so häufig auftreten wie beim Neugeborenen.

Insbesondere hat Wolff[1] Neugeborene sorgfältig beobachtet, um ihren »Zustand« zu kennzeichnen; dieser Begriff bezieht sich einerseits auf den Wachzustand und andererseits auf den Bereich der Erregung, der motorischen Aktivität und auf den Gehalt des affektiven Erlebens des Neugeborenen.

Wir stellen hier die zur Zeit[2] allgemein gebräuchliche Einteilung dar, die sechs Zustände unterscheidet; die Zustsände I und II sind dem Schlaf, der Zustand III ist dem Halbschlaf, und die Zustände IV bis VI sind dem Wachen zugeordnet.

Zustand I: tiefer Schlaf, geschlossene Augen, keine Augenbewegungen, regelmäßige Atmung; keine motorische Aktivität, abgesehen von schwachen und plötzlichen Bewegungen der Finger, der Lippen und der Lider; bewegungsloses Gesicht ohne Grimassen und Mundbewegungen; die Haut ist rosig, der Muskeltonus entspannt.

Zustand II: leichter Schlaf, geschlossene Augenlider, schnelle, periodisch auftretende Augenbewegungen, die leicht unter den

---

[1] P. H. Wolff, »Observations on Newborn Infants«, *Psychosom. Med.*, 1959, *21*, S. 110–118.

[2] P. H. Wolff, »The Causes, Controls, and Organisation of Behavior in the Neonate«, *Psychological Issues*, 1966, *5*, S. 7–11.

Lidern erkennbar sind; unregelmäßiges und schnelles Atmen, bisweilen vereinzelte Bewegungen der Glieder oder gar des ganzen Körpers, grimassierende Gesichtsbewegungen, Lächeln, Stirnrunzeln, zeitweilige Mund- und Lippenbewegungen; das Abtasten zeigt einen erhöhten Muskeltonus; die Haut ist rosig und wird manchmal rot.

Zustand III: der Säugling wirkt schläfrig, wobei die Augenlider geöffnet oder geschlossen sein können; sind die Lider geöffnet, sehen die Augen glasig aus und konzentrieren sich nicht auf einen Gegenstand; oftmals »flattern« sie oder sind halb geschlossen; schwache motorische Aktivität wie im Übergangsstadium zwischen Zustand I und II; die Atmung ist meistens regelmäßig.

Zustand IV: der Säugling hat weit geöffnete, leuchtende Augen; er scheint seiner Umwelt aufmerksam zugewandt; anscheinend interessiert er sich für die Dinge und/oder die Personen in seiner Umgebung, seine motorische Aktivität ist zur Ruhe gekommen, die Atmung ist meist regelmäßig; das Gesicht ist regungslos und ohne Grimasse; die Augen zeigen manchmal übereinstimmende Bewegungen in verschiedene Richtungen.

Zustand V: das Neugeborene ist erwacht und zeigt eine rege allgemeine motorische Aktivität; Glieder, Rumpf und Kopf sind in Bewegung; bisweilen kann es seufzen, murren oder aufschreien; das Gesicht kann entspannt oder verzerrt sein; die Augen sind geöffnet, aber nicht so leuchtend wie bei Zustand IV; die Haut rötet sich vorübergehend, wenn das Neugeborene unruhig wird; ganz unregelmäßige Atmung.

Zustand VI: der Säugling weint und schreit heftig; ungerichtete motorische Aktivitäten; verzerrtes, rotes Gesicht; geschlossene oder leicht geöffnete Augen; in einigen Fällen können Tränen auftreten.

Mit dieser Reihe von Zuständen wird eine stufenförmige Steigerung von einem »Ruhezustand« bis zum Zustand äußerster Erregung beschrieben. Dabei geht es vor allem darum, dem Moment des »Zustandes« bei Verhaltensbeschreibungen von Neugeborenen Rechnung zu tragen. Überraschenderweise ist jedoch davon in Untersuchungen nicht die Rede, die so mannigfaltige Themen behandeln wie die neurologischen Reaktionen oder sensorische Abläufe. Jede Untersuchung über die Interaktion Mutter – Neugeborenes muß dieses Moment unbedingt mit einbeziehen, da es für die Interaktion von entscheidender Bedeutung, ja fast sogar Bedingung für ihr Bestehen selbst ist.

In der Ausgestaltung der Zustände und ihrem Verhältnis zueinander weisen die Neugeborenen untereinander beachtliche individuelle Abweichungen auf. So scheinen die individuellen Schwankungen im Zustand IV erheblich zu sein und können bedeutsame Unterschiede in den Beziehungen der Neugeborenen zu ihrer Umwelt widerspiegeln.[3]

Die Zustände der Neugeborenen scheinen ein Gefüge zu besitzen. Nach Brazelton[4] machen sich die Neugeborenen die einzelnen Zustände *zunutze*, um von innen oder außen herrührende Spannungen unter Kontrolle zu bringen und ihre Erlebnisse einzuordnen. Nach dieser Auffassung sind die Zustände und ihre Veränderungen Teil primitiver Regulationsmechanismen.

Unter dem Blickwinkel der Interaktion stellen diese Zustände wohl ausgesprochen archaische Kommunikationsformen zwischen Baby und Mutter dar. Mit dem Zustand des Babys wird der Mutter ein bestimmter Eindruck von dem affektiven Erleben des Neugeborenen vermittelt: nach außen gerichtete Aufmerksamkeit (Zustand IV), Erregung und/oder Spannung (Zustand V), Hilflosigkeit (Zustand VI); der Zustand des Babys zeigt der Mutter auch die Bereitschaft des Neugeborenen zur Interaktion an: Streben nach Interaktion (Zustände IV, V, VI), Rückzug von der Außenwelt (Zustände I und II); Zustand III kann dabei ein wandelbares Zwischenstadium sein, je nachdem ob das Baby zum Einschlafen oder

---

[3] P. H. Wolff, The Development of Attention in Young Infants«, *Annals of the New York Academy of Sciences*, 1965, *118*, S. 815–830.

[4] T. B. Brazelton, »Neonatal Assessment«, in: S. I. Greenspan u. G. H. Pollock (Hrsg.), *The Course of Life*, vol. 1: *Infancy and Early Childhood*, US-Department of Health and Human Services, DHHS Publication no. (ADM) 80–786, 1980.

Wachen neigt, ob das Dösen in den Schlaf übergeht oder den Übergang zum völligen Aufwachen darstellt.

Ebenso sind die Zustände des Neugeborenen eine Rückmeldung von seiner Seite, denn die Mutter kann sie mit der Art und Weise der Pflege in Zusammenhang bringen, die sie dem Baby hat angedeihen lassen. So wird sie feststellen, daß das Baby im Zustand VI sich beruhigt und einschläft, wenn sie es wiegt und zu ihm spricht, und *als Reaktion* auf den Zuspruch, den sie ihm zuteil werden läßt, in den Zustand I gelangt. Ein Neugeborenes, dessen Befindlichkeit von Zustand III in Zustand IV übergeht, wenn seine Mutter ihm zulächelt oder es streichelt, *vermittelt* seiner Mutter eine *Information*, die diese wahrscheinlich so deuten wird: »Die Liebkosungen und das Lächeln machen mich hellwach und ganz auf dich aufmerksam.« Umgekehrt hat das Baby die Erfahrung unterschiedlicher Pflege gemacht, je nach Art des Zustandes, in dem es sich befindet; und während der ersten Lebensmonate kann es seine Verfassung und die jeweilige Fürsorge, die ihm seine Mutter oder sein Vater entgegenbringen, miteinander verknüpfen.

Zustand IV ist durch ganz besondere Merkmale gekennzeichnet, da das Baby währenddessen vollkommen aufmerksam und zur Interaktion bereit ist. Es läßt sich sogar sagen, daß die Interaktionen, die in anderen Wachzuständen ablaufen, oft großenteils bewirken, daß sich der Zustand IV bei dem Baby einstellt.

Zustand IV nimmt im Laufe der ersten vier Lebenswochen an Zeitdauer zu, wie die durchschnittlichen Prozentanteile an der gesamten Beobachtungszeit in der Arbeit von Wolff[5] zeigen: 1. Woche: 11 %; 2. Woche: 17 %; 3. Woche: 19 %; 4. Woche: 21 %. Zur Erklärung sei hinzugefügt, daß Wolff die Beobachtungen nur tagsüber, aber nicht nachts durchführte und sie nur Annäherungswerte darstellen.

Unterstellt man, daß das Wachsein des Babys und besonders sein ruhiger, aufmerksamer Wachzustand (Zustand IV) vor allem von physiologischen Notwendigkeiten wie z. B. Hunger bestimmt wird, so könnte man erwarten, daß dieser ruhige, aufmerksame Wachzustand vor einer Mahlzeit seinen Höhepunkt und gleich da-

---

[5] P. H. Wolff., a. a. O., vgl. Anm. 3.

nach seinen Tiefstand erreicht. Nun sind im allgemeinen die Phasen des ruhigen, aufmerksamen Wachseins unmittelbar nach den Mahlzeiten stets (statistisch signifikant) länger als zu allen anderen Zeiten insgesamt[6], abgesehen von der ersten Lebenswoche (wenn mit den zeitlichen Schwankungen beim Geben des Fläschchens und manchen Unregelmäßigkeiten nach der Entbindung ein unkontrollierbarer Faktor hinzukommt). Gerade eine gewisse Befriedigung begünstigt den ruhigen, aufmerksamen Wachzustand, wohingegen der Hunger zu den Zuständen V und VI gehört.

Wie Wolff vermerkt, sind dem ruhigen, aufmerksamen Wachzustand bestimmte Wahrnehmungen aus der Umwelt förderlich: So hält der Zustand IV (statistisch signifikant) länger an, wenn beispielsweise vor den Augen des Babys ein Gegenstand in seiner Lage verändert wird.

Ein anderer Faktor, der den ruhigen, aufmerksamen Wachzustand entscheidend beeinflußt, ist das »handling« (das Aufnehmen und Handhaben des Babys) und das »holding« (Halten) im ganz konkreten Sinne des Wortes. Korner und Grobstein[7] untersuchten Neugeborene, die jedesmal aufgenommen und gehalten wurden, wenn sie weinten. Dabei fanden sie heraus, daß die zwölf Neugeborenen ihrer Stichprobe einen ruhigen, aufmerksamen Wachzustand erreichten, sobald sie aufgenommen und an Brust oder Schulter des Erwachsenen gelegt wurden. Starke Unterschiede bestanden zwischen den Babys darin, wie leicht sie sich beruhigten und einen Zustand von Ruhe und Aufmerksamkeit erlangten. Ebenfalls war sehr unterschiedlich, wie lange die Babys diesen Zustand aufrechtzuerhalten vermochten. Bei einigen gingen diese Phasen bald vorüber, bei anderen hielten sie lange Zeit an. Darüber hinaus waren sie, unabhängig von jeglichen Eingriffen in ihr Verhalten, in unterschiedlichem Maße in der Lage, den ruhigen, aufmerksamen Wachzustand zu erreichen. Einigen gelang es niemals spontan, anderen selten und einigen wenigen häufig. Wir können wohl davon ausge-

---

[6] Wolff, a. a. O.

[7] A. F. Korner u. R. Grobstein, »Visual Alertness as Related to Soothing in Neonates: Implications for Maternal Stimulation and Early Deprivation«, *Child Development*, 1966, *37*, S. 867–876.

hen, daß die Mütter die Häufigkeit und Dauer der ruhigen, aufmerksamen Wachzustände ihrer Babys äußerst unterschiedlich erleben, und werden in Kürze darauf zurückkommen. Gleichfalls müssen wir aber anmerken, daß das Verhalten der Mütter (handling, holding) seinerseits höchstwahrscheinlich einen Einfluß darauf hat, wie häufig und für wie lange sich beim Neugeborenen ein ruhiger, aufmerksamer Wachzustand einstellt.

In einer späteren Arbeit versuchten Korner und Thoman[8] herauszufinden, welche Komponente den größten Einfluß darauf hat, daß das Weinen aufhört: Ist es der Körperkontakt, mit dem Wärme, ein »Zusammenhalt« und Geruchsreize verbunden sind? Oder ist es die Veränderung der Körperlage, durch die das Vestibularsystem angeregt wird? Durch experimentelle Isolierung der einzelnen Komponenten (Lageveränderung ohne Körperkontakt, Körperkontakt ohne Lageveränderung etc.) fanden diese Autoren heraus, daß die Reizung des Vestibularsystems den größten Einfluß hatte; hingegen war der Körperkontakt, für sich betrachtet, kein ausreichendes Moment, um das Baby zu trösten und in den Zustand ruhiger Aufmerksamkeit überzuführen.

Die Gewöhnung

Einer der Faktoren, durch den die Phasen der Aufmerksamkeit beim Neugeborenen, aber auch im weiteren Lebensverlauf dem Ende entgegengehen, ist das Phänomen der Gewöhnung. Dieser Vorgang besteht in der Abnahme der Reaktionen bei wiederholter Darbietung desselben Reizes. Bridger[9] wies nach, daß viele der 50 Neugeborenen sich zur Gewöhnung fähig zeigten, wenn der Zeitabstand zwischen den Reizen unter fünf Sekunden lag. Die Gewöhnung an die (akustischen oder taktilen) Reize lief in zwei Phasen ab:
– das Nachlassen eines deutlichen Aufschreckens,
– das Nachlassen jeglicher Reaktion.

[8] A. F. Korner u. E. B. Thoman, »Visual Alertness in Neonates as Evoked by Maternal Care«, *Journal of Experimental Child Psychology*, 1970, *10*, S. 67–78.
[9] W. H. Bridger, »Sensory Habituation and Discrimination in the Human Neonate«, *American Journal of Psychiatry*, 1961, *117*, S. 991–996.

Bei allen Babys konnte die erste Phase, bei einigen wenigen auch die zweite beobachtet werden. Mehrere Untersuchungen haben derartige Vorgänge für verschiedene sensorische Bereiche, z. B. auch für Geruchsreize [10], bestätigt. Die Arbeit von Friedman u. a. [11] ergab, daß die Neugeborenen eine Abnahme in ihrem Reaktionsverhalten (Zeit visuellen Fixierens) zeigten, wenn ihnen wiederholt ein kariertes Bild dargeboten wurde. Dagegen wurde ihre Reaktion wieder belebt (und kehrte auf den ursprünglichen Stand zurück oder ging über ihn hinaus), wenn ihnen ein anderes kariertes Bild vorgegeben wurde. (Das eine Bild bestand aus einer Tafel von zwei mal zwei Karos; das andere Bild hatte ein Muster von zwölf mal zwölf Karos).

Die Untersuchungen zur Gewöhnung haben weitreichende Konsequenzen. Sie geben Anlaß zu der Vermutung, daß das zentrale Nervensystem des Neugeborenen in der Lage ist, aktive Mechanismen in Gang zu setzen, die darauf hinwirken, die motorische oder vegetative Erregung bei wiederholter Anwendung desselben Reizes zu hemmen. Wie das Wiedereinsetzen der Reaktion bei Setzung eines neuen Reizes zeigt, ist dieser Vorgang etwas anderes als eine sensorische Ermüdung oder vorübergehende Unerregbarkeit. Das Phänomen der Gewöhnung scheint sich also in den allgemeinen Rahmen der homöostatischen Regulierungsmechanismen einzufügen und ermöglicht dem Organismus, seinen Zustand der Homöostase wiederzuerlangen und dieses Gleichgewicht trotz der Störfaktoren aufrechtzuerhalten.

Ein anderes wichtiges Ergebnis dieser Tatsache bestand darin, daß es Mittel in die Hand gab, das Unterscheidungsvermögen der Neugeborenen und Säuglinge im sensorischen Bereich zu untersuchen. In der Tat wird dadurch, daß das Reaktionsverhalten des Säuglings wieder einsetzt, wenn (nach Gewöhnung an einen ersten Reiz) ein geringfügig anders gearteter Reiz dargeboten wird, offen-

---

[10] T. Engen u. L. P. Lipsitt, »Decrement and Recovery of Responses to Olfactory Stimuli in the Human Neonate«, *Journal of Comparative and Physiological Psychology*, 1965, *59*, S. 312–361.

[11] S. Friedman, G. C. Carpenter u. A. N. Nagy, »Decrement and Recovery of Response to Visual Stimuli in the Newborn Human«; Proceedings, 78th Annual Convention, *American Psychological Association*, 1970, *5*, S. 273–274.

kundig, daß das Baby die Fähigkeit besitzt, diese beiden Reize zu unterscheiden.

Die Homöostase

Zahlreiche Forscher[12] haben versucht, die wichtigsten Kriterien herauszuarbeiten, die für die Interaktion zwischen Mutter und Säugling auf verschiedenen Entwicklungsstufen des Babys von Bedeutung sind. Diese Autoren sprechen in Begriffen wie »Entwicklungsaufgaben«, so als ob auf dem »Terminkalender« von Mutter und Baby je nach Stand der Entwicklung eine bestimmte Anzahl von Fragen zur Verhandlung stehen würde. Die erste Aufgabe bei diesem Modell wird von Sander[13] »primäre Anpassung« genannt. Diese erste Anpassung ist dadurch gekennzeichnet, daß das Baby »bestimmte, einigermaßen kalkulierbare Rhythmen in der Ernährung, der Ausscheidung, beim Schlafen und Wachen erwirbt. . . . Schon von der dritten oder vierten Woche an kann man feststellen, daß die Mutter die reiche Bewältigung der Anpassungsforderungen mit der spontanen Bemerkung würdigt, jetzt habe sie das Gefühl, ihr Baby zu ›kennen‹, was bisweilen ihre Angst vermindert, mit der ihre Fürsorge für das Baby verbunden ist«.

Greenspan und Lourie[14] fassen diese erste Aufgabe des Babys unter den Begriff der Homöostase. Für das Baby geht es um den Erwerb der Regulierungsmechanismen, die ihm ermöglichen, sich auf einen Ernährungs- oder einen Tag-Nacht-Rhythmus einzupendeln, seine Befindlichkeiten (im Sinne der oben beschriebenen Wachzustände) zu gestalten und Mechanismen zu entwickeln, die ihm trotz enorm starker Außenreize, denen es gelegentlich ausgesetzt ist, eine verhältnismäßig spannungsarme Situation gewährleisten.

---

[12] L. Sander, »Issues in Early Mother-Child Interaction«, *Journal of the American Academy of Child Psychiatry*, 1962, *1*, S. 141–166; S. I. Greenspan, R. S. Lourie u. R. A. Nover, »A Developmental Approach to the Classification of Psychopathology in Infancy and Early Childhood«, in: J. Noshpitz (Hrsg.), *The Basic Handbook of Child Psychiatry*, Vol. 2., New York, Basic Books, 1979.

[13] L. Sander, a. a. O.

[14] Greenspan, Lourie, Nover, a. a. O., vgl. Anm. 12.

Für Brazelton[15] beginnt der Terminplan der homöostatischen Regulierungen mit dem vegetativen Bereich und ist den wichtigen Funktionen von Ernährung, Schlaf, Herztätigkeit und Atmung gewidmet. Der zweite Punkt ist die Abstimmung der Körperbewegungen. Tatsächlich sind die Bewegungen des Neugeborenen ganz zu Beginn ausgesprochen unreif, also oft abrupt und begrenzt in der Reichweite. Im Lauf des Reifeprozesses ist zu beobachten, wie allmählich regelmäßige und viel weiträumigere Bewegungen aufkommen. Der dritte Punkt betrifft die Regulierung der Wachzustände. Für das Neugeborene gilt es, die Fähigkeit zu entwickeln, von selbst ruhig und friedlich zu werden, und die Fähigkeit auszubilden, sich von seiner Mutter oder den anderen Pflegepersonen trösten zu lassen. Zuletzt kommt noch die Fähigkeit hinzu, den Grad seiner Aufmerksamkeit in bezug auf Personen und Gegenstände in der Außenwelt zu regulieren.

Den Begriff der Homöostase (etymologisch: »Bewahrung desselben Zustandes«) verwendete Cannon, um den physiologischen Aufwand zu verdeutlichen, den der Organismus treibt, um seinen Grundstatus zu erhalten, zu dem mehrere Konstanten wie Stoffwechsel, Atmung, Herztätigkeit etc. gehören.

Er ist der Darstellung dieses frühen neuropsychischen Entwicklungsstadiums des Babys ziemlich gut angemessen, je nachdem wie stark dieses Stadium mit seinen physiologischen Voraussetzungen verknüpft und von ihnen abhängig ist. Läßt sich beispielsweise für die Ernährung, den Schlaf und das Wachen sagen, ob es sich um physiologische Funktionen oder um Verhaltensweisen handelt?

Die Homöostase stellt sich durch zwei miteinander verbundene und in Interaktion stehende Faktoren her:

1) die homöostatischen inneren Anlagen des Babys,

2) die Hilfe und die gestaltende Einwirkung von seiten der Mutter.[16]

---

[15] Vgl. Anm. 4.

[16] In diesem Zusammenhang stellt sich das Problem einer strengen Regelung der Essenszeiten folgendermaßen dar: Die feststehenden Zeiten gelten letztendlich den inneren Anlagen des Babys; die veränderlichen Zeiten verstärken die homöostatische Einflußnahme der Mutter.

Das Baby besitzt eine mehr oder weniger stark ausgeprägte Tendenz zu einem homöostatischen Zustand. Manchmal kann man beobachten, wie es, um Ruhe zu finden, anfängt zu nuckeln, ohne dabei irgend etwas im Mund zu haben; oder es führt, gleich in den ersten Tagen nach der Geburt, Hand oder Finger an den Mund und saugt daran. Oftmals (und im Zuge der Reifung immer häufiger) gelingt es ihm, aufgrund seiner Aufmerksamkeit und seines Interesses für die Gegenstände oder Lebewesen in seiner Umwelt spontan ruhig zu werden.

Die Mutter leistet ihren Beitrag, um den Zustand der Homöostase zu erreichen und wiederherzustellen. So wird zum Beispiel der ruhige, aufmerksame Zustand von der Mutter unterschiedlich aufgenommen, und die Erwiderungen darauf sind bei jeder Mutter anders. Je nachdem mit welcher Freude sie die Augen ihres Babys anschaut, wie lange sie es anblickt und/oder von Angesicht zu Angesicht mit ihm spricht, werden in diesem ruhigen, aufmerksamen Zustand auch die Erfahrungen des Babys sein, die sich unseres Erachtens auf die Art und Weise auswirken, in der es diese Zustände im Laufe der Entwicklung herausbildet.

Ebenfalls bestehen große Unterschiede in der Art, wie die Mutter auf die Hilfsbedürftigkeit und das Schreien des Babys eingeht. So reagieren einige Mütter unverzüglich, regelmäßig und vorhersehbar. Andere warten länger oder reagieren mit unregelmäßiger, nicht einschätzbarer Verzögerung. Zudem sind die Mittel auch verschieden, derer die Mutter sich bedient, sei es, daß sie zu ihm spricht, es in die Arme nimmt, es wiegt, auf den Schnuller zurückgreift etc. Unterschiedlich ist auch, wie die Mütter das Schreien deuten, was für ihre Reaktionen ganz entscheidend ist. Es kommt vor, daß ganz unklar ist, ob überhaupt eine Notsituation besteht, daß aber eine ängstliche Mutter sich so verhält, als sei dies tatsächlich der Fall. Ein leichter Seufzer während der Schlafphase mit schnellen Augenbewegungen kann als eine Hilflosigkeit empfunden werden, so daß der Eingriff der Mutter den Schlaf des Babys dann wohl eher stören wird.

Der im Halbschlaf ausgestoßene leichte Seufzer, der als Hilfsbedürftigkeit gedeutet wird, verleitet die Mutter zu einer Verwirrung stiftenden Reaktion: Das Baby erwacht und fällt dann in einen

Dämmerschlaf. In diesem Zustand schließt es wieder die Augen, und die Mutter legt es in sein Bettchen. Daraufhin beginnt das Baby zu schreien, und die Mutter muß es wieder in die Arme nehmen.

Die Schreie des Babys sind ein Beispiel für ein Signal oder einen Hinweis von seiten des Babys an die Mutter; der Dämmerschlaf kann ein anderes dafür sein. So hat das Baby unwillkürlich ein Arsenal an Botschaften gefunden, die entgegenzunehmen und aufzuschlüsseln die Aufgabe der Mutter ist. Damit werden ihre Aufnahmebereitschaft und ihr Verständnis für diese Botschaften angesprochen. Zu jedem Zeitpunkt der Interaktion sendet also das Neugeborene ununterbrochen Botschaften an die Mutter, ebenso wie fortwährend Reaktionen von der Mutter zurückkommen. Ihre Sensibilität und die Angemessenheit ihrer Deutungen und Rückmeldungen entscheiden darüber, ob die Interaktion sich harmonisch entwickeln kann oder aber gespannt und verworren wird.

Die Deutung der Notsignale hängt also ihrerseits von dem Ausmaß der Ängstlichkeit und den Projektionen der Mutter ab, die manchmal ihr Einfühlungsvermögen beeinträchtigen.

Von großer Bedeutung ist auch die Fähigkeit der Mutter, die feineren Empfindungen ihres Babys zu registrieren, also jene Momente zu berücksichtigen, die es zu einem einzigartigen, von anderen unterschiedenen Individuum machen. Wenn sie irgendwie das Kinn oder die Nase antippt, was ihrem ersten Kind gefallen haben mochte, so kann sie nun merken, daß dies vom zweiten Kind jedesmal mit Stirnrunzeln oder Schreien aufgenommen wird. Manche Mütter können diese Botschaften »lesen« oder berücksichtigen, während andere dieselben Gesten gleichsam mechanisch zu wiederholen scheinen.

Die Mutter kann auch die Erregbarkeit ihres Neugeborenen abschätzen. Einige Babys sind in einem bestimmten sensorischen Bereich (oder in mehreren) überempfindlich, z. B. im taktilen, auditiven, visuellen etc. [17] Selbst wenn wir von diesen extremen Ausformungen absehen, so ist doch jedes Baby mehr oder minder emp-

[17] P. Bergman u. S. Escalona, »Unusual Sensivities in a Very Young Child«, *The Psychoanalytic Study of the Child*, 1949, *3/4*, S. 333–352.

fänglich und anfällig für äußere Reize. Dies teilt sich der Mutter durch die Schreie und Hilfewünsche mit, die ein Zeichen für die Überreizung des Babys sind. Eine Aufgabe der Mutter besteht vornehmlich darin, das individuelle Empfinden ihres Babys zu beurteilen und die Umwelt so einzurichten, daß es vor Reizen geschützt ist, die für seine frühe Entwicklungsphase unangemessen sind. Dieser Begriff ähnelt dem des Reizschutzes, den Freud verwendete.[18]

Bereits zu dieser Zeit tun Vater und Mutter mehr, als nur dem Baby zu helfen, einen Zustand des Wohlgefühls zu finden und aufrechtzuerhalten. Sie wollen Blickkontakt mit ihm herstellen und sind darauf bedacht, ihm durch leises Sprechen, durch Blicke und durch Lächeln ihre innige Zuneigung mitzuteilen. Sie bemühen sich, in diesen kurzen Phasen der Beziehungsaufnahme seine Reaktionsweisen kennenzulernen, Anzeichen für Freude, für das allererste Lächeln oder dessen Ansätze zu entdecken, und greifen erfreut alles auf, was dieses Baby der menschlichen Welt und den zwischenmenschlichen Beziehungen näher bringt: Lächeln, Blick, Öffnen der Augen bei einem Laut etc. Sie herzen und küssen es, bergen es in ihre Arme und zeigen es gern Verwandten und Freunden. Kurz, Aufgabe der Eltern ist es in dieser Zeit auch, die Hinwendung zur menschlichen Außenwelt zu fördern, also nicht nur die Not zu lindern, sondern auch die Lust an wechselseitigen Beziehungen zu wecken. Diese Momente gehen damit über eine einfache Homöostase hinaus, da sie ja dem Zweck dienen, den Werdegang und die Fortentwicklung des Babys voranzutreiben.

Wenn das Baby günstig auf die »Annäherungsversuche« der Eltern reagiert, d. h., wenn es sich in ihren Armen an sie schmiegt, wenn es auf die Beruhigungsversuche der Eltern hin still wird, wenn es die Eltern mit den Augen verfolgt, sobald diese Blickkontakt mit ihm aufnehmen wollen etc., dann fühlen sich die Eltern durch ihr Kind wirklich in den Stand von Eltern erhoben. Es bestätigt sie in ihrem Selbstgefühl und hebt die Befürchtungen und ängstlichen Phantasien auf, die sie vormals gehegt haben mochten. Falls die Reaktionsweisen des Babys nicht so günstig sind, stellt sich die gegenteilige Situation her: Jede Not- oder Mangeläußerung

---

[18] S. Freud, »Jenseits des Lustprinzips«, GW Bd. XIII.

sieht wie eine an sie gerichtete Kritik aus. Die Eltern haben also zwei Strategien gegen die Angst aufzubauen, die beide aufs engste miteinander verbunden sind: Die eine richtet sich gegen die Angst, die sie bei sich selbst verspüren, die andere dient dazu, die Nöte des Babys zu lindern. Es kommt vor, daß sie in Panik geraten. Dann geht es darum, die innere Bedrängnis zu überwinden und andere Wege ausfindig zu machen, dem Baby Fürsorge zuteil werden zu lassen und es dadurch zu besänftigen: Man kann es in den Armen wiegen und dabei umhergehen, singen, die Helligkeit im Zimmer verringern, Kleider in einer anderen Stoffart nehmen etc.

Erscheint das Baby in sich gekehrt, gleichgültig gegenüber seiner Umgebung, döst oder schläft es über längere Zeit, so kann es umgekehrt sein, daß den Eltern nichts Besonderes auffällt, daß sie glauben, diese Apathie sei der Natur des Babys zuzuschreiben, oder daß sich bei ihnen ein Groll gegen ein etwas enttäuschendes Baby heranbildet; aber sie können auch versuchen, allmählich die Aufgewecktheit des Babys zu fördern, indem sie seine Aufmerksamkeit auf Gegenstände, Farben, Laute, Gesichter etc. lenken.

10 Die Entstehung der Bindung zwischen Mutter und Neugeborenem

Vor einigen Jahren rückten zwei amerikanische Kinderärzte, Marshall Klaus und John Kennell[1], mit ganz besonderem Nachdruck die allerersten Augenblicke nach der Geburt in den Vordergrund: Sie machten die Beobachtung, daß die ersten Tage und sogar die ersten Stunden nach der Geburt eine Phase darstellen, während derer die Mütter dem Baby gegenüber außerordentlich empfindsam sind, und daß durch dieses gesteigerte Empfinden die Entwicklung ihrer Anbindung an das Baby erleichtert und begünstigt wird. Sie zeigten, daß die Art und Weise, in der diese Anfangsphase verläuft, langfristige Auswirkungen auf die Beziehungen zwischen Mutter und Säugling hat.

Zu einem derartigen Schluß gelangten sie auf Grund einer Untersuchung von 28 Frauen, die eine Erstgeburt hatten und sich im Wochenbett befanden, sowie deren Neugeborenen, die zum erwarteten Termin gesund zur Welt gekommen waren.[2] Die eine Hälfte dieser Mütter wurde entsprechend dem in den meisten amerikanischen (und französischen) Krankenhäusern üblichen Ablauf behandelt: Sie bekamen ihr Baby nach der Geburt für ein paar Sekunden zu Gesicht, sahen es sechs bis acht Stunden später wieder und konnten es dann alle vier Stunden ungefähr 30 Minuten lang stillen. Die Mütter der anderen Gruppe konnten ihr Baby während der ersten zwei Stunden nach der Geburt für eine Stunde zu sich ins Bett nehmen, und an jedem der drei folgenden Tage konnten sie es fünf Stunden länger bei sich haben als die Mütter der ersten Gruppe.

Die Mütter waren der jeweiligen Gruppe nach dem Zufall zugeordnet worden und wußten nicht, daß es während der ersten drei

[1] M. H. Klaus u. J. H. Kennell, *Mutter-Kind-Bindung – Über die Folgen einer frühen Trennung*, Kösel, München, 1983.

[2] J. H. Kennell, R. Jerauld, H. Wolfe, D. Chesler, N. C. Kreger, W. McAlfine, N. Steffa u. M. H. Klaus, »Maternal Behavior One Year after Early and Extended Post-partum Contact«, *Developmental Medicine and Child Neurology*, 1974, *16*, S. 172–179.

Tage zwei Formen der Begegnung von Mutter und Neugeborenem gab. Die Gruppen waren nach Alter, Familienstand und sozioökonomischem Status der Mütter sowie nach Geschlecht und Geburtsgewicht der Neugeborenen parallelisiert; mit anderen Worten, die verschiedenen Merkmale waren in beiden Gruppen gleichmäßig verteilt, so daß sie als Ursache für Abweichungen zwischen den Gruppen in der Interaktion Mutter – Neugeborenes ausschieden. Außerdem wußten die Forscher, die die anschließenden Untersuchungen zur Interaktion durchführten, nicht, welcher Gruppe die Mütter ursprünglich jeweils angehört hatten.

Als die Mütter mit ihren Babys einen Monat später im Krankenhaus vorsprachen, waren statistisch signifikante Unterschiede zwischen den beiden Gruppen festzustellen. Während der kinderärztlichen Untersuchung blieben die Mütter aus der zweiten Gruppe (also diejenigen, die mehr mit ihren Neugeborenen zusammengewesen waren) im allgemeinen in der Nähe ihres Babys und verfolgten die Untersuchung; auch sprachen sie ihrem Säugling mehr Trost zu, wenn er weinte; während des Stillens kam es bei ihnen häufiger zu gegenseitigem Blickkontakt, und sie liebkosten ihr Baby auch mehr.

Nach einem Jahr erwiesen sich die beiden Gruppen wiederum in statistisch signifikanter Weise als unterschiedlich. Die Mütter der zweiten Gruppe waren dem Arzt während der Untersuchung stärker behilflich, und wenn ihr Baby weinte, trösteten sie es mehr.

Im Anschluß an diese Studie wollten noch andere Forscher die Schlußfolgerungen von Kennell und Klaus sowie die Reproduzierbarkeit ihrer Arbeit überprüfen. Dazu gehören unter anderem neun Untersuchungen, die nach demselben experimentellen Muster verfahren. In einigen von ihnen wurde herausgefunden, daß die Mütter, denen gleich zu Beginn ein länger anhaltender Kontakt mit ihrem Neugeborenen zugute gekommen war, auch länger stillten. So gaben alle Mütter aus der Untersuchung von Winters[3] entsprechend ihrer anfangs geäußerten Absicht ihren zwei Monate alten Säuglingen auch weiterhin die Brust; von den Müttern der

---

[3] M. Winters, *The Relationship of Time of Initial Feeding to Success of Breastfeeding*, unpublished master's thesis, University of Washington, 1973.

anderen Gruppe hingegen, die 16 Stunden nach der Geburt zum ersten Mal mit ihrem Neugeborenen zusammengekommen waren, hatte nur jede sechste an ihrem ursprünglichen Entschluß zu stillen festgehalten. In anderen Arbeiten wurden diese Auswirkungen auf die Stilldauer[4] und das nach einigen Monaten beobachtete Interaktionsverhalten bestätigt. Die Untersuchung von de Château beispielsweise zeigte, daß diejenigen Mütter, denen gleich zu Anfang ein längeres Beisammensein mit ihrem neugeborenen Baby ermöglicht worden war, es so einrichteten, daß sie für längere Zeit ihr drei Monate altes Baby anschauen konnten, und es auch häufiger küßten; die Babys weinten seltener und lächelten häufiger als die der Mütter aus der anderen Gruppe.

Entsprechendes wurde auch bei den Vätern beobachtet. Sie waren im Umgang mit ihren Babys fürsorglicher, wenn sie Gelegenheit erhalten hatten, sich in den ersten drei Lebenstagen eine Stunde lang um sie zu kümmern (sie anzuziehen, mit ihnen zusammenzusein).

In zwei Arbeiten wird derselbe Sachverhalt auch bei Frühgeburten und ihren Eltern registriert. Wie wir sehen werden, wird die Verbindung Mutter – Kind bei Frühgeburten manchmal durch einige Umstände beeinträchtigt; somit sind diese beiden Untersuchungen besonders beachtenswert.

In der ersten Untersuchung hatten die Mütter beim Stillen, während des Saugens, mehr Blickkontakt mit ihrem Baby, wenn sie mit ihm während der ersten fünf Tage nach der Geburt zusammensein konnten (entgegen den sonst üblichen Regeln des Krankenhauses, nach denen die Mütter dieser schmächtigen und kränklichen Frühgeburten erst nach Ablauf von drei Wochen Zutritt zur Abteilung bekamen). Im Alter von dreieinhalb Jahren erzielten jene Kinder beim Stanford-Binet-Test einen statistisch signifikant höheren Intelligenzquotienten, deren Mütter zu der Gruppe gehör-

[4] P. L. R. Sousa, F. C. Barros, R. V. Gazalle. R. M. Begeres, G. M. Pinheiro, S. T. Menezea u. L. A. Arruda, *Attachment and Lactation*, Fifteenth International Congress of Pediatrics, Buenos Aires, October 3, 1974; P. de Château, *Neonatal Care Routines: Influences on Maternal and Infant Behavior and on Breast-feeding* (thesis), Umea University (Sweden) Medical Dissertations, NS, no. 20, 1976.

ten, die mit ihren Kindern frühzeitiger zusammenkommen konnten.[5]

In der anderen Veröffentlichung[6] wurden einen Monat nach der Geburt keine Unterschiede bei der Zuwendung der Mütter zu ihren Babys festgestellt. Dafür ließen sich fünf Paare aus der Gruppe, bei der der Kontakt zwischen Mutter und zu früh geborenem Kind erst später stattfand, scheiden; dagegen wurde in der anderen Gruppe nur eine einzige Scheidung registriert. Darüber hinaus wurden zwei Säuglinge aus der ersten Gruppe zur Adoption freigegeben, obwohl ursprünglich alle Eltern die Absicht hatten, ihre Kinder großzuziehen.

Für Kennell und seine Mitarbeiter[7] wird mit diesen Untersuchungen über Frühgeburten nachgewiesen, daß durch die so früh erfolgte Zusammenführung von Mutter und Neugeborenem die entstehende Bindung gefestigt wird.

Da alle diese Untersuchungen zu ähnlichen Ergebnissen führen, liegt der Schluß nahe, daß die ersten Augenblicke nach der Geburt tatsächlich eine sensible Phase für die Entstehung der Bindung zwischen Mutter und Kind darstellen. Damit werden zwei Fragen aufgeworfen:
– Wie kann diese sensible Phase zeitlich eingeordnet werden?
– Womit läßt sie sich erklären?

Was die zeitliche Einordnung der sensiblen Phase betrifft, so trägt die Untersuchung von Hales und Mitarbeitern[8] etwas zu einer Antwort bei. Eine erste Gruppe von 20 Müttern erhielt Gelegenheit, ihr Baby nackt an sich zu nehmen und so gleich zu Beginn einen Hautkontakt mit ihrem Neugeborenen herzustellen; eine

[5] J. H. Kennell, M. A. Trause u. M. H. Klaus, »Evidence for a Sensitive Period in the Human Mother«, in: *Parent-Infant Interaction*, Ciba Foundation Symposium 33 (new Series), Elsevier, Amsterdam, 1975.
[6] A. Leifer, P. Leiderman, C. Barnett u. J. Williams, »Effects of Mother-Infant Separation on Maternal Attachment Behavior«, Child Development, 1972, *43*, S. 1203–1218.
[7] Kennell, a. a. O.; vgl. Anm. 5, S. 134.
[8] D. Hales, B. Lozoff, R. Sosa u. J. Kennell, »Defining the Limits of the Sensitive Period«, *Developmental Medicine and Child Neurology*, 1977, *19*, S. 454–461.

zweite Gruppe von Müttern bekam ihre Babys erst zwölf Stunden nach der Geburt zu Gesicht; eine dritte Gruppe bekam ebenfalls Gelegenheit zur Erfahrung eines länger andauernden Hautkontaktes (45 Minuten) mit dem Baby, jedoch erst zwölf Stunden nach der Geburt. Die Beobachtungen der Interaktion, die 36 Stunden nach der Geburt durchgeführt wurden, zeigten, daß die Mütter der ersten Gruppe ihren Babys näher waren (sie waren häufiger direkt einander zugewandt; die Mutter blickte und sprach das Baby häufiger an, liebkoste und küßte es mehr und lächelte häufiger) als die Mütter der beiden anderen Gruppen. Es scheint also, daß gerade den ersten Stunden nach der Geburt eine besondere Bedeutung zukommt.

Wenden wir uns nun der zweiten Frage zu: Welche Erklärung gibt es für diese sensible Phase?

Für einen ersten Erklärungsversuch kann man Modelle der Verhaltungsforschung heranziehen, die anhand von Untersuchungen über die Interaktion bei Tieren entwickelt wurden. Klopfer[9] hat berichtet, daß eine Ziege, die man von ihrem Lamm sofort nach der Geburt für gut eine Stunde trennt, dieses oftmals nicht annehmen oder säugen will, sondern es mit den Hörnern von sich stößt, wenn es ihr zurückgegeben werden soll, so daß es ohne fremde Hilfe eingehen würde. Bleiben hingegen Muttertier und Lamm auch nur die ersten fünf Minuten nach der Geburt zusammen und werden erst danach ebenfalls für ungefähr eine Stunde getrennt, so erkennt die Mutter ihr Lamm sofort wieder und nimmt es an, sobald es ihr zurückgegeben wird. Die Bindung, die bei der Ziege also kurz nach der Geburt innerhalb weniger Minuten entsteht, stellt sich im Durchschnitt erst nach zehn Tagen wieder her, wenn die kritische Phase erst einmal verstrichen ist.

Ähnliches ist auch bei der Ratte zu beobachten.

Wie steht es damit nun beim Menschen? Der Rückgriff auf das Modell der Verhaltensforschung ermöglicht zwar den Nachweis einer sensiblen Phase bei einigen Arten, aber der Determinismus dieser Vorgänge bleibt noch im Dunkeln. Ist er hormonalen Bedingungen unterworfen? Oder anderen biologischen Größen?

---

[9] P. Klopfer, »Mother Love: What Turns it on?«, *American Scientist*, 1971, *59*, S. 404–407.

Die Möglichkeiten einer biologischen Erklärung werden wir nicht erörtern. Dagegen scheint uns der Hinweis sinnvoll, daß diese sensible Phase selbst unmittelbar nach einem besonderen Abschnitt im psychologischen Lebenslauf der Frau eintritt, d. h. nach Schwangerschaft und Geburt. Grete Bibring und ihre Mitarbeiter[10] haben die Eigenart der psychologischen Vorgänge in der Schwangerschaft klar aufgezeigt und die Auffassung geäußert, daß diese Zeit etwas mit der Adoleszenz und der Menopause gemein hat, denn in allen drei Phasen wird das Gefühlsleben tiefgreifend verändert und hat einen ganz anderen Charakter als vorher und als in der Folgezeit.

Der Geburtsvorgang ist auch eine außerordentlich gewaltige, einschneidende Erfahrung nicht nur in physischer, sondern auch in seelisch-affektiver Hinsicht. Bekanntlich erleben ihn die Frauen unterschiedlich: schmerzhaft, orgastisch, bisweilen schmerzhaft und orgastisch, als Triumph oder als innere Zerstückelung etc. Auf jeden Fall erscheint das Neugeborene als derjenige, der dieser durchgreifenden und kritischen Erfahrung ihren Sinn verleiht. Wir haben Aussagen von Frauen zusammengetragen, für die die Geburt ein Erlebnis von »Selbstüberschreitung«, ein Gefühl von »Herausgehen aus sich selbst«, von »Zerplatzen« war. Diese Sprache erinnert an Depersonalisationserlebnisse, ist aber nicht unbedingt ein Anzeichen für Angst. Andere Frauen beschrieben ihre Geburt als den Augenblick eines Bruches in der Kontinuität ihres Daseins, in ihrem Gefühl von der Kontinuität ihres Selbst.

Wir müssen den Schmerzen bei der Geburt und all der Angst Beachtung schenken, die mit diesen Schmerzen verbunden ist und sie noch steigert. Gleichzeitig wird der Kontakt mit dem (unversehrten) Baby meistens als erleichternd erlebt. Das Verhältnis von Schmerz und Angst, über das wir zunehmend Aufschluß erlangen, besteht in einer wechselseitigen Steigerung: Der Schmerz verstärkt die Angst, die Angst vergrößert den Schmerz. Er ist in dem

---

[10] G. C. Bibring, T. F. Dwyer, D. S. Huntington u. A. F. Valenstein, »A Study of the Psychological Processes in Pregnancy and of the Earliest Mother-Child Relationship: I. Some Propositions and Comments; II. Methodological Considerations«, *The Psychoanalytic Study of the Child*, 1961, *16*, S. 7–92.

Maße beängstigend, wie er Phantasien in bezug auf den Körper, auf seine Integrität und auf seine Verwundbarkeit Raum gibt. Die Schmerzen reaktivieren Bestrafungs- und Verfolgungserlebnisse und bewirken eine affektive Regression sowohl der Objektlibido als auch der narzißtischen Libido: Die Objektbeziehungen nehmen wieder infantile Formen an, die narzißtische Besetzung des eigenen Körpers wird stärker. Bereits vor Einsetzen des Geburtsvorganges tritt im allgemeinen diese Angst schon auf und hat auch Auswirkungen.

Eine Frau beschreibt die Geburtsschmerzen folgendermaßen: »Man hat das Gefühl, daß einem der untere Teil seines Körpers gleich buchstäblich platzt, man kann spüren, wie es herauskommt, und irgendwie ist das Bedürfnis zu pressen furchtbar.«[11]

Die Berichte der Frauen, die gerade entbunden haben, sind voll von Vorstellungen, die den Schmerz und die mit ihm einhergehende Todesangst gleichsam wie eine Verfolgung verarbeiten. »Es war so, wie auch Richard II. oder Edward II. – ich weiß nie, welcher von beiden es nun ist – umgebracht werden sollte, ohne daß es nach einem Verbrechen aussah; also steckte man ihm ein glühend heißes Feuereisen in den Darmausgang, seine Schreie waren in ganz Gloucestershire zu hören!«[12]

Diese Schmerzen unterscheiden sich von den meisten anderen dadurch, daß sie einen Wert, einen Zweck haben: Das Baby erscheint als ihre Rechtfertigung, als eine Art von Belohnung, als ein Sinn und manchmal auch als der Schuldige. Das lebhafte, vollkommene Baby ist um so lebendiger und um so liebenswerter, als es durch sein Dasein selbst die Todes- und Verfolgungsängste der Gebärenden bekämpft und besiegt.

Aber die Erfahrung der Geburt und der darauffolgenden Stunden ist weitaus mehr als nur eine schmerz- und angstreiche Erfahrung. Häufig ist es auch ein psychischer Schockzustand. »Das ist zuviel (an Affekten), als daß der Geist es verarbeiten könnte«, sagte eine der von Oakley befragten Frauen und drückte damit aus, was andere als Schock bezeichneten. Sei es nun ein Schock oder ein

---

[11] Ann Oakley, *Becoming a Mother*, Oxford, Martin Robertson & Company, Ltd., 1979.
[12] a. a. O.

Trauma, wir nehmen hier Bezug auf die psychoanalytische Definition dieser Begriffe und berücksichtigen dabei insbesondere ihre ökonomische Seite: »Ökonomisch ausgedrückt, ist das Trauma gekennzeichnet durch ein Anfluten von Reizen, die im Vergleich mit der Toleranz des Subjekts und seiner Fähigkeit, diese Reize psychisch zu bemeistern und zu bearbeiten, exzessiv sind.«[13] Wie jeder traumatische Einbruch in das Gefühlsleben hat auch der psychische Schock bei der Geburt langfristige Folgen für das Seelenleben; aber nach unserer Einschätzung sind diese im Falle der Geburt nicht als *Störungen* anzusehen, sondern bedeuten für die Betreffende in psychischer Hinsicht eine Bereicherung und eine Entfaltung des Lebens. Im übrigen sind diese traumatischen Auswirkungen auf den seelischen Haushalt natürlich viel geringfügiger als die der traumatischen Erfahrungen der Kindheit und mit diesen nicht zu vergleichen. Die Auswirkungen dieses Traumas sind eher mit denen der »Aktualtraumata« zu vergleichen. Es ist bemerkenswert, daß die psychoanalytische Theorie im Grunde mehr auf dem – hypothetischen, weil schwieriger zu beweisenden – Geburtstrauma beharrt als auf dem entsprechenden Gegenstück auf seiten der Mutter, dem Gebärtrauma, von dem so viele Frauen überall berichten.

»– Ich befand mich in einem *Schockzustand* . . . Die Zeit stand still.«

»– Das ist ein *Schockzustand*. Mir war nicht bewußt, was geschah – damit will ich sagen, daß ich es gern noch einmal erleben möchte, einfach um bewußt zu erleben, was gerade abläuft.«

»– Ich wachte mitten in der Nacht auf und konnte einfach nicht glauben, daß ich ihn tatsächlich geboren hatte. Das war so ein *Schock* . . .«

»– Es war unglaublich groß . . . 4250 g . . . Durch den *Schock* war ich nicht mehr ich selbst.«

»– Es war wohl angenehm, es zu halten, aber ich empfand in Wirklichkeit nichts Besonderes . . ., weil ich in einem *Schockzustand* war.«[14]

---

[13] J. Laplanche u. J.-B. Pontalis, *Das Vokabular der Psychoanalyse*, Suhrkamp, 1972, S. 513.
[14] a. a. O., S. Anm. 11.

Andere Frauen sprechen von einem Zustand der Fremdartigkeit.

Wiederholt wurde der Gedanke formuliert, daß – in der Phantasie – aus der Frau nicht nur das Baby, sondern »sie selbst« herauskommt. Dies geht aus einer der oben erwähnten Äußerungen hervor bzw. aus dem, was die Frau sagt, die ihre Geburt als eine Selbstüberschreitung beschrieb: »Es ist, als ob man aus sich selbst herauskommt.«

Ist es schließlich verwunderlich, daß eine gebärende Frau einen Zustand leichter Depersonalisation durchmacht, wenn ihr Körperbild sich in dem Augenblick so drastisch ändert, in dem ein Wesen, mit dem sie teilweise noch identisch ist, aus ihr selbst hervorgeht?

Ganz am Anfang, wenn die Mutter das Neugeborene zum ersten Mal in die Arme schließt, ist es bisweilen etwas schwierig, überhaupt eine Beziehung zu dem Baby herzustellen. Das gesamte Geschehen verläuft so, als ob in bezug auf das *reale* Kind die Vorkehrungen für die Beziehung noch nicht ganz abgeschlossen seien und ein neuer Anfang in der Entwicklung einer Beziehung gemacht werden müsse, die anders ist als die während der Schwangerschaft, so daß die Geburt damit zwar bleibt, was sie ist, aber auch zugleich mehr ist als nur der Beginn des zehnten Monats der Beziehung von Mutter und Baby.

Eine Frau beschreibt die ersten Augenblicke so: »Ich war sehr zufrieden, aber ich war auch sehr müde. Und ich kann wirklich nicht sagen, daß . . . Ich will sagen, daß ich wütend geworden wäre, wenn sie es fortgenommen hätten, ohne daß ich es in die Arme nehme, aber andererseits hatte ich das Gefühl, getan zu haben, was in dem Augenblick zu tun war; nun gut, ich hatte ein gesundes Baby, aber das war alles: Eigentlich wollte ich schlafen. Ich machte mir um das Baby keine Gedanken . . . Ich kann mich daran erinnern, daß ich mir sagte: Ich bin jetzt Mama, und das ist schön. Aber ich glaube nicht, daß ich sehr . . . Ich meine, daß ich genau in dem Moment, wo es geboren wurde, schon sehr gerührt war, aber davon abgesehen, daß ich glücklich und zufrieden war, ein ganz niedliches Baby zu haben, und daß es nun ein Junge war und dies alles . . ., meine ich (. . .), war ich danach nicht wirklich innerlich beteiligt an dem, was geschah. Ich war tatsächlich etwas beunruhigt, weil ich so teilnahmslos war. Ich glaube, ich bin unmittelbar in eine postnatale Depression hineingeraten!«[15]

Eine andere Frau spricht davon, wie wichtig die erste Begegnung mit dem Neugeborenen ist: »Ich hielt es ungefähr zwei Minuten in den Armen (. . .). Dann kam eine Krankenschwester von der Station herauf und nahm das Baby mit nach unten; das war alles, was ich von ihm sah . . . Ich hätte es gern genau so gewollt, wie es nach der Geburt war, also daß es abgenabelt wird und ich es dann bekomme. Aber zuerst haben sie es genommen; so ist es wohl gewesen; ich war nicht die erste. Ich finde, eine Mutter müßte es als erste bekommen. Zwei Tage später sprachen wir auf der Station darüber, und eine Frau sagte, sie habe ihres erst nach ungefähr zwanzig Minuten entgegengenommen und daß sie mit ihm herumgebummelt hätten und so (. . .). Es war so ein kleines, süßes Ding; es war völlig wach und sah mich und Alan mit seinen Augen an; und obwohl es nichts wahrnahm, behielt es die ganze Zeit seinen Blick bei, ohne nur ein einziges Mal mit den Augen zu zwinkern.«

Diese Aussage ist noch einmal ein Beispiel dafür, daß die Frau nach der Entbindung oftmals ein anfängliches Hemmnis überwinden muß, bevor sie ein Gespür für das Baby bekommt und es als ihr zugehörig erlebt. Außerdem führt diese Äußerung zu der wichtigen Erkenntnis, daß das Baby, besonders durch seinen Blick, aktiv an der frühesten emotionalen Bindung beteiligt ist. In der Tat ist erstaunlich festzustellen, daß sich die Neugeborenen im allgemeinen während der ersten Stunden nach der Geburt in einem aufmerksamen, ruhigen Zustand befinden, bevor sie sich durch den Schlaf von ihrem aufwühlenden Erlebnis erholen. Dieser Wachzustand kommt sehr gelegen, da er haargenau dem inneren Bedürfnis der Mutter entgegenkommt, zu dem Baby in den ersten Stunden nach der Geburt eine Beziehung herzustellen und in ihrer Identität als Erzeugerin des Babys bestätigt zu werden.

Manchmal werden die Verhältnisse durch einen narkotischen Eingriff erschwert wie bei jener Frau, deren Geburt eine Epiduralanästhesie erforderlich machte, durch die sie wachbleiben konnte, ohne irgendwelche Schmerzen in der Beckengegend zu spüren.

---

[15] a. a. O.

»Aber ich finde, die größte Enttäuschung dabei war, daß ich nicht fühlen konnte, wie sie aus mir herausgleitet . . . Ich hätte es *herrlich* gefunden, sie aus mir herausgleiten zu fühlen oder an dieser Empfindung teilzuhaben, wenn man erlebt, daß das Baby herauskommt (. . .). Ich konnte die Zange fühlen und daß er (der Geburtshelfer) etwas machte, das trotz der Epiduralanästhesie weh tat; und ich konnte merken, als er aufhörte, wußte aber nicht, daß sie schon zu sehen war. Und dann sagten auf einmal alle: ›Oh! Sie hat ein kleines Mädchen usw.‹; und ich sagte, daß ich sie nicht sehen könne, nichts spüren würde und wo sie denn sei? Dann hob Luc (mein Mann) mich etwas an, sie war erst halb draußen und weinte schon; ich war so erleichtert, als ich sie sah: Sie war offensichtlich gesund, sie war heil und weinte, und . . . ich war unheimlich erleichtert (. . .). Sie legten sie mir auf die Brust. Ich sah sie an und dachte . . ., es ist furchtbar schwer zu glauben, daß sie aus mir selbst herausgekommen war. Ich hatte so eine vage Vorstellung, sie sei vielleicht unter dem Tisch vorgekommen, zumal es mich irgendwie drängte, unter dem Tisch nachzusehen, was da geschah; denn ich hatte ja nicht gefühlt, sondern nur gesehen, woher es kam. Ich hatte ein Gefühl starker Fremdartigkeit. Ich meine, natürlich war es *mein* Baby, und ich mochte es, aber ich glaube, ich war da so zerschlagen und erschüttert, daß ich nicht viel Empfindungsvermögen hatte, wie auch immer meine Eindrücke und Gefühle gewesen sein mögen. Ich will damit sagen, daß mir vollkommen klar war, daß es mein Baby war, und ich mochte es und wollte es halten, aber ich fühlte mich so elend, daß ich zu jenem Zeitpunkt auf nichts eingehen konnte. Ich konnte kaum glauben, daß sie aus mir herausgekommen war.«[16]

Dieser Bericht bringt die Folgen eines starken Konfliktes zwischen dieser Frau, die das Kind bekommt, und dem medizinischen Personal der Entbindungsstation zum Ausdruck; sie kämpft darum, Subjekt des Geburtsvorganges zu sein, und denkt, das Personal wolle ihr streitig machen, daß sie bei dem Geschehen die Oberhand hat. Vielleicht ist das Personal ein Bild für ein Zusammenwirken von Elternimagos und vorwiegend mütterlichen Vorbildern,

---

[16] a. a. O.

gegenüber denen sie ihre Gebärfähigkeit unter Beweis stellen muß. Aber dieser Konflikt, der zu den Auswirkungen der Narkose der Beckenregion noch hinzukommt, beraubt sie des Gefühls, sie habe selbst dem Kind das Leben geschenkt.

Wir wollen nun versuchen, die auf den vorhergehenden Seiten diskutierten Probleme mehr unter theoretischen Gesichtspunkten zu beleuchten.

Uns scheint, daß wir uns den psychologischen Entwicklungsprozeß der allerersten Bindung zwischen Mutter und Neugeborenem klarmachen können, wenn wir gründlicher erfassen, worin diese Phase besteht und warum sie so »sensibel« ist. Die Erfahrung der Geburt ist ein Teil dieser Bindung; sie bahnt sie gewissermaßen an. Selbst wenn einige Frauen anführen, daß bei der Geburt auch Lust empfunden werden kann, so sprechen doch alle von Schmerzen. Diese Schmerzen setzen dem Imaginären auf außerordentlich schroffe Weise ein Ende. Das Reale bricht mit furchtbarer Wucht in die Beziehung zum Kind ein. Jegliche Erfahrung von Schmerz mißt sich zwingend und unausweichlich an ihrer körperlichen Realität; und bei der Geburt wird die Frau mit der nackten Realität ihres eigenen Körpers, wie des Körpers ihres Babys konfrontiert sowie der von Schmerz geprägten Beziehung, durch die sie beide miteinander verbunden sind.

Vielleicht bietet der physische und psychische Schmerz für die Mutter eine Hilfe, den Trennungsprozeß in seinem ganzen Ausmaß leibhaftig zu erleben, zumal die Verarbeitung der psychischen Trennung, die Anerkennung dieser Trennung noch in den Anfängen ist. Nach der Geburt stellt das Baby in den Augen der Mutter noch weitgehend eine Erweiterung ihrer selbst dar.

Genauer gesagt, scheint es in den Augen der Mutter noch ein »subjektives Objekt«[17] zu sein, daneben aber auch ein reales, unbekanntes und noch fremdartiges.

Uns scheint, daß die Mutter, um das reale Baby libidinös zu besetzen, die gleiche psychische Leistung erbringt wie ein Säugling,

---

[17] D. W. Winnicott, »Kreativität und ihre Wurzeln« und »Objektverwendung und Identifizierung«, in: *Vom Spiel zur Kreativität*, Klett, Stuttgart, 1979.

der sein Objekt »schafft« und ausfindig macht, wie Winnicott schreibt. Nach Winnicott durchläuft das Baby tatsächlich bestimmte Stufen, um das Objekt – als etwas Äußeres, Reales – dingfest zu machen: Es nimmt zunächst Bezug zu einem »subjektiven Objekt« auf, mit dem es selbst verflochten ist; das Objekt ist in den Augen des Babys noch eine Erweiterung der eigenen Person. Sodann entlädt das Subjekt seinen Haß gegen das Objekt, und in dem Maße wie dieses seinen Angriffen standhält, wird es zum äußeren, realen Objekt. Es kann nun seine eigentliche Funktion erfüllen, d. h., das Subjekt kann sich zu der Realität seines Objekts in Beziehung setzen und sich dieses Verhältnis als reale, äußere Person gerade zunutze machen.[18]

Die Mutter hat infolge der Geburt eine insofern beträchtliche psychische Arbeit zu leisten, als ihr ja ein erhöhter Einsatz an narzißtischer Libido und an Objektlibido abverlangt wird. Tatsächlich spielt sich bei einer Frau, die gerade ein Kind geboren hat, ein richtiger Widerstreit zwischen diesen beiden Arten von Besetzung ab: Einerseits hat sie körperliche Schmerzen, ist müde, ruhebedürftig und will mit sich allein sein. Andererseits fühlt sie sich berufen, sich um ein Baby zu sorgen, das Hunger hat, gewaschen werden muß, schreit, das letztendlich seine vitalen Bedürfnisse ihr gegenüber zur Geltung bringt. Genau an dieser Stelle, so schildert Winnicott, entsteht bei der Mutter der Haß auf ihr kleines Kind.[19]

Dieser Haß auf das Baby löst die Ängste ab, von denen die Mutter bereits während der Schwangerschaft heimgesucht worden war und die sich auf die körperliche Unversehrtheit des Babys bezogen; sie entsprangen bereits ihrem Haß. Gerade darum sollte das lebende, wohlgeratene Baby nach der Geburt möglichst der Mutter überlassen und von ihr gehalten werden, wenn sie es möchte. Dadurch kann sie ihre Sicherheit nachhaltig zurückgewinnen. Solange die Mütter das nicht selbst gespürt haben, machen sie sich häufig weiterhin Sorgen um das leibliche Wohl ihres Babys und bleiben den Ärzten gegenüber skeptisch.

[18] a. a. O.

[19] D. W. Winnicott, »Haß in der Gegenübertragung«, in: *Von der Kinderheilkunde zur Psychoanalyse*, Kindler, München, 1976.

Gerade unter diesen Bedingungen wird die Mutter ängstlich und bekommt Bedenken im Hinblick auf die Situation ihres Neugeborenen. Winnicott hat diese Unruhe zutreffend die primäre Mütterlichkeit genannt.[20] Das veranschaulicht folgender Auszug: »Seine linke Hand war es: Als ich ihn am zweiten Tag im Säuglingszimmer abholen wollte, hatte er diesen großen roten Bluterguß an der Hand. Da habe ich sie gefragt, was ihm denn zugestoßen sei und so . . . Einer fragte den anderen . . . und sie sagten mir: ›Ach, er hat an seinem Finger gelutscht und dabei diesen blauen Fleck bekommen‹. Nun, ich habe überlegt und gedacht, jemand hat geraucht und dabei Asche auf ihn fallen lassen. Es war eine blutunterlaufene Stelle, offensichtlich also eine Verbrennung, das sah böse aus. Ich will sagen, daß nicht einmal ich selbst mir einen blauen Fleck zufügen könnte, wenn ich einfach so an meinem Finger lutsche, und ich habe ja sogar Zähne! Daraufhin habe ich ihn dann nie mehr in den Kinderraum gegeben.«[21]

Im Falle dieser Frau werden Haß und Nachlässigkeit durch einen Projektionsvorgang den Angehörigen des Personals angelastet. Aber wir haben diesen Abschnitt gewählt, weil er zeigt, wie sehr die Sorge um das Baby unter anderem gerade darin gründet, die Bestrebungen von Haß niederzuhalten, um sie wieder wettzumachen und das Baby vor ihnen zu schützen. Durch die Fürsorge der Mutter wächst und entwickelt sich das Baby und tritt zunehmend mit ihr in Kontakt; ihre Besorgnis schwindet, und ihr wird das Gefühl der Freude vertrauter.

Wir sind der Ansicht, daß das Syndrom einer Depression nach der Entbindung vermutlich zu diesem affektiven Gefüge gehört, das wir gerade umrissen haben. Die Häufigkeit dieser Symptome wird unterschiedlich beurteilt und variiert, je nach Schätzung, zwischen 5% und 80% der entbundenen Frauen.[22] Wir werden nicht die vielfältigen biologischen und/oder psychologischen Faktoren darlegen, auf die bei der ätiologischen Diskussion dieses Syndroms

---

[20] D. W. Winnicott, »Die primäre Mütterlichkeit«, in: *Von der Kinderheilkunde zur Psychoanalyse*, Kindler, München, 1976.

[21] Ann Oakley, a. a. O.

[22] I. Yalom, D. T. Lunde, R. H. Moos, D. A. Hamburg, »›Post-Partum Blues‹ Syndrome«, *Archives of General Psychiatry*, 1968, *18*, S. 16–27.

zurückgegriffen wird. Wir halten es für wichtig, sein plötzliches Auftreten festzuhalten, denn sein Vorhandensein selbst ist ein deutliches Kennzeichen für den eigenen psychologischen Charakter dieser Phase. Von den besagten psychologischen Faktoren scheinen die Trennung von dem Baby und die Leere, die sie hinterläßt, sehr bedeutsam zu sein. Mit ihnen leben die früher von der Frau erfahrenen Trennungen und Entbehrungen, besonders aber ihre Schwierigkeiten in der Ablösung von ihrer eigenen Mutter wieder auf. Eben auch auf Grund dieses Verhältnisses zu der nicht anwesenden Mutter (der Gebärenden) wird der Haß auf das Baby verständlich, das – durch Verschiebung – zum Teil nur Träger eines infantilen Hasses ist.

Eine Frau erzählte uns folgenden Traum: »In der Nacht nach der Geburt habe ich geträumt, daß das Baby, das den Kopf meiner Mutter hatte, in der Badewanne ertrinkt. Dann wachte ich auf und erblickte die Krankenschwester, die sagte, daß mein Baby schreie und etwas zu essen bekommen müsse.«

Die Verschmelzung der Mutter (der Gebärenden) mit dem Baby ist hier eindeutig und steht in Zusammenhang mit dem Haß, der durch die Erschütterungen des Ichs und seines Narzißmus ausgelöst wird.

Bisher haben wir die psychische Arbeit der Frau unmittelbar nach der Geburt unter psychodynamischem Aspekt betrachtet. Wie laufen diese Vorgänge nun in ökonomischer Hinsicht ab? Unserer Auffassung nach ist die psychische Arbeit der Frau im Anschluß an die Entbindung auf ökonomischer Ebene mit der der Trauer vergleichbar, obwohl sie dem Anschein nach das Gegenteil davon ist. »Jede einzelne der Erinnerungen und Erwartungen, in denen die Libido an das Objekt geknüpft war, wird eingestellt, übersetzt und an ihr die Lösung der Libido vollzogen«, schrieb Freud über die Trauerarbeit. [23] Nach unserer Meinung könnte man, *mutatis mutandis*, genau diesen Gedankengang auf die psychische Arbeit bei der Frau nach der Entbindung übertragen, und zwar aus zweierlei Gründen. Zunächst muß sie innerlich mit ihrer Schwangerschaft abschließen sowie mit der Vorstellung von einem vollkom-

---

[23] S. Freud, »Trauer und Melancholie«, GW Bd. X, S. 430.

menen, idealen Kind, das jedem einzelnen ihrer positiven und negativen Wünsche entspricht. Sodann muß sie die entgegengesetzte Arbeit leisten: Sie muß Wünsche, Erwartungen und Gefühle mit dem neugeborenen Kind *verbinden*; schließlich muß sie sich erarbeiten, dem Neuankömling in ihrem Innenleben »Platz zu machen«. In beiden Fällen, ob es sich nun um die Trauerarbeit oder um die Aufgabe der Besetzung des Neugeborenen handelt, scheint uns der ökonomische Aufwand damit zusammenzuhängen, ja davon abzuhängen, daß es unumgänglich ist, eine *Veränderung* in der psychischen Dynamik herbeizuführen und die innere Welt nach neuen Gesichtspunkten umzugestalten. Diese Arbeit der Realitätsprüfung ist besonders beim Geschlecht des Babys zu beobachten. Zwangsläufig kommt es vor, daß das Geschlecht des Babys den Wünschen der Mütter nicht entspricht. Aber nach einigen Tagen sagt die überwiegende Mehrheit von ihnen, daß ihre anfängliche Enttäuschung vorüber sei. Das Baby hat die Mutter enttäuscht, sie aber konnte das Baby in seiner Realität besetzen. Nach unserer Ansicht enttäuscht in gewisser Weise jedes Baby die Mutter und den Vater, denn es kann nicht Junge und Mädchen zugleich sein, d. h., der Bisexualität in der Einheit der elterlichen Phantasien Genüge leisten.

Gerade wegen dieser gewichtigen Aufgabe einer Neustrukturierung muß die Mutter während der sensiblen Phase affektiver Umwälzung in der Zeit nach der Geburt zumindest die *Gelegenheit* erhalten, ihr Neugeborenes zu umsorgen. Denn es ist offenkundig, daß in dem Fall, wo diese anstrengende Leistung der Besetzung des Kindes einmal entfällt – zum Beispiel, wenn die elterlichen Pflichten in jeder Hinsicht vom Krankenhauspersonal wahrgenommen werden –, der psychische Apparat von sich aus seinen Bestrebungen folgt, den Energieaufwand zu begrenzen und die Besetzungsarbeit einzuschränken.

Im Grunde verläuft alles so, als wäre der psychische Zustand der Frau nach der Entbindung in Bewegung, in Umformung, im Fluß, als wäre er in einer neuen Gestaltung begriffen. Es scheint, als trage diese Umbildungsarbeit im Anschluß an die Geburt dazu bei, daß das Seelenleben der Mutter neu geordnet wird, wobei das Baby entweder in diese Gestaltung und Dynamik mit einbezogen wird oder mehr oder minder aus dieser Neugliederung ausgeschlossen bleibt. Wird der Mutter das Baby weggenommen, so kann man fragen, ob sich nicht ein psychisch ausgewogener Zustand bildet und wiederherstellt, ohne daß das Baby einbezogen wird und so etwas außerhalb bleibt.

Wir haben die Erlebnisse um die Geburt ausführlich erörtert, um hervorzuheben, daß der Entstehungsprozeß der Bindung zwischen Mutter und Neugeborenem beim Menschen, – der so sonderbar und seltsam scheint, wenn man die Experimentalstudien von Klaus, Kennell und anderen nach ihnen liest –, sein Gegenstück in der psychischen Situation der gebärenden Frau findet, was letztlich wohl noch aufsehenerregender ist als diese experimentellen Arbeiten. Übrigens ist schon seit längerem bekannt, wie empfindlich die Mütter in diesem Stadium im Hinblick auf jegliche Kommentare oder Bemerkungen sind, die das Personal vielleicht über das Neugeborene macht und die ihr dann über lange Jahre hinweg im Gedächtnis bleiben. Hingegen kann eine Frau sich später nur schwer an ihr psychisches Befinden nach der Geburt erinnern. Das liegt nicht nur daran, daß ihre Erinnerung an diese Erlebnisse lückenhaft ist, sondern gründet auch und vor allem darin, daß sie nicht mehr in demselben psychischen und physiologischen Zustand ist; sie ist bereits verändert, und es ist ihr dann nicht mehr möglich, diese Erfahrung wieder aufleben zu lassen.

Freud verglich die Struktur des Ichs mit der eines Kristalls. Uns scheint, daß diese Phase nach der Entbindung eine Zeit ist, in der das Ichkristall in einigen Teilen sein Gefüge verloren hat und die Beziehungen zwischen seinen Bestandteilen eher locker sind; und sobald es wieder Gestalt annimmt, schließt es auch das Baby mit ein und berücksichtigt bei seiner Formierung alles, was sich aus dessen Ankunft ergibt. Die Störungen in der Beziehung zwischen Mutter und Säugling treten indes mitunter auf, wenn diese Neugliederung sich vollzieht, ohne daß das Baby beachtet wird; dies ist besonders dann der Fall, wenn das Neugeborene und seine Mutter für lange Zeit voneinander getrennt werden.

11 Die Interaktion zwischen einem Elternteil und dem Neugeborenen

Zunehmend scheint klar, daß die Interaktion von Elternteil und Neugeborenem nicht den eigentlichen Beginn der Interaktion zwischen dem Baby und seiner Mutter darstellt, da der Fetus nicht nur den Wirkungen des Stoffwechsels oder denen von Infektionen unterworfen ist, die von der Mutter herrühren, sondern auch auf ihre Gefühlsregungen reagiert.[1] Mit der Geburt muß das Baby sich jedoch mit einer neuen Welt auseinandersetzen, ebenso wie seine Eltern einem Baby gegenüberstehen, das nicht so ganz ihren Erwartungen entspricht.

Klaus und seine Mitarbeiter[2] haben das Verhalten der Mutter während der ersten Minuten nach der Geburt untersucht. Natürlich unterscheiden sich die Darstellungen nach den Bedingungen der Geburt und besonders nach dem Ort – im Krankenhaus oder zu Hause –, an dem sie erfolgt.

Diese Arbeit berichtet von einer gleichförmigen Abfolge von Verhaltensweisen bei dem ersten Interaktionsgeschehen zwischen den Müttern und ihren Neugeborenen innerhalb von fünf Stunden nach der Geburt in einem Krankenhaus. Jede berührte zunächst die Glieder des Babys mit ihren Fingerspitzen, streichelte dann im Verlaufe der folgenden vier bis acht Minuten den Rumpf des Kindes und umschloß ihn dabei mit der Handinnenfläche; oftmals zeigten sie für einige Minuten eine zunehmende wache Erregung. Dann nahm ihre Aktivität so stark ab, daß sie bisweilen einschliefen. Bei jeder Mutter war dieser Übergang vom Betasten mit den Fingerspitzen zur Berührung mit der Handfläche zu beobachten. Bereits bei dieser ersten Interaktion erwachte das Interesse der Mütter

[1] L. W. Sontag, »Implications of Fetal Behavior and Environment for Adult Personalities«, *Annals of the New York Academy of Sciences*, 1965, *134*, S. 782–786.

[2] M. H. Klaus, M. A. Trause, u. J. H. Kennell, »Does Human Maternal Behavior after Delivery Show a Characteristic Pattern?«, in: *Parent-Infant Interaction*, Ciba Foundation Symposium 33 (new series), Amsterdam, Oxford, New York, Associated Publishers, 1965.

für die Augen ihrer Neugeborenen. Viele hatten den Wunsch, das Baby zu wecken, um seine Augen zu sehen, oder äußerten, sie fühlten sich ihm näher, wenn sie es anschauten. Das Thema des Blickes und des gegenseitigen Austausches von Blicken wird im Zusammenhang mit dem größeren Säugling erörtert werden, aber es sei schon angemerkt, daß diese Art von Interaktion mit den ersten visuellen Eindrücken des Neugeborenen beginnt und daß der menschliche Blick von vornherein größtenteils eine interaktionsartige, zwischenmenschliche Erfahrung ist.

Die Beobachtungen derselben Autoren bei Hausgeburten zeigten, daß eine Frau, die zu Hause entbindet, den Ablauf der Ereignisse mehr in der Hand zu haben scheint, als dies bei den Geburten im Krankenhaus der Fall ist. Sie entscheidet, in welchem Zimmer des Hauses und in welchem Teil des Zimmers die Geburt stattfinden soll, und sucht sich die Personen aus, die sie dabei um sich haben möchte. Sie ist keine passive Patientin, sondern aktiv an der Vorbereitung und an der Geburt beteiligt. Einige Minuten nach der Geburt, aber noch vor den Ausstoßen der Placenta, nehmen die Mütter ihr Neugeborenes in die Arme und legen es häufig so, daß sie beide einander zugewandt sind. Wie in dieser Arbeit beschrieben wird, werden die Mütter im Anschluß an die Nachgeburt von einem regelrechten Freudentaumel erfaßt. Die Anwesenden scheinen dieses Gefühl der Freude zu teilen und bieten der Mutter ihre Unterstützung an. Bemerkt sei auch, daß das Baby sich beruhigt, sobald die Mutter es aufnimmt. Fast ausnahmslos fährt die Mutter mit den Fingerspitzen über die Haut des Babys und streichelt es dabei. Das geschieht noch vor dem ersten Stillen und sogar noch vor Ausstoßung der Placenta. Im allgemeinen gibt die Mutter dem Baby die Brust, aber es saugt nicht sofort. Meistens leckt das Baby zuerst ein paar Mal an der Brustwarze der Mutter. Die meisten Mütter und Väter bekommen eine etwas höhere Stimme, wenn sie mit ihrem Baby sprechen; auch scheinen sie sich stärker zu freuen als die meisten Eltern, deren Baby im Krankenhaus geboren wurde. Eine ganze Reihe von Müttern mit einer Hausgeburt gab an, sie hätten im Augenblick der Geburt ein Gefühl gehabt, das mit einem Orgasmus vergleichbar sei.

Vom Beginn seines Lebens an vollzieht sich die Interaktion des Babys mit der Mutter auf verschiedenen Kommunikationsebenen oder -wegen, hauptsächlich aber auf visuellem Weg und durch den Blick, über den taktilen, den auditiven Sinn und über die Sprache. In der Praxis, und besonders beim Stillvorgang, wirken diese verschiedenen Medien qualitativ und quantitativ unterschiedlich stark zusammen. Beim Stillen kommt als besonderes Bindeglied auch die grundlegende Erfahrung der oralen Sättigung und des Saugens hinzu.

Eine der überraschendsten Beobachtungen machten Condon und Sander.[3] Sie zeigten, daß bei der Geburt im Neugeborenen eine fein gestaltete interaktionsorientierte Anlage vorhanden ist, aufgrund derer die Koordinierung seines motorischen Verhaltens durch die Worte eines Erwachsenen ausgelöst und gesteuert werden kann, unabhängig davon, ob dies in englischer, chinesischer oder einer anderen Sprache geschieht. Alles läuft so ab, als würden die Bewegungen des Neugeborenen und ihr Rhythmus durch die Worte der Mutter gelenkt – also das Gegenteil dessen, was sich bei einem Orchesterdirigenten ereignet.

Ein solches Ergebnis muß mit gewisser Vorsicht behandelt werden, zumal es meines Wissens keine Gegenuntersuchung zu der Arbeit von Condon und Sander gibt. Außerdem meint Stern,[4] daß diese Art von Übereinstimmung in der Interaktion zwar für kurze Zeit in Phasen auftreten kann, die von einem hohen Grad an Aufmerksamkeit geprägt sind, aber keinen allgemein verbreiteten, beständigen Vorgang darstellt.

Die Arbeit von Meltzoff und Moore[5] ähnelt der bereits erwähn-

[3] W. S. Condon u. L. W. Sander, »Neonatal Movement is Synchronized with Adult Speech: Interactional Participation and Language Acquisition«, *Science*, 1974, *183*, 99–101.

[4] D. N. Stern, »The Early Development of Schemas of Self, of Other, and of Various Experiences of ›Self with Other‹.« Paper presented at: Symposium on »Reflections on Self Psychology« at the Boston Psychoanalytic Society and Institute, Boston, 10/3–11/2/80; erscheint in: S. Kaplan u. J. D. Lichtenberg (Hrsg.) *Reflections on Self Psychology*, International Universities Press.

[5] A. N. Meltzoff u. M. K. Moore, »Imitation of Facial and Manual Gestures by Human Neonates«, *Science*, 1977, *198*, S. 75–78.

ten. Diese beiden Verfasser haben anhand eines sehr durchdachten methodischen Konzeptes gezeigt, daß die zwischen 12 und 21 Tage alten Neugeborenen in der Lage waren, den mimischen Ausdruck in den Gesichtern von Erwachsenen bei sich selbst auszulösen. So formte ein Erwachsener, der sich genau gegenüber dem Baby befand, mit dem Mund ein »O« oder streckte seine Zunge heraus. Zu ihrer Überraschung stellten sie fest, daß die Babys etwas auf dieses Mienenspiel »erwiderten«, indem sie dieselbe Gebärde machten, und zwar in statistisch signifikanter Häufigkeit. Die Erklärung eines derartigen Phänomens bleibt auf Mutmaßungen beschränkt, denn es beruht auf sensorischen, motorischen und integrativen Fähigkeiten, die für einen so unreifen Organismus beachtlich sind.

Die von Condon und Sander sowie von Meltzoff und Moore berichteten Beobachtungen (die durch die mütterliche Stimme ausgelöste Wirkung und die Nachahmung des mimischen Ausdrucks) scheinen unter anderem in folgender Hinsicht übereinzustimmen: Spekulativ ist denkbar, daß das Neugeborene einen sensorischen Eindruck empfängt, der eine zwischenmenschliche Mitteilung beinhaltet (Stimme, Gesichtsausdruck), und darauf antwortet, indem er mit seiner Körper- und Gesichtsmotorik *unverzüglich* zum Ausdruck bringt, was diese wahrgenommenen, auf Interaktion abzielenden Mitteilungen bei ihm für Erlebnisse hervorrufen. Es kommt zu keiner Verzögerung zwischen der Empfindung und der Reaktion; die Antwort erfolgt unmittelbar. Dies erscheint uns insofern bedeutsam, als ein solches Erlebnis bei dem Baby das Gefühl erwecken kann, mit dem Erwachsenen eins zu sein, ihm ausgeliefert zu sein oder aber in einer affektiv gleichwertigen Beziehung zu stehen. Wird dieses Erlebnis vom Baby passiv aufgenommen, wird es von der Mutter so »ausgelöst« wie ein Herz von einem *Schrittmacher* in Gang gehalten wird? In diesem Fall kann das Baby die Situation als eine überaus mächtige Vereinnahmung seitens des Erwachsenen erleben, ohne eine Eingriffsmöglichkeit gegen den Druck zu haben, den die Mutter auf es ausübt. Oder erlebt das Baby die Situation doch vielmehr als etwas, an dem es aktiv, wie an einer gleichrangigen Interaktion teilhat, so wie auch bei einem Tanz jeder Partner auf die Bewegung des jeweils anderen eingeht? Wir werden darauf im Zusammenhang mit den ersten Erfahrungen des »Miteinander-Seins«, des »Zusammen-Seins« in der Dyade Mutter–Säugling noch zurückkommen.

Die ersten Erfahrungen mit dem Füttern

I. Lézine[6] beschreibt, wie Mutter und Neugeborenes sich verhalten, wenn sie sich auf das Füttern einstellen (mit dem Fläschchen). Einige Mütter, die zu einer ersten Gruppe zusammengefaßt werden, sind in vielfacher Hinsicht unbeweglich: »Sie sind verkrampft und nehmen eine sichtbar unbequeme Stellung ein, um das Baby zu halten (. . .). Die Mütter halten das Kind von ihrem Körper fern und vermeiden häufig direkten Hautkontakt. Sie sträuben sich größtenteils, dem Verhalten des Kindes eine Bedeutung beizumessen, und erscheinen dadurch wenig empfänglich für die Anzeichen seines Wohlgefühls (Lächeln, körperliche Entspannung); ebenso lassen sie sich auch nicht von den Tränen des Babys rühren und erwarten, daß es sich von selbst wieder beruhigt. Sie nehmen es offenkundig mit den festen Zeiten für das Essen und der regelmäßigen Körperpflege genau und zögern nicht, ihr Kind zu wecken, wenn es ihrer Meinung nach an der Zeit ist (. . .); sie unterbrechen die Mahlzeit mehrmals zu einem ungünstigen Augenblick (. . .); sie üben oft einen Druck auf die Lippen aus und pressen sogar gegen das Kinn oder zwicken das Kind in die Nase, um zu verhindern, daß es die Gaumen zusammenbeißt; sie zeigen sich den eigenen Unterbrechungen des Kindes gegenüber wenig entgegenkommend, sondern rütteln mit der Flasche in seinem Mund, sobald es mit dem Saugen nachläßt.«

Im Hinblick auf die Interaktion ist von entscheidender Bedeutung, daß diese Mütter nicht angemessen reagieren, d. h., daß sie das Wohlbehagen des Kindes nicht fördern, sei es, weil sie die Hinweise seitens des Babys nicht wahrnehmen, sei es, weil sie sie einfach nicht berücksichtigen wollen oder auch weil sie sie falsch auslegen. Ein derartiges Handeln läßt bei diesen Müttern auf bestimmte psychische Konstellationen und vielleicht auf besondere

---

[6] I. Lézine, »Observations sur le couple mère-enfant au cours des premières expériences alimentaires«, *Psychiatrie de l'enfant*, 1975, *18*, S. 75–146.

Erfahrungen schließen, die sie zuweilen mit ihren eigenen Müttern gemacht haben.

Dasselbe gilt auch für die Mütter der zweiten Gruppe, die ein zerfahrenes Verhalten aufweisen: »Diese unruhigen Frauen muten dem kindlichen Körper häufig plötzliche Änderungen seiner Lage zu (es wurden 24 verschiedene Positionen innerhalb von 15 Minuten gezählt). Diejenigen Frauen, die weicher und nachgiebiger bleiben, zeigen jedoch keinerlei Gebärden, die für das Kind ja dazugehören, sondern halten mit ihm überwiegend visuellen Kontakt (. . .).«

Einige von ihnen sind sehr mitfühlend, wenn ihr Kind weint, aber völlig unfähig, Verhaltensweisen zu entwickeln, die seinem Trost dienen (. . .).« Die Methoden, mit denen sie das Kind beruhigen wollen, sind absolut untauglich, weil sie übertreiben (wie das viel zu weite Einführen der Faust in den Mund des Kindes) oder für das Baby kaum wahrnehmbar sind (ganz sanftes Kneifen oder Berühren).

In eine dritte Gruppe werden die Mütter mit einem »einfühlsamen, freimütigen Wesen« zusammengefaßt. »Diese Frauen nahmen bequeme Stellungen ein und hielten ihre Babys liebevoll und besänftigend; deutlich schmiegt sich das Kind an, und es entsteht ein Hautkontakt, den es in dem Maße spürt, wie er sich herstellt. Sie sprechen viel mit ihrem Baby und schließen den Vater direkt in die Beziehung mit ein. Sie urteilen wohlmeinend über das Verhalten des Babys (. . .). Diese Mütter besitzen häufig ein Gespür, das auf die feinsten Signale des Kindes abgestellt ist (bei Darmbeschwerden ergreifen sie wirksame, behutsame Maßnahmen). Nur selten haben sie Mühe, den Sauger in den Mund des Babys zu stecken (. . .). Die Unterbrechungen des Milchflusses sind vereinzelt und zweckmäßig; die Mütter beirren das Baby nicht, seinen persönlichen Saugrhythmus zu finden.«

Bei diesen Paaren von Mutter und Neugeborenem zeigen Mutter und Baby eine harmonische Interaktion. Auf die sanften Umarmungen der Mutter antwortet das Baby damit, daß es sich an sie drückt; auf das Aufstoßen reagiert die Mutter mit geeigneter Weise; unterbricht das Baby das Saugen, so löst dies keinen Druck aus, sondern veranlaßt die Mutter, die den Hinweis des Babys ernst nimmt, eine Pause beim Füttern einzulegen.

In einem Bereich wie dem Stillen sind die beobachtbaren Anzeichen für eine Interaktion nicht so offensichtlich wie bei anderen Vorgängen. Vielleicht liegt darin der Grund, daß die Fachleute, die Forschung mittels direkter Beobachtung treiben, das Stillen nur recht spärlich untersucht haben. Worauf soll man sich praktisch auch stützen, um die Interaktion Mutter–Baby während des Stillens treffend zu benennen? Schon allein die Körperhaltung der Mutter besagt etwas. Sie drückt die innere Haltung der Mutter aus, ihre Gefühlslage, ihr Wohlbehagen, ihre An- und Entspannung und ihre Hemmung. Die Art und Weise, in der sie das Kind hält, ist auch bezeichnend für ihre Beziehung zu ihm, wie zum Beispiel, wenn sie es ganz fest an sich drückt, als wolle sie sich zusammen mit ihm von der Welt zurückziehen, oder wenn sie es, was für das Baby sehr unbequem ist, am Nacken und weitab von ihrem Körper hält und damit einen Abstand zu ihm schafft.

F. Cukier-Hemeury und Mitarbeiter[7] schildern mehrere Untersuchungen in der Körperhaltung während des Saugens *an der Brust* bei Frauen mit einer Erstgeburt.

Sie stellen drei Arten dar.

Eine *erste Form* wird als »angepaßte Körperhaltung« bezeichnet, die »zu einer entspannenden Mahlzeit geführt hat«. Das ist beispielsweise der Fall, wenn die Mutter auf dem Rücken ausgestreckt im Bett liegt; das Kind lehnt am Körper seiner Mutter und saugt an der rechten Brust. Mit dem rechten Arm wird es sicher gehalten, wobei der Kopf in die Ellenbeuge der Mutter eingebettet ist. So können sie sich gegenseitig anschauen; mit ihrer – freien – linken Hand kann die Mutter das Baby streicheln.

Die *zweite Art* umfaßt die »angepaßte Körperhaltung, die von der Mutter mit etwas Mühe erreicht wird; die Mahlzeit ist für das Kind befriedigend«. Das ist zum Beispiel der Fall, wenn die Mutter recht unsicher auf dem Bettrand sitzt. Dabei liegt der Kopf des Kindes, das an der linken Brust saugt, auf dem linken Arm der Mutter; sein Körper ruht auf ihren Knien. Die Mutter muß ihren

[7] F. Cukier-Hemeury, I. Lézine u. J. de Ajuriaguerra, »Les postures de l'allaitement au sein chez les femmes primipares«, *Psychiatrie de l'enfant*, 1979, *22*, S. 503–518.

Kopf und ihren Oberkörper stark vorbeugen, damit ihre Brust für das Baby erreichbar bleibt. Wird diese Haltung mehrere Minuten lang beibehalten, so ermüdet die Mutter und fühlt sich nicht mehr wohl.

Eine *dritte Form* nennen sie die »unangepaßte, unzweckmäßige Körperhaltung; wechselseitige Einfühlung ist unmöglich«. Dies tritt ein, wenn die Mutter auf der rechten Seite im Bett liegt und dem Baby, das ihr gegenüber auf seiner linken Seite liegt, ihre rechte Brust gibt. Ihre Körper sind voneinander entfernt und berühren sich fast gar nicht. Die Mutter hat ihren rechten Ellbogen weit nach hinten gedreht und entzieht damit dem Baby die Brust. Durch die leiseste Bewegung von Mutter oder Baby wird die Verbindung zwischen Mund und Brustwarze unterbrochen.

Das Baby ist in dieser körperlichen Beziehung nicht passiv, sondern hat einen eigenen Körperstatus und ist mehr oder minder rege; bisweilen, wenn es entspannt ist, schmiegt es sich an die Mutter; oder wenn es extrem angestrengt ist, kann es sich steif machen.

Zwischen Mutter und Baby besteht also im körperlichen Bereich eine Interaktion. Jede Bewegung und Änderung der Körperlage des einen kann eine entsprechende Umstellung des anderen erforderlich machen, damit die Interaktion ausgewogen und entspannt bleibt. Aber es sei betont, daß diese körperliche Interaktion ihrem Wesen nach nicht statisch und endgültig ist und daß sich eine möglicherweise auftretende »Störung in der tonischen Übereinstimmung beim Saugen beiläufig zurückbilden kann, nachdem die Brustwarze der Mutter günstig aufgenommen worden ist.«[8]

Das Stillen kann als eine Situation angesehen werden, bei der sich die wesentlichen Momente der Interaktion zwischen der Mutter und dem Neugeborenen wie von selbst einstellen. Einige dieser Momente sind für das Stillen charakteristisch, andere hingegen sind auch sonst zu beobachten.

Zu den besonderen Kennzeichen der Interaktion zwischen der Mutter und ihrem Neugeborenen beim Füttern mit dem Fläsch-

---

[8] a. a. O.

chen gehört die Art und Weise, in der die Mutter den Sauger in den Mund des Babys einführt und wie es darauf reagiert. Lézine und Mitarbeiter vermerken mehrfach ein sogenanntes »Drängen« der Mutter, wenn das Baby seine Gaumen nicht öffnet.

Die Art zu saugen ist bei jedem Baby anders: Die Kraft, mit der gesaugt wird, sowie Frequenz und Regelmäßigkeit des Saugrhythmus sind individuell unterschiedlich und ändern sich mit der Zeit. Die Sauggewohnheiten des Babys sind für die Mutter von beträchtlicher Bedeutung; saugt das Baby kräftig, so empfindet sie vielleicht Stolz oder ängstigt sich auch etwas vor der Gier des Kindes. Umgekehrt kann schwaches Saugen bei einigen Müttern Furcht vor kommenden Problemen in bezug auf das Essen auslösen. Dieser Eindruck der Mutter kann sich seinerseits in der Art und Weise widerspiegeln, in der sie die Flasche gibt. So berichten Lézine und Mitarbeiter von »Zwangspausen«: Das sind Unterbrechungen des Fütterns, die die Mutter zu einem Zeitpunkt vornimmt, wo das Baby nach Ansicht des Beobachters regelmäßig und mühelos saugt. Die Mütter sagen dann manchmal, sie fürchteten, das Baby sauge zu schnell. Man kann sich fragen, ob solche »Zwangspausen« nicht von der Befürchtung der Mutter vor der tatsächlichen oder unterstellten Gier des Babys herrühren, welche auf jeden Fall in der Mutter die eigene Gier und zugleich die gegen sie aufgebaute Abwehr erweckt.

Indem die Mutter das Saugen unterbricht, formt sie jedoch auch das Erleben des Babys, für das die Erfahrung fortdauernder, ungebrochener Lust eben auf Grund der Furcht der Mutter dann immer nur eine bestimmte Zeitlang anhalten kann.

Ist die Mutter andererseits beunruhigt, weil sie das Saugen zu schwach und zu langsam findet, so kommt es vor, daß sie das Baby anspornt, besonders wenn es von sich aus eine Pause einlegt. Manche Mütter schieben den Sauger weiter hinein oder drehen ihn im Mund des Babys. Ebenso setzen einige die Flasche nicht ab und ziehen sie auch nicht aus seinem Mund heraus, wenn das Baby aufstößt oder keine Luft mehr bekommt.

Beim Füttern sind auch Komponenten zu beobachten, die nicht typisch für die Situation sind, aber doch wesentlich die Erfahrung des Fütterns mitprägen: die Blicke von Mutter und Baby; das

Lächeln der Mutter, das Lächeln des Babys nach der Mahlzeit; die Worte der Mutter, die Lautbildungen des Neugeborenen; das Streicheln, das Wiegen, die Küsse der Mutter. Diese Anzeichen treten auf, wenn das Interaktionsgeschehen zwischen Mutter und Neugeborenem harmonisch verläuft.

Die Wachzustände des Neugeborenen stellen ein sehr wichtiges, aber nicht typisches Moment hierbei dar. Einige Mütter erleben mit Angst und/oder Wut, daß das Baby während des Saugens döst oder schläft. Sie versuchen dann manchmal ziemlich grob, das Baby zu wecken. Für andere, die warten, bis das Baby durch Schreien auf seinen Hunger aufmerksam macht, ist das Füttern eine beruhigende, tröstende Angelegenheit.

Unmittelbar nach der Mahlzeit befindet sich der Säugling häufig in einem ruhigen, aufmerksamen Wachzustand, während dessen er oft lächelt; die Mutter kann diese Phase nutzen, um dem Baby näherzukommen, um mit ihm zu sprechen so wie jene Mutter, die ihrem Baby nach dem Füttern direkt ihr Gesicht zuwendet, um es anzulächeln.

Um die Interaktion während des Fütterns im einzelnen zu untersuchen, muß der Bezug zu früheren Stadien der Interaktion hergestellt werden; sie darf nicht nur für den Vorgang des Saugens allein betrachtet werden. So kann zum Beispiel in dem Fall, wo ein Neugeborenes viel weint und überaus reizempfindlich ist, das Füttern eine besonders geeignete Gelegenheit für die Mutter darstellen, es zu beruhigen und zu trösten.

Zum Verständnis der Interaktion müssen auch die Affekte der Mutter hinzugezogen werden, die das Baby durch sein Verhalten auslöst; auch muß ihre aktuelle familiäre Situation, ihre sozioökonomische Lage und ihre eigene Lebensgeschichte besonders im Hinblick auf die Nahrungsaufnahme, berücksichtigt werden.

Die Interaktion zwischen der Mutter und ihrem Neugeborenen beim Füttern ist in dem Sinne ein dynamischer Vorgang, als sie sich im Laufe der Zeit entwickelt. So ändern sich zum Beispiel manche Mütter, die anfangs sehr streng sind, und schenken den Bedürfnissen des Babys viel mehr Beachtung. Ebenso wird auch das Baby im Zuge des Reifungsprozesses anders; es widmet dem Geschehen in seinem Blickfeld mehr Aufmerksamkeit und findet einen gleichmäßigeren Saugrhythmus; dadurch, daß sich beide Seiten der Dyade entwickeln, können sie sich, so Lézine und ihre Mitarbeiter, nach einem Zeitraum von drei bis vier Tagen miteinander einrichten und zu einer Übereinstimmung gelangen.

12 Die Kommunikation durch Blickkontakt

Die Interaktion zwischen der Mutter und ihrem Säugling ist ein ausgesprochen komplexes Gebilde, das folgendermaßen aufgegliedert werden kann: Die Interaktion vollzieht sich über eine gewisse Anzahl von Kommunikationskanälen oder -modalitäten in der Wahrnehmung und der Motorik (besonders durch den Blick, durch Hören, durch Kontakt und Empfindungen im körperlichen Bereich); sie ist auch durch bestimmte zeitliche Variablen, besonders durch ihre Dauer und ihren Rhythmus gekennzeichnet; sie beinhaltet wechselseitige Regulierungsvorgänge, mit denen jeder Partner die Äußerungen des jeweils anderen beeinflußt; schließlich ist sie Ausdruck der affektiven Schwankungen jedes Partners, denen sie unterworfen ist.

Der Blick stellt ein bevorzugtes Kommunikationsmittel zwischen Mutter und Säugling dar. In mannigfaltigen Untersuchungen konnte gezeigt werden, wie bedeutsam die Dauer des Blickkontaktes von Mutter und Baby ist. Ehe wir darauf eingehen, wollen wir näher die visuelle Wahrnehmungsfähigkeit des Säuglings betrachten.

Die Sehschärfe nimmt nach der Geburt sehr rasch zu: »Beträgt sie bei der Geburt nur ein Fünfzigstel der eines Erwachsenen, so ist sie nach sechs Monaten schon auf ein Fünftel angewachsen.«[1]

Seine Sehfähigkeit ermöglicht ihm erstaunliche Leistungen beim Erkennen von Gesichtern. Joseph Fagan[2] untersuchte 1976, inwieweit Säuglinge im Alter von sieben Monaten in der Lage sind, Gesichter zu erkennen. Dazu griff er auf die Tatsache zurück, daß Säuglinge, denen gleichzeitig ein neues und ein bekanntes Bild dargeboten wird, das neue länger betrachten. Es sieht ganz so aus, als

---

[1] Alain Moal, »Perception«, in: J. A. Rondal u. M. Hurtig (Hrsg.), *Introduction à la psychologie de l'enfant*, Bruxelles, Pierre Mardaga, 1981.
[2] J. F. Fagan, »Infant's Recognition of Invariant Features of Faces«, *Child Development*, 1976, *47*, S. 627–638.

erwecke das vertraute Bild nicht mehr so viel Interesse oder zumindest Aufmerksamkeit wie ein unbekanntes Bild, als zeige der Säugling hier so etwas wie einen frühen Vorläufer der Neugier. Wie dem auch sei, so läßt sich doch aus der Tatsache, daß ein Bild länger betrachtet wurde, auch den Schluß ziehen, daß zwischen diesem Bild und einem anderen ein Unterschied wahrgenommen worden ist. Daher ging Fagan nach folgender Versuchsanordnung vor: Zunächst wurden dem Säugling zwei identische Aufnahmen eines Gesichtes gezeigt; als nächstes wurde dann ein Bild gegen die Aufnahme eines anderen Gesichtes ausgetauscht; der Beobachter notierte, wie lange die beiden Photos jeweils betrachtet wurden. Mehreren Parametern wurde nachgegangen, hauptsächlich aber der Frage, ob die Säuglinge die linke oder die rechte Seite systematisch bevorzugen würden. In einem ersten Versuch stellte sich heraus, daß die sieben Monate alten Säuglinge Gesichter erwachsener Männer auseinanderhalten konnten, die von Erwachsenen als leicht unterscheidbar eingestuft worden waren. Diese Leistungen konnten von den Säuglingen bei Photos erbracht werden, die Gesichter im Porträt, im Halbprofil und im Profil zeigten.

Bei Gesichtern, die von erwachsenen Beurteilern als verhältnismäßig schwierig zu unterscheiden eingestuft worden waren, zeigten die Säuglinge trotzdem Ansätze zu einer Unterscheidung der Photos; die Gesichter im Halbprofil konnten sie ganz deutlich auseinanderhalten. In einem anderen Experiment versuchte derselbe Wissenschaftler herauszufinden, ob die Säuglinge die Aufnahme eines Mannes wiedererkennen konnten, dessen Gesicht sie zuvor in einer anderen Perspektive gesehen hatten. Waren sie beispielsweise in der Lage, einen Mann im Halbprofil wiederzuerkennen, wenn sie vorher ein Photo von demselben Gesicht im Profil angeschaut hatten? Diese Aufgabe erwies sich für die Babys als ziemlich einfach.

Mit einem weiteren Versuch, der ebenfalls von J. Fagan geleitet wurde, sollte ausfindig gemacht werden, ob die Babys das Gesicht eines Mannes von dem einer Frau unterscheiden können. Zwar gab bereits eine frühere Untersuchung zu der Vermutung Anlaß, daß Säuglinge im Alter von fünf bis sechs Monaten bestimmte Gesichter voneinander zu unterscheiden vermögen, insbesondere die von

Mann und Frau sowie das einer Frau von dem eines Babys;[3] in der vorliegenden Arbeit jedoch wurde der Säugling zunächst mit dem Photo eines Mannes vertraut gemacht; danach wurde ihm auf einer Seite das Bild einer Frau und daneben das Photo eines *anderen* Mannes dargeboten. Dabei stellte sich heraus, daß die Säuglinge von den unterschiedlichen Eigenarten der beiden Männergesichter *abstrahieren* konnten, daß sie, mit anderen Worten, männliche und weibliche Merkmale der entsprechenden Gesichter begrifflich erkannten.

Dieses bemerkenswerte Wahrnehmungsvermögen eines Säuglings von sieben Monaten beruht sicher auf dem Reifungsprozeß seines Gehirns, aber auch auf der Erfahrung, die er bereits in der Zeit mit menschlichen Gesichtern gesammelt hat. Gough[4] hat untersucht, inwiefern in den ersten Lebenswochen des Säuglings beim Saugen (an der Brust und an der Flasche) durch seine Blicke etwas zum Ausdruck kommt. Bereits in der Mitte der zweiten Woche versuchen die Neugeborenen, das Gesicht ihrer Mutter beim Stillen für beachtliche Zeit im Auge zu behalten. Mit 21 Tagen lassen die meisten Säuglinge ihre Augen beim Stillen fast die ganze Zeit über geöffnet. Die Neigung, der Mutter ins Gesicht zu blicken, kann gering ausgeprägt sein oder auch zum Hauptmerkmal des Sehverhaltens werden. In der Folgezeit scheint der Säugling weniger bestrebt, seine Mutter während des Saugens anzuschauen, versucht es aber dafür außerhalb der Stillzeiten. Gough fügt hinzu, daß die meisten Mütter offenbar sehr darauf achten, daß ihr Baby sie beim Stillen anschaut, und daß diese Mütter auch beinahe ohne Unterbrechung ihr Baby anschauen, wenn sie es stillen. »Schaut die Mutter längere Zeit in eine andere Richtung, wird das Baby sie nicht so lange ansehen; es hat den Anschein, als hänge die Intensität, mit der das Baby die Mutter anschaut, hauptsächlich davon ab, in welchem Ausmaße die Mutter das Baby ansieht.«

[3] J. F. Fagan, »Infant's Recognition Memory for Faces«, *Journal of Experimental Child Psychology*, 1972, *14*, S. 455–476.
[4] D. Gough, »The Visual Behaviour of Infants in the First Few Weeks of Life«, *Proceedings of the Royal Society of Medicine*, 1962, *55*, S. 308–310.

Robson[5] zitiert Wolff und merkt an, daß die Säuglinge im Alter von vier bis sechs Monaten »nur ihre Aufmerksamkeit auf die Augen des Betrachters richten, so als entstehe durch diesen Blickaustausch ein echter Bezug«. Einige Mütter aus der Untersuchung von Wolff begannen, zwei bis drei Tage, nachdem dieser Blickkontakt hergestellt worden war, mit ihrem Baby zu spielen.

Robson hat die Kommunikation durch wechselseitige Blicke ausgesprochen gründlich untersucht. Bei Interviews, die er mit ungefähr 50 Müttern führte, die ihr erstes Kind bekommen hatten, ist ihm häufig die Äußerung begegnet, daß das Neugeborene während der allerersten Wochen von der Mutter irgendwie als ein »Fremdling« angesehen wird; zwischen dem Baby und ihr bleibt eine Distanz bestehen. »Will man den Augenblick herausfinden, in dem die Mutter zum ersten Mal Liebe für das Baby empfand, in dem ihr Kind diese Fremdartigkeit verlor und für sie zu einer Persönlichkeit wurde, so wird in den Antworten auf solche Fragen auch immer erwähnt, daß das Baby sie anschaue, als erkenne es sie als einen Gegenstand seiner Umwelt. Ein paar Mütter sagen ausdrücklich, daß sich mit dem Blickkontakt auch ausgeprägte Gefühle der Zuneigung einstellen. Diese Regungen hängen damit zusammen, daß die Mutter in äußerst persönlicher, intimer Weise ›erkannt‹ wird.«

Der Blickkontakt ist daher eines der wichtigsten Mittel nonverbaler Kommunikation – und er bleibt es auch für das ganze Leben.

Der Blick ist mit dem anderen in diesem Alter bedeutsamen Kommunikationsmittel – dem Lächeln – aufs engste verbunden; denn wie Wolff[6] bemerkt, wird in der vierten Lebenswoche »deutlich, daß gerade der wechselseitige Blickkontakt (zwischen Säugling und Betrachter) ausschlaggebend ist«, um ein Lächeln auszulösen.

Der Blick und das Lächeln beim Säugling haben insofern etwas gemein, als sie der Mutter das Gefühl vermitteln, daß ihre Bemü-

[5] K. S. Robson, »The Role of Eye-to-Eye Contact in Maternal-Infant Attachment«, *Journal of Child Psychology and Psychiatry*, 1967, *8*, S. 13–25.
[6] P. H. Wolff, »Observations on the Early Development of Smiling«, in: B. M. Foss (Hrsg.), *Determinants of Infant Behaviour*, Vol. II, New York, Wiley, 1963.

hungen vom Baby anerkannt werden, so als wären diese Äußerungen das Urbild für Gefühle von Dankbarkeit oder würden doch zumindest von der Mutter so interpretiert. Dagegen fand Selma Fraiberg bei Müttern mit blinden Babys, daß »der Blick des Kindes, wenn die Mutter auf visuellem Wege Kontakt aufzunehmen versuchte, nicht mit ihrem eigenen zusammentraf, was den sonderbaren Eindruck einer scharfen Zurückweisung erweckte, es sei denn, man wußte, daß das Baby blind war«.[7]

Die Untersuchungen zum Blickkontakt zeigten verschiedene Reaktionen bei den einzelnen Säuglingen und ihren Müttern. »Einige Säuglinge, die im visuellen Bereich aktiv sind, unternehmen energisch Versuche, den Blicken ihrer Mütter zu begegnen; und ist der Blickkontakt hergestellt, gehen sie offensichtlich völlig in dieser visuell begründeten Beziehung auf. Andere Säuglinge können zwar Blickkontakt herstellen, äußern jedoch irgendwie nie diese ›Faszination‹, die bei einem solchen wechselseitigen Prozeß aufkommen kann. Wiederum andere scheinen es zu vermeiden, ihrer Mutter in die Augen zu schauen.«[8]

Diese Unterschiedlichkeit beruht jedoch nicht nur auf dem Säugling, sondern hängt auch von der Mutter ab; so »machte eine Mutter, nachdem ihr drei Monate alter Säugling mehrere Versuche unternommen hatte, ihren Blick aufzunehmen, folgende Bemerkung, so als wolle sie damit erklären und erläutern, warum sie weggeschaut hatte: ›Er hat Augen wie Dolche‹«.

Es gibt also offenbar kein typisches Verhalten im Zusammenhang mit dem Blickkontakt, dessen Merkmale sich genau abgrenzen ließen. Bereits für diese ganz frühen Vorgänge gilt, was auch später bei anderen Verhaltensweisen zu beobachten ist: Innerhalb gewisser, nicht klar abgesteckter Grenzen gibt es unterschiedliche Möglichkeiten.

Schließlich zeichnet sich der Blickkontakt auch durch eine affektive Seite aus: ». . . als Beobachter spürt man ein ›emotionales Klima‹, das sich in spezifischer Weise im Gesichtsausdruck der Mutter zeigt. Man kann da eine ganze Skala von Verhaltensweisen fin-

[7] Zitiert bei Robson, a. a. O., vgl. Anm. 5.
[8] a. a. O.

den: Einige nehmen einen unbeweglichen, dumpfen Ausdruck an, andere zeigen ein starres, unglaubwürdiges Lächeln, wieder andere haben eine sehr rege Physiognomie, welche Freude, Wut oder Angst spiegelt.«[9]

Die bisher gemachten Angaben können nur von einem außenstehenden Beobachter zusammengetragen werden. Aus der Sicht des Säuglings muß sich die Sachlage jedoch wohl ganz anders darstellen. Winnicott schrieb:»Wie sieht ein Baby, wenn es seine Mutter anschaut?«[10] Ich vermute hier, daß das Baby normalerweise nichts anderes als sich selbst sieht. Anders ausgedrückt, wenn eine Mutter ihr Baby anschaut, so ist das Bild, das sie von sich selbst abgibt, an das gebunden, was sie vor sich sieht.»Somit ist das Gesicht der Mutter für die emotionale Entwicklung des Individuums so etwas wie der Vorläufer des Spiegels«, fügt Winnicott hinzu.

Wir wollen einmal die Hypothese aufstellen, daß durch den Blickkontakt die Ausformung eines Selbstbildes beim Säugling gefördert wird, das sich von dem seiner Mutter abhebt und unterscheidet. Das Gesicht der Mutter – vornehmlich ihre Augen – könnte beim Säugling dazu dienen, die Ausprägung der Vorstellung von seinem Selbst zu begünstigen und einzelne Gemütsbewegungen, die anfangs nicht miteinander verbunden sind, zu einem einheitlichen Ganzen zusammenzufügen. Das Gesicht der Mutter ist nämlich der einzige umfassende Ort, wo verschiedene, zunächst vielleicht recht stark voneinander isolierte affektive Regungen an ein und derselben Stelle integriert werden können. Bei direkter Beobachtung der Dyade von Mutter und Säugling wird die wechselseitige Abhängigkeit bei Veränderungen im Gesichtsausdruck deutlich erkennbar. Angesichts eines zufriedenen Säuglings ist die Mimik der Mutter häufig entspannt und heiter; wenn er weint, nimmt ihr Gesicht unruhige, sorgenvolle Züge an. So befindet sich das Gesicht der Mutter dauernd in einer Art von Schwingung, die sich nach dem ausrichtet, was die Mutter beim Baby wahrnimmt;

---

[9] a. a. O.
[10] D. W. Winnicott, »Die Spiegelfunktion von Mutter und Familie in der kindlichen Entwicklung«, in: *Vom Spiel zur Kreativität*, Klett, Stuttgart, 1979.

dadurch teilt sie ihm gleichsam mit, was sie von seiner Stimmung vernommen hat.

Wir neigen zu der Annahme, daß es beim Hören und Sprechen ähnliche Vorgänge gibt und diese Spiegelfunktion nicht nur im visuellen Bereich eine Rolle spielt.

13 Das Schreien des Säuglings

Es folgt jetzt eine Zusammenstellung von Arbeiten über das Weinen beim Säugling, genauer gesagt, über die Bedeutung des Weinens innerhalb der Interaktion zwischen Mutter und Säugling und seine Auswirkungen auf die Reaktionen der Mutter. Im folgenden wird der Begriff »Schreien« verwendet, da so die akustische Seite dieser Art, sich bemerkbar zu machen, mehr in den Vordergrund gerückt wird.

Die meisten Erwachsenen haben ein sehr ausgeprägtes Empfinden für das Schreien der Säuglinge; sie reagieren im allgemeinen recht lebhaft und empfinden es oft als lästig, wenn sie es hören. Das Schreien des Säuglings löst bei Erwachsenen häufig *Handlungen* aus, führt auch zu einer gewissen Voreiligkeit und zu einem mühseligen Nachdenken, um herauszufinden, was diese Mitteilung des Babys bedeutet. Zu derartigen Überlegungen regen die Forschungsarbeiten der letzten 15 Jahre an.

Das Schreien stellt sicherlich das wichtigste Kommunikationsmittel dar, mit dem der Säugling seine Bedürfnisse zum Ausdruck bringt. Um sich die Bedeutung des Schreiens deutlich zu veranschaulichen, braucht man sich nur vorzustellen, was die Eltern zu tun hätten, wenn es ausbleiben würde: Dann müßten sie nämlich erraten, wann das Baby Hunger hat, wann es wieder gewickelt werden muß und was es sonst noch an Bedürfnissen und Unannehmlichkeiten geben mag. Letztlich wäre ein zunächst ruhigerer und weniger angsterzeugender Zustand in Wirklichkeit aufwendiger, denn die Eltern wären dann gezwungen, sich beinahe unaufhörlich Gedanken darüber zu machen, wie es ihrem Baby geht!

Barry Lester und Philip Zeskind haben umfangreiches Material zusammengetragen,[1] dem wir auf den folgenden Seiten vieles entlehnen werden.

Zwischen den Säuglingen bestehen individuelle Unterschiede:

---

[1] B. M. Lester u. P. S. Zeskind, »A Behavioral Perspective on Crying in Early Infancy«; prepublication to appear in: H. E. Fitzgerald, B. M. Lester u. M. W. Yogman (Hrsg.), *Theory and Research in Behavioral Pediatrics*, New York, Plenum, 1981.

Manche Babys weinen besonders häufig, sind schwer zu beruhigen und bringen möglicherweise ihre Eltern in mitunter erhebliche Spannungszustände, so daß sie ihre elterlichen Fähigkeiten in Frage stellen oder anzweifeln. Derartige Umstände belasten die Eltern-Kind-Beziehung; in schweren Fällen gehört das Schreien des Säuglings häufig mit in die Reihe jener Mechanismen, die zu Kindesmißhandlungen führten.

Bowlby[2] unterstrich die Bedeutung des Schreiens für die Entstehung der frühen Bindung zwischen Mutter und Säugling aus verhaltenswissenschaftlicher Sicht: Für den Autor begünstigt dieses Verhalten die Wiederherstellung einer räumlichen Nähe zwischen Mutter und Baby; oder wie Sander und Julia[3] es ausdrücken, stellt das Schreien so etwas wie einen »akustischen Nabelstrang« dar.

Manche Untersuchungen über das Schreien sind nur schwer schriftlich mitteilbar; aber wer über eigene Erfahrung verfügt, wird intuitiv einige Dinge wiedererkennen, über die wir im folgenden berichten. Mit Hilfe spektrographischer Analysen[4] machten Truby und Lind 1965 drei Arten von Schreien ausfindig.

Nach diesen Autoren hat der einfache Schrei (oder die einfache Stimmbildung) eine Frequenz von 200 bis 600 Hz und ist gleichmäßig stark; im Spektrogramm ordnen sich die Frequenzen beiderseits der Grundfrequenz symmetrisch an. Mit dieser Art von Schrei erteilt das Baby keine nennenswerte Notlage mit.

Die zweite Art von Schreien, die als *Stimmverzerrung* bezeichnet wird, hat eine heisere, rauhe Färbung; zur Grundfrequenz treten unerwartete Schwankungen hinzu, ein »Geräusch«, das diesen Eindruck von Heiserkeit vermittelt.

---

[2] J. Bowlby, »*Eine Analyse der Mutter-Kind-Beziehung*«, Kindler, München, 1980.

[3] L. Sander u. H. Julia, »Continous Interactional Monitoring in the Neonate«, *Psychosomatic Medicine*, 1966 *28*, S. 822–835.

[4] Ein Schallspektrograph ist ein Apparat zur Analyse von Wellen, mit dem aufgezeichnet werden kann, in welche Frequenzen sie sich aufteilen und wie lange diese jeweils andauern. Die Bezeichnung »Grundfrequenz« bezieht sich auf die physikalische Tatsache der Vibration der Stimmbänder, während mit dem Begriff »Klangfarbe« unsere Wahrnehmung dieser Grundfrequenz gemeint ist. H. M. Truby u. J. Lind, »Cry Sounds of the Newborn Infant«, in: J. Lind (Hrsg.), *Newborn Infant Cry*, Acta Paediatrica Scandinavia, Supplement 163, 1965.

Die dritte Art oder *Stimmübersteigerung* ist mit einer abrupten Veränderung des Tonfalls verbunden: Der Schrei wird grell und pfeifend. Er scheint mit akuter Not einherzugehen. Diese Art von Schrei scheint, wie weiter unten zu sehen sein wird, mit bestimmten Störungen in der Interaktion von Mutter und Säugling gekoppelt zu sein.

Wasz-Höckert[5] und Mitarbeiter fanden je nach Ursache vier Kategorien von Schreien heraus: Schreien bei der Geburt, bei Schmerzen, aus Hunger und vor Freude. Er gab für jede Art ein entsprechendes spektrographisches Muster an. Die Autoren brachten Erwachsenen die Aufnahmen von je sechs Schreien pro Kategorie zu Gehör, um zu untersuchen, inwieweit sie in der Lage waren, die Ursache zu erkennen. Die Prozentwerte für richtige Bestimmung fielen folgendermaßen aus: Schreien bei der Geburt: 48%, Schreien bei Schmerzen: 63%, Schreien aus Hunger: 68%, Schreien vor Freude: 85%.

Eine andere Frage ist, inwiefern sich die Häufigkeit des Schreiens bei den Säuglingen im Laufe der Zeit ändert. Offenbar nimmt sie bis zum Alter von sechs Wochen zu und fällt dann ab.[6]

Eine der bemerkenswertesten Erkenntnisse der Untersuchung von Lester und Zeskind besteht darin, daß sie auf den diagnostischen Wert der qualitativen und quantitativen Schwankungen des Schreiens hinweisen. Seit langem haben die Kinderärzte deren Bedeutung erkannt und nannten ein bestimmtes Leiden sogar das »Cri-du-chat-Syndrom« (Deletion an einem kurzen Arm des Chromosoms Nr. 5).

Lester versuchte, sich Klarheit über die Merkmale jener Schreie von Säuglingen zu verschaffen, die bestimmten Gefahren oder Risikofaktoren ausgesetzt waren. Er hatte die Hypothese, daß die qualitativen oder quantivativen Schwankungen der Säuglingsschreie unter bestimmten Umständen eine Störung der Interaktion von

[5] O. Wasz-Höckert, J. Lind, V. Vourenkoski, T. Partanen u. E. Valanne, »The Infant Cry«, *Clinics in Developmental Medicine*, *29*, Spastics International Medical Publications, Lavenham Press, England, 1968.
[6] F. Rebelsky u. R. Black, »Crying in Infancy«, *The Journal of Genetic Psychology*, 1972, *121*, S. 49–57.

Mutter und Säugling verursachen können. Er wies nach, daß Säuglinge, in deren intrauteriner Entwicklung es zu Verzögerungen gekommen war, ein Schreien zeigten, das in seiner Grundfrequenz höher war als das der normal entwickelten; mit anderen Worten, dieses Schreien war schriller. Die Mittelwerte, die die Säuglinge nach der Skala von Brazelton erhielten, entsprachen den Unterschieden im Schreien. Weitere Untersuchungen über Säuglinge mit andersartigen Risikofaktoren haben bestätigt, daß diese Veränderungen des Schreiens insofern von Belang sind, als sie ein Anzeichen für solche Risikofaktoren darstellen.

Nun ist aber die Signalwirkung des Schreiens gerade für solche kritischen Situationen ganz besonders wichtig, denn die Pflege der Mutter ist unter diesen Bedingungen für die Zukunft des Babys noch entscheidender.

In mehreren Untersuchungen wurde gezeigt, daß die Mütter das Schreien ihrer eigenen Babys unter den Schreien anderer Säuglinge wiedererkennen konnten, daß sie im Krankenhaus als Reaktion auf das Schreien ihrer Babys sogar eher aufwachten, als wenn andere Babys schrien.[7] Auch trug das Schreien bei den Frauen, die stillten, dazu bei, daß sich die Temperatur in ihren Brüsten erhöhte.[8]

Zeskind und Lester[9] hatten Schreie von Babys mit »hohem Risiko« und mit »niedrigem Risiko« aufgenommen und forderten in ihren Versuchen Erwachsene auf, sie hinsichtlich verschiedener Merkmale zu beurteilen. Die »Beurteiler« wußten über die Säuglinge nichts. Der Vergleich ihrer Einschätzungen erbrachte, daß die Erwachsenen das Empfinden hatten, das Schreien der Säuglinge, die Risikofaktoren ausgesetzt waren, sei »dringlicher, greller«,

---

[7] D. Formby, »Maternal Recognition of Infant's Cry«, *Developmental Medicine and Child Neurology*, 1967, *9*, S. 293–298.

[8] V. Vuorenkoski, O. Wasz-Höckert, E. Koivisto u. J. Lind. »The Effect of Cry Stimulus on the Temperature of the Lactating Breasts of Primiparas: A Thermographic Study«, *Experimentia*, 1969, *25*, S. 1286–1287.

[9] P. S. Zeskind u. B. M. Lester, Acoustic Features and Auditory Perception of the Cries of Newborns with Prenatal and Perinatal Complications«, *Child Development*, 1978, *49*, S. 580–589.

kränklich, durchdringend, mühevoll und rufe ein Gefühl des Unbehagens hervor.

Frodi und Mitarbeiter[10] führten Eltern Videoaufnahmen mit weinenden Säuglingen vor; diese Babys waren teils zu früh, teils zum erwarteten Termin geboren. Um die Reaktionen auf die Bilder und das Schreien unabhängig voneinander bewerten zu können, wurden Bild und Ton in willkürlicher Zuordnung dargeboten. Das Schreien der frühgeborenen Kinder rief nachhaltige vegetative Reaktionen und ungünstigere Affekte hervor als das der ausgetragenen Babys; diese Wirkungen waren am stärksten, wenn die Bilder und das Schreien in der authentischen Kombination gezeigt wurden. Lounsbury[11] stufte die Natur von vier bis sechs Monate alten Babys als »unkompliziert«, »schwierig« oder »mittelmäßig« ein, indem er sich auf die Antworten ihrer Mütter in einem entsprechenden Fragebogen[12] stützte. Eine andere Gruppe von Müttern bewertete das Schreien dieser Babys. Dabei stellte sich heraus, daß die Grundfrequenz des Schreiens der als »schwierig« bezeichneten Babys höher lag als die der übrigen Säuglinge; mit anderen Worten, ihre Schreie waren schriller. Die Mütter gaben an, daß sie das Schreien der »schwierigen« Babys mehr ärgerte, und vermuteten als Ursache für das Schreien Angst, Frustration und den Wunsch, umsorgt zu werden, wohingegen das Schreien der »unkomplizierten« Babys auf körperliche Gründe zurückgeführt wurde (Hunger, nasse Windeln etc.).

Aus der Gesamtheit der Untersuchungen von Lester und Zeskind scheint sich – zwar noch als Hypothese, aber doch durch mehrere Arbeiten bestätigt – die Erkenntnis herauszukristallisieren, daß die Risikosäuglinge ihre Hilfsbedürftigkeit dadurch zum Aus-

---

[10] A. M. Frodi, M. E. Lamb, L. A. Leavitt u. W. L. Donovan, »Fathers' and Mothers' Responses to Infants' Cries and Smiles«, *Infant Behaviour and Development*, 1978, *1*, S. 187–198.

[11] M. L. Lounsbury, »Acoustic Properties of and Maternal Reactions to Infant Cries as a Function of Infant Temperament«; unpublished doctoral dissertation, Purdue University, Lafayette, Indiana, 1978.

[12] J. E. Bates, C. A. Freeland u. M. L. Lounsbury, »Measurement of Infant Difficulties«, *Child Development*, 1979, *50*, S. 794–803.

druck bringen, daß sie häufiger und länger in dieser übersteigerten Art und Weise schreien. Beide Autoren geben die Anregung, daß diese Form von Schreien zu einem Warnzeichen für alle in der Kinderheilkunde Tätigen werden und Anlaß zu einer gründlicheren Untersuchung des Babys sein sollte.

Seltsamerweise gibt es keine Untersuchung, die sich direkt mit dem Verhältnis zwischen der Eigenart des Schreiens und der Interaktion von Mutter und Säugling beschäftigt. Hingegen existieren Untersuchungen über die Beziehung von Häufigkeit und Dauer des Schreiens einerseits und der Art, in der die Mutter darauf reagiert, andererseits. Nach Bell und Ainsworth[13] gehen regelmäßige, unverzügliche Reaktionen der Mutter auf seiten des Babys mit einem Rückgang des Weinens in Häufigkeit und Dauer einher.

Nach ihrer Untersuchung spiegeln die individuellen Unterschiede im Weinen am Ende des ersten Lebensjahres eher die Geschichte der Antworten wider, welche die Mutter gegeben hat, als konstitutionelle Unterschiede in der Reizempfindlichkeit der Babys. Während sich die Säuglinge in bezug auf die Häufigkeit des Weinens weiterentwickeln, d. h. als Neugeborene vielleicht sehr leicht weinen (im Verhältnis zu anderen Neugeborenen) und dann mit einem Jahr viel stabiler sind (im Vergleich zu anderen einjährigen Babys), behalten hingegen die Mütter das ganze erste Lebensjahr über annähernd dasselbe Verhalten bei: »Die Neigung der Mutter, auf das Schreien zögernd oder unverzüglich zu reagieren oder es völlig zu ignorieren, scheint eine ziemlich stabile Eigenschaft darzustellen.« Aus der Untersuchung geht hervor, daß die Babys, die im Laufe der zweiten Hälfte des ersten Lebensjahres oft weinten, Mütter hatten, die meistens ihr Weinen überhörten. Bei dieser Untersuchung stellte sich heraus, daß die Tatsache, daß das Weinen der Säuglinge an Häufigkeit und in der Gesamtdauer abnimmt, wesentlich mit der Schnelligkeit zusammenhängt, mit der die Mutter reagierte. Dauer und Häufigkeit wurden festgestellt, indem das Auftreten und die Zeitdauer solcher Phasen bei Hausbesuchen registriert wurden, die ungefähr vier Stunden in

---

[13] S. M. Bell u. M. D. S. Ainsworth, »Infant Crying and Maternal Responsiveness«, *Child Development*, 1972, *43*, S. 1171–1190.

Anspruch nahmen. Dabei wurde deutlich, daß im vierten Quartal des ersten Lebensjahres die Mitteilungen der Babys – durch den Gesichtsausdruck, durch Gebärden, durch Laute – mit dem Weinen negativ korrelierten, daß also die Reichhaltigkeit ihrer Äußerungen mit seltenem Weinen verbunden war; umgekehrt schienen die neun bis zwölf Monate alten Babys, die oft weinten, keine anderen Kommunikationsmöglichkeiten zur Verfügung zu haben. Jene Babys, die selten weinten, versuchten, sich auch anderer Ausdrucksmittel zu bedienen, die präziser, vielfältiger waren und mit denen sie ihre Stimmungen und Wünsche klar bekundeten. Nach Ainsworth und Bell scheint die Schnelligkeit, mit der die Mutter auf das Schreien reagiert, bei ihrem Baby die Ausbildung reicherer, mannigfaltigerer Kommunikationsformen zu begünstigen. Diejenigen Säuglinge, die von ihren Müttern während der allerersten Monate mit einem einfühlsamen »holding« reichlich bedacht wurden, scheinen am Ende des ersten Lebensjahres erstaunlich wenig Befriedigung durch Körperkontakt zu suchen. Obwohl sie es genießen, umhergetragen zu werden, so sind sie doch auch in der Lage, sich von ihrer Mutter zu trennen und die Umwelt selbständig zu entdecken. Umgekehrt sind jene Babys, denen in den ersten Monaten kein derartiges »holding« zugute gekommen ist, am Ende des ersten Lebensjahres eher ambivalent gegenüber Körperkontakten. Sie reagieren argwöhnisch, sobald sie auf den Boden gesetzt werden, und verhalten sich nicht sehr selbständig. Diese Beobachtungen stehen klar im Gegensatz zur weit verbreiteten Annahme, nach der die Versuche einer Mutter, ihren Säugling zu trösten, zur Folge haben, daß er »verzogen« und sein Weinen noch verschlimmert wird.

Selbstverständlich haben wir die Überlegungen dieser Autoren in einem größeren Zusammenhang einzuordnen. Die Schnelligkeit, mit der die Mütter auf das Weinen reagieren, ist wahrscheinlich allein noch kein förderliches Moment für das Baby, sondern sie erhält ihren Wert eher als Ausdruck einer inneren Einstellung gegenüber dem Baby, also einer dem Kind zuträglichen Beziehung, und hat deshalb die erwünschte Wirkung auf das Schreien. Aus diesen Untersuchungen läßt sich nicht ableiten, eine Veränderung ausschließlich im Verhalten der Mutter führe dazu, daß ihr Baby weniger schreit. Wahrscheinlicher ist, daß das schnelle Reagieren der Mutter grundsätzlich auf einer vielgestaltigen Einfühlung beruht, die in ihrem »holding«, ihren Gefühlen, ihrem Tonfall und ihrer psychischen Einstellung gegenüber dem Baby ihren Ausdruck findet.

14 Die Wechselwirkung in der Interaktion zwischen Mutter und Säugling

Mit der Einführung des Begriffs der Wechselwirkung in die Interaktion von Mutter und Säugling beginnt ein neuer Abschnitt in der theoretischen Erarbeitung der Interaktion. Das Augenmerk richtet sich weniger auf die Verhaltensäußerungen des Babys oder die Handlungsweise der Mutter; es geht nicht mehr so sehr darum, etwas über die Häufigkeit, die Dauer oder andere Merkmale dessen, was die Interaktionspartner tun oder sagen, in Erfahrung zu bringen oder Untersuchungen darüber anzustellen. Das Schwergewicht liegt auf der *Verbindung*, die zwischen dem Verhalten des Säuglings, das als Mitteilung angesehen wird, und der Reaktion der Mutter besteht – sowie *umgekehrt*. Stellen wir uns zum Beispiel einen Säugling von sieben Monaten vor, der die Hand ausstreckt, um die Finger seiner Mutter zu ergreifen, die aber zu weit entfernt sind, als daß er sie erreichen könnte; die Mutter nimmt diesen Wink wahr und führt ihre Hand nahe an das Baby heran, das nun imstande ist, sie anzufassen. Dieses Beispiel zeigt doch anschaulich, wie eine Reaktion aussehen kann, die, von außen betrachtet, dem Wunsch des Babys entgegenkommen mag, sich aber in jedem Fall auf eine Äußerung von ihm *bezieht*. Beobachtet man die einzelnen Züge im Zusammenspiel von Mutter und Säugling, wird deutlich, daß auf dieselben Äußerungen des Babys auch andere Reaktionen erfolgen können: So bleibt die Mutter vielleicht untätig oder gebärdet sich in einer Weise, die offensichtlich *nicht* auf das Verhalten des Babys *bezogen* ist; sie kann beispielsweise ihre Aufmerksamkeit auf etwas anderes lenken oder sich mit ihrer Kleidung befassen. Schließlich ist noch eine dritte Reaktionsweise zu beobachten, die – von außen betrachtet – genau das Gegenteil von dem zu sein scheint, was das Baby augenscheinlich begehrt: Um wieder auf das Beispiel zurückzukommen, in dem das Baby seiner Mutter die Finger entgegenstreckt, um deren Hand zu erreichen, so besteht die Reaktion darin, daß die Mutter ihre Hand fortnimmt und dem Kind entzieht. Hier *bezieht* sich die Reaktion der Mutter zwar auf die Kommunikation des Babys, *läuft aber seiner Intention zuwider.*

Um den Begriff der Wechselwirkung kreisen im wesentlichen folgende Fragen: Nimmt jeder Partner die Mitteilungen des anderen wahr? In welcher Weise berücksichtigt er sie, und wie wirken sie auf seine eigenen Verhaltensweisen und Einstellungen?

Eine »Stufe« höher steht der Begriff der »Gegenseitigkeit«. Wie das Wort sagt, bezieht sich dieser Begriff eher darauf, daß das affektive Erleben zusammen geteilt wird, und daß Mutter und Baby als ein »Ganzes« erscheinen, wenn man nach ihren übereinstimmenden Gefühlszuständen und deren im gleichen Rhythmus auftretenden Schwankungen urteilt. Die Mutter respektiert, wenn das Baby zu bestimmten Zeiten für sich allein ist, und nutzt die Phasen, in denen es zur Interaktion bereit ist, um sich mit ihm gemeinsam zu freuen oder sonst etwas mit ihm zusammen zu tun, wobei aber beide Partner gefühlsmäßig miteinander verbunden bleiben.

Brazelton[1] verwendete eine sehr aufschlußreiche Methode, um die Wechselwirkung bei der Interaktion von Mutter und Säugling zu untersuchen. Er konzentriert sich auf jenes wechselseitige Geschehen während der ersten fünf Lebensmonate, wenn beide ihr Gesicht einander zuwenden; der Säugling wird in einen Babysitz (»baby-relax«) gesetzt, die Mutter befindet sich ihm gegenüber. Von jedem der beiden Partner wird eine Videoaufzeichnung gemacht; das fertige Bild, das auf dem Monitor erscheint, zeigt auf einer Seite des Bildschirms die Mutter und auf der anderen Hälfte das Baby, so daß die Zusammenhänge zwischen den einzelnen Reaktionen offen zutage treten können. Um die so erhaltenen Aufnahmen zu untersuchen, sind Brazelton und sein Mitarbeiterstab nach einer sogenannten mikroanalytischen Methode vorgegangen. Die Verhaltensäußerungen des Säuglings werden in zehn Kategorien unterteilt; berücksichtigt werden hauptsächlich seine

[1] T. B. Brazelton, E. Tronick, L. Adamson, H. Als u. S. Wise, »Early Mother-Infant Reciprocity«, in: *Parent-Infant Interaction*, Ciba Foundation Symposium 33 (new series), Amsterdam, Elsevier Scientific Publishing Company, 1975.

Lautbildungen, die Blickrichtung in bezug auf den Standort der Mutter, die Drehungen seines Kopfes in bezug auf die Mutter, sein Gesichtsausdruck und das Ausmaß seiner motorischen Aktivität. Die Verhaltensweisen der Mutter werden sechs Kategorien zugeordnet, die im einzelnen folgendes umfassen: die verschiedenen Arten der Lautbildung, die Stellung des Kopfes im Hinblick auf das Baby, die Blickrichtung und den Gesichtsausdruck. Ein ganz klares Resultat seiner Arbeit war der Nachweis, daß die Interaktion bei einander zugewandten Gesichtern zyklischen Charakter hat: »Der Säugling gibt zu erkennen, daß er an der Herbeiführung und der Aufrechterhaltung dieser Zyklen beteiligt ist, indem er abwechselnd eine Zeitlang aufmerksam ist und sich dann wieder teilweise oder ganz auf sich selbst zurückzieht. Durch ihr Einfühlungsvermögen wird die Mutter ihrerseits in die Lage versetzt, ihr eigenes Verhalten so zu steuern, daß sich der zyklische Verlauf ihrer Gefühlsäußerungen dem ihres Babys angleicht.« [2]

Damit haben Brazelton und seine Mitarbeiter nicht nur die »Übereinstimmung« hervorgehoben, die zwischen dem Verhalten des einen Partners gegenüber dem anderen besteht, sondern auch eine Zeitdimension gezeigt, die sie besitzt: die zeitliche Harmonie. »Wenn eine zeitliche Angleichung eingetreten ist, bekommen wir (als Beobachter) den subjektiven Eindruck einer richtigen Interaktion, die darauf beruht, daß sich Gefühle und Absichten wechselseitig entsprechen. Tritt sie nicht ein, so ist der Rhythmus gestört.«

Die Arbeitsgruppe von Brazelton hat gezeigt, wie die Interaktion und der Ausdruck zwischen Mutter und Baby im Laufe der Wochen immer reichhaltiger werden. Die Gruppe hat eine systematische Analyse erarbeitet, bei der jede einzelne Sekunde im Verhalten von Mutter und Säugling erfaßt wird, wenn diese in einer Spielsituation einander gegenübersitzen. Für jeden der beiden Partner wird das Ausmaß an innerer Beteiligung an der Interaktion bestimmt, und es wird abgewogen, zu welcher der folgenden sieben Kategorien es gehört:

---

[2] a. a. O.

1) Aktiver Rückzug von der Interaktion; Versuch, sich ihr zu entziehen (bezeichnet als: »protestiert«);

2) Passive Abkapselung gegenüber der Interaktion (bezeichnet als: »wendet seine Aufmerksamkeit ab«);

3) Aufmerksame Konzentration auf den Partner, um sein Verhalten zu beobachten (bezeichnet als: »beobachtet«);

4) Vielfältiges, aktives Hantieren, um den Partner zu mehr Beteiligung zu bewegen (bezeichnet als: »herausfordernd«);

5) Sichtbare Entspannung und Bereitschaft zur Teilnahme an der Interaktion (bezeichnet als: »ist bereit«);

6) Zunehmende Äußerungen wie etwa Lächeln bei gleichzeitiger Aufmerksamkeit in bezug auf den Partner (bezeichnet als: »spielt«);

7) Zunehmende Äußerungen wie etwa Lächeln, einhergehend mit lebhafter Lautbildung bei gleichzeitiger Aufmerksamkeit in bezug auf den Partner (bezeichnet als: »spricht«).

Die einzelnen Verhaltensäußerungen, auf denen diese Kategorien beruhen, wurden bereits oben erwähnt (Blickrichtung, Gesichtsausdruck etc.). Wenn man die verwendeten sieben Kategorien graphisch darstellt, kann man sich die Interaktion veranschaulichen; reiht man die graphischen Darstellungen der verschiedenen Altersstufen aneinander, so wird erkennbar, wie die Interaktion zunehmend an Mannigfaltigkeit gewinnt. Je dichter die Kurve der Mutter in der graphischen Darstellung an die des Kindes heranrückt, um so näher kommen sich auch die Partner im Hinblick auf die Interaktion. Sobald beide Partner die Phase »spricht« oder »spielt« erreicht haben, überlagern sich die beiden Kurven.[3]

Aus Abbildung ›a‹ (S. 155), die für einen Säugling von 25 Tagen gilt, geht hervor, wie »der Säugling hauptsächlich zwischen der

[3] H. Als, E. Tronick u. T. B. Brazelton, »Stages of Early Behavioral Organization: The Study of a Sighted Infant and a Blind Infant in Interaction with Their Mothers«, in: T. M. Field, S. Goldberg, D. Stern u. A. M. Sostek (Hrsg.), *High-risk Infants and Children, Adult and Peer Interactions*, New York, Academic Press, 1980.

Interaktion nach 25 Tagen

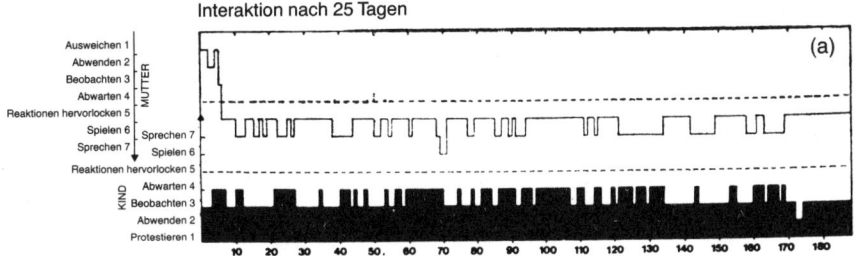

Interaktion nach 46 Tagen

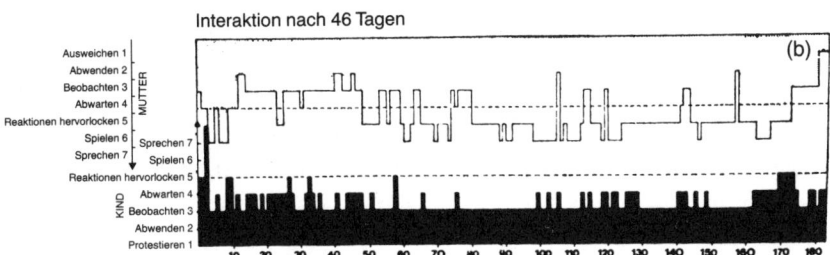

Interaktion nach 68 Tagen

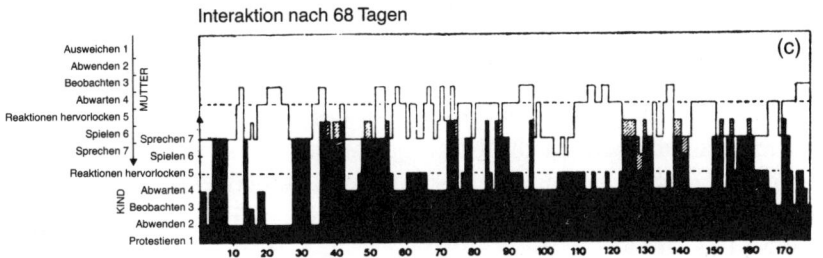

Interaktion nach 92 Tagen

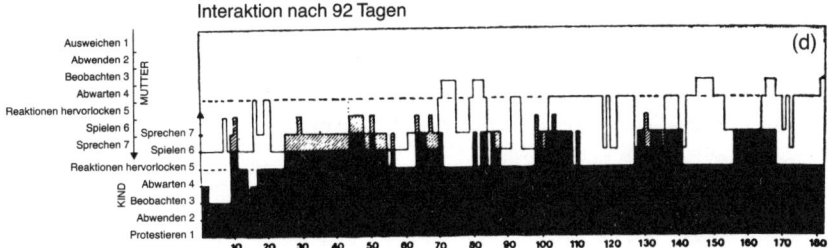

Stufe ›beobachtet‹ und der Stufe ›wendet seine Aufmerksamkeit ab‹ hin- und herpendelt, während die Mutter von ›herausfordernd‹ zu ›spielt‹ übergeht und versucht, das Baby zu lenken und es zu bewegen, ihr seine Aufmerksamkeit zu widmen«.

In Abbildung ›b‹ wird die Interaktion bei demselben Mutter-Säugling-Paar dargestellt; das Baby ist jetzt 46 Tage alt. »Das Baby ist von nun an imstande, einen ruhigen, aufmerksamen Wachzustand aufrechtzuerhalten und sich somit jeweils für einen längeren Zeitraum auf seine Mutter einzustellen (. . .). Die Möglichkeiten der Mutter für eine affektive Beteiligung sind größer geworden. Sie schwankt zwischen zeitweilig auftretenden Phasen, in denen sie es nicht anschaut, kurzen Zeiten der Beobachtung und Phasen, wo sie es anspornt und mit ihm spielt.«[4]

Die Interaktion im Alter von 63 Tagen ist aus Abbildung ›c‹ ersichtlich. »Die Beteiligung des Säuglings ist zunehmend differenzierter geworden; sie beginnt damit, daß er zwischen ›protestiert‹ und ›spielt‹ hin- und herschwankt, dann nach 35 Sekunden zwischen ›beobachtet‹, ›ist bereit‹ und ›spielt‹ wechselt, bis er sich gegen Ende erneut immer wieder für kurze Zeit abwendet.«[5]

Mit 92 Tagen (Abb. ›d‹) schließlich treten »längere Spielphasen auf, die ein Anzeichen dafür sind, daß der aufmerksame, ruhige Wachzustand allmählich an Gestalt gewonnen hat und stark auf das Spiel und die Lautbildung abgestellt ist. Die erreichte Stabilität wird eher deutlich, wenn jeder Partner nach einer Weile lebhafter Interaktion in einen Zustand entspannter Bereitschaft zurückkehrt, als wenn er wieder einen Status der Beobachtung oder wie vorher eine Rückzugshaltung einnimmt«.

Schaut man sich die Reihe mit den vier Abbildungen an, so ist zu erkennen, daß sich die beiden Kurven einander annähern. Außerdem hat die »Wellenlänge« (die Zeitdauer einer jeden Interaktionseinheit) erheblich zugenommen.

Für Brazelton und seine Mitarbeiter steht diese Reihe von Interaktionen für ebenso viele Entwicklungsstadien der Beziehung Mut-

---

[4] a. a. O.
[5] a. a. O.

ter–Säugling.[6] Für das erste Stadium besteht die vordringliche Aufgabe des Babys darin, die Steuerung der physiologischen Vorgänge zu bewältigen, insbesondere die der Atmung, des Herzrhythmus und der Temperatur. Sobald dies erreicht ist, kommt als weitere Aufgabe hinzu, die Gestaltung seiner Motorik voranzutreiben und seine Bewegungen aufeinander abzustimmen. Sodann wird unumgänglich, das Gefüge seiner Wachzustände allmählich zu stabilisieren und sich ihre sechs Ausprägungsformen zunutze machen zu können (s. »Die Wachzustände in der Interaktion zwischen Mutter und Säugling«, S. 95 ff.).

Das nächste Stadium besteht in der Differenzierung des Zustandes IV, d. h. des ruhigen, aufmerksamen Wachzustandes: Die Fähigkeiten zur Interaktion im engeren Sinne beginnen sich zu entfalten; die Ausdrucksfülle des Säuglings (Schreien, Mimik, Gebärden etc.) nimmt zu.

Edward Tronick[7] dachte sich eine Versuchsmethode aus, um herauszufinden, welche Rolle die Wechselwirkung spielt, die von den Mitteilungen der Mutter ausgeht: Er forderte Mütter auf, das Baby direkt anzuschauen und für drei Minuten eine starre Miene aufzusetzen, die so ausdruckslos wie nur möglich sein sollte; das Baby selbst saß in einem »baby-relax«. An einem Beispiel soll veranschaulicht werden, wie ein zweieinhalb Monate altes Baby reagierte: Als seine Mutter eintrat, »blickte es zu ihr hinauf, schaute sie direkt an und lächelte. Sein Blick traf auf ein maskenähnliches Gesicht. Da schaute es rasch weg und verharrte bewegungslos mit einem ernsten Gesichtsausdruck. Dann wendete es seinen Blick wieder der Mutter zu, seine Augenbrauen und Lieder waren hochgezogen, und langsam streckte es ihr Hände und Arme entgegen. Schnell senkte es seine Augen und sah dann wieder der Mutter ins Gesicht.« Daraufhin wendete es erneut schnell seinen Blick ab. Am Ende zog es sich völlig auf sich selbst zurück, wurde körperlich

---

[6] T. B. Brazelton u. H. Als, »Quatre stades précoces au cours du développement de la relation mère-nourisson«, *Psychiatrie de l'Enfant*, 1981, *24*, S. 397–418.

[7] E. Tronick, H. Als, L. Adamson u. T. B. Brazelton, »The Infant's Response to Entrapment between Contradictory Messages in Face-to-Face Interaction«, *Journal of the American Academy of Child Psychiatry*, 1978, *17*, S. 1–13.

schwach und sank zusammen. Es sah nicht mehr zu seiner Mutter, und sein Gesicht nahm einen Ausdruck von Verzweiflung und Verschlossenheit an.

Solche Reaktionen wurden bei Babys im Alter von zwei bis drei Wochen an beobachtet. Ein älterer Säugling (fünf Monate) hingegen lächelte schließlich kurz nach anderthalb Minuten und brach dann gleich darauf in freimütiges Lachen aus, was zur Folge hatte, daß die Mutter ihre gleichgültige Miene nicht länger aufrechterhalten konnte und selbst lachen mußte!

Welche Bedeutung hat dieses spezielle Verhalten der Babys? Zunächst ist festzuhalten, daß es für das Baby keine »neutralen« Gebärden bei der Mutter gibt. Wie Tronick und seine Mitarbeiter anmerken, sieht sich das Baby wahrscheinlich zwei einander widersprechenden Mitteilungen gegenüber. Dadurch, daß seine Mutter zu ihm kommt, gibt sie ihm seinerseits zu verstehen, daß sie mit ihm in Interaktion treten will; zum anderen steht ihr »versteinerter« Ausdruck im Gegensatz zur ersten Mitteilung. Es könnte sein, daß die Säuglinge fähig sind, in ihrem Innern eine Antizipation in bezug auf das Verhalten der Mutter herauszubilden, und daß das Baby in seiner Erwartungshaltung verletzt wird, wenn die Antwort der Mutter fehlt. Zumindest von einem Alter von zwei Monaten an haben sich bei den Babys wahrscheinlich *Gedächtnisspuren* im Hinblick auf die Interaktion mit ihrer Mutter gebildet: Auf diese Spuren gründen sich ihre Erwartungen. Wenn das Baby drei Minuten lang diesem regungslosen Gesicht ausgesetzt wird, so hat dies eindeutig eine zerrüttende Wirkung, wie das Erschlaffen seines Körpers und der Rückzug auf sich selbst beweisen. An dieser Stelle muß auch die Abkapselung der autistischen Kinder oder jener Säuglinge genannt werden, die an Hospitalismus leiden.

Wie die unablässigen Blicke des Babys zu seiner Mutter und sein Lächeln zeigen, wird hier auch ganz offenkundig, daß der Säugling bei der Interaktion eine aktive Rolle spielt. Ebenso deutlich ist jedoch, daß diese aktive Beteiligung des Säuglings nur erhalten bleibt, wenn auch eine Gegenreaktion der Mutter erfolgt.

Eine der überragendsten Untersuchungen zur Wechselwirkung im Verlauf der Interaktion von Mutter und Säugling verdanken wir

Daniel Stern.[8] Bevor wir auf sie eingehen, sollte ein Wort über seine methodischen Schritte gesagt werden. Stern filmte die Interaktion von Mutter und Baby, die *einander zugewandt* waren. Der Säugling saß in einem Kindersitz (»baby-relax«), die Mutter befand sich ihm gegenüber. Die dort untersuchten Babys waren im allgemeinen drei bis sechs Monate alt. In einem zweiten Schritt wurde das Verhalten der Mutter bei der Interaktion Bild für Bild (bzw. jedes 24. Bild, das pro Sekunde erscheint) mit Hilfe eines Filmbetrachters analysiert.

Für Daniel Stern stellt diese Interaktion, bei der sich beide einander zuwenden und die Mutter keine bestimmte Aufgabe (Füttern, Körperpflege etc.) zu vollbringen hat, eine »Spielsituation« dar, deren einziges Ziel unmittelbar darin besteht, daß beide Partner an diesem Austausch ihr Vergnügen finden. Der Autor begreift das Spiel von Mutter und Säugling als eine hierarchische Struktur, in der kleine Verhaltenseinheiten sich zu größeren zusammenschließen, die ihrerseits Einheiten auf höherer Ebene bilden. Er legt vier solcher ständig sich vergrößernden Ebenen fest, ihr Zusammenwachsen und das Ziel, von dem her ihr Funktionieren bestimmt wird.

Die Untersuchung von Stern[9] gilt für Babys von drei bis vier Monaten. Für die Auswahl der Spieltätigkeit und der Altersgruppe waren mehrere Gründe maßgeblich: Für eine Phase freien Spiels besteht das einzige Ziel darin, miteinander in Interaktion und in eine Beziehung zu einem Menschen zu treten; außerdem hat ein Baby in diesem Alter schon ein bemerkenswertes Vermögen, zu anderen Personen eine Verbindung herzustellen und verfügt über ein »Repertoire« an Lauten und Gesichtsausdrücken (besonders das Lächeln); darüber hinaus ist seine Anlage zur Steuerung des Blickes praktisch funktionell ausgereift, so daß es auf die Häufigkeit und den zeitlichen Ablauf des Blickkontaktes Einfluß ausüben kann.

Nach Stern hat die Aktivität des freien Spiels für beide Partner den *Sinn*, Interesse füreinander zu entwickeln und an diesem Aus-

---

[8] D. N. Stern, »The Goal and Structure of Mother-Infant Play«, *Journal of the American Academy of Child Psychiatry*, 1974, *13*, S. 402–421.
[9] a. a. O.

tausch seine Freude zu haben. Um diesen Sinn aber operational definieren zu können, formuliert der Autor ihn anders: Operational ausgedrückt, liegt der Sinn in der beiderseitigen Aufrechterhaltung eines bestimmten Grades an Aufmerksamkeit und Wachheit innerhalb eines optimalen Zeitraumes – oder einer optimalen Zeitspanne –, in der das Baby Verhaltensweisen äußern kann, die der Beziehung zuträglich sind, wie etwa Lächeln oder die Bildung von Stimmlauten.

Tatsächlich ist die Frage, wie wach das Baby jeweils ist, eine ganz heikle Angelegenheit: Wenn die Anregung des Babys zu schwach ausfällt, wird es entweder nicht die gebührende Aufmerksamkeit aufbringen oder schnell das Interesse verlieren und sich dann anderweitig einen Gegenstand suchen, an dem ihm mehr gelegen ist. Wenn das Ausmaß der Anregung zu stark ist, wird es ihr wohl eher aus dem Weg gehen. Hält sich hingegen die Intensität, mit der das Baby ermuntert wird, innerhalb einer optimalen Spanne, so wird es seine Aufmerksamkeit schließlich beibehalten.

Damit das Spiel wirklich zustande kommt, ist unerläßlich, daß die Mutter das Baby wach und aufmerksam zu halten versucht, damit es lächeln und Laute von sich geben kann; dieses Verhalten des Babys führt nun seinerseits bei der Mutter zu einer wachen und aufmerksamen Haltung.

Stern nennt folgende Struktureinheiten im Spiel von Mutter und Säugling, die der Reihe nach an Komplexität zunehmen:

Die Handlungen der Mutter: Hier geht es um grundlegende Verhaltensäußerungen wie Lautbildungen, Gebärden, Lächeln, Kopfnicken oder -schütteln, Gesichtsausdruck etc. Hervorzuheben ist, daß sie eigens auf das Interaktionsgeschehen mit dem Baby zugeschnitten sind. So enthalten die Stimmlaute der Mutter einen verlängerten Vokal; der Klang der Stimme ändert sich und weist eher höhere Frequenzen, also diskante Töne auf; die Veränderungen im Stimmklang ziehen sich in die Länge, was der Stimmführung der Mutter diesen singenden Unterton verleiht. Das Mienenspiel ist überzeichnet und drückt Erstaunen, Freude etc. oft in grotesker Weise aus. Ebenso ist die Art, in der die Mutter sich mit ihrem Gesicht nähert oder es abwendet, fast ausschließlich auf diese Situation abgestellt.

Auf die »Handlungen der Mutter« erfolgt – bzw. erfolgt bisweilen auch nicht – eine Reihe von Handlungen des Babys wie Lächeln, Blicke, Laute, Bewegungen etc. Sie sind für die Mutter auch ein Hinweis, anhand dessen sie einschätzen kann, inwieweit sie das Baby erreicht, und der ihr die Möglichkeit gibt, ihre eigenen Äußerungen entsprechend abzuändern.

Es hat ganz den Anschein, daß diese ungewohnten Veränderungen der Stimme – die »Babysprache« –, der Bewegungen und anderer Verhaltensweisen der Mutter, die sich durch die Interaktion mit dem Säugling einstellen, dazu führen, daß dieser leichter ansprechbar und viel aufmerksamer wird, als wenn er beispielsweise ohne die oben erwähnten, typischen Abweichungen angesprochen würde. Wenn diese nämlich schwächer ausgeprägt sind (wie im Falle einer Hemmung oder Depression der Mutter), so sind die Spielphasen kürzer, das Baby ist unkonzentrierter und verhält sich so, daß die Mutter es schwerer hat, ihm weiterhin Beachtung zu schenken. Unter derartigen Umständen bleibt das Ausmaß an gegenseitiger Anregung gering.

Die nächsthöhere Ebene innerhalb dieses Gefüges nehmen die *Phasen wechselseitiger visueller Aufmerksamkeit* ein. Eigentlich schwankt das Baby in Wirklichkeit unaufhaltsam zwischen Phasen, in denen es die Mutter anblickt, und anderen Zeiten, wo es seinen Blick abwendet oder seine Augen schließt. Eine Phase gegenseitiger visueller Aufmerksamkeit ist also insofern begrenzt, als sie für das Baby einen Abschnitt darstellt, in dem es eine Reihe von Handlungen der Mutter wahrnimmt, die innerhalb einer optimalen Spanne seine Aufmerksamkeit aufrechterhalten. Wenn die von der Mutter ausgehende Anregung über ein gewisses Maß hinaus an Stärke gewinnt oder verliert, so geht die Phase wechselseitiger visueller Aufmerksamkeit zu Ende.

In diesem Zusammenhang gibt es auch Situationen, wo die Mutter dem Baby verwehrt, seine eigene Gemütsverfassung dadurch zu steuern, daß es seinen Blick abwendet. Kehrt ein Baby seine Augen ab, respektieren manche Mütter diesen Vorgang nicht, sondern versuchen, sich wieder in das Blickfeld des Babys zu bringen. Dies ist insbesondere bei Müttern zu beobachten, die das Gefühl haben, die Gewalt über das Verhalten des Säuglings zu verlieren, sobald er sie nicht mehr anschaut.

161

Die dritte Ebene in dieser Hierarchie bilden die Spiele *(games)*; sie bestehen in »einer Reihe von Abschnitten beiderseitiger Aufmerksamkeit, in deren Verlauf der Erwachsene jeweils mehrfach bestimmte Verhaltensäußerungen wiederholt, die sich von einer Phase gegenseitiger Aufmerksamkeit zur anderen nur geringfügig ändern.«[10] So kann man zum Beispiel folgendes Spiel sehen: Die Mutter geht forsch mit ihrem Kopf an das Baby heran und fragt es, ob es sich freue, sie zu sehen – das Baby lacht und gibt Laute von sich – die Mutter wiederholt dieses Spiel – nach ein paar Sekunden wendet das Baby seinen Blick ab, und die Mutter macht eine Unterbrechung – dann beginnt das Spiel von neuem mit kleinen Abänderungen in der Interaktion, in der Art der Annäherung etc., bis es für die Mutter oder das Baby allmählich an Reiz verliert.

Die letzte Ebene umfaßt die gesamte Spielsequenz *(play period)*; dabei handelt es sich um die Gesamtheit der einzelnen Spielabschnitte.

Eine Aufgliederung jener Abschnitte des Spiels, die schon mehr oder minder komplexe Struktureinheiten sind, lenkt das Augenmerk auf die Dimension der Zeit, die der Interaktion von Mutter und Säugling innewohnt; die immer wiederkehrenden Zyklen in der Interaktion sind ein noch viel beredteres Beispiel dafür, daß das zeitliche Moment des Rhythmus von Bedeutung ist.

Tatsächlich ist nicht beliebig, zu welchem Zeitpunkt die Äußerungen der Mutter im Verlauf der Spielphase jeweils erfolgen; nicht der Zufall bestimmt die chronologische Verteilung: Es gibt in der Interaktion zwischen Mutter und Säugling eine zeitliche Struktur, einen geregelten Rhythmus.

Auch hier verdanken wir unsere Kenntnisse großenteils Daniel Stern.[11] In diesen Arbeiten widmet er sich hauptsächlich der zeitlichen Struktur der Impulse, die von der Mutter ausgehen. Betrachtet man die einfachen Handlungen der Mutter wie Laute oder

---

[10] Stern, a. a. O.

[11] D. N. Stern, *Mutter und Kind – Die erste Beziehung*, Klett, Stuttgart, 1979; D. N. Stern, »The Infant's Stimulus World during Social Interaction: A Study of Caregiver Behaviours with Particular Reference to Repetition and Timing«, in: H. R. Schaffer (Hrsg.), *Studies on Interaction in Infancy*, London, Academic Press, 1977.

Bewegungen, so stellt man fest, daß sie nach »Phrasen« unterteilbar sind. Stern definiert eine »Lautphrase« als einen Laut, der für das Gehör eines Erwachsenen als ununterbrochen gilt. Zwischen diesen Lautphrasen liegen jeweils Pausen. Entsprechend lassen sich einzelne Abfolgen von Bewegungen und Gebärden der Mutter als »Bewegungsphrasen« definieren, die ebenfalls durch Pausen voneinander abgeteilt sind.

Nun fällt deutlich auf, daß die Mutter in beträchtlichem Maße Lautphrasen wiederholt. Stern beobachtete, daß bei einer ganz alltäglichen Spielsituation zwei Drittel der Lautphrasen mehrmals wiederholt wurden, meist zwei- oder dreimal. Diese Art der Wiederholung – bei welcher der Inhalt der Lautphrase wiederholt wird – heißt »inhaltliche Wiederholung«.

Wenn wir uns jetzt nicht mehr dem Gehalt der Lautphrase widmen, sondern uns ausschließlich der Dauer der Phrasen und den einzelnen Pausen dazwischen zuwenden, so richten wir damit unser Augenmerk auf den Rhythmus im Stimmausdruck der Mutter. Legt man rein zeitliche Maßstäbe zugrunde, stellt sich heraus, daß 63 % der jeweils aus Lautphrase und Pause bestehenden Einheiten wiederholt wurden. Diese Art von Wiederholung – bei der die zeitliche Struktur von Phrase und darauf folgender Pause mit geringfügigen Änderungen wiederkehrt – wird »zeitliche Wiederholung« genannt.

Bei dieser Untersuchung war fast jede zweite Wiederholung einer Lautphrase zugleich eine inhaltliche und zeitliche.

Bei den Bewegungsphrasen war Vergleichbares zu beobachten.

Betrachtet man einmal nur die Verhaltensäußerungen der Mutter, dann zeigt sich, daß sie in zeitlich voneinander unterscheidbare Abschnitte zerfallen, die folgendermaßen umschrieben werden können: Jeder einzelne zeichnet sich durch gleichbleibende Aufmerksamkeit für das Baby und ein beständiges Maß an innerer Beteiligung an der Interaktion aus. Ein solcher Abschnitt geht hingegen zu Ende, sobald sich bei der Mutter der Grad der Anteilnahme an der Beziehung ändert, d. h. sich entweder steigert oder abfällt. Dieser Art von Abschnitt eine eigene Stellung zuzuweisen ist insofern von Belang, als die Mutter im Verlaufe eines jeden solchen Abschnitts in ganz gleichmäßigem Rhythmus mit ihrer Stimme oder durch Bewegungen etwas mitteilt. Jeder dieser Abschnitte hat seinen eigenen Rhythmus, der als die Menge von Stimm- und Bewegungsphrasen pro Minute definiert werden kann. Die Anzahl innerhalb jedes einzelnen Abschnittes bleibt gleich und regelmäßig.

Die inhaltlichen und zeitlichen Wiederholungen ebenso wie der gleichmäßige Rhythmus, den die Mutter sich zu eigen macht, wirken sich wohl äußerst vorteilhaft auf den Erwerb der kognitiven Fähigkeiten des Säuglings aus. Die Wiederholung desselben Phonems oder Wortes, die jedesmal etwas anders ausfällt, ermöglicht dem Baby wahrscheinlich wirklich, für ein bestimmtes linguistisches Element ein in sich geringfügig variiertes Wahrnehmungsmuster auszubilden. Im Gegensatz zu einem Computer, bei dem die Daten »dem Gesetz des Alles oder Nichts« unterliegen, ist es für das Baby von Vorteil, daß sich ihm ein Gebilde annähernd gleichartiger Wiederholungen derselben Phoneme darbietet, aus dem sich der Säugling ihre abstrakte Form herausbilden kann.

Dasselbe gilt auch für den Rhythmus. Durch eine gleichmäßige, rhythmische Wiederholung der Mitteilungen der Mutter kann das Baby die rhythmischen Strukturen der Interaktion mit seiner Mutter einordnen. Ferner ist möglich, daß jedes Elternteil einen anderen Rhythmus hat; so kann eines der wichtigsten Unterscheidungsmerkmale des Vaters – wir werden noch darauf zurückkommen – der andersartige Rhythmus in seinen Äußerungen gegenüber dem Säugling sein.

Diese Arbeiten von Stern scheinen auf einer »semiotischen« Ebene zu liegen: Sie gelten weniger dem Inhalt der ausgetauschten Mitteilungen als vielmehr den verwendeten Zeichen, ihren Eigenarten, ihren Abwandlungen und ihrem Zusammenschluß zu immer komplexeren Struktureinheiten. Hier mag die Frage auftauchen, was für einen praktischen Wert diese Art von Untersuchungen hat. Wahrscheinlich wird es für den klinisch Tätigen ganz vorteilhaft sein, sich mit diesen Zeichen, diesen einzelnen »Repertoires«, wie Daniel Stern sie nennt, vertraut zu machen. Sie wirken in gewisser Weise wie eine Sprache, die ein wenig in Vergessenheit geraten ist und deren wechselhafte, flüchtige Feinheiten und Schattierungen leicht übersehen werden, wenn sie festgehalten werden sollen, ohne sorgfältig genug ergründet zu sein. Ein Forscher, der überdies in seiner beruflichen Laufbahn noch nicht mit ganz kleinen Kindern zu tun hatte, steht hier sozusagen einer neuen Sprache, einem neuen Vokabular, einer neuen Syntax gegenüber.

Die formale – semiotische – Ebene von Stern und der entwicklungsorientierte und »verhaltensbiologische« Ansatz von Brazelton lassen eine Reihe von Fragen offen, die sich auf den semantischen Aspekt beziehen, d. h. den *Bedeutungen* gelten, auf die so ein Bestand an Zeichen verweist. Es kann auch eine andere Lesart der Abfolgen im Spiel von Mutter und Säugling erwogen werden. Sie bildet keinen Gegensatz zu den erwähnten Deutungsformen, sondern stellt eine Ergänzung zu ihnen dar.

Stern[12] berichtet den folgenden Ablauf eines Spiels zwischen einem dreieinhalb Monate alten Jungen und seiner Mutter, die einander anschauen. »Die Zyklen dieser Spielsituation stellten sich in etwa so dar: Die Mutter ging in gebeugter Haltung auf das Kind zu, runzelte dabei die Stirn, hatte aber leuchtende Augen und machte einen spitzen Mund, so als würde sie jeden Augenblick zu lächeln beginnen. Sie sagte: ›Jetzt hab' ich Dich‹ und führte dabei ihre Hand auf den Bauch des Babys; dann fing sie an, es zu kitzeln, indem sie die Finger über seine Bauchdecke wandern ließ und ebenso andere empfindsame Stellen wie Nacken und Achselhöhle berührte. Während sie sich so mit ihm beschäftigte und mit ihm sprach, lächelte und strampelte es, hielt dabei jedoch immer Blickkontakt mit ihr. Selbst das ›Umherwandern‹ der Finger führte nicht zu einer Unterbrechung dieser wechselseitigen Blicke.«

Mehrere gleichartige Zyklen laufen in derselben Weise ab: Die Mutter läuft auf das Kind zu, das mit Überraschung, Schrecken oder überschwenglicher Freude reagiert. Wenn das Baby ängstlich wird oder seinen Blick abwendet, nimmt die Mutter diese Hinweise ernst und legt Pausen ein. Die Zyklen laufen folgendermaßen ab: »Jetzt hab' ich Dich . . . jjjjetzt hab' ich Dich . . . jjjjetzt hahahahab' ich Dich . . .« Das Baby wird dabei immer aufgeregter; und in der zunehmenden Erregung von Mutter und Kind werden Züge von Freude und Gefahren sichtbar. Während des ersten Zyklus ist das Baby von der Ausgelassenheit der Mutter noch fasziniert. Es

---

[12] D. N. Stern, a. a. O.

lächelt strahlend und läßt sie nicht aus den Augen. Im zweiten Zyklus behält es sein Lächeln bei, wendet sein Gesicht aber ganz geringfügig zur Seite, wenn die Mutter herankommt. Beim dritten *Angriff* (Hervorh. d. Verf.) der Mutter hat das Kind sich ihr noch nicht wieder völlig zugewandt und hält seinen Kopf noch ein kleines bißchen zur Seite geneigt; diese Haltung verstärkt es, sobald es den Kopf seiner Mutter auf sich zukommen sieht, behält sie jedoch immer noch im Auge. Gleichzeitig vergeht sein Lächeln. (. . .) *Es scheint an dem Punkt zu sein, an dem fröhliche Munterkeit in Schrecken übergeht* (Hervorh. d. Verf.); und diese Grenze wird auch bald überschritten, denn es erträgt den Anblick seiner Mutter schließlich nicht mehr; das Baby hält hier vermutlich einen Augenblick inne, damit seine eigene Erregung etwas abklingt. Nachdem es ihm so gelungen ist, sich zu beruhigen, wendet es seinen Blick erneut der Mutter zu, und ein strahlendes Lächeln tritt in sein Gesicht. [13] Im folgenden Zyklus kann das Baby dem »Ansturm« seiner Mutter nicht mehr standhalten; es dreht seinen Kopf nicht zu ihr zurück, und auch seine Stirn bleibt in Falten. Daraufhin bietet seine Mutter ihm wieder die Flasche an und setzt das Füttern fort, das durch dieses Spiel unterbrochen worden war.

Unserer Ansicht nach kann diese spielerische Begebenheit unter dem Blickwinkel betrachtet werden, daß sie grundlegende Momente in der psychischen Entwicklung des Babys – im wörtlichen und im übertragenen Sinne – ins Spiel bringt. Tatsächlich kann man sich an dieser Stelle fragen, welche psychodynamische Rolle die »Angriffe« der Mutter spielen und warum sie diese Art des Spiels »aussucht«, bei dem sie sich so wild und offensiv verhält. Wahrscheinlich entspricht diese Auswahl ihrer eigenen Persönlichkeit und ihrer Phantasiewelt; aber ebenso ist es möglich, daß die Mutter aus Erfahrung weiß, daß ihr Baby für solche gesellige Kurzweil empfänglich ist und dadurch sehr angeregt zu werden scheint. Hier drängt sich uns der Vergleich dieser Hypothese mit jenen Schlußfolgerungen auf, zu denen zahlreiche psychoanalytisch orientierte Autoren – und insbesondere die Schule von Melanie Klein – durch die Analysen von Kindern und Erwachsenen gelangt sind; sie mei-

---

[13] D. N. Stern, *Mutter und Kind. Die erste Beziehung*, Klett, Stuttgart, 1979.

nen, daß die Anfänge des psychischen Lebens von Sadismus und Übergriffen geprägt sind, die sich gegen die Mutter richten. Daher glauben wir, daß die Mutter dem Baby ermöglicht, seine primitiven Ängste auszuleben, die mit seiner oralen Mitleidlosigkeit einhergehen und in ihm die Furcht vor sadistischen Vergeltungen der Mutter auslösen. So äußert sich im Verhalten der Mutter ein rascher Wechsel von Sadismus und Zuwendung, von »Angriffen« und Lächeln, so daß wir die Frage aufwerfen, ob sie auf diese Weise dem Baby nicht dabei behilflich ist, die »schlechte« und die »gute« Imago, die es von seiner Mutter hat, zu integrieren und miteinander zu vereinbaren. Das Lächeln und die überschwengliche Freude sind daher um so intensiver, in je stärkerem Maße sie eine Aufhebung der Spannung darstellen, die kurz zuvor entstanden war, als das Baby durch den »Angriff« der Mutter einen erschrockenen Ausdruck angenommen hatte.

Diese Deutungsmöglichkeit war von Freud vorgezeichnet worden, der über ein 18 Monate altes Kind berichtet, das mit einer Spule spielt. Bekanntlich fand dieses Kind Vergnügen daran, eine Spule fortzuwerfen, und freute sich riesig, wenn jemand sie ihm wiedergab, denn so konnte es sie aufs neue von sich werfen. Dieses Spiel ermöglichte dem kleinen Jungen, seiner Gefühle Herr zu werden, die im Zusammenhang mit dem abwechselnden Verschwinden und Wiederkommen des mütterlichen Objektes standen.

Anders ausgedrückt, das Spiel von Mutter und Säugling kann vielleicht den Ausgangspunkt von Prozessen bilden, in deren Zuge sich »dramatisierte« Repräsentanzen des Trieblebens entwickeln. Davon abgesehen besteht ein klarer Unterschied zwischen den beiden Teilen der oben erwähnten Spielfolge. Im ersten Abschnitt spielen Baby und Mutter; in der Schlußphase sieht sich die Mutter veranlaßt, wieder die Flasche zu nehmen und das Baby zu füttern, da das Spiel nicht mehr gelingt. Mit der Milch liefert sie also einen konkreten Beweis dafür, daß sie »gut« ist und für das Baby eine orale Befriedigung erreichen möchte. Andererseits vollzieht sich das Spiel Mutter–Säugling nach unserer Meinung auf einer Interaktionsebene, die keine direkte Triebbefriedigung beinhaltet, etwa indem sie den Körper des Babys in ein konkretes Handeln mit einbezieht. Es wird also an keiner erogenen Zone ein direkter Reiz hervorgerufen und anschließend wieder zur Ruhe gebracht. Die Lust entspringt einem Erleben, dessen Inhalt ein Austausch von – wenn auch primitiven – Mitteilungen und Zeichen ist. Also entsteht, um die topologische Metapher von Winnicott aufzugreifen, ein »Raum«, der sich von der Dimension des Körpers unterscheidet – ein »Spielraum«. Genau in dem Augenblick, als das Spiel »versagt«, wird die Mutter dazu bewogen, eine direkt dem Körper des Babys geltende Befriedigung zukommen zu lassen.

Es hat ganz den Anschein, als beginne die Entfaltung dieses Raumes zur gleichen Zeit, zu der auch die Reaktion des Lächelns einsetzt, d. h. im dritten Lebensmonat des Babys. Wenn ein Säugling so auf ein menschliches Gesicht reagiert und lächelt, kann vermutet werden, daß seine Wahrnehmung des Gesichtes fortan mit der Erfahrung oraler Lust verknüpft wird. Die orale Befriedigung beruht nicht mehr zwangsläufig auf dem konkreten Erlebnis, daß der Magen gesättigt ist und die Bedürfnisse gestillt werden. Wir haben Anlaß zu der Vermutung, daß solche konkreten oralen Erfahrungen und diese aus einem gewissen Abstand heraus erlebte Wahrnehmung des menschlichen Gesichtes eine assoziative Verbindung eingegangen sind, die sich wahrscheinlich im Zuge des Blickkontaktes während der Mahlzeiten entwickelt hat. R. Almansi stellt in seiner Arbeit über die »Gleichsetzung« des Gesichtes mit den Brüsten« [14] ganz klar fest, daß die Vorstellung von den Augen ursprünglich mit dem Bild von den Brüsten assoziativ verknüpft wird und beides gleichsam miteinander austauschbar ist.

Die Kommunikation kann sich nun auf anderem Wege vollziehen und erfordert keine unmittelbare Bedürfnisbefriedigung mehr. Sie kann durch Kommunikationskanäle hergestellt werden, die an einen »Abstand« gebunden sind – insbesondere durch Auge und Ohr. Eine derartige Veränderung setzt also schon ein gewisses Maß an körperlicher, räumlicher Trennung von Mutter und Baby voraus.

Nun ist aufschlußreich, daß die neue Kommunikation und die neuartigen Lusterfahrungen sich wohl nur entwickeln können, wenn das Kind vorher in den ersten Wochen wiederholt die Befrie-

[14] R. J. Almansi, »The Face-Breast Equation«, *J. Am. Psychoanal. Assoc.*, 1960, *8*, S. 43–70.

digung seiner körperlichen Bedürfnisse erlebt hat. Wir vermuten in der Tat, daß die Reaktion des Lächelns eine Folge davon ist, daß das Kind eine Gedächtnisspur von jener Verknüpfung behalten hat, die zwischen der oralen Befriedigung und dem Gesicht der Mutter entstanden ist. Wir sind – anders ausgedrückt – der Meinung, daß hier der Prozeß der Introjektion seinen Ausgang nimmt, in dessen Verlauf sich das Bild von der Mutter als Lustquelle allmählich festigt. Auf dieser soliden Grundlage kann sich eine Kommunikation entfalten, bei der ein »Abstand« von Mutter und Säugling besteht; auch kann die psychische Ablösung beginnen. Sie ist ersichtlich nur möglich, weil sie über die erneute Wiederherstellung der Beziehung durch ein Kommunikationssystem kompensiert wird und weil die konkrete Triebbefriedigung gewährleistet bleibt, falls diese auf einen Abstand ausgerichteten Kommunikationsvorgänge versagen. Umgekehrt kann ein echter Austausch, eine echte Kommunikation über eine Entfernung hinweg nur stattfinden, wenn Mutter und Baby eine psychische Trennung vollziehen konnten, die auf ursprünglichen Erfahrungen von Lust und körperlicher Befriedigung gründet.

Diese vielfältigen Überlegungen zum Spiel zeigen uns, daß das Spiel von Mutter und Säugling für die Untersuchung jener Interaktion, die sich auf der Ebene der Phantasien vollzieht, eine besonders günstige Situation darstellt. Durch ihr Verhalten während des Spiels offenbart uns die Mutter ihr eigenes Seelenleben und zeigt uns, was sie dem Baby »mit-teilen« will. Mit seiner zeitweiligen Aufmerksamkeit gibt uns das Baby zu erkennen, inwiefern die Mutter intuitiv herausgefunden hat, wodurch es angeregt werden kann. Sicherlich setzt ein solches Spiel bei der Mutter ein gewisses Maß an Freiheit im Umgang mit ihren Phantasien voraus und die Fähigkeit, ihre eigenen infantilen Regungen wieder zuzulassen; sie muß in der Lage sein, sie nicht nur zu erleben, sondern sie auch »ins Spiel« zu bringen und sie letztlich als lustvolle Erfahrung Teil ihrer psychischen Struktur werden zu lassen.

Auch vom Baby bekommen wir einige Hinweise. Wendet es zum Beispiel seinen Blick ab oder zeigt irgendeine andere Verhaltensäußerung, dann erfahren wir etwas darüber, wogegen es sich schützt und welcher Mechanismen es sich dabei bedient. An seinem Lächeln und seiner Begeisterung können wir ablesen, was für es von Bedeutung ist und seiner augenblicklichen psychischen Dynamik entspricht.

Auch scheint uns das Spiel zwischen Mutter und Säugling eine neuartige Bedingung in den Entwicklungsmöglichkeiten der Denkvorgänge beim Baby darzustellen. Wir vermuten nämlich ganz allgemein, daß bei beginnender psychisch-geistiger Entwicklung auch halluzinatorische Erlebnisse eine Rolle spielen, durch die sich das Baby eine Vorstellung von dem Objekt bildet, das zu seiner Befriedigung notwendig ist. Hier geht es also nicht um eine geistige Aktivität, sondern vielmehr um ein halluzinatorisches Geschehen. Nun schafft das Spiel von Mutter und Säugling eine veränderte Situation, denn das Baby kann sich nicht nur an seine Mutter erinnern, sondern sieht sich selbst mit ihr zusammen als Beteiligte innerhalb eines Systems von Wechselbezügen, deren Gehalt über den ausschließlich leibbezogenen Aspekt hinausgeht. In seinen Gedächtnisspuren bietet sich ihm keine körperliche Erfahrung mehr dar, sondern ein Gebilde von verschiedenen Schauplätzen, von Szenen, Affekten und Mitteilungen.

Wenn das Spiel von Mutter und Säugling damit einhergeht, daß beide ihre psychische Ablösung allmählich anerkennen, so entsteht die Frage, in welcher Weise die Wahrnehmung des Babys in bezug auf sich selbst einsetzt, sobald es spürt, daß es keine vollständige Einheit mit seiner Mutter bildet; wir wollen hier Aufschluß über die allmähliche Herausbildung des Selbst beim Säugling gewinnen und damit etwas über die Anerkennung eines eigenen Selbst und eines Nicht-Selbst erfahren. Tatsächlich ist wohl jegliche Anerkennung einer Abtrennung von der Mutter damit verbunden, daß sich die Fähigkeit zur Wahrnehmung eines äußeren Objektes und eines eigenen Selbst zu entwickeln beginnt. Bekanntlich hat Winnicott ausführlich erforscht und dargelegt, wie das Spiel den Erwerb einer kontinuierlichen Selbstwahrnehmung des Babys fördert. Er hat gezeigt, inwiefern gewisse Gegenstände, die dem Säugling als Übergangsobjekte dienen, eine ganz bestimmte Bedeutung erlangen, indem sie ihm zugleich seine Mutter und ihn selbst in Erinnerung rufen, so daß gerade für die Zeit der Abwesenheit der Mutter die Identität der beiden in bestimmtem Maße wieder aufgehoben wird. Indem das Baby einen Gegenstand als Übergangsobjekt benutzt, kann es sich darüber hinwegtrösten, daß die konkrete Befriedigung seiner Bedürfnisse durch die reale Mutter ausbleibt.

Wir meinen, daß das Spiel von Mutter und Säugling seinem Wesen nach genau in diesen Übergangsbereich fällt, wenn auch in etwas anderer Weise als bei Winnicott. Bei diesem Spiel ist die Mutter anwesend, in gewisser Hinsicht jedoch auch abwesend: Konkret beteiligt ist sie in dem Sinne, daß sie wahrgenommen wird und eine Reihe verschiedener Affekte zeigt oder auslöst; zugleich ist sie insofern abwesend, als sie – für die Dauer dieser Spielphase – nicht für die konkrete körperliche Befriedigung sorgt. Ihre Gegenwart wird hauptsächlich durch visuelle und akustische Kommunikation spürbar[15], welche die körperlichen Erlebnisse ins Spiel kommen läßt und lebendig gestaltet.

Daniel Stern hat untersucht, auf welch verschiedene Art und Weise ein Baby sein Selbst erleben kann, wenn es mit der Mutter zusammen ist.[16]

Die erste Art, sein Selbst in Gegenwart des anderen zu erleben, besteht in einer *Komplementärbeziehung zwischen sich und dem anderen*: Jeder Partner vollzieht Handlungen, die das Gegenstück zu jenen des anderen darstellen; da sich die Handlungen jedes Partners unterscheiden und zeitlich verschoben erfolgen, kann das Baby Anhaltspunkte wahrnehmen, die ihm eine Unterscheidung zwischen sich und dem anderen ermöglichen. Ein gängiges Beispiel ist, wenn Mutter und Baby gemeinsam Stimmlaute abgeben und jeder dabei abwechselnd einen Laut äußert und dann zuhört.

Die zweite Art ist die *Teilung derselben psychischen Verfassung* mit dem anderen. Hier sind sich die Verhaltensäußerungen der bei-

---

[15] Wenn die Mutter den Körper des Babys beim Spiel bewegt oder berührt, so stellt das in diesem Zusammenhang eine Kommunikation dar, die genau zwischen den konkreten Körperreizen und den in bezug auf den Körper des Babys eher indirekten Mitteilungen liegen.

[16] D. N. Stern, »The Early Development of Schemas of Self, of Other and of Various Experiences of ›Self with Other‹«. Paper presented at: A Symposium on »Reflections of Self Psychology« at the Boston Psychoanalytic Society and Institute, Boston, 10/3–11/2/80; erscheint in: S. Kaplan u. J. D. Lichtenberg (Hrsg.), *Reflections on Self Psychology*, International Universities Press.

den Partner weitgehend ähnlich und stehen in isomorpher und synchroner Beziehung zueinander, so daß die Merkmale, an denen sich der Säugling zur Unterscheidung zwischen sich selbst und dem anderen orientiert, größtenteils aufgehoben sind. Dieser Sachverhalt kann auch mit dem Begriff des gemeinsamen Erlebens charakterisiert werden. Ein bekanntes Beispiel dafür sind Mutter und Baby, die ihre Lautbildungen *im Chor* ausführen. Stern nennt dieses Geschehen »Protoempathie«.

Die dritte Art ist die *Umbildung der eigenen psychischen Verfassung durch den anderen*; ein anschauliches Beispiel ist die besänftigende Einwirkung der Mutter auf das Schreien des Babys.

Über die Herausbildung des Selbst beim Baby gibt es bisher wenig Kenntnisse. Zunehmend wird jedoch deutlich, daß das Wahrnehmungsvermögen und die kognitiven Fähigkeiten des Babys Grund zu der Annahme geben können, daß die Unterscheidung zwischen sich selbst und dem anderen vermutlich schon früher stattfindet, als oft behauptet worden ist. Dabei kommt jenen Erlebnissen, die mit einer Wechselwirkung, mit beiderseitigen Erfahrungen im Gefühlsbereich in Zusammenhang stehen, eine herausragende Bedeutung zu.

15 Probleme und Störungen der Interaktion zwischen einem Elternteil und dem Säugling

Einige Risikosituationen

In diesem Kapitel werden wir uns zunächst eingehend damit beschäftigen, in welcher Weise das spielerische Verhalten des Babys mit einem Elternteil durch verschiedene »Fehlschritte« gestört werden kann, welche Beeinträchtigungen der harmonische Charakter der Interaktion erfährt und wie dieser Austausch sich schließlich negativ auf das Lustempfinden der beiden Partner auswirkt und damit auch die Ausbildung der Beziehungsfähigkeit des Babys belastet.

Daniel Stern veröffentlichte 1971 einen Artikel [1], der mit seiner analytischen Scharfsicht und seiner methodologischen Stringenz Aufsehen erregte. Er wollte ausfindig machen, wodurch bei einer gegebenen Interaktion beim Beobachter der Eindruck des »klinisch Auffälligen« entsteht und er beispielsweise eine Mutter als »übermäßig kontrollierend« wahrnimmt; Stern wollte Aufschluß darüber erlangen, welche Momente des Austauschgeschehens beim Beobachter Eindrücke hervorrufen, die ihm »unter die Haut gehen«.

Zu diesem Zweck untersuchte er die Interaktion zwischen einer Mutter und jeweils einem ihrer zweieiigen Zwillinge [2], Fred und Mark, die dreieinhalb Monate alt waren.

Jedes Baby war in einem »baby-relax« und saß der Mutter gegenüber. Als interaktionsbezogenes Merkmal der Untersuchung

---

[1] D. N. Stern, »A Micro-analysis of Mother-Infant Interaction. Behaviour Regulating Social Contact between a Mother and Her 3½ Month-old Twins«, *Journal of the American Academy of Child Psychiatry*, 1971, *10*, S. 501–517.

[2] Im Gegensatz zu eineiigen Zwillingen entwickeln sich zweieiige nicht aus derselben Eizelle, sondern gehen aus zwei unabhängigen Zellen hervor. In ihrer genetischen Ausstattung sind sie also ebenso verschieden wie Geschwister, die keine Zwillinge sind.

galt die Ausrichtung des Kopfes eines Partners in bezug auf den jeweils anderen: So wurde zum Beispiel der gerade ausgerichtete Kopf, die Abwendung von Kopf und Blick etc. registriert. Es war schwierig, die Blickrichtung im Film genau zu bestimmen; aber da im Alter von dreieinhalb Monaten Kopfstellung und Blickrichtung im allgemeinen identisch sind, berücksichtigte Stern nur die Haltung des Kopfes.

Er wandte die Methode der sogenannten Mikroanalyse an: Die Interaktion der Mutter mit jeweils einem der Zwillinge wurde aufgezeichnet und danach Bild für Bild mit Hilfe eines Filmbetrachters analysiert. Auf diese Weise konnte Stern auf jedem einzelnen Bild des Films folgendes ermitteln:

1. die Kopfbewegungen des Säuglings, insbesondere die Hinwendung des Kopfes zum Gesicht der Mutter oder die Abkehr von ihm;

2. Die Kopfbewegungen der Mutter und ihre Ausrichtung in bezug auf das Gesicht des Babys.

Durch mehrfach wiederholte Betrachtung des Films wurde Stern darauf aufmerksam, daß zwischen den Kopfbewegungen des Zwillingskindes Fred und den Bewegungen der Mutter ein zeitlicher Zusammenhang bestand, den er nicht erwartet hatte. Dabei ist zu erwähnen, daß die Kopfbewegungen bei Säuglingen dieses Alters kurz und häufig sein können. Diese geringfügigen Bewegungen dauerten eine viertel Sekunde, so daß die Vorgänge bei einfacher Anschauung, also ohne den Filmbetrachter, entsprechend schwer zu bemerken waren. Bei detaillierter Durchsicht des Films zeigte sich andeutungsweise, daß sich das Baby mit seinen knappen Kopfbewegungen besonders in jenen Augenblicken von der Mutter abwandte, wenn sie sich dem Kind näherte; umgekehrt bewegte es den Kopf ebenso häufig in die Richtung der Mutter, wenn sie sich zurücknahm oder ihren Kopf abwandte. Diese Hypothese wurde folgendermaßen überprüft:

a) Für jedes Bild einer bestimmten Sequenz legte Stern fest, in welche Richtung sich der Kopf des Babys bewegt, d. h., ob es sich der Mutter zuwendet oder sich von ihr abkehrt;

b) ebenso bestimmte er für jedes Bild anhand der Kopfbewegungen der Mutter, ob sie sich zu ihrem Kind hinwendet oder sich wegdreht.

Damit konnte für jeden Zeitpunkt die mittlere *Wahrscheinlichkeit* bestimmt werden, mit der sich Baby oder Mutter dem jeweils anderen zuwenden (oder sich von ihm abkehren). Die *tatsächlichen* Häufigkeiten, mit der sich die Mutter zu ihrem Baby hinwendet und es sich gleichzeitig von ihr abwendet und umgekehrt, wurden in Zahlen erfaßt und mit den vorher auf anderem Wege gewonnenen Wahrscheinlichkeiten verglichen. Dabei stellte sich heraus, daß die beobachteten Häufigkeiten weitaus höher lagen als die errechneten Wahrscheinlichkeiten; mit anderen Worten, der Zufall allein reicht nicht als Erklärung für die Häufigkeit aus, mit der die abwendende Kopfbewegung des Babys mit dem Herannahen der Mutter (und die abwendende Bewegung der Mutter mit der Annäherung des Kindes) einhergeht. So wurde deutlich, daß das Baby einem direkten Blickkontakt auszuweichen schien, wenn die Mutter ihn gerade herzustellen suchte; und wenn umgekehrt das Baby versuchte, es so einzurichten, daß es seine Mutter direkt anschauen konnte, mied sie ihrerseits diese Situation. So schienen die beiden Partner sozusagen im Wechsel »einander nachzulaufen«, ohne den anderen für längere Zeit erreichen zu können. Es kam weder zu einer endgültigen Trennung, noch gelang es ihnen, in einen dauerhaften wechselseitigen Austausch zu treten; vielmehr blieb es dabei, sich abwechselnd nachzustellen.

An dieser Stelle taucht die Frage auf, ob jeweils ein Partner dem anderen auswich oder ob beide gleichermaßen an dieser Interaktion beteiligt waren. Um darauf eine Antwort zu finden, untersuchte Stern das Verhältnis zwischen den Kopfbewegungen des Babys einerseits und jenen Kopfbewegungen der Mutter andererseits, die entweder gleichzeitig mit denen des Kindes auftraten oder eine viertel, eine halbe oder eine ganze Sekunde vor oder nach den Bewegungen des Babys erfolgten. Dabei bestand der engste Zusammenhang zwischen den gleichzeitigen Kopfbewegungen und den Bewegungen, welche die Mutter eine viertel Sekunde *vor* denen des Babys ausführte. Statistisch gesehen ging die beobachtete Interaktion also am häufigsten von der Mutter aus; jedoch konnte das Baby ebenfalls der Auslöser sein. Mit anderen Worten, die Mutter bestimmte öfter als Fred die Bewegungen, obwohl dieser in bestimmten Augenblicken seinerseits die Führung übernahm. Ganz anders verlief es mit Mark. Wenn er sich mit seinem Gesicht leicht abwandte, vollführte seine Mutter dieselbe Geste (wohingegen sie sich ja bei Fred in der entsprechenden Situation dem Kind zuwandte). Wenn sich die Mutter Mark nicht vollständig zuneigte, standen dessen Kopfbewegungen auch nicht mehr in Zusammenhang mit denen der Mutter; die Interaktion kam praktisch zum Stillstand. Bei Mark bestand das Interaktionsgeschehen also aus einem Wechsel von intensivem, viel länger anhaltendem Austausch, dem Phasen der Unterbrechung der Interaktion folgten, die ihrerseits wiederum erneut von gegenseitiger Zuwendung und von Austausch abgelöst wurden. Während es also bei Mark zu einer Abfolge intensiver, beidseitiger Zuwendung und vollständiger Abkehr kommt, gibt es bei Fred weder eine wirklich gegenseitige Verbindung noch einen deutlichen Bruch.

Auf Grund dieser Beobachtungen fragte sich Stern, ob die beiden Zwillingskinder nicht unterschiedliche Erfahrungen in bezug auf Situationen und Begebenheiten gemacht hatten, in denen Abhängigkeit und Unabhängigkeit oder auch Bindung und Ablösung eine Rolle spielten. Für Mark scheint die Interaktionssituation zu vielfältigen Erlebnissen von Gemeinsamkeit und anschließender Ablösung geführt zu haben, während Fred weder den Austausch mit der Mutter noch die Abtrennung vollkommen und klar erlebt haben dürfte.

Die Frage war daher, wie die Zwillinge sich später beim Einsetzen der individuellen Persönlichkeitsbildung und der Trennung verhielten. Stern untersuchte die beiden Kinder im Alter von 12 und 15 Monaten. Fred war viel furchtsamer und unselbständiger; er zeigte kurze phobische Zustände und konnte nicht ungezwungen seine Umgebung erkunden oder sich für ein Spiel interessieren, ohne sich immer wieder zu versichern, daß seine Mutter in der Nähe war; so schaute er sich nach ihr um oder lief zu ihr. Mark war in seinem Neugierverhalten nicht so gehemmt, und er konnte sich dem Spiel widmen, ohne sich darum zu kümmern, wo seine Mutter sich gerade aufhielt.

Die entscheidende Tatsache ist, daß Bindung und Trennung

unauflöslich miteinander verknüpft sind und dabei gleichzeitig in vollkommenem Gegensatz zueinander stehen. Während der ersten Lebensmonate ist man als Beobachter für jene Geschehnisse empfänglicher, die mit der Bindung und den Verflechtungen innerhalb der Beziehung zusammenhängen; jedoch werden zwischendurch bereits Ablösungsprozesse sichtbar, die sich in dieser Phase anbahnen. Wie Daniel Stern schreibt, wird »das allgemeine Bild in beiden Phasen von dem Verhältnis bestimmt, das zwischen den herausragenden, prägenden Formen und der Ausgestaltung der dazwischenliegenden Freiräume besteht«. Struktur und Funktion von Einbindung und Loslösung überschneiden sich, so daß unabhängig von der jeweiligen Entwicklungsphase des Kindes die Entwicklungsgeschichte eines dieser Aspekte die Geschichte des anderen mit einschließen muß. Das Stadium der Individuation und der Trennung muß gleichzeitig mit dem Stadium der Bindung einsetzen.[3]

Die Arbeit von Lorraine Kubicek[4] weist in mehrfacher Hinsicht Gemeinsamkeiten mit dem Ansatz von D. Stern auf: Die Methode der Mikroanalyse wird ebenfalls auf die Interaktion zwischen einer Mutter und ihren zweieiigen Zwillingssöhnen angewandt, die in diesem Fall 16 Wochen alt sind. Aber die große Besonderheit der Arbeit von Kubicek liegt darin, daß einer der beiden Zwillinge nach ungefähr zwei Jahren die Diagnose des Autismus erhielt.

Folgendermaßen läßt sich eine Interaktionsabfolge zwischen der Mutter und jenem Zwillingskind B beschrieben, das nicht autistisch werden sollte: B saß in einem Kindersitz und zeigte sich gegenüber seiner Mutter und der Umgebung aufmerksam. Seine Körperhaltung war normal; die gestreckten oder leicht angewinkelten Arme hielt er meist bequem an den Seiten des Körpers. Zu Beginn der Interaktion nahm seine Mutter ihn auf den Arm und behielt ihn dort bis zum Ende dieser Sequenz. Beide verbrachten einen großen Teil des Interaktionsabschnittes damit, sich gegenseitig

---

[3] D. N. Stern, *Mutter und Kind. Die erste Beziehung*, Klett, Stuttgart, 1979.
[4] L. F. Kubicek, »Organization in Two Mother-Infant Interactions Involving a Normal Infant and His Fraternal Twin Brother who was Later Diagnosed as Autistic«, in: T. M. Field, S. Goldberg, D. Stern, A. M. Sostek (Hrsg.), *High-Risk Infants and Children, Adult and Peer Interactions*, New York, Academic Press, 1980.

anzuschauen oder miteinander zu »spielen«. Tatsächlich setzte die Mutter eine beachtliche Anzahl von »Spielen« ein (in dem Sinne, in dem Stern diesen Begriff in bezug auf die Säuglinge verwendet; vgl. d. Kapitel »Die Wechselwirkung in der Interaktion zwischen Mutter und Säugling«). Die Mutter lächelte das Baby an. Bisweilen nahm ihr Spiel groteske Züge an, wenn sie ihren Gesichtsausdruck und den Klang ihrer Stimme übertrieb, um die Aufmerksamkeit des Kindes zu erwecken oder aufrechtzuerhalten. Fand ein Spiel nicht die Beachtung des Babys, neigte die Mutter dazu, das Kind recht schroff herumzudrehen; das bewirkte bei ihm jedes Mal, daß es den Kopf in ihre Richtung wandte.

Kind B reagierte auf die Mutter, indem es sich ihr mit seinem Kopf zuwandte und sie anschaute; wiederholt lächelte es sie an. Manchmal brach es eine Phase aktiver Aufmerksamkeit dadurch ab, daß es seinen Blick abwandte.

Das Zwillingskind A (das später als autistisch eingestuft werden sollte) stellte während der Interaktion keinen Blickkontakt mit der Mutter her. Sein Gesicht schien völlig ausdrucksleer; es wandte seinen Kopf nicht in die Richtung seiner Mutter, sondern warf ihn zurück, so daß sein Blick gegen die Decke gerichtet war. Während des überwiegenden Teils der Interaktion hielt es seinen Rücken krumm, seine Arme waren angehoben, standen vom Körper ab und waren starr gebeugt oder ausgestreckt, die Fäuste waren geschlossen. In dieser steifen Haltung kam die körperliche Anspannung zum Ausdruck. Kind A ging mehrfach den Annäherungen seiner Mutter aus dem Wege, d. h., es mied ihre Versuche, eine Position herzustellen oder zu erhalten, in der sie dem Kind direkt gegenüber saß; um dies zu erreichen, bewegte sich die Mutter deutlich zu ihrem Kind hin, rückte ein wenig zu ihm heran oder versuchte es so zu drehen, daß es sich ihr zukehrte. Darauf reagierte das Zwillingskind A, indem es zu ihr »den Kontakt abbrach«: Es schloß die Augen, wurde steif, wandte seinen Blick und den Kopf ab oder bog seinen Rücken krumm. Es hatte auch die Eigenart, eine unerwartete Bewegung mit seinem rechten Arm zu vollführen, die stets zur Folge hatte, daß die Mutter in ihren entgegenkommenden Gesten innehielt. Sie bewegte sich dann ihrerseits von dem Kind zurück.

Einer der Hauptunterschiede zwischen den beiden Interaktionsprozessen besteht darin, daß die Mutter mit ihrem Zwillingssohn B bestimmte Augenblicke gemeinsam erlebt und daß sie einander Beachtung schenken; das Baby ermuntert die Mutter mit seinem Lächeln, die ihm angebotenen Spiele fortzusetzen; so erfährt jeder von ihnen, daß er sich für eine kurze Zeitspanne mit dem anderen in einem Austausch, einem Zustand der Wechselseitigkeit befindet.

Bei der Interaktion zwischen der Mutter und dem Zwillingskind A sind diese Momente nicht zu beobachten; an die Stelle von Kontakt und gegenseitigem Austausch tritt hier, daß die Mutter ihrem Kind gewissermaßen nachläuft; es durchlebt einen Zustand muskulärer und vermutlich auch affektiver Anspannung; und nur durch ganz deutliche Signale von seiner Seite (plötzlich auftretende Bewegung des rechten Armes, Krümmen des Rückens) werden die fortlaufenden Bestrebungen der Mutter unterbrochen.

Es hat also bei diesem autistischen Kind den Anschein, als würde die Struktur der Interaktion schon im Alter von drei Monaten ganz entscheidende Grundzüge enthalten. Henri Massie [5] kam auf die Idee, Eltern von Kindern mit einer infantilen Psychose zu bitten, ihm Filmaufzeichnungen ihres Kindes zu überlassen, die aus der Säuglingszeit stammten. Ferner suchte er die gleiche Art von Filmen über Kinder, die psychiatrisch nicht auffällig waren, um damit über eine Kontrollgruppe zu verfügen. Er wandte ebenfalls die Methode der Mikroanalyse an und untersuchte einige Filmabschnitte Bild für Bild.

Seine Fallzusammenstellung veranschaulicht deutlich, auf welche Weise die verschiedenen Mittel der Interaktion – taktile, visuelle und auditive – gestört werden können. Im Falle von Joan und ihrer Mutter handelt es sich zum Beispiel nicht mehr um ein konsequentes Verhalten der Mutter, sondern um widersprüchliche Haltungen, die sie dem Baby durch die Art und Weise vermittelt, in

---

[5] H. N. Massie, »The Early Natural History of Childhood Psychosis. Ten Cases Studied by Analysis of Family Home Movies of the Infancies of the Children«, *Journal of the American Academy of Child Psychiatry*, 1975, *14*, S. 683–707.
H. N. Massie, »Pathological Interactions in Infancy«, in: T. M. Field et al., vgl. Anm. 4.

der sie es hält. In einer bestimmten Bildfolge »hält Frau L. die vier Monate alte Joan in den Armen; beide wirken entspannt. Joan lächelt und wendet Kopf und Blick zum Gesicht ihrer Mutter. Dann kann man sehen, wie sich der Gesichtsausdruck von Frau L. anspannt; während die Spannung in ihr zunimmt und sie sich weder dem Baby zuwendet noch dessen Lächeln erwidert, verschwindet das Lachen aus dem Gesicht des Kindes. In diesem Augenblick senkt Frau L. ihren Kopf zur Rückseite des Kindes und hält ihn seitlich an das Gesicht von Joan, so daß diese ihren Kopf nicht mehr seitwärts wenden kann. Joan kann ihren Kopf nicht mehr drehen und eine Situation herstellen, die es ihr erlaubt, die Mutter direkt anzuschauen; währenddessen dreht sie ihre Augen in den äußersten rechten Winkel, soweit es ihr möglich ist; aber sie kann weder das Gesicht noch die Augen ihrer Mutter erblicken. Man kann zusehen, wie schnell sich der Ausdruck von Joan verwandelt: Sie verspannt sich, wird verzweifelt und dann mutlos. Schließlich gibt sie es auf, sich zur Mutter umzudrehen; die Mutter wirkt entspannter, nachdem ihr die Ausweichversuche gelungen sind. Danach nehmen Frau L. und Joan dieselbe Körperhaltung ein wie zu Beginn der Filmsequenz; jedoch scheint Joan traurig zu sein. Da streichelt Frau L. ihrer Tochter über den Kopf, die daraufhin lächelt und ›sabbert‹. Wiederum bemüht sich das Kind, seine Mutter anzuschauen, die seine Versuche jedoch unterbindet, so daß sich dieselbe Interaktionsabfolge wiederholt.«

Angesichts dieses Verlaufes ist man versucht, auf die Begriffe der Doppelbindung und der paradoxen Situation zurückzugreifen, denen Paul Watzlawick[6] in seiner Forschung eine Schlüsselrolle einräumt. Einer paradoxen Mitteilung wohnt bekanntlich schon von ihrer Anlage her ein Widerspruch inne. »Sei spontan« ist das Muster einer paradoxen Aufforderung: Der Betreffende soll spontan sein; aber je nachdrücklicher es sich dabei um ein Gebot handelt, um so unmöglicher wird das spontane Verhalten. Im Falle von Joan können wir uns fragen, ob das Baby, als es in den Armen gehalten und gestreichelt wird, etwa folgende Mitteilung aufnimmt: »Wir

---

[6] P. Watzlawick, J. H. Beavin, D. Jackson, *Menschliche Kommunikation*, Huber, Berlin, Stuttgart, Wien, 1985.

sind entspannt, und es ist angenehm, dich in den Armen zu halten und zu liebkosen.« Darauf kann das Kind einvernehmlich reagieren, indem es lächelt und seine Mutter anzuschauen sucht, um damit eine engere, affektiv getragene Wechselbeziehung herzustellen. Der ersten Mitteilung widerspricht dann die zweite, die wir folgendermaßen ausdrücken könnten: »Ich hindere dich daran, mich anzuschauen, und will vermeiden, daß wir mehr aneinander Anteil nehmen.« Falls diese Analyse zutreffend ist, dann wird nachvollziehbar, daß eine derartige Situation für einen vier Monate alten Säugling ausgesprochen verwirrend ist, da er die Interaktion ja eben nicht so in Worte fassen und analysieren kann, wie wir es soeben demonstriert haben! Darüber hinaus steht für ihn viel auf dem Spiel, denn er ist ja mit seinen vitalen und affektiven Bedürfnissen von seiner Mutter abhängig.

Natürlich halten wir es für wünschenswert herauszufinden, warum diese Mutter widersprüchliche Mitteilungen an ihr Kind richtet und wie darin auf dramatische Weise die Widersprüche ihres Seelenlebens und ihre psychischen Konflikte zum Ausdruck kommen.

Welcher Art die Gegensätzlichkeiten innerhalb des psychischen Geschehens bei der Mutter auch sein mögen, so bleibt doch klar erkennbar, wie sie auf die Tochter übertragen werden und sie »infizieren«, wie sich Kontaktaufnahme und Abwendung, Lust und Unlust, Annäherung und Rückzug in ihrem Erleben miteinander verknüpfen und dabei gleichzeitig eine widersprüchliche Verbindung eingehen.

Im Jahre 1979 unternahmen wir den Versuch, anhand der Psychotherapie des psychotischen Patienten F. zu rekonstruieren, welche Interaktionen in seiner ganz frühen Kindheit stattgefunden haben mochten.[7] Wir waren überrascht, auf welch seltsame Weise die Mutter des Patienten (F. war damals 21 Jahre alt) von ihrem Schielen Gebrauch machte: Sie setzte es ein, um der Beziehung auszuweichen. Immer wenn ich die Mutter direkt anzuschauen versuchte, war ich selbst verwirrt und wußte nicht, wohin ich sehen

---

[7] S. Stoléru, »Sept jours dans la famille d'un patient psychotique«, *L'Evolution psychiatrique*, 1979, Bd. XLIV, Heft 3, S. 537–561.

sollte, denn jedes Auge schien abwechselnd meinen Blick auf sich zu ziehen und mich fest anzuschauen. Der Patient selbst hatte mit mir oft über seine Augen und über die seiner Mutter gesprochen: »Man kann jemanden dadurch verrückt machen, daß man ihm in die Augen sieht«; »ich schiele mit den Augen«; »wenn ich zu Hause bin, habe ich kranke Augen, ich habe die Augen meiner Mutter. Ich habe mich über die Augen meiner Mutter lustig gemacht, weil sie schielte; dann hat sich in meinem Kopf etwas verändert, jetzt schiele ich selbst.« Für uns hatte sich herausgestellt, daß die psychische Aufspaltung des Patienten genau der zwiespältigen Haltung entsprach, die die Mutter seinen Blicken entgegenbrachte. Das Schielen der Mutter schien das konkrete, räumliche Abbild jener Art von Interaktion zu sein, die sie mit ihrem Sohn einging: Aufnahme der Kommunikation bei gleichzeitiger entschiedener Vermeidung von Kontakt; fehlende Kommunikation mit gleichzeitigen irreführenden Hinweisen auf eine angeblich doch bestehende Kommunikation. Es ist leicht denkbar, daß die paradoxe Situation, welcher der Patient von Anfang an in der Beziehung zu seiner Mutter ausgesetzt war, diesem Zustand von Verwirrung und psychischem Zerfall, in dem er sich befand, erheblich Vorschub geleistet hat. Diese eigenartigen Geschehnisse werden in ihrer Wirkung noch dadurch verstärkt, daß der Blick und die Augen der Mutter gewissermaßen die Rolle eines Spiegels haben, an dem sich das Baby beim Aufbau seines Selbstbildes orientiert.[8] Daher wird die paradoxe Mitteilung »Ich sehe dich an und ich sehe dich nicht an« wahrscheinlich auch so erlebt, als würde sie lauten: »Du bist mir unmittelbar gegenüber und du bist da auf dieser anderen Seite« oder »Du bist F. und du bist nicht F.« (eine Person mit einer eigenen Identität).

Die Störungen in der Interaktion, von denen bisher die Rede war, beeinträchtigen ihr Gefüge, d. h. die Beziehungen zwischen ihren verschiedenen Bestandteilen. Neben diesen qualitativen Fehlentwicklungen kann man auch eher quantitative berücksichtigen, die

[8] D. Winnicott, »Die Spiegelfunktion von Mutter und Familie in der kindlichen Entwicklung«, in: D. Winnicott, *Vom Spiel zur Kreativität*, Klett, Stuttgart, 1979.

darauf beruhen, daß die auf das Baby einwirkenden Reize zu stark oder zu schwach ausgeprägt sind. Diese Unterscheidung scheint gewiß ein bißchen erzwungen, erweist sich aber als sehr vorteilhaft, denn ein Säugling hat vorerst nur eng begrenzte Möglichkeiten, im Falle einer Überbeanspruchung die sensorische Aufnahme der Reize zu steuern; umgekehrt beeinträchtigt eine Unterforderung ebenfalls seine psychisch-geistige Entwicklung.

Eine *Überreizung* kann der Mutter zuzuschreiben sein, wenn sie die Signale des Babys unbeachtet läßt, mit denen es darauf hinzuweisen versucht, daß es die Stärke der von der Mutter ausgehenden Reize regulieren und vermindern möchte: Es schließt dann die Augen, wendet den Blick und den Kopf ab, bringt in seiner Mimik eine Anspannung zum Ausdruck etc. Als Beobachter hat man in diesen Fällen oft den Eindruck, daß die Mutter aufdringlich ist. Außerdem erscheint der Interaktionsrhythmus der Mutter in derartigen Situationen oft als zu hastig.

Wenn die Mutter den Signalen des Säuglings, insbesondere dem Abwenden des Blickes, keine Beachtung schenkt, wird er, so schreibt D. Stern, »eines seiner wichtigsten Selbstregulierungsmechanismen beraubt, die ihn in die Lage versetzen, sich der Stärke des aufzunehmenden Reizes anzupassen. Dadurch kann er dazu gezwungen sein, eine andere, wirksamere Verhaltensweise auszubilden, mit der er dann die Interaktion lenkt oder abbricht.« Wenn die Mutter es versäumt, die Hinweise des Babys aufzunehmen, so ist dabei für das Kind von Bedeutung, »daß ihm eine Gelegenheit verlorengeht, seine Fähigkeit zu erfahren, mit Erfolg einen Einfluß auf die Außenwelt auszuüben oder auch auf sein eigenes Befinden einzuwirken, indem es den Umweg einer Kommunikation im emotionalen Bereich wählt . . . Wenn sich eine derartige Erfahrung ständig wiederholt, kann das Baby daraus den Schluß ziehen, daß eine zum Ausdruck gebrachte Gebärde kein angemessenes Kommunikationsmittel darstellt, um in seiner Umgebung eine Änderung hervorzurufen; es kann aber auch zu dem – verhängnisvolleren – Schluß gelangen, daß seine Geste zwar ein adäquates Mittel ist, seine Lage aber nur verschlechtert.«[9] Bleiben seine Kommuni-

—————
[9] D. N. Stern, *Mutter und Kind. Die erste Beziehung*, Klett, Stuttgart, 1979.

kationsversuche vollkommen wirkungslos, so wird das Baby vermutlich wohl darauf verzichten, sie überhaupt zum Ausdruck zu bringen; schließlich wird die Äußerung affektiver Regungen ganz blockiert.

Jedoch reagieren nicht alle Säuglinge auf dieselbe Art und Weise auf Überreizungen. Wir haben Babys kennengelernt, die scheinbar in den »Teufelstanz« mit ihrer Mutter eingestimmt und an ihm teilgenommen haben, ohne großen Schaden daran zu erleiden – jedenfalls nicht in dieser Phase ihres Lebens. Eine Patientin von uns hatte als ganz kleines Kind ihre Mutter verloren; ihr Leben war von dem Gedanken beherrscht, daß man nicht von anderen abhängig sein dürfe und es darauf ankomme, »sich abzuhärten«. Fieberhaft erwartete sie die jeweiligen Entwicklungsfortschritte ihres Babys; das Kind selbst war lebhaft, seine Bewegungen waren schnell und häufig; die Atmung war beschleunigt; seine Person strahlte Kraft und Tatendrang aus.

Umgekehrt gibt es träge Babys, die etwas apathisch wirken; eine Anregung, die in ihrer Stärke für andere Säuglinge angemessen sein mag, würde in ihrem Fall übertrieben erscheinen. Es wäre jedoch möglich, daß sich dieser Reiz langfristig positiv auswirkt und diese Babys aufmuntert.

Die andere Seite dieser »quantitativen« Interaktionsstörungen, der *Reizmangel*, ist besonders bei depressiven Müttern zu beobachten. Ihre Aufmerksamkeit für das Baby ist gehemmt; bei der Interaktion tritt dies in einer Verarmung des mimischen Ausdrucks, der Sprache und der übrigen Gebärden zutage. Ihre Empfänglichkeit für die Signale des Kindes sowie ihr Vermögen, einfühlsam darauf zu reagieren, sind ebenfalls herabgesetzt.

Wird die Äußerung der Affekte durch andere Umstände behindert, so hat dies dieselben Auswirkungen; das ist etwa bei Müttern der Fall, die eine schizoide Persönlichkeitsstruktur haben oder neurotisch gehemmt sind.

Die Depression der Mutter, die ihr ein Gefühl von Wertlosigkeit verleiht, kann dazu führen, daß sie die Signale des Babys falsch deutet. Wenn sich zum Beispiel das Baby gegen Ende eines als gemeinsam erlebten Austausches mit seinem Kopf abwendet, so schreibt Stern[10], wird dieses Verhalten von der Mutter als eine kleine Zurückweisung erlebt. So wird sie ihrerseits dazu neigen, sich abzukapseln, und trägt damit zu einer Verarmung der Interaktion bei.

Wir haben auch andere Ursachen für einen verhältnismäßig starken Mangel an Anregung erlebt; so war eine Mutter einem Reinlichkeitszwang unterworfen und nahm ihrem Baby jedes Spielzeug weg, das auf den Boden gefallen oder von einem anderen Kind berührt worden war.

Ebenso wie im Falle der Überreizung muß man auch bei einem Reizmangel relativieren, d. h., er muß in Beziehung zu dem Baby gesehen werden. Wenn es beispielsweise apathisch ist, kann es sein, daß sich eine offenkundig adäquate Anregung doch als unzureichend erweist, es aufzumuntern. Folglich wird es kaum der Mutter »antworten«, deren interaktionsorientiertes Verhalten auch nicht fördern und damit selbst zu seiner eigenen Unterforderung beitragen.

Kennzeichnend für die zahlreichen Betrachtungen von Interaktionsvorgängen ist schließlich ihr Charakter der *Gegenseitigkeit* und der *Wechselbeziehung* (Vorhandensein, Fehlen, Ausprägungsgrad). In einigen Fällen gibt es eine echte Gemeinsamkeit von Baby und Mutter; sie haben dasselbe Empfinden und durchlaufen zusammen verschiedene Affektzustände, die in einem Erleben von Lust gipfeln. Oder aber Säugling und Mutter »tanzen« nach einem jeweils eigenen Rhythmus und haben jeder ihren eigenen Schritt; dann kommt es zu Spannungen, und lustvolle Affekte bleiben aus. Die »Leistung« der Mutter besteht vielleicht darin herauszufinden, an welchem Punkt sich das Baby gerade befindet, d. h., wie sein affektives Erleben beschaffen ist, ob es den äußeren Reizen gewachsen ist und ob bei ihm der Wunsch und das innere Bedürfnis nach Anregung vorhanden ist. Dazu ist natürlich wichtig, daß sich die Mutter selbst verhältnismäßig frei dem Kind widmen kann und in ihren übrigen zwischenmenschlichen Beziehungen keinen besonderen Konflikten und Ängsten unterworfen ist.

---

[10] D. N. Stern, »The Goal and Structure of Mother-Infant Play«, *Journal of the American Academy of Child Psychiatry*, 1974, *13*, S. 402–421.

In unseren vorangegangenen Überlegungen sind wir auf die Störungen und Schwierigkeiten in der Interaktion eingegangen und haben uns dabei auf die Betrachtung individueller Fälle gestützt. Mehreren dieser Fälle ist gemeinsam, daß sie bisweilen einen gewissen Grad an Spannungen und Schwierigkeiten aufweisen.

Die Ursachen dafür können beim Baby, bei den Eltern oder auch in einer wechselseitig bedingten Anpassungsschwierigkeit zwischen Kind und Eltern liegen. Unabhängig davon, welche Seite verantwortlich ist, so wird doch der beteiligte Partner durch die Beeinträchtigung, die die Störung der Interaktion mit sich bringt, in Mitleidenschaft gezogen.

Das frühgeborene Kind

Welche Folgen hat eine vorzeitige Geburt für die Interaktion zwischen Elternteil und Säugling? Es ist zu erwarten, daß die Frühgeburt eines Babys die Interaktion beeinflußt, denn sie wirkt sich sowohl auf das Erleben der Eltern als auch auf die Verhaltensstruktur des Babys aus.

Von der Seite der Eltern aus gesehen, ist die Ankunft eines frühgeborenen häufig eine Quelle der Angst: Die Mutter wird aus der Entbindungsklinik oder aus dem Krankenhaus entlassen, ohne ihr Kind mit nach Hause nehmen zu können; sie wird außerstande sein, die Geburtsfeierlichkeiten richtig zu genießen; wahrscheinlich werden keine Freunde zu Besuch kommen, um den jungen Eltern zu gratulieren. Die enttäuschte Mutter wird dazu noch dem Gefühl einer narzißtischen Kränkung ausgesetzt, denn sie hat ihre Schwangerschaft nicht fristgerecht beenden können. Die vorzeitige Geburt kann eine Bestätigung ihrer Kastrationsphantasien darstellen, denn sie hat ja ein Baby zur Welt gebracht, das »nicht fertig« und das »unvollständig« ist, wo doch gerade damit gerechnet werden konnte, daß das Neugeborene die Kastration wettmachen und einen Mangel ausgleichen würde. Fühlen sich die Mutter oder die Eltern für die Frühgeburt des Babys verantwortlich und sehen sie dadurch ihre in der Phantasie gehegten Befürchtungen bestätigt, sie könnten keine vollwertigen Eltern sein, so kann sich bei ihnen ein Schuldgefühl entwickeln. Die Frühgeburt kann bei der Mutter Phantasien auslösen, nach denen ihr Körperinneres für das darin befindliche Baby (oder möglicherweise auch die Babys) gefährlich und schädlich sein könnte.

Dadurch, daß das Baby die Mutter vorzeitig »verläßt«, wird der Trennungsschmerz noch verschärft, den jede Mutter mit dem Geburtsvorgang erleben muß. Die Geburt ist damit sowohl für die Mutter als auch für das Baby verfrüht.

Diese erste körperliche Trennung wird durch eine »zweite« Trennung noch erheblich verstärkt: Das Baby schläft oft in einem anderen Raum im Brutkasten, wenn es nicht sogar in ein mehrere Kilometer entfernt gelegenes Krankenhaus oder in eine andere Stadt gebracht worden ist.

Überwiegt in manchen Fällen psychisch gesehen die Projektion, so findet sich das Baby selbst in der Rolle dessen vor, der Leid anstelle des erhofften Glücks gebracht hat.

Auf diese Weise erfährt die Interaktion sofort eine Beeinträchtigung, die so schwerwiegend ist, weil sie im allgemeinen vollkommen unterschwellig wirkt: Das Baby und die Eltern werden voneinander getrennt, weil das Neugeborene unterentwickelt ist, weil es in einen Brutkasten gelegt werden muß, weil Wiederbelebungsversuche unternommen werden oder andere medizinische Maßnahmen erforderlich sind. In der versorgenden Institution wird das Baby von den Ärzten und den Krankenschwestern in Obhut genommen; das Pflegepersonal allein scheint in den Augen der Eltern imstande zu sein, das Baby anzufassen, aufzunehmen und zu ernähren; sie selbst dagegen, die nicht dazu befugt sind, erleben sich als Gefahr und die Trennung als Strafe. Die Ärzte und Schwestern aber erscheinen ihnen zunehmend als die »richtigen« Eltern des Babys, je mehr Tage und Wochen verstreichen. So kann sich für den Vater und die Mutter die kindliche Situation wieder einstellen, in der nur ihre eigenen Eltern das Leben empfangen und geben konnten.

Glücklicherweise entwickelt sich die medizinische Versorgung der Neugeborenen in den letzten Jahren dahingehend, daß die Eltern zunehmend ermuntert werden, ihr Baby aufzusuchen, es anzufassen, auf den Arm zu nehmen und zu füttern.

Die ohnehin schwierige Situation der Eltern wird dadurch noch komplizierter, daß das frühgeborene Baby sich seinerseits von einem Neugeborenen unterscheidet, das ganz normal nach 40wöchiger Schwangerschaft zur Welt kommt. Wir haben noch nicht erwähnt, daß es viel zufälliger als das fristgemäß Neugeborene für verschiedene gesundheitliche Störungen ist und besonders an Atemnot leidet. Die Tatsache, daß das Frühgeborene überdies manchmal erkrankt, vergrößert noch die Besorgnis der Eltern, die ja seit der Geburt ihres Kindes fürchten, es könne sterben. Selbst wenn bei einer vorzeitigen Geburt keine Anzeichen für Krankheiten oder Schädigungen hinzukommen, sind die Verhaltensweisen des Babys anders als bei einem ausgetragenen Kind.

Wir müssen uns ins Gedächtnis zurückrufen, daß sich nämlich der Organismus des Babys, wie H. Als[11] und Mitarbeiter anmerken, 32 Wochen nach der Empfängnis »auf eine intrauterine Umgebung eingestellt hat, die von folgenden Faktoren geprägt wird: gleichmäßige Temperatur, begrenzte Bewegungsmöglichkeit des Babys, Aufhebung der Schwerkraft, gedämpfter, regelmäßiger sensorischer Reizzufluß sowie physiologische unterstützende Komponenten, die sich herausgebildet haben, um für einen hohen Prozentsatz von Feten eine normale intrauterine Entwicklung zu gewährleisten«.

Nach Ansicht von H. Als läßt sich die Gesamtheit der Frühgeborenen in die Extremgruppen der »überempfindlichen« und der »trägen« Babys einteilen; im mittleren Bereich liegen Babys mit einer stabilen Verfassung, die sich gleichmäßig entwickeln und in der Differenzierung ihrer Motorik, ihrer Wachzustände, ihrer vegetativen Funktionen und ihren interaktionsbezogenen Fähigkeiten ständig Fortschritte machen.

Die »überempfindlichen« Babys sind fortwährend einem Strom von Außenreizen und von Impulsen aus ihrem eigenen Innern ausgeliefert. Es gelingt ihnen nicht, wirksame Steuerungsmechanismen einzusetzen, mit denen sie die Störungen mildern könnten, die durch diese Reizungen hervorgerufen werden. Wenn wir hier auf

---

[11] H. Als, B. M. Lester, E. C. Tronick, T. B. Brazelton, »Towards a Research Instrument for the Assessment of Preterm Infants' Behaviour (APIB)«, in: H. E. Fitzgerald, B. M. Lester u. M. W. Yogman (Hrsg.), *Theory and Research in Behavioral Pediatrics*, vol. 1, New York, Plenum Publisher, 1982.

den Begriff der Homöostase Bezug nehmen, wie wir ihn bei den zum errechneten Termin geborenen Kindern definiert haben, können wir zu dem Schluß kommen, daß die Frühgeborenen nicht in der Lage sind, für die homöostatische Regulierung zu sorgen, so daß sich ihre Reifung verzögert.

Den anderen Pol bilden die trägen, apathischen Frühgeborenen, die auf Reize nicht reagieren. Diese Babys werden möglicherweise immer schwer zu »erreichen« sein, in diesem Stadium sind die Aussichten, mit ihnen in Kontakt zu treten, sehr begrenzt.

Im mittleren Bereich sind jene frühgeborenen Babys anzusiedeln, die sich bei einer Einstufung nach der Methode von Brazelton durchaus als fähig erwiesen, einen lenkenden Einfluß auszuüben. H. Als beschreibt zum Beispiel die Untersuchung so eines Frühgeborenen folgendermaßen: »Während des Schlafes wird wiederholt ein Lichtreiz dargeboten; beim Baby setzt offenkundig ein Gewöhnungsvorgang ein, so daß es ihm gelingt, seinen Schlafzustand zu erhalten. Der Untersucher hüllt das Baby zunächst so in Tücher, daß es sich im Hinblick auf seine Bewegungsmöglichkeit eingeengt fühlt; als er es dann auf den Arm nimmt, meidet es zuerst aktiv den Blick des Erwachsenen, indem es die Augen schließt und sich dann mit seinem Kopf abwendet. Aber als der Untersucher, der sich mit seinem Gesicht dem Blickfeld des Babys entzogen hat, das Kind leise anspricht, entspannt es sich und dreht sich schließlich mit seinem Kopf in die Richtung der Stimme.«[12]

Diese beiden Beispiele (die Gewöhnung und die selbständige Hinwendung zum Sprechenden) veranschaulichen, wie der Regulierungsmechanismus des Wach- und Schlafzustandes bei diesem Frühgeborenen funktioniert und wie die Interaktionsvorgänge bei ihm aufeinander abgestimmt sind. Zu welchen Schlußfolgerungen gelangt man, wenn man Babys, die zum erwarteten Termin geboren wurden, sowie frühgeborene Kinder nach der Skala von Brazelton einschätzt und die Ergebnisse miteinander vergleicht?

In einer Untersuchung von Field[13] erzielten die frühgeborenen

[12] a. a. O., vgl. Anm. 11.
[13] T. M. Field, »Interactions of Preterm and Term Infants with Their Lower- and Middle-Class Teenage and Adult Mothers«, in: T. M. Field et al., vgl. Anm. 4.

Kinder bei drei von vier untersuchten Dimensionen niedrigere Werte als die Babys, die termingemäß geboren waren. Unter »Dimension« wird dabei eine Gruppe von mehreren Items verstanden, die ohne nähere Begründung einer bestimmten Kategorie kindlicher Fähigkeiten zugeordnet wurden; folgende Unterscheidungen wurden getroffen:

- Die Dimension zu den Interaktionsvorgängen umfaßt die fünf Items zur kindlichen Orientierung (Item 5–9), außerdem Eigenart und Dauer der Phasen eines ruhigen, aufmerksamen Wachzustandes (Item 10), die Reaktionen des Babys, wenn es auf dem Arm gehalten wird (Item 14), und eine Aussage darüber, wie leicht das Baby zu beruhigen ist (Item 16);
- die Dimension zu den motorischen Abläufen beinhaltet die Reflexe, den Muskeltonus bei passiver Bewegung der Glieder, die allgemeine körperliche Spannung (Item 11), die Reaktionen beim Aufrichten in die Sitzhaltung (Item 13), den Stand der motorischen Entwicklung (Item 12), die Abwehr- und Schutzbewegungen (Item 15), die Hand-Mund-Koordination (Item 26) sowie Art und Ausprägung der motorischen Aktivität (Item 20);
- zur Dimension der Herbeiführung und Aufrechterhaltung der Wachzustände gehören folgende Items: die Gewöhnung (Item 1–4), der Höhepunkt der Erregung sowie das Vermögen sie zu beherrschen (Item 17), die Stabilität der Wachzustände (Item 24), die Zeit, in der das Kind bei der Untersuchung den Wachzustand IV erreicht (Item 18), die Reizbarkeit (Item 19) und der Impuls, sich von selbst zu beruhigen (Item 25);
- die Dimension der Bereitschaft zu physiologischen Reaktionen auf Streßfaktoren umfaßt das Zittern (Item 21), die Schwankungen in der Hautfarbe (Item 23) und die Schreckreaktionen (Item 22).

In der Studie von Field erreichen die frühgeborenen Babys, abgesehen von der Dimension zur Reaktionsbereitschaft bei Streß, überall niedrigere Werte.

In einer Untersuchung von Goldberg[14] wurden ebenfalls früh-

[14] S. Goldberg, S. Brachfeld, B. Divitto, »Feeding, Fusing and Play: Parent-Infant Interaction in the First Year as a Function of Prematurity and Perinatal Medical Problems«, in: T. M. Field et al., vgl. Anm. 4.

geborene und zum erwarteten Termin geborene Babys miteinander verglichen; aber zusätzlich wurde dort auch sichtbar, daß es zwischen den Frühgeborenen Unterschiede im Verhalten und in der Art ihrer Interaktion mit den Eltern gab, die davon abhingen, ob die Babys vollständig gesund waren oder Anzeichen für eine Beeinträchtigung aufwiesen. Bei den Dimensionen zur Interaktion und zu den motorischen Abläufen erhielten die termingemäß geborenen Babys tatsächlich die höchsten Werte, während die frühgeborenen kranken Babys die niedrigsten erreichten; Babys, die frühgeboren, aber gesund waren, lagen im mittleren Bereich. Was die Verfügbarkeit über die Wachzustände anbelangt, so erreichten die ausgetragenen Babys den höchsten Grad an Erregtheit, die zudem sehr frühzeitig bei der Untersuchung einsetzte, hatten öfter Phasen, in denen sie weinten, und zeigten häufiger Veränderungen in ihren Wachzuständen. Auch hier bildeten die frühgeborenen kranken Babys den Gegenpol; die gesunden Frühgeborenen lagen in der Mitte. Nach zehn Tagen wurde eine zweite Untersuchung durchgeführt, bei der sich herausstellte, daß die termingemäß geborenen Babys im Hinblick auf Ausgestaltung und Dauer der Phasen eines aufmerksamen, ruhigen Wachzustandes Fortschritte erzielt hatten, wohingegen die (kranken und gesunden) Frühgeborenen hier unverändert geblieben waren. Bei diesem zweiten Durchgang zeigten sich die termingemäß geborenen Babys als weniger leicht erregbar als bei der ersten Untersuchung, während die (kranken und gesunden) Frühgeborenen nun für Reize empfänglicher waren. Im Gegensatz zu den fristgemäß geborenen Kindern erwies es sich bei den kranken Frühgeborenen als schwierig, sie in einen aufmerksamen, ruhigen Wachzustand zu versetzen. Die kranken Frühgeborenen weinten bei der Untersuchung selten und ließen viele äußere Einwirkungen und Eingriffe über sich ergehen, auch wenn sie etwas störend für sie sein mochten, ohne sich ihre Not anmerken zu lassen. Dieses deutliche Ausbleiben des Schreiens kann insofern ein ungünstiges Zeichen sein, als das kranke frühgeborene Baby dadurch seinen Eltern in geringerem Maße seine Bedürfnislage zu erkennen gibt.

Die beiden Untersuchungen führen also übereinstimmend zu der Schlußfolgerung, daß es – unter Zugrundelegung der Ein

schätzungsskala von Brazelton – den Frühgeborenen als Gesamt-
gruppe nicht gelingt, Verhaltensweisen in der Interaktion zu entwickeln, mit denen sie soviel erreichen wie die termingerecht geborenen Kinder. Ebenso steht es um ihre Fähigkeiten im motorischen Bereich. Das Vermögen zur Steuerung der Wachzustände
ist gleichfalls bei den ausgetragenen Babys besser ausgebildet,
wohingegen die Frühgeborenen, besonders wenn sie krank sind,
ihre Hilflosigkeit und Unpäßlichkeit nicht so gut kundgeben
können.

Wenden wir uns nun jenen Untersuchungen zu, in denen die Interaktion zwischen einem Elternteil und dem frühgeborenen Kind
betrachtet wurde.

Susan Goldberg [15] gibt eine Zusammenfassung der Forschungsarbeiten, die bestrebt sind, das Interaktionsgefüge einer Beziehung, an der ein termingemäß geborenes Baby beteiligt ist, mit
dem Interaktionsmuster zwischen einem Frühgeborenen und seinem Partner systematisch zu vergleichen. Wenn die frühgeborenen
Kinder aus dem Krankenhaus entlassen werden, sind sie nicht so
gut imstande, einen aufmerksamen, ruhigen Wachzustand zu erlangen und auf Signale aus ihrer Umgebung zu reagieren, wie die zum
erwarteten Termin geborenen Babys. Außerdem sind sie in ihrem
motorischen Koordinationsvermögen und in der Variationsbreite
ihrer Wachzustände beschränkter; sie zeigen ausfahrende, weit-
schweifige Bewegungen; ihr Schlaf geht leicht in Weinen über und
umgekehrt. *Ganz zu Anfang* scheinen die Eltern von Frühgeborenen weniger innerlich an der Versorgung ihres Babys beteiligt zu
sein als die Eltern der termingerecht Geborenen. Es kommt zwischen ihnen und ihrem Baby seltener zu körperlichem Kontakt;
die Interaktionsphasen, bei denen sich die Partner direkt einander zuwenden, sind nicht so häufig; sie lächeln nicht so oft und
sprechen auch nicht so viel mit dem Kind. Später jedoch ist zu beobachten, daß die Eltern sich intensiver um die Babys sorgen,
deren Gesundheitszustand kritischer ist. Obwohl die Eltern zu dieser Zeit mehr Kräfte aufwenden, um mit ihren frühgeborenen Babys in Interaktion zu treten, sind diese schwerer ansprechbar und

---

[15] a. a. O., vgl. Anm. 14.

in ihren Reaktionen unbeweglicher als die termingerecht geborenen Kinder.

In diesen Untersuchungen zeichnet sich das Bild eines Babys ab, das oft Enttäuschungen bringt, zu dem sich nur schwer eine Verbindung herstellen läßt, das auf die ihm entgegengebrachten Verständigungsangebote sehr zurückhaltend reagiert und das verstärkte Anstrengungen von seiten der Eltern erfordert. Sie müssen es wirklich häufiger beruhigen und/oder anspornen; außerdem haben sie ihre Befürchtungen in bezug auf die Zukunft des Kindes zu überwinden, die als Folge der Frühgeburt ihr Phantasieleben beschäftigen.

Vielleicht haben wir mit diesem klinisch ausgerichteten Überblick einen der Faktoren gefunden, die neben den psychischen Auswirkungen der Trennung von Elternteil und Kind die Ursache dafür sind, daß frühgeborene Babys innerhalb der Population jener Kinder überrepräsentiert sind, die Opfer von Mißhandlungen wurden oder die eine nicht organisch bedingte Entwicklungsstörung zeigen.[16] In diesen Gruppen von kranken, gestörten Babys ist ihr Anteil tatsächlich höher als in der allgemeinen Gruppe der Kinder.

Aus den bisherigen Ausführungen darf jedoch nicht der Schluß gezogen werden, daß in allen Beziehungen von Mutter und Frühgeborenem Schwierigkeiten in der Interaktion auftreten. Es gelingt im Gegenteil der überwiegenden Mehrheit, eine harmonische Interaktion herzustellen, denn bei der Mutter wie beim Baby werden Mechanismen in Gang gesetzt, die den anfangs auftretenden Problemen entgegenwirken können. Dennoch stellt eine

---

[16] E. Elmer, G. S. Gregg, »Developmental Characteristics of Abused Children«, *Pediatrics*, 1967, *40*, S. 596–602;

E. Goldson, N. J. Fitch, T. A. Wendell, G. Knapp, »Child Abuse: Its Relationship to Birthweight, Apgar Score, and Developmental Testing«, *American Journal of Diseases of Childhood*, 1978, *132*, S. 790–793;

I. Klein, L. Stern, »Low Birthweight and the Battered Child Syndrome«, *American Journal of Diseases of Childhood*, 1971, *122*, S. 15–18.

E. Shaheen, D. Alexander, M. Truskowsky, G. Barberg, »Failure-to-Thrive: A Retrospective Profile«, *Clinical Pediatrics*, 1968, *7*, S. 255–261.

vorzeitige Geburt weiterhin einen Risikofaktor für die Interaktion dar.

Durch Längsschnittuntersuchungen, in denen frühgeborene Kinder über mehrere Monate oder Jahre hinweg begleitet wurden, konnte genauer ermittelt werden, welchen Gefahren sie in ihrer Entwicklung ausgesetzt sind. Die Eltern haben einige Monate lang das begründete Gefühl, daß ihre Babys in der motorischen Entwicklung »zurück« sind. Mit Besorgnis merken sie, daß andere, etwa gleichaltrige Kinder manche Entwicklungsstufen schon früher erreichen.[17] In Wirklichkeit aber entwickeln sich die Frühgeborenen im kognitiven und im motorischen Bereich mit der gleichen Gesetzmäßigkeit wie die erwartungsgemäß geborenen Kinder; die dabei auftretende Verzögerung ist auf die mehrere Wochen zu früh erfolgte Geburt zurückzuführen. Ebenso wie diese Wochen oder Monate im Verhältnis zum Alter des Kindes immer unbedeutender werden, je größer es wird, so verringern sich auch allmählich die ursprünglichen Unterschiede gegenüber den fristgerecht geborenen Babys.[18] In einer Untersuchung, die von 1958 bis 1969 mit 462 Frühgeborenen durchgeführt wurde, gelangt Irène Lézine[19] zu ähnlichen Schlußfolgerungen; sie zeigte nämlich, daß »sogar hochgradig Frühgeborene, die nach sechs Monaten zur Welt gekommen waren, ihr ursprüngliche psychomotorische Entwicklungsverzögerung ausgleichen konnten (bei den Mädchen mit etwa vier, bei den Jungen mit etwa fünf Jahren)«.

Anders verhält es sich im Bereich der affektiven Entwicklung und der menschlichen Beziehung. Bei ehemaligen Frühgeborenen, die im Alter zwischen drei und zwölf Jahren nachuntersucht wurden, fand I. Lézine heraus, daß in den Bereichen der Ernährung, des Schlafes und der Sauberkeit Beeinträchtigungen zu verzeichnen waren und daß die mit diesen Störungen verbundenen Symptome auftraten. Damit bestätigte sie, daß bei diesen Kindern rela-

---

[17] S. Goldberg et al., vgl. Anm. 14.
[18] J. V. Hunt, C. Rhodes, »Mental Development of Preterm Infants during the First Year«, *Child Development*, 1977, *48*, S. 204–210.
[19] I. Lézine, »Le devenir de l'ancien prématuré«, in: E. Kestemberg, *Le devenir de la prématurité*, Paris, PUF, 1977.

tiv häufig langfristige Störungen auf psychisch-affektiver Ebene eintreten; der Begriff des Risikos ist bei ihnen also eng mit der frühzeitigen Geburt verknüpft.

Mit der Kenntnis dieses Risikofaktors und der Aufdeckung seiner Wirkungsmechanismen eröffnen sich vielfältige Möglichkeiten für präventive Maßnahmen. Dazu gehört die Betreuung der Eltern in den Mütterberatungsstellen, die ihnen hilft, zu ihrem Baby eine affektiv getragene Beziehung herzustellen; durch die Berichte der Eltern kann man den Hintergrund ihrer Befürchtungen besser verstehen und manchmal zur Entspannung der Situation beitragen; manche Probleme der Eltern, die mit ihren Ängsten und Schuldgefühlen zusammenhängen, sowie ihre Ratlosigkeit gegenüber den Verhaltensweisen des Babys lassen sich dadurch weitgehend mildern, daß sie psychologisch unterstützt werden und im Hinblick auf die Besonderheiten in der Entwicklung einiger dieser Kinder eine Anleitung erhalten. Derartige therapeutische Bemühungen sind um so eher begründet, als sich durch mehrere Untersuchungen herausgestellt hat, daß bei Frühgeborenen das Hauptkriterium für eine Prognose die Art und Weise der Interaktion zwischen Mutter und Säugling ist.[20]

Störungen in der embryonalen Entwicklung

Eine Beeinträchtigung oder Verzögerung des intrauterinen Reifungsprozesses kann mit einer vorzeitigen Geburt einhergehen; das ist jedoch nicht immer der Fall. Doch selbst wenn das unvollkommen entwickelte Baby zum regulären Zeitpunkt zur Welt kommt, unterliegt die Interaktion von Eltern und Säugling bestimmten Hindernissen.

Die Geburt so eines kleinen und vor allem schwach und zerbrechlich wirkenden Babys ist an sich schon eine harte Prüfung für die Eltern. Eine Mutter erzählte uns von ihrem so schwach entwickel-

---

[20] A. J. Sameroff u. M. J. Chandler, »Reproductive Risk and the Continuum of Caretaking Casualty«, in: F. D. Horowitz, B. M. Hetherington, S. Scarr-Salapatek u. G. H. Siegel (Hrsg.), *Review of Child Development Research*, vol. 4, University of Chicago, 1975.

ten Kind, daß sie in dem Augenblick, als sie es zu Gesicht bekam, glaubte, es sei nicht ihr Sohn, denn in ihrer Familie hätten die Babys ein zufriedenstellendes Geburtsgewicht. Immer schon ist uns allen klar gewesen, daß neben dem Geschlecht des Neugeborenen die erste Frage im allgemeinen seinem Gewicht gilt, so als ob es sich dabei – und medizinisch gesehen ist dies nicht völlig unbegründet – um einen Maßstab für die Gesundheit handele und sich damit bereits ein Teil der Identität des Neuankömmlings bilden würde.

Im Unbewußten besteht für die Mutter – und den Vater – die Kastrationsangst, die ja im allgemeinen so verstanden wird, ob man den Phallus »hat oder nicht«, auch hier in der Frage, ob man ein Kind hat, das »viel Gewicht hat oder dick ist«, oder eines »das wenig Gewicht hat oder klein ist«. Ein schwach entwickeltes Kind führt zu einer Neubelebung der Kastrationsbefürchtungen; ihm scheint etwas zu fehlen, das es zu einem schönen, blühenden Wesen macht, welches über seine Mutter und seinen Vater von der Natur reich ausgestattet wurde. Von dieser Problematik abgesehen, können bei der Mutter Zweifel an ihrer Fähigkeit auftauchen, in ihrem eigenen Innern – und dann auch in der Außenwelt – Kinder aufzuziehen; sie kann über die »Qualität« ihres Körperinnern oder auch über die ihres Babys in Verunsicherung geraten.

Leider wird diese psychische Belastung noch dadurch verschärft, daß die entwicklungsgestörten Babys (auch wenn sie fristgemäß geboren wurden) anfänglich Beeinträchtigungen in ihrem Interaktionsverhalten aufweisen.

Zusammen mit einigen Forschern untersuchte H. Als[21] unter Verwendung der Skala von Brazelton eine Gruppe von zehn entwicklungsgestörten Babys, die termingemäß geboren wurden, vollkommen gesund waren und ein durchschnittliches Gewicht von 2700 g hatten; sie wurden mit einer Gruppe von zehn Neugeborenen mit normalem Geburtsgewicht (durchschnittlich 3500 g) verglichen. Bei zwei Dimensionen fanden sie klare Unterschiede zwischen den beiden

[21] H. Als, E. Tronick, L. Adamson, T. B. Brazelton, »The Behaviour of the Full-Term but Underweight Newborn Infant«, *Developmental Medicine and Child Neurology*, 1876, *18*, S. 590–602.

Gruppen: bei den motorischen Abläufen und bei den Interaktions-vorgängen. Bei dieser Untersuchung konnte das typisch entwicklungsgestörte Baby zwar einen aufgeweckten, ruhigen Wachzustand erreichen, war aber in seiner Reaktionsfähigkeit eingeschränkt. Es gelang ihm nicht, im Laufe der Interaktion seine Aufmerksamkeit durchgängig auf den Erwachsenen zu richten. Wenn es auf den Arm genommen wurde, schmiegte es sich an den Körper des Erwachsenen nicht an; es bedurfte entweder keines Trostes, weil es überhaupt nur selten weinte, oder es ließ sich nur schwer beruhigen, wenn es doch weinte. Sobald es aufgenommen oder zu etwas ermuntert wurde, machte es insgesamt einen angespannten Eindruck; während der Phasen, in denen es besonders aufgeweckt war, schien sich in seinem Gesicht ein Erleben von Unbehagen, Anspannung oder Erschöpfung auszudrücken. In derselben Untersuchung betonten die Eltern dieser Neugeborenen, daß die Babys kaum ihre Bedürfnisse äußerten, selten weinten, anscheinend keine Mahlzeit zu sich nehmen wollten und sich offenbar wohl fühlten, wenn sie ungestört und allein waren.

Diese Gruppe von zehn Babys wurde erneut in einem Alter zwischen sechs Wochen und neun Monaten untersucht. Ihre körperliche Entwicklung verlief normal. Jedoch wurden acht von ihnen als »schwierig« beschrieben; sie waren leicht zu überreizen und zeigten Unregelmäßigkeiten in den Zeiten ihrer Nahrungsaufnahme und in ihrem Schlaf-Wach-Rhythmus. Mehrere Mütter sagten, sie würden sich fragen, ob sie es verkraften könnten, noch ein weiteres Kind großzuziehen.

Trotz der alarmierenden Anzeichen dieser Untersuchung entwickelt sich vermutlich die Mehrzahl der Beziehungen so, daß Mutter und Baby nach einigen Wochen zu einer harmonischen Interaktion finden. Indes sollte immer berücksichtigt werden, daß die Geburt eines untergewichtigen Babys für die Interaktion im frühen Säuglingsalter einen Risikofaktor darstellt.

Gravierende Familienprobleme
in der Kindheit der Mütter und ihre Auswirkungen
auf Mutterschaft und Interaktion mit dem Säugling

Pawlby und Hall[22] untersuchten die Interaktion von Mutter und Kind in einer Reihe von Fällen, in denen die Mütter aus zerrütteten Familien stammten. Diese Mütter waren vor ihrem 16. Lebensjahr in Pflege gekommen, weil ihre Eltern sich scheiden ließen oder weil sie einen Elternteil durch Tod verloren hatten. Eine andere Gruppe von Müttern, die aus intakten Familien kamen, diente als Kontrollgruppe. Die Untersuchungen des Interaktionsgeschehens hatten bei den Müttern zu Hause stattgefunden. Zum Zeitpunkt der Durchführung der Beobachtungen waren die Kinder 20 Wochen alt; es wurden einfach die Häufigkeiten verschiedener Verhaltensweisen der Mutter festgestellt. Die Mütter mit einer gestörten familiären Vergangenheit zeigten dabei in verschiedenen Situationen eine schwächer ausgeprägte Vielfalt in ihren Interaktionen; das Ergebnis war statistisch signifikant. Sie sprachen nicht so oft mit ihren Babys, hatten weniger Körperkontakt, lächelten seltener, schauten ihr Kind nicht so häufig an und zeigten ihm nicht so viele Gegenstände; sie hielten es kürzere Zeit in den Armen, waren ihm nicht so nahe und befanden sich oft außer Sichtweite des Babys.

Die Verfasser untersuchten ebenfalls, ob die Mütter während der Interaktion auf die Signale ihrer Babys reagierten oder nicht. Unabhängig von der Art des Signals (Stimmlaute, Bewegungen etc.) reagierte die Gruppe der Mütter aus den zerrütteten Familien weniger intensiv auf die Kommunikationsversuche ihrer Babys. Diese Untersuchung geht wohlgemerkt von einer statistischen Aufbereitung der Beobachtungen aus und bezieht sich nur auf die *Gruppe* der Mütter aus gestörten Familien; ihre Aussagen gelten nicht zwangsläufig für jede einzelne Mutter in ihrer individuellen Eigenart.

Die beiden Forscher fanden außerdem heraus, daß jene Kinder,

---

[22] S. J. Pawlby, F. Hall, »Early Interactions and Later Language Development of Children whose Mother Come from Disrupted Families of Origin«, in: T. M. Field et al., vgl. Anm. 4.

deren Mütter ungünstige Familienverhältnisse hatten, im Alter von 27 Monaten in ihrer Sprachentwicklung nicht so weit fortgeschritten waren; das gilt sowohl für ihr Sprachverständnis als auch für den aktiven Gebrauch der Sprache.

Diese *zukunftsorientierte* Untersuchung macht also deutlich, wie eine Frau, die selbst während ihrer Kindheit in der eigenen Familie eine verläßliche, liebevolle Beziehung hat entbehren müssen, es später als Mutter schwer hat, ihrem Kind das Maß an mütterlicher Vorsorge zuteil werden zu lassen, das für die Entwicklung seines affektiven Erlebens, seiner Bindungsfähigkeit und seiner geistigen Fähigkeiten notwendig ist.

Zweiter Abschnitt.
Die Interaktionen aus der Sicht
eines Psychoanalytikers

16 Von der Bindung zur Interaktion

Wir haben den Leser bisher darüber informiert, wie sich die Erforschung der frühen Interaktionen entwickelt hat. Dabei ist deutlich geworden, daß es weniger darum geht, das Verhalten der Mutter und ihres Babys zu beschreiben, als vielmehr das Augenmerk auf das aktive Moment und die Wechselseitigkeit in ihren Beziehungen zu richten: Gegenstand der Untersuchung ist also die Interaktion innerhalb der Dyade als einer Einheit; und ihre Analyse muß »zweigleisig«[1] sein. Aus diesen Gründen sind so zahlreiche Metaphern vorgeschlagen worden, um die Beziehungen zwischen Mutter und Baby zu umschreiben. Darunter sind ganz bekannte Veranschaulichungen wie zum Beispiel die »Beziehungsspirale« bei Escalona.[2] Andere sind dem Bereich der verbalen Kommunikation entlehnt; so spricht M. Soulé von Vermittlungen, E. Kestemberg von gegenseitigen Besetzungen. R. Angelergues schlägt vor, den Begriff der wechselseitigen Gestaltung zu verwenden.

In allen Fällen wird der Begriff des Verlaufes und damit auch der Zeit eingeführt; insbesondere viele französische Autoren bringen die Kompetenzen des Babys mit den Antizipationen der Mutter in Zusammenhang. Wenn Jacques Cosnier vorschlägt, den Begriff der interaktionsbezogenen Epigenese zu verwenden, so will er damit zum Ausdruck bringen, daß die Kommunikation bei der Entwicklung des Interaktionsverhaltens eine Rolle spielt: Ausschlaggebende Bedeutung mißt er dabei den von W. S. Condon[3] so genannten synchronen Einheiten bei. Nach diesen beiden Autoren kommt es innerhalb der Beziehung zwischen Mutter und Säugling zu einem Verhalten und zu einer Kommunikation, die den Gedanken an eine Interaktion im affektiven Bereich nahelegen: Die Kompetenzen des Säug-

[1] F. Flamant, *Colloque de l'Association de Psychologie de Langue française*, 1982.

[2] S. K. Escalona, *The Roots of Individuality: Normal Patterns of Development in Infancy*, Chicago, Aldine Publishing Company, 1968.

[3] W. S. Condon u. L. W. Sander, »Neonate Movement is Synchronized with Speech. Internal Participation and Language Acquisition«, *Science*, 1974, *183*, S. 99–101.

lings, die in seinen Lautbildungen, seiner Mimik, seiner Körperstellung und in seinen Bewegungen zum Ausdruck gelangen, entscheiden darüber, inwieweit sich mit ihren Auswirkungen auf das mütterliche Umfeld auch eine Einheit und eine innere Beteiligung herstellt.

Die Erfassung dieser frühkindlichen Verhaltensweisen ermöglicht es, sie als Teil innerhalb des Musters künftiger Repräsentanzen anzusehen; so lautet die Grundhypothese, die Monique Piñol-Douriez in ihrer Habilitationsschrift erörtert.[4]

So kommt in diesem auf der Verhaltensebene stattfindenden Dialog zumindest für einen der Beteiligten etwas zum Ausdruck, nämlich für die Mutter. Wie wir noch sehen werden, wird zum Beispiel jener Vorgang, den J. de Ajuriaguerra[5] den tonischen Dialog nennt, bereits von der Mutter interpretiert. Muß dies dann nicht erst recht für ausgeprägtere Merkmale der Interaktion zwischen Mutter und Baby wie zum Beispiel der Blickkontakt gelten?

Die Ausgangsmomente der verbalen und der nonverbalen Kommunikation können also nicht von dem affektiven Austausch getrennt werden: Hier ist es unumgänglich, über die Handlung hinaus auch die Repräsentanzen zu berücksichtigen.

Allerdings sei hinzugefügt, daß der Beobachter und der Forscher zwangsläufig von der Untersuchung der Interaktion mit betroffen ist; gerade darin liegt die Bedeutung der therapeutischen Beratung, auf die wir später noch eingehen; sie erfordert vom medizinischen Praktiker, daß er in seinem Gefühlsleben beweglich ist und »Empathie«[6] aufbringt oder eine »hysterische Identifizie-

[4] M. Piñol-Douriez, *Expérience individuante et émergence des représentations (l'économie interactionelle de la première année)*, Habilitationsschrift, Paris, 1982. Diese bedeutsame Arbeit, die noch veröffentlicht werden wird, beinhaltet eine bemerkenswerte Untersuchung der ersten Interaktionen, die das Grundmuster für die späteren Vorstellungen bilden. Ich habe weitgehend auf die in dieser Arbeit zusammengetragenen Daten und ihre hochinteressante Darstellung zurückgegriffen. Mir ist sehr daran gelegen, an dieser Stelle zum Ausdruck zu bringen, zu welch großem Dank ich Frau Piñol-Douriez verpflichtet bin.

[5] J. de Ajuriaguerra, F. Cikier-Memeury u. I. Lézine, »Les postures de l'allaitement au sein chez les femmes primipares«, *Psychiatrie de l'enfant*, 1979, *22*, 2, S. 503–518.

[6] *Empathie* bezeichnet die innere Bereitschaft eines Beobachters, die darin be-

rung«[7] vollzieht, um Eingang in den Interaktionsablauf zu finden und die Vorstellungen zu nutzen, die sich mit seiner Teilnahme an dem wechselseitigen Geschehen einstellen, dessen Beobachter er ist. Der Bezug zur Begrifflichkeit der psychoanalytischen Theorie scheint uns unentbehrlich, um die Stellung dieser Regungen des Betrachters und seiner psychischen Verarbeitungsprozesse zu bestimmen, durch die er seine Gedanken jeweils formulieren, genau klären, theoretisch fassen und nutzen will.

Die Einbeziehung des Beobachters in die Bewertung der Interaktion ermöglicht ein ganz spezifisches Vorgehen, das ziemlich stark von den Methoden der Verhaltensbeobachtung und dem Ansatz der klinischen Psychiatrie abweicht.

Eine Verhaltensuntersuchung erfaßt zweifellos Bereiche des Dialoges, die so scharf wie möglich eingegrenzt sind und einen mikroskopisch kleinen Ausschnitt darstellen. Aber der überwiegende Teil der Forscher und insbesondere die in der klinischen Praxis Tätigen brauchen als Grundlage längere Teilabschnitte, um die Abfolge der Dialoge, die wechselseitigen Einflüsse und die Entstehung bedeutsamer Verhaltensweisen einschätzen zu können. Die Beobachtung kann unter besonderen Bedingungen stattfinden: So ermöglichen Einwegscheiben, daß der Beobachter selbst gar nicht anwesend ist. Durch die Verwendung von Magnetbandaufzeichnungen können die Verhaltensweisen von Mutter und Baby sowie ihr Dialog immer wieder erneut untersucht werden. Der Praktiker, der sich mit diesen Fragen beschäftigt, hat es mit einer ganz neuartigen Situation zu tun, denn er versucht nicht, Zeichen herauszufinden, denen eine bestimmte Bedeutung zukommt, sondern will im Rahmen des Dialoges, an dem er beteiligt ist, die Verhaltensäußerungen untersuchen und sich in das Geschehen hineinversetzen.

---

steht, daß er nicht völlig neutral ist und auf Grund seiner affektiven Beteiligung etwas verstehen und deuten kann. Mit diesem Begriff wird vor allem die Haltung des Psychoanalytikers gekennzeichnet.

[7] Die *hysterische Identifizierung* bezeichnet einen Grad an Beteiligung, der über die Einfühlung hinausgeht: In pathologischen Fällen handelt es sich um eine echte Sexualisierung des Verhaltens wie beim Hysteriker, der die Rolle einnimmt, die sein Gesprächspartner von ihm erwartet. Im Bereich der Beobachtung ist dies also eine Grenzsituation.

Wenn er die Folgen der Handlungen und Reaktionen im Wechselverhältnis von Mutter und Baby erforscht, kann er zugleich versuchen, sich klarzumachen, welche Bedeutung sie für die Mutter haben, und kann aus ihrer Sicht ein Verständnis dafür entwickeln, inwiefern ihre eigene Vergangenheit ihr derzeitiges Verhalten als Mutter bedingt.

Durch die direkte Beobachtung der Interaktion wird also abschätzbar, was in den aufeinander bezogenen Handlungen abläuft und wie der Übergang von der Handlung zum Denken, vom »Mit-Erlebten«, »Mit-Gefühlten« zum »Mit-Gedachten« aussieht. Auf diesem Hintergrund findet auch die Metapher eines psychischen Raumes ihre Berechtigung, so wie Winnicott ihn dargelegt hat.[8] Die Zeitdauer erweitert sich da zur Zeitlichkeit. Das Spiel wird dort Gedanke und Repräsentanz.

So sind auf dem Weg von der Bindung zur Interaktion die Linien für die Entstehung der Fähigkeit zu psychisch-geistiger Verarbeitung vorgezeichnet:

a) Einerseits können sich in den ersten Lebensmonaten »affektiv-kognitive« Konstruktionen bilden, wie M. Piñol-Douriez es formuliert: »Diese Konstruktionen gestalten sich im Rahmen eines *Interaktionsgeschehens*, bei dem sich die Mutter (bzw. der Partner) und das Baby ganz nahe sind; es scheint in seiner Struktur zwar vorgezeichnet, ist aber in seiner aktuellen Ausbildung und seinem jeweiligen Inhalt sehr individuell ausgeprägt und zielt auf die Eigenaktivität des Babys.«[9]

Die Verfasserin nimmt an, daß es zweierlei Formen dieser Konstruktionen gibt: Aufgrund der »Proto-Repräsentanzen« kann das Baby nach einem Vierteljahr etwas oder jemanden wiedererkennen und ist nach einem halben Jahr auch zu Antizipationen in der Lage; dabei wird es durch die Interaktion mit seiner Mutter unterstützt. Der Säugling ist auch an der Errichtung einer »Kontaktsperre« beteiligt. Auch hier verdient die aktive Rolle der Mutter hervorgehoben zu werden: In der Psychoanalyse wird dies mit dem

---

[8] D. W. Winnicott, »Übergangsobjekte und Übergangsphänomene«, in: *Vom Spiel zur Kreativität*, Klett, Stuttgart, 1979.

[9] M. Piñol-Douriez, a. a. O. (vgl. Anm. 4), S. 60–61.

Begriff »Reizschutz« bezeichnet.[10] Denn würde das Kind tatsächlich von Reizen überflutet, könnte es ihnen – wie wir weiter unten sehen werden – keinen Sinn beimessen und sie sich auch nicht vorstellen.

b) Andererseits ist die Einführung einer raum-zeitlichen Dimension unserer Meinung nach nur denkbar, wenn auch die geistige Aktivität mit einbezogen wird. Hier sei daran erinnert, daß die von Freud aufgestellte grundlegende Hypothese lautet, daß die psychische Verarbeitung sich in Anlehnung an die Befriedigungserlebnisse durch das Halluzinieren von Lust vollzieht. Alles verläuft so, als ob sämtliche Repräsentanzen nur so durch die Geschichte der Interaktion entstehen, daß die Mutter das Negativbild zu ihnen darstellt; M. Mahler bezeichnet das als »negative Halluzinationen«.[11] Was geschieht, muß verarbeitet werden, um einen Sinn zu erlangen. Ein Ereignis reiht sich in eine Kette von Bedeutungen ein, die einerseits die Abfolge der Generationen repräsentiert sowie andererseits jene psychisch-geistigen Prozesse darstellt, die bei der Mutter ablaufen. In dieser Hinsicht läßt sich nun die Entstehung der Proto-Repräsentanzen mit der Hypothese eines Bedeutungserlebnisses im Bereich der Affekte vereinbaren; sie gestalten die primären Identifizierungen und werden dabei durch primitive affektive Zustände gestützt, deren Verbindung zur Urverdrän-

---

[10] Reizschutz: Dieser Begriff wird von Freud verwendet und bezeichnet in Anlehnung an das neurophysiologische Modell in seinem *Entwurf einer Psychologie* jene Funktionen, die darin bestehen, den Organismus gegen schädliche Außenreize zu schützen. In »Jenseits des Lustprinzips« (1920, GW, Bd. XIII, S. 1–69) stellt Freud den psychischen Organismus als eine kleine Blase dar, die gegen äußere Reize geschützt werden muß. Das Trauma wird dann als ein Einbruch in dieses System beschrieben. In der »Notiz über den Wunderblock« (1925, GW, Bd. XIV, S. 1–8) erläutert Freud, daß hinter der Schutzschicht eine zweite, reizaufnehmende Schicht liegt, nämlich die des Wahrnehmungsbewußtseins. Dieses Schema veranschaulicht, inwiefern die Mutter als Verkörperung des Reizschutzapparates angesehen werden kann. Sie schützt ihr Baby, solange das homöostatische Abwehrsystem noch nicht funktioniert. Die vorhandenen Arbeiten zur Interaktion sprechen dafür, daß das Kind durch seinen Rückzug in den Schlaf dazu beiträgt, diese Schutzschranke zu errichten, um, wie Brazelton so treffend sagt, »neu aufzutanken«.
[11] M. S. Mahler, F. Pine, A. Bergman, *Die psychische Geburt des Menschen*, Fischer, Frankfurt, 1978.

gung wir aufzeigen werden. Diese beiden Richtungen weisen uns den Weg, den wir bei der Untersuchung der frühen Interaktionen beschreiten wollen. Gurnemanz sagt zu Parsifal, als er ihm den Weg zu zeigen versucht, der ihn zur Rückeroberung des Grals führen wird: »Siehst Du, mein Sohn, zum Raum wird hier die Zeit« (1. Teil). C. Lévi-Strauss übersetzt diese prophetische Version auf seine Weise: »Siehst Du, mein Sohn, hier werden Raum und Zeit eins«.[12] Der Autor sieht den Ausspruch von Gurnemanz als die tiefgründigste Definition des Mythos an. Die ursprüngliche Version scheint mir das darzustellen, was die Mutter ihrem Baby über den Dialog sagen könnte, den sie in der Interaktion mit ihm führt. Später wird die mythische, innerpsychische, innerhalb der Persönlichkeit liegende Version hinzutreten, die die Psychoanalytiker als »nachträglich«[13] bezeichnen.

Die Fallgeschichte, die hier kurz zusammengefaßt wird (Fall 1), mag vielleicht ein Beleg für die soeben vorgetragenen Anschauungen sein. Antoine ist 13 Jahre alt; er wird zur Beratung gebracht, weil er schwierig im Umgang ist und die Mitarbeit in der Schule verweigert. Aus verschiedenen Gründen, die hier nicht weiter erläutert zu werden brauchen, wird eine Familientherapie eingeleitet. Antoine ist der ältere Sohn von zwei Kindern. Seine Eltern haben sich getrennt, verstehen sich aber weiterhin gut. Seit ihrer Scheidung lebt die Mutter mit ihren Kindern und einer Freundin zusammen, da sie entdeckt hat, daß sie homosexuell ist. An den Sitzungen nehmen der Vater, die Mutter, die Freundin und Antoine teil. Die Mutter führt oft aus, was für einen unmöglichen Charakter Antoine habe. Bei einer Gelegenheit bringt sie zur Sprache, daß sie einmal, als sie ihren Sohn zu seiner Großmutter fuhr, mit dem Auto anhielt und davonlief. Es ist nicht schwierig, ihr aufzuzeigen, daß sie in dieser Situation so gehandelt hat, als sei sie mit einem drauf-

---

[12] C. Lévi-Strauss, »Du Chrétien de Troyes à Richard Wagner«, *L'Avant-scène*, 1982, *38–39*, S. 8–15.

[13] Als »nachträglich« wird die Tatsache bezeichnet, daß Begebenheiten ihre Bedeutung erst durch ihre psychische Wiederholung und Verarbeitung erhalten: Die psychoanalytische Deutung anhand des »Hier und Jetzt«, das bei der Kur in Erscheinung tritt, ist dafür ein Beispiel.

gängerischen, aggressiven Mann zusammengewesen. In ihren Augen
sind alle Männer so, abgesehen von ihrem Ehemann, ihrem zweiten
Sohn und vielleicht noch ihrem eigenen Vater, der sich der Großmutter von Antoine unterordnet. Sie erklärt recht häufig, daß sie mit Antoine schon während der Schwangerschaft nicht einverstanden gewesen sei, die sie auch nicht gewollt habe. Sie sagt auch, daß Antoine
seit seiner Geburt, die übrigens ein langwieriger, schwerer Vorgang
war, bösartig und gewalttätig gewesen sei. Er habe sie nicht angeschaut und sie sehr früh mit den Füßen gestoßen und mit der Faust
geschlagen. Oftmals habe sie gedacht, es wäre besser gewesen, wenn
er gestorben wäre. Dies wird alles in Anwesenheit von Antoine vor-
getragen, der diese vielen verbalen Aggressionen schweigend, jedoch
nicht regungslos erträgt. Der Vater und die Freundin der Mutter reagieren kaum. Mehrfach bot sich mir die Gelegenheit, Antoine und seiner Mutter aufzuzeigen, daß sie beide einen Kompromiß geschlossen
hatten, der darin bestand, daß der Sohn der Mutter gestattet, ihren
Haß gegen die Männer zum Ausdruck zu bringen. Eines Tages sagte
mir die Mutter von Antoine, sie müsse mir einmal genau klarmachen,
was ich scheinbar übersehen wolle, nämlich, daß sie in der Lage sei,
mit einem Mann Geschlechtsverkehr zu haben und dann ein Kind zu
bekommen. Überdies stellte der zweite Sohn das Musterbild dessen
dar, was gerade zu jenem Zeitpunkt ihren Vorstellungen entsprach,
als sie sich ihrer Homosexualität bewußt wurde.

Vielleicht kann man zu Recht vermuten, daß Antoine mit Beginn
der Schwangerschaft, auf jeden Fall aber seit seiner Geburt, von
dieser verhinderten, unterschwelligen oder gar unbewußten Homosexualität betroffen war und unter dem Haß der Mutter auf das
männliche Geschlecht zu leiden hatte. Natürlich erlangt diese Konstruktion ihre wahre Bedeutung erst im Rahmen einer Psychotherapie, in welcher der Wert der »Nachträglichkeiten« bestimmt
werden kann. Mit diesem Beispiel soll jedenfalls gezeigt werden,
wie der Aufbau vom psychischen Raum des Kindes begriffen werden kann, indem man von den sexuellen, aggressiven Wünschen
der Mutter ausgeht, die allen Ereignissen ein bestimmtes Gepräge
verleihen, noch bevor sie als solche überhaupt stattfinden; die Geschehnisse erhalten dadurch einen Sinn, daß sie auf Grund der
Kenntnis der Vergangenheit rückwirkend erklärt werden können.

17 Eine Flut von Affekten

Trotz seiner so frühzeitig vorhandenen Kompetenzen und der Entwicklung seiner sozialen Interaktionen kann ein ganz kleines Kind nur in einem bestimmten Ausschnitt der Welt leben, selbst wenn es mit einem halben Jahr in der Lage ist, etwas von den Geschehnissen in seiner Umgebung zu antizipieren. Dennoch bergen die individuellen Ausprägungsformen seines Verhaltens und seiner Interaktionen äußerst frühentwikkelte Kommunikationsmöglichkeiten: Die Sprache der Mutter ist verbal und nonverbal. Ihren Worten entsprechen Gefühle, Regungen, Widersprüche. Der Dialog, den sie mit dem Säugling aufnimmt, ist so beschaffen, daß er für ihn körperlich spürbar wird; so verschafft ihm die Erfahrung der mütterlichen Fürsorge eine Entspannung, oder er empfindet das Leid und die Angst, die seine Unerfahrenheit mit sich bringt. In dem oben erwähnten Fall erklärte die Mutter des 13jährigen Antoine freilich, daß ihr Sohn böse gewesen sei und ihr Faustschläge und Fußtritte versetzt habe. Hier läßt sich verfolgen, wie die Gefühlsregungen entstehen und an Bedeutung gewinnen, die die Mutter in ihrer Beziehung zu dem jungen Baby empfindet. Das gleiche wird auch bei der Betrachtung von Constance sichtbar, auf die wir noch zurückkommen.

Das Baby seinerseits tritt sehr früh zu seiner Mutter sowie zu jenen Personen in Kontakt, die sich für es interessieren und sich um sein Wohlgefühl und seine Bedürfnisse kümmern. Sein Mienenspiel und seine Lautäußerungen sind auch aktive Ausdrucksweisen, die den Wert einer Sprache haben, vorausgesetzt, daß die Umgebung für die dazugehörigen Gefühlsbestrebungen empfänglich ist.

So können die Beziehungen zwischen dem Baby und seiner Mutter (oder den Personen, die eine entsprechende Funktion haben) zunächst unter dem Vorzeichen der Affektivität dargestellt werden.

Der Begriff des Affektes entstammt dem Sprachschatz der deutschen Psychologie. Damit lassen sich Gefühlsregungen umschreiben, die in der Vorstellung dessen, der sie wahrnimmt oder der von ihnen hört, unwillkürlich zur Folge haben, daß er sie sich ausmalt und sich von dem Menschen ein Bild macht, der diese Empfindungen hat. Das gilt zum Beispiel für die Affekte der Wut, der Scham, der Schuld, der Freude etc. Der Blick desjenigen, der über diese Gefühle nachdenkt, ist mit einer Vorstellung verknüpft. Auf diese Weise wird vielleicht deutlich, wie die Mutter allmählich dahin gelangt, daß sie sagt, ihr Kind sei wütend, zufrieden, unruhig, fröhlich, still etc.

Das würde heißen, daß ein Affekt, wenn er sich nicht durch sich selbst darstellt, auch nicht von den Vorstellungen abgetrennt werden könnte, die mit ihm mitschwingen. In der psychoanalytischen Theorie werden den Affekten und Vorstellungen jedoch unterschiedliche Schicksale zuteil. Letztere können verdrängt werden, während sich der Affekt, der eine bestimmte Triebstärke (ein Quantum an Triebregung) darstellt, verschiebt und auf diese Weise eine Vorstellung berühren kann, mit der er ursprünglich nicht verbunden war.

Bekanntlich ist die Auflösung der Verbindung zwischen Affekten und Vorstellungen eines der Merkmale des pathologischen Denkens beim Zwangsneurotiker.

Diese Rückbesinnung auf bekannte Begriffe ist bestimmt nützlich, um sich ein Bild davon zu machen, wie die Ökonomie der Interaktionen und Affekte eine Bedeutung erlangt und wie sie in diesem affektiv elementaren Klima der Lebensanfänge die Entstehung von Vorstellungen ermöglicht.

Wir haben nicht von Gefühl gesprochen: Das Gefühlsleben ist direkter an das körperliche Leben und die fatalen Umwälzungen gebunden, die dort eintreten können. Die Affekte, die weitaus differenzierter sind, betreffen die psychologische Dimension und die Kommunikation. Man kann unterdessen von primären Affekten sprechen, wobei die Erscheinungsformen von Zufriedenheit, Unbehagen, Ärger, Wut, von Fremdartigkeit, ja sogar von Angst ein Anzeichen dafür sind, daß ein gewisser Fortschritt in der Vorstellung von einem Objekt stattfindet, die diese Erscheinungsweisen jeweils mit beeinflußt und prägt: Das ganze Geschehen läuft so ab, als ob die unzähligen, auf den jeweils anderen bezogenen Handlungen und Reaktionen von Baby und Mutter von gegensätzlichen Affekten geprägt würden. Dadurch wird es dem Baby möglich, dem eine Bedeutung zu verleihen, was es in den mütterlichen Affekten spürt oder in der Umwelt wahrnimmt. Es kann etwas vermeiden, antizipieren sowie das Vertraute vom Fremdartigen unerscheiden.

In seinem Buch »Le Discours vivant«[1] zeigt André Green, daß der Affekt sich darstellen kann und auch muß und daß die Bedeutung einer Sache erst durch ihn Gewicht erhält. Er erinnert damit an einen in der Psychoanalyse sehr früh aufgestellten Leitsatz, nach dem eine Deutung nur nützlich ist, wenn sie auch eine kathartische Wirkung hat; dieser Grundsatz gilt auch für die Mutter, die ihn auf ganz natürliche Weise in ihren Mitteilungen und Erklärungen, die sie an das Baby richtet, zu beherzigen weiß. Umgekehrt könnte man auch die Auffassung vertreten, das Baby müsse »affektivieren«, was die Mutter sagt.

So könnte innerhalb der Interaktion eine ganze Flut von Affekten eingehend beschrieben werden, wie es R. N. Emde in seiner Arbeit auch veranschaulicht.[2] Der Verfasser greift in dieser Hinsicht auf die Theorie »der diskreten Gefühlsregungen« zurück und erinnert daran, daß seit Darwin der Ausdruck der Gefühle bei Mensch und Tier[3] als begreifbar angesehen wird. In neueren Arbeiten[4] zeichnet sich ab, daß bestimmte Arten des Gesichtsausdruckes allgemein als typisch für die Affekte gelten, durch die sie hervorgerufen werden. Psychoanalytiker wie Brenner[5] nehmen an, daß Affekte wie Angst und Depression recht vielschichtig sind oder auf einem emotionalen Gefüge beruhen, dessen Entwicklung auf der Funktion primärer Ausdrucksformen basiert; diese faßt Ekman zu einer Gruppe von sieben Kategorien zusammen: Freude, Überraschung, Befürchtungen, Wut, Trauer, Ekel und Neugier.

---

[1] A. Green, *Le Discours vivant*, PUF, Paris, 1973.

[2] R. N. Emde, »Toward a Psychoanalytic Theory of Affect. I: The Organizational Model and its Propositions, II: Emerging Models of Emotional Development in Infancy«, in: S. I. Greenspan u. G. H. Pollock (Hrsg.), The Course of Life, vol. I: Infancy and Early Childhood, US Department of Health and Human Services, DHHS Publication no. (ADM) 80–786, 1980.

[3] C. Darwin, *Der Ausdruck der Gefühle bei Mensch und Tier*, Rau, Düsseldorf, 1964.

[4] C. Izard, *The Face of Emotion*, New York, Meredith, 1971. P. Ekman u. W. Freisen, *Unmasking the Face*, Englewood Cliffs, NJ, Prentice Hall, 1975.

[5] C. Brenner, »On the Nature and Development of Affects Unified Theory«, *Psychoanalytik Quarterly*, 1974, *43*, S. 532–556.

Diese Theorie gibt Anlaß zu der Vermutung, daß die Struktur der Primäraffekte sich allmählich durch vorprogrammierte Erfahrungen herausbildet; das Verhalten der Mutter verstärkt dabei diesen Prozeß und führt dazu, daß zunehmend komplexere Gefühle sozial erlernt werden. Die aufeinanderfolgenden Schritte würden so aussehen: emotionale Belastungen – affektiver Ausdruck – schließlich die Gefühle; dazu gehören die affektiven Erinnerungen an das Erlernen der Kommunikation, an Liebe, Zärtlichkeit, Haß und Freundlichkeit.

Die so hergestellten Zusammenhänge und Hypothesen veranlassen R. Emde, darauf zu beharren, daß diese Gefühlsregungen für die Vorgänge zwischen Mutter und Kind von Bedeutung sein müssen. Ganz eindeutig bringen die Säuglinge ihre Affekte zum Ausdruck; sie schreien, weinen, bilden Laute, lächeln, strampeln, beruhigen sich, schauen umher, weichen einem Blick aus etc. Jedesmal ist die Mutter oder eine andere entsprechende Person von dem sichtbaren Ausdruck dieser Affektivität vollauf in Anspruch genommen. R. Emde unterscheidet hier drei Abschnitte:

a) Bis zu einem Alter von zwei Monaten können nur geschulte Beobachter oder sehr stark beteiligte Mütter herausfinden, inwiefern im Schlaf- und Wachrhythmus, in der Grobmotorik, im Schreien etc. affektive Regungen zum Ausdruck gelangen. Nach Auftreten des ersten bedeutungsvollen, sozialen Lächelns empfinden die Eltern ihr Baby stärker als ein menschliches Wesen, das sich ausdrücken und kommunizieren kann. Aber alle Bedeutungen, die sie nun diesen nonverbalen Mitteilungen beimessen, hätten sie auf Grund von schöpferischer Antizipation auch Absichten des Babys zuschreiben können, die bei ihm gar nicht vorhanden sind. Jedoch konnten jene Affekte, die im Baby durch Ereignisse in seinem Innern ausgelöst wurden, bereits frühzeitig auch Affekte auf seiten der Eltern hervorrufen. Der Vorgang verläuft also in einer Weise, als würde es bei jedem affektbeladenen Verhalten einerseits einen vorprogrammierten Teil geben, der bei der Mutter die Bildung von Antizipationen anregen kann, und andererseits einen affektiven Teil, der sich erst innerhalb der sozialen Interaktionen entwickelt, die sich zunächst auf die Affekte und dann auf die Vorstellungen beziehen.

Nach R. Emde kann das gewichtige Ausmaß dieser nach zwei Monaten stattfindenden Veränderung mit der zu dieser Zeit auftretenden Veränderung der Großhirnrinde erklärt werden.

Der überwiegende Teil der archaischen Reflexe ist dann verschwunden, während die nach der Geburt einsetzende Neubildung von Nervenfasern und Myelinscheide in eine ganz neue Entwicklung eintritt. In diesem Zeitraum ist auch eine Verminderung des REM-Schlafes zu verzeichnen: Wie ein Erwachsener beginnt das Baby seinen Schlaf mit einer tiefen Phase.

b) Im dritten Quartal des ersten Lebensjahres wird ein neuer Einschnitt erreicht. Wie schon dargelegt wurde, hat Spitz die für diese Phase typische Angst vor dem Gesicht eines Fremden beschrieben. Für diese Entwicklung gibt es jedoch schon vorab einige Anzeichen. Das Kind gewöhnt sich daran, die vertrauten und die fremden Gesichter auseinanderzuhalten; diese Form des Verhaltens leitete dann eine Umbildung ein.

In der Arbeit, auf die wir uns beziehen, wird unter Rückgriff auf die Theorie der »diskreten Gefühlsregungen« ein Modell von kommunikationsbezogenen Affekten vorgeschlagen. Diese sind nach biologischen Grundlinien ausgerichtet und beinhalten Informationselemente, die allgemeingültig zu sein scheinen; die Affekte entfalten sich dabei ganz nach den Entwicklungsprinzipien der Epigenese. Wie Piaget gezeigt hat, ist ein Kind im Alter von sieben bis neun Monaten in der Lage, seine Handlungen von seinen Vorsätzen zu unterscheiden. Ein Psychoanalytiker würde in Anlehnung an Emde sagen, daß die Affekte in diesem Alter eine Erwartungshaltung hervorbringen, die nicht mehr nur der Mutter oder anderen Personen gilt, sondern die zu einem psychischen Signal wird. Unter dem Blickwinkel einer epigenetischen Entwicklung betrachtet, verleiht also ein Vielzahl von Affekten den ausgedrückten Gefühlen den Wert einer Bedeutung; dabei dient eine weit zurückreichende und wenig auffällige Entwicklung als Grundlage.

Die Affekte sind die wesentlichen Bestandteile für das Weiterleben nach der Geburt. Sie ermöglichen die sozialen Interaktionen zwischen der Welt des Babys und der übrigen Welt. Sie erhalten fortwährend zwischen der Mutter und ihrem Baby eine bedeutungsvolle Beziehung mit Hilfe von Strukturen, die scheinbar plötzlich auftreten, sich in Wirklichkeit aber nur schrittweise herausbilden. Von größtem Gewicht ist schließlich die Hypothese, daß die Affekte sich nicht aus der sozialen Interaktion ergeben, sondern daß sie mit ihr einhergehen oder sie sogar bestimmen und erst vollenden. Diese kurzen theoretischen Hinweise zu den grundlegenden Vorgängen im affektiven Bereich sollen nun zum Verständnis der Entwicklung von Kommunikation und Sprache und deren erstaunliche Auswirkungen herangezogen werden.

Constance (Fall 2), ein Mädchen von sieben Monaten, wird von seinen Eltern zu mir gebracht, weil es den Kopf gegen das Gitter seines Bettes und die Wände schlägt. Vater und Mutter sind sehr sympathisch und nehmen die Verantwortung für die Erziehung ihrer Tochter auch wahr. Bei diesem Fall ließen sich zahlreiche charakteristische Einzelheiten dafür finden, wie etwas von einer Generation an die andere weitergegeben wird. So war der Vater zum Beispiel arbeitslos, als seine Frau ihre Arbeit wieder aufnehmen mußte; er wußte nicht, wie er mit so einem »Kerl« umgehen sollte; so bezeichnet er seine kleine Tochter; und bald erfahren wir, daß er sich selbst von seinem Vater, der Alkoholiker war, verlassen fühlte, als dieser sich in einer durch Eifersucht ausgelösten Krise umbrachte. Es ist also vorstellbar, daß es ihm schwerfällt, sich mit einem Vater zu identifizieren, und daß er gegen seine weiblichen und mütterlichen Identifizierungen ankämpfen möchte. So wäre er gern unzweideutig ein Mann, auch wenn er sich an der Erziehung seiner Tochter beteiligt, aus der er ein Baby mit männlichem Geschlecht macht. Die Vermutung wird auch bestätigt, als sich der junge Ehemann im Laufe unserer Begegnungen darüber beklagt, daß ich ihn vernachlässige und mich mehr für seine Frau interessiere, die versuchen würde, mir zu gefallen, und sich so verhalte, wie ich es ihrer Meinung nach von jungen Müttern erwarte.

In dem Monat, welcher der Beratung vorausging, also in einer Phase, in der ein Kind bekanntermaßen empfindlich auf eine Trennung reagiert, hatten die Eltern Constance für einige Tage bei den Großeltern mütterlicherseits gelassen, um Ski laufen zu gehen. Als sie zurückkamen, fing Constance damit an, ihren Kopf gegen die Wand zu schlagen.

So verhielt sich Constance auch, als sie auf dem Sofa neben ihrer

Mutter saß, die mir in der ganzen Ausdrucksvielfalt ihrer südfranzösischen Heimat erklärte:»Constance und ich haben uns nie verstanden. Als sie geboren wurde, waren meine Brüste voll von Milch, so daß dadurch meine Brustwarzen zurückgegangen waren.« Die Aussage ist also eine naive Metapher für jenen Zustand, den die junge Frau ein fehlendes Verständnis nennt. Man könnte auch sagen, daß sie in ihren Gedanken dem Baby ein paradoxes Gebot auferlegt hat:»Ich habe eine Menge Milch für dich, aber du wirst nichts davon bekommen«; und wie ein kleines Schulmädchen hätte sie noch hinzufügen können:»Ätsch.« Die negativen und widersprüchlichen Affekte von Liebe und Haß waren also bei der Mutter vorhanden. Ihr Verschwinden, ganz abgesehen von dem des Vaters, hat vermutlich jenem Vorgang eine Bedeutung verliehen, den die Psychoanalytiker projektive Identifikation nennen; dabei wird die Ur-Repräsentanz der Mutter mit Haß aufgeladen. Selbst wenn diese spitzfindige Sichtweise von M. Klein als schwer annehmbar erscheinen mag, so können wir uns doch mit der Feststellung begnügen, daß bei diesem Anlaß das Kind die Bedeutung der negativen Affekte der Mutter in eine konkrete Gestalt umsetzen konnte.

Wie ich es bei Babys dieses Alters zu tun pflege, versuche ich mir nun auch bei Constance in Bild davon zu machen, wie ihre Mutter sie hält, und gebe ihr das Kind in die Arme. Auf einem Tisch an der Seite steht ein Zinngefäß mit einem halbzylindrischen Deckel, an dessen Ende sich eine Spitze zum Anfassen befinden. Ich bringe das Gefäß in die Nähe des Kindes, das die Mutter eng an ihre Brust gedrückt hält. Constance ergreift den Deckel und hält ihn fest. Da sagt die Mutter:»Du wirst mir damit aber nicht weh tun!« Augenblicklich schlägt Constance ihr den Deckel auf den Kopf und kneift sie mit der anderen Hand in die Brust. Selbstverständlich behaupten wir hier nicht, es gebe einen direkten Zusammenhang zwischen dem, was die Mutter sagt, und dem Verhalten von Constance; und erst recht behaupten wir nicht, das Bild von einer Mutterbrust, welches durch die Form des Deckels suggeriert werden könnte, habe beim Verhalten des Babys eine Rolle gespielt. Man könnte höchstens der Ansicht sein, daß der Haß auf die Mutter und das Schuldgefühl, das sie ihrer Tochter durch die Trennung zugefügt hatte und welches wiederum den Haß verstärkte, innerhalb jenes Assoziationsvorganges eine Bedeutung erhalten haben, durch den Deckel und Brust miteinander verknüpft werden. Wahrscheinlich waren für den Übergriff von Constance aber die affektiven Verhältnisse ausschlaggebend, die mit der Sprache einhergehen.

Wir haben es hier mit einem Fallbeispiel zu tun, an dem deutlich wird, wie die Kommunikation in dem Bereich der Affekte entsteht, die allmählich einen Sinn erhalten; eine solche Hypothese scheint uns jedenfalls begründet.

Die Verbindung zwischen den Affekten und dem Wort geht über den Begriff des Signals. Einer vorläufigen Mitteilung von J. Rabain-Jamin[6] verdanken wir einige Einzelheiten einer Untersuchung, die sie gerade durchführt; dabei geht es um die Bedeutung von eindeutig aggressiven Wörtern für das Baby, welche Mütter bei der Pflege und Erziehung verwenden. Es dreht sich um Mütter, die besonders bei der Körperpflege einen vertrauten Umgangston haben: »Mein Schweinchen« ist offensichtlich eine freundliche Beleidigung; aber oftmals ist das Baby auch ein »Schurke« etc.

Diese traditionelle Sprechweise kann man als Ausdruck mütterlicher Ambivalenz und als Billigung einer analen Regression verstehen, wobei Unsauberkeit eher erlaubt ist als Sexualität, wenn es darum geht, die Geschlechtsorgane zu waschen und sie dabei auch zu streicheln, zu reizen oder dem Kind dort weh zu tun. In einigen Kulturen, die J. Rabain-Jamin näher kennt, z. B. im Senegal, ist diese Form der Anrede Bestandteil der Gesellschaft und hat wahrscheinlich eine versöhnliche Bedeutung.

Wenn diese Kommunikationsweise nun eine bestimmte, zumindest ambivalente Haltung der Mutter ausdrückt, so steht der Affekt vollkommen im Widerspruch zu dem, was in der Sprache an negativen Momenten anklingen könnte. L. Kreisler und B. Cramer[7] meinen, daß die Interaktion auch Phantasien beinhaltet, weil der Körper des Babys zu dem Ort werden kann und muß, auf den sie

---

6 J. Rabain-Jamin; noch nicht abgeschlossene, unveröffentlichte Arbeit.
7 L. Kreisler u. C. Cramer, »Sur les bases cliniques de la psychiatrie du nourisson«, *Psychiatrie de l'enfant*, 1981, *24*, 1, S. 223–263.

projiziert werden. Nun kann die Verwendung der Umgangssprache und der entsprechenden Intonation dazu führen, daß gleichzeitig ein aggressiver Inhalt und positive Affekte entstehen, wenn die vor sich hinsingende Mutter einen bestimmten Tonfall und Rhythmus hat; sie überzeichnet die Klangfarbe mit ihrer Stimme und zeigt die gewohnten Signale, die mit dem mütterlichen Kontakt und den dazugehörigen Merkmalen auftreten. Durch die vielfältigen Bestandteile des affektiven Dialoges werden also Worte, die nur in der Vorstellung Erwachsener Gültigkeit besitzen, an ihren rechten Platz gerückt. Der geläufige Tonfall der skandierten und wiederholt gesprochenen Worte ist für ein Baby wichtiger, das ja in seiner vertrauten Umgebung lebt, in der der Umgang mit der Mutter positive Affekte auslöst.

In bezug auf das Baby stellen die Affekte und die Ausdrucksweisen für die Eltern recht bald eine Sprache dar. Die Rhythmen und die Mittel des Ausdrucks sind gleichermaßen Handlungs- und Kommunikationsweisen: Sie stellen die Sprache des Babys dar. Es ist bekannt, daß die Mutter bereits vor Auftreten des ersten bedeutungsvollen, sozialen Lächelns denkt, ihr Baby erkenne sie an und belohne sie mit einem ihr zugedachten Lächeln. Von der Entwicklung her betrachtet wurde deutlich, daß diese Gebärde wahrscheinlich durch Antizipation der Mutter verstärkt wird und durch emotionale Erfahrungen angebahnt ist, die sich zu Affekten heranbilden, welche ihren Ursprung im Innern haben. In demselben Sinne ist auch der tiefe Blick des Kindes ein gesprochenes Wort. Sein freudiges oder unruhiges Strampeln beim Ausziehen ist ebenfalls ein Hinweis. Das Schreien, das als Hilferuf oder als Leidensausdruck erfolgt ist, ein Zeichen, das der Mutter etwas sagt. Die verschiedensten Lautäußerungen nehmen eine Bedeutung an. Das Aufstoßen des Babys ist für die gesamte Familie ein Zeugnis für seine Befriedigung. Laute wie »a-re«, die zwischen Mutter und Baby ausgetauscht werden, haben verschiedene, abgewandelte Bedeutungen.

Angesichts all dieser Ausdrucksweisen des Kindes sei zweierlei angemerkt:

a) Die Antizipationen der Mutter und die jeweils mit ihnen einhergehende affektive Verfassung bestimmen ohne jeden Zweifel die Eigentümlichkeit der Reaktionen des Kindes.

b) Die zwischen Mutter und Baby rhythmisch ausgestoßenen Jauchzer und die Intonation der Mutter regen die ausdrucksvollen Rhythmen beim Baby an.

Kurzum, das Kind wird angeregt zu handeln und auf die Welt einzuwirken, um sich zur Geltung zu bringen und Kontakt aufzunehmen. Vor diesem Hintergrund muß man die Arbeiten des Linguisten J. Bruner[8] verstehen. Betrachten wir als Beispiel die Entwicklung des Greifens: Hält man ein Neugeborenes, das fest auf dem Schoß seiner Mutter ruht, in den ersten Lebenstagen mit seinem Kopf so, daß es einen glänzenden Gegenstand vor sich wahrnimmt, kann es seine Hand ganz andeutungsweise in dessen Richtung führen; man könnte sagen, daß es durch die Identifizierung mit seiner Mutter schon das Verlangen habe, nach Dingen in seiner Umgebung zu greifen.

Wie eine genaue, ins Detail gehende Untersuchung von Bresson[9] ergab, wendet sich das Kind gegen Ende des dritten Monats recht unbeholfen Gegenständen zu, die vor ihm liegen. Wenn es seine beiden Hände nach ihnen ausstreckt, verfehlt es sein Ziel. Durch Experimente an Tieren, die der Dunkelheit ausgesetzt wurden oder denen die Augen verbunden waren, wurde auch nachgewiesen, daß diese jungen Versuchstiere in Abhängigkeit von den jeweils herrschenden experimentellen Bedingungen ihr Sehvermögen verlieren oder wiedererlangen konnten. Beim Menschenbaby tritt dieser Entwicklungskomplex jedenfalls durch das Verhalten des »Zeigens« zutage. Das Kind streckt seine Hand aus und scheint auf den Gegenstand hinzudeuten. Seine Mutter versteht diesen Versuch als eine Willensäußerung, die sich deutlich in der Anspannung des gesamten Körpers ausdrückt. Da sie ihm den Gegenstand entgegenhält, lernt das Kind, seinen Wunsch, etwas zu greifen, dadurch mitzuteilen, das es darauf zeigt; diese Geste bedeutet von da an: »Ich will.« Bald darauf kann das Baby einen Gegenstand festhalten und verfeinert seine Handbewegungen. Es fährt dann nicht mehr mit der Handkante über die Tischplatte, um etwas zu greifen, und kann auch den Spitzgriff ausführen. Von ungefähr neun Mona-

---

[8] J. Bruner, »Development of Language«, in: E. Galenson u. J. Call (Hrsg.), *Frontiers of Infant Psychiatry*, New York, Basic Books, 1982.

[9] P. Bresson, »Développement moteur et organisation de l'espace«, in: *Monaco IV-Symposium sur la naissance du cerveau*, Paris, Guigoz, 1982.

217

ten an wechselt es einen Gegenstand, z. B. eine Klapper, von einer Hand in die andere. Alsdann nimmt es etwas auf, um es danach fallen zu lassen: Winnicott nennt diesen Zeitpunkt seltsamerweise den Augenblick der »Entwöhnung«; dieser Autor mit seinem beachtlichen Sinn für metaphorische Kürze will zweifellos darauf hinweisen, daß das Kind nun einen Gegenstand nehmen und wieder loslassen kann; und das vermag es auch mit seiner Mutter. Die Klapper, die in die Hand genommen oder begehrt und fortgeworfen oder fallengelassen wird, ist wie die Flasche oder die Brust, derer man sich bei Bedarf bedient. Das Loslassen des Gegenstandes bedeutet, daß das Kind in der Lage ist, mit symbolischen Bedeutungen oder Bezügen umzugehen.

Später wird dieser Zugang zu symbolischen Vorstellungen dem Kinde ermöglichen, diese bei funktionellen Spielen einzusetzen, so wie etwa der Enkel von Freud mit einer Spule spielte, die er von sich warf, um sie sich wiederbringen zu lassen; kurze Zeit später ließ er sie auch verschwinden und zog sie an der Schnur wieder hervor, an der er sie festhielt, so als ob er durch dieses Spiel imstande wäre, das Trauma zu bewältigen, das die Trennung von seiner Mutter (und auch von seinem Vater) ausgelöst hatte. J. de Ajuriaguerra [10] regte bemerkenswerte Untersuchungen an, die sich mit den Einzelheiten des tonischen Dialoges beschäftigen, der dieser beginnenden Kommunikation und dem ersten sprachlichen Austausch zugrunde liegt. Wir werden weiter unten noch auf diese Art des tonischen Dialoges sowie auf jene Auswirkungen zurückkommen, welche die Sprache auf die Interaktion innerhalb des ersten Lebensjahres hat. Dieser Zusammenhang sei jedoch erwähnt, um daran zu erinnern, daß der Bereich der Affekte, welche die Äußerungen und auch den Signalcharakter bestimmen, den zum Beispiel die Gebärden, die Rhythmen, die feinen Schwankungen des Muskeltonus erlangen, jene Sphäre darstellt, die durch die vielfach entstehenden Wechselbezüge die Vorstellungen des Babys gestaltet wird. Bevor wir jedoch die klinische Seite der Interaktion untersuchen, werden wir uns zuerst der Mutter und dann dem Kind zuwenden müssen.

---

[10] J. de Ajuriaguerra (verschiedene unter seiner Leitung durchgeführte Arbeiten), in: *Recherche coopérative sur programme (RCP) no. 472 du Comité National de Recherche Scientifique (CNRS)*; die Quellennachweise der einzelnen Arbeiten befinden sich im 3. Teil des Werkes, II. Abschnitt, II. Kapitel.

18 Die Perspektive der Mutter

Der Wunsch nach Mutterschaft entsteht nicht erst an dem Tage, wo eine junge Frau, die genaue Vorstellungen über ihre Familienplanung hat, sich entschließt, ein Kind zu bekommen. Mutter oder Elternteil zu sein entspricht einem Wunsch und bei einigen einem allgemeinen Trieb, der schon in ganz jungen Jahren natürlich bei Mädchen, aber auch bei Jungen in Erscheinung tritt. Wir beabsichtigen hier nicht, die zahlreichen Argumente aufzuzählen, die für diese These sprechen. Bei der Darstellung der Urphantasien beschrieb Freud auch die Phantasie der Urszene und zeigte, wie häufig sich Kinder einen Familienroman ausdenken. Ihre Gedanken, die um die Verwandtschaftsbeziehungen kreisen, fügen sich in ihre unbewußten Konflikte ein und entfalten sich mit fortschreitender Entwicklung, um in der Identifizierung mit den Eltern auszuklingen. Die Identifizierungsprozesse beginnen sehr früh: Wie wir noch sehen werden, gehen die primären Identifizierungen der Ausbildung des Denkens voran und vollziehen sich wahrscheinlich innerhalb des affektiven Interaktionsgeschehens, von dem soeben die Rede war.

Vieles hängt mit dem Wunsch zusammen, Mutter zu sein: die Puppenspiele des kleinen Mädchens, die gemeinsamen Spiele mit ihren Brüdern und Freunden, die spielerische Nachahmung von Vater und Mutter sowie das Spielen der Schulsituation.

Die Phantasien, die in bezug auf Mutterschaft entstehen und fortleben, hängen offenbar vom Entwicklungsstand und der kindlichen Sexualität ab: Bekanntlich herrscht zunächst eine sadistische Anschauung des Koitus vor; sie besteht zuerst in der Version, die Empfängnis finde auf oralem Wege statt und beinhaltet später die Vorstellung von der gewalttätigen analen Penetration. Das kleine Mädchen erfährt anscheinend erst ziemlich spät von der Beschaffenheit seiner Geschlechtsorgane. Was man ihm über die allmähliche Entstehung der sekundären Geschlechtsmerkmale, über den Busen und die Periode sagt und was es davon erfaßt, erweckt bei ihm jedoch recht schnell die Hoffnung oder vielleicht auch die Furcht, schwanger zu sein.

Schon aus den Phasen der kindlichen Sexualität werden die ihnen innewohnenden Konflikte auf Schwangerschaft und Mutterstatus übertragen. So werden beispielsweise die oralen Fixierungen bei der mütterlichen Sorge um den Appetit des Babys eine Rolle spielen: Die junge Mutter wird mit dem Appetit ihres Kindes zufrieden sein; sodann wird sie sich auch wieder abgestoßen fühlen, wenn sie beim Stillen etwas Gewaltsames empfindet. Ebenso treten alle Probleme im analen Bereich in zweifacher Hinsicht auf, nämlich unter dem Gesichtspunkt der explosiven Entladung und unter dem Blickwinkel von Kontrolle und Retention. In seiner Vorstellung von einem Kind nimmt das kleine Mädchen zunächst zum Vorbild, was es selbst in sich hat oder was es los wird; die oft zitierte Gleichsetzung von Kind und Kotsäule verweist darauf. Es vergleicht sich mit einem Jungen und stellt fest, daß es anders gebaut ist als er und keinen Penis hat; folglich wird das künftige Kind, das in seinen Phantasien existiert, diesen Mangel ausgleichen.

In seinen umstrittenen Erörterungen zur Sexualität des kleinen Mädchens machte Freud diese Enttäuschung zum Antrieb für seine Lösung von der Mutter und die Hinwendung zu seinem Vater. Die Entfaltung dieser ödipalen Situation führt zur Identifizierung mit der Mutter und zu dem Wunsch, vom Vater ein Kind zu bekommen. Das mit diesen Phantasien einhergehende Schuldgefühl wird durch die Zuneigung zur Mutter gemildert, und sie wird idealisiert: Das Schamgefühl entschärft die Schuld und ermöglicht den Fortbestand der Mutterschaftsphantasien.

Diese wenigen Zeilen sind nur ein Hinweis auf die landläufigsten Ausführungen über die Entwicklung der Sexualität des kleinen Mädchens, so wie sie sich aus psychoanalytischer Sicht darstellt; sie sollen nur veranschaulichen, wie umfassend und allgegenwärtig der Mutterschaftswunsch ist. In der Adoleszenz erfahren diese Wünsche dadurch eine schwerwiegende Wandlung, daß die reale Sexualität und die Mutterschaft dem Mädchen nun zugänglich sind.

Wenn hier festgestellt wird, wie allgemein dieser Wunsch nach Mutterschaft ist, so wird damit nicht ein Muttertrieb angenommen, sondern hervorgehoben, wie überaus bedeutsam die Mutterschaftsphantasien sind. Der Kinderwunsch gehört vielleicht in einen etwas anderen Zusammenhang, in dem mehr Gewicht auf das

Resultat der Mutterschaft gelegt wird, was man auch gern das Kind nennt, das im Imaginären existiert.

In vielen Kulturbereichen gehen der Wunsch, Mutter zu sein, und der Wunsch, Kinder zu haben, ineinander über, da der Status der Frau und derjenige der Mutter eine Einheit bilden. In der industriellen Zivilisation hingegen wurden die Mutterschaftsphantasie und die Absicht, schwanger zu werden und ein Kind zu bekommen, voneinander geschieden. Der neue Status der Frauen in Familie und Gesellschaft hat zur Folge, daß eine Familienplanung möglich oder gar notwendig wird. Dennoch bestehen weiterhin die ständigen Konflikte, die sich im Zusammenhang mit der kindlichen Sexualität und dem Mutterschaftswunsch ergeben. Die Situation der Frau in der Gegenwart führt zu einer Beeinträchtigung des Bedürfnisses nach narzißtischer Bestätigung, das Schwangerschaft und Geburt ja einschließen.

Wir werden später die Interaktion während der Schwangerschaft erörtern und gehen hier kurz auf die Situation der jungen Frau ein, die gerade ein Kind geboren hat: Wenn man ihr nach dem mehr oder weniger schweren Geburtsvorgang das neugeborene Baby in die Arme gibt oder auf den Bauch legt, findet sie sich mit einem lebendigen Wesen konfrontiert, das in dramatischer Weise seine Ankunft auf der Welt mit einem ersten Schrei kundgetan hat. Nun kann sich die metaphorische Kraft der verschiedenen Ausdrucksweisen beim Baby entfalten; man mag von einem ängstlichen oder auch von dem feierlichen Schrei des Lebensbeginnes sprechen; auf jeden Fall wird man, sobald man diesen Schrei vernommen hat, dem Verhalten des Neugeborenen eine Bedeutung zuschreiben.

D. W. Winnicott [1] hat den Zustand der Frau nach der Geburt als einen Wahn beschrieben, der es ihr ermöglicht, sich ausschließlich ihrem Kind zu widmen. Jenes Moment, das er Besorgnis nennt (*concern*), veranlaßt die Mutter, sich vollständig der Nahrungsfür-

---

[1] D. W. Winnicott, *Collected Papers. Through Paediatrics to Psychoanalysis*, Tavistock, London, 1958. Ein Teil der in diesem Sammelband erschienenen Aufsätze ist auch in deutscher Sprache zugänglich: D. W. Winnicott, *Von der Kinderheilkunde zur Psychoanalyse*, Kindler, München, 1976.

sorge hinzugeben; außerdem belegt es den Apohorismus Freuds über die Einheit von Neugeborenen und mütterlicher Pflege. Gewiß ist es keine Seltenheit, daß eine Mutter ihr Kind für das wundervollste hält. Aber in unserer Gesellschaft ist die Mutter, besonders wenn sie jung ist und zum ersten Mal ein Kind bekommt, häufig darüber beunruhigt, daß sie mit diesem lebendigen Kind und seinen Ansprüchen fertig werden muß. Sie durchläuft oft eine Phase von Niedergeschlagenheit, die mehr oder weniger eng mit dem Zustand einer schwachen Depression verwandt ist. Natürlich prägen auch die Bedingungen, unter denen Schwangerschaft und Geburt ablaufen, sowie die zustimmende oder ablehnende Haltung der Frau die verschiedenen Formen eines Zustandes, bei dem man nicht gerade immer im siebenten Himmel ist.

Die Mutlosigkeit der Mutter verschlimmert sich übrigens nicht nur dadurch, daß sie häufig nicht die erforderliche Unterstützung bekommt, sondern auch durch die Krisen, die vom Beginn des kindlichen Lebens an auftreten: Für den vierten Tag hat I. Lézine[2] eine gewisse Anpassungsschwierigkeit registriert. M. Mahler[3] findet, daß die autistische Sperre gebrochen wird, die das Kind dem ursprünglichen Reiz der Mutter entgegensetzt.

Noch schwieriger ist die Situation, wenn der Mutterschaftswunsch sich gar nicht zu einem Kinderwunsch fortentwickelt hat. Trotz der Möglichkeiten einer Familienplanung ist dieser Fall nicht selten und tritt vor allem in sozial benachteiligten Bevölkerungsschichten auf; dort sind besonders ältere Frauen betroffen, die schon mehrere Kinder haben. Ebenso können sehr frühe Schwangerschaften bei Adoleszenten eintreten, die aus ihrer Familie ausbrechen wollen und sich von der Schwangerschaft zugleich ein Kind und einen Gefährten versprechen, von dem sie verlangen, daß er die Rolle des Vaters und auch der Mutter übernimmt. Gleichzeitig ist der Mutterschaftswunsch bei ihnen wegen der Konfliktsituation in der Adoleszenz noch gar nicht gereift: Diese jungen Mädchen

---

[2] I. Lézine, M. Robin, C. Cortial, »Observations sur le couple mère-enfant au cours des premières expériences alimentaires«, *Psychiatrie de l'enfant*, 1975, *18*, S. 75–147.
[3] M. S. Mahler, F. Pine, A. Bergman, *Die psychische Geburt des Menschen*, Fischer, Frankfurt, 1978.

werden Mutter, ohne daß sie vorher haben mit Puppen spielen können. In anderen Fällen ist das Familienleben eine unerfreuliche Erfahrung für sie gewesen, denn sie mußten in bezug auf ihre jünge-
ren Geschwister die Rolle der Mutter spielen und zusätzlich noch
die Gereiztheit der eigenen abgespannten Mutter und die oftmals
mehr oder minder erotischen Ansprüche ihres Vaters ertragen.

Diese Bemerkungen zeigen, daß die jungen Mütter keine leichte
Aufgabe haben und daß ihre innere Situation von Konflikten beeinträchtigt sein kann, die auf das Baby projiziert werden. Wie alle
menschlichen Beziehungen sind auch jene zwischen Mutter und
Kind ambivalent, so daß sich auch Haßgefühle einstellen. Die junge
Mutter, die »sich fast vollkommen der mütterlichen Fürsorge hingibt«[4], hat viele Gründe, ihrem Baby von dessen Geburt an Gewalt
anzutun.

Wir werden sehen, mit welchen Steuerungsmechanismen es ihr

---

[4] D. W. Winnicott, a. a. O., vgl. Anm. 1; der Begriff des »holding« wird in dem Werk
oft angeführt. In seiner 1956 erschienenen Arbeit mit dem Titel »Die primäre Mütterlichkeit« drückt Winnicott sich folgendermaßen über die beinah perfekte Haltung
der Mutter aus: »Ich glaube nicht, daß es möglich ist, die Einstellung der Mutter zu
Beginn des Lebens ihres Säuglings zu verstehen, wenn man nicht annimmt, daß sie
dieses Stadium von Hypersensibilität – die fast eine Krankheit ist – nur erreichen
kann, wenn sie dort auch wieder herausfindet . . . Dies alles ist in dem Begriff ›sich
hingeben‹ enthalten, den ich benutze, wenn ich davon spreche, daß ›eine Mutter sich
ihrem Kind normal hingibt‹.« Gleichzeitig schreibt er aber in seiner Arbeit mit dem
Titel »Haß in der Gegenübertragung« (1947): »Gestatten Sie mir, einige Gründe dafür zu nennen, daß eine Mutter ihr kleines Kind haßt, sogar wenn es ein Junge ist:
Das Kind entspricht nicht ihrer eigenen (psychisch-geistigen) Vorstellung. Es ist
nicht das Kind aus den Spielen in ihrer Kindheit, das Kind des Vaters, des Bruders
etc. Es ist nicht durch magische Vorgänge erschaffen worden. Das Kind stellt also
während der Schwangerschaft und der Geburt eine Gefahr für ihren Körper dar.«
Winnicott widerspricht Freud, der annahm, daß die Liebe der Mutter zu ihrem Sohn
frei von ambivalenten Gefühlen sei, und fügt hinzu: »Auch wenn das Baby grausam
ist, so muß sie es trotzdem lieben, es selbst, seine Exkremente und alles andere
. . .«. Auf diese Weise ist die Mutter, die sich dem Kind ganz normal hingibt, eine
good enough mother, was im Französischen meistens mit »mère suffisamment
bonne« (genügend oder hinreichend gute Mutter) wiedergegeben wird. J. McDougall (*Les Théâtres du Je*, Paris, Gallimard, 1982) meint, es handele sich dabei um einen Übersetzungsfehler, und in Anbetracht der oben aufgezeigten Zusammenhänge
müsse man besser sagen: »mère relativement bonne« (verhältnismäßig gute Mutter).

gelingt, den Erfahrungen mit ihrem Baby eine lustvolle Bedeutung zu geben. Gegenwärtig hofft man, die Gewalt in allen Phasen der ersten Lebensstunden ausmerzen zu können. Das soll auch mit der Einführung der »sanften Geburt« erreicht werden; oder man verspricht sich auch von dem Verfahren des *rooming-in* [5] eine Verbesserung der späteren Entwicklung des Kindes; das haben wir bereits in dem Kapitel dargelegt, da der Untersuchung der Bindungen gewidmet ist. B. Brazelton scheint uns in dem Sinne der These, die wir hier vertreten, kreativer zu sein, wenn er scherzhaft sagt: »Bringt mir eine Mutter, und innerhalb von zehn Minuten mache ich eine gute Mutter aus ihr.« [6] Wenn er einer jungen Frau die außerordentlichen Kompetenzen eines Neugeborenen zeigt, das einige Stunden oder ein paar Tage alt ist, und demonstriert, wie dieses Baby ihm mit den Augen folgt oder wie es seinen Kopf jeweils in die Richtung seiner Stimme dreht, kann er tatsächlich der jungen Mutter versichern: »Schauen Sie nur, was Ihr Baby alles kann!«

Der erste Abschnitt des dritten Teils in diesem Buch galt einer recht eingehenden Betrachtung der bemerkenswerten, zahlreichen neu erschienenen Arbeiten, die sich mit der Reichhaltigkeit und der Fortentwicklung der frühen Interaktionen beschäftigen. Jetzt möchten wir beschreiben, was ein Beobachter von dem Geschehen auf seiten der Mutter spüren und erfassen kann; anschließend soll versucht werden, dies mit jenem Verständnis des mütterlichen Erlebens in Einklang zu bringen, das wir aufgrund unserer Erfahrung entwickelt haben.

Der Beobachter und die Mutter

Man begegnet der Mutter in speziellen Geburtskliniken und bei der Mütterberatung; man kann sie in besonderen Beobachtungsräumen oder in ihrer Wohnung sehen; vielleicht haben Kinderärzte,

---

[5] *Rooming-in:* Diese Praxis besteht darin, das Baby bei der Mutter im Zimmer zu lassen und für mehrere Stunden am Tag einen ganz direkten Hautkontakt herzustellen, indem ihr das Neugeborene auf den Bauch gelegt wird.
[6] B. Brazelton, persönliche Mitteilung.

Sozialarbeiter, Kinderkrankenschwestern, Psychologen und Psychiater mit ihr zu tun. Wir werden hier über unsere Erfahrung berichten, die ganz auf die therapeutische Betrachtung abgestellt ist und durch die Kenntnis der Psychoanalyse bereichert wird. Dabei werden die Beobachtungen im Dialog mit der Mutter vertieft; sie kann über ihr eigenes Verhalten sprechen, sich über die Erwartungen in bezug auf das Verhalten ihres Babys äußern und etwas über ihre Phantasien sagen.

Man betont häufig mit Nachdruck den Kontrast zwischen dem Kind, das als Wunschvorstellung während der Schwangerschaft existiert, und dem realen Kind, das die Mutter in den Armen hält. Diese Unterscheidung ist zweifellos beachtenswert, und sei es nur, weil sie zum besseren Verständnis des anfänglichen Kummers und der Ambivalenz der jungen Mutter dient. Indes ist klar geworden, daß der Wunsch nach Mutterschaft offenbar eine Eigentümlichkeit der menschlichen Natur ist. Auf Grund der Phantasien, die er wachruft, kann von einem phantasierten Kind gesprochen werden; das in der Vorstellung existierende Kind wäre dann eher Ergebnis von Tagträumen, die als Erfindungen oder als bewußte Phantasien bezeichnet werden können. Das reale Kind ist dagegen in seinem extrem schwachen Zustand nicht zu übersehen. Aber die Besorgnisse, die es hervorruft, und das Erstaunen, das es auslöst, führen schnell zu dem phantasierten Kind und zu dem Kind einer früheren Lebensphase zurück, wo in der Psyche der Mutter deren persönliche Objektbeziehungen auftauchen und das heißt, die Realität ihrer Eltern und deren Deutung durch konflikthaft besetzte Repräsentanzen. Mit dem Baby, das der Mutter oder ihrem Mann ähnlich sieht, werden auch die ödipalen und sogar die präödipalen Konflikte der Frau wiederbelebt. Das Baby ist ein Zeugnis für das psychische Überleben seiner Großeltern. Diese Gesetzmäßigkeit trifft einerseits zu, wenn es für die Mutter um die Bedeutung seiner Existenz bei der Verarbeitung ihrer inneren Konflikte geht; und sie ist andererseits ebenso gültig, wenn es sich darum handelt, die Rolle des Babys innerhalb des Systems der zwischenmenschlichen und familiären Beziehungen zu untersuchen; dabei ist noch nicht berücksichtigt, was auf die Mutter mit der Entwicklung des Kindes, mit all den Hoffnungen und Sorgen noch zukommt.

Im folgenden, wo es ja um die Mutter geht, werden wir uns mit den Auswirkungen beschäftigen, die das phantasierte Kind, das in der Vorstellung existierende Kind und das reale Kind zugleich bei ihr hervorrufen. Unser Bezug zur Psychoanalyse erfordert, daß diese drei Kategorien in der Beobachtung nicht einander entgegengesetzt werden, sondern daß ihre Gemeinsamkeiten beschrieben und herausgearbeitet werden können. Diese dreifache Dimension des Kindes, das vom mütterlichen Auge wie von einem Zerrspiegel betrachtet wird, macht es der Mutter leicht, in ihren Schilderungen und Assoziationen etwas von ihren Phantasien mitzuteilen. Die Mutter spricht, empfindet und bringt etwas hervor. Ihr Erleben wird durch ihr Antizipationsvermögen noch erweitert. Es handelt sich dabei um ein Repertoire an Verhaltensweisen, welche ihre Interpretationen darstellen, die man untersuchen kann und die dadurch wirksam sind – diese Überzeugung haben wir zumindest im Zuge unserer Erfahrung gewonnen –, daß sie die Bedeutungskraft einer Metapher besitzen; diese wird gewiß noch durch die Fähigkeit der jungen Mutter gesteigert, sich mit ihrem Baby zu identifizieren. Vielleicht sollte man ohne Umschweife klarlegen, daß der Beobachter im Idealfall diese hysterische Identifizierung zu teilen vermag, die bisweilen auch während einer psychoanalytischen Sitzung eintritt, wenn die Wortvorstellungen eine schillernde Bedeutung annehmen, weil sie um die affektiven Verbindungen zu Abkömmlingen des Unbewußten bereichert sind, die ihnen einen Überschuß an semantischem Wert verleihen.

Die Phantasiebildung, die das Baby bei seiner Mutter in Gang setzt, ist in den ersten Lebensmonaten besonders reichhaltig. Später ist das Kind in der Lage zu handeln, was beweist, daß es ein eigenständiges Phantasieleben hat und sein Denken und seine Vorstellungen für ein vorausschauendes Handeln einsetzen kann.

Bei den folgenden Beobachtungen muß vermieden werden, Momente zu würdigen, die eine Sondersituation darstellen. In dieser Hinsicht ist wohl einer Beobachtung Vorrang zu geben, die entweder zu Hause oder in Spezialräumen stattfindet, die mit einer Videoanlage und mit Einwegscheiben ausgerüstet sind. Im ersten Fall finden die einzelnen Schritte der Pflege, der eigentlichen Interaktion und der Ruhephasen, in denen das Baby Kraft schöpfen kann, in einem natürlichen Rahmen statt, durch den die Befangenheit einer Mutter, die sich beobachtet weiß, zwangsläufig vermindert wird. In den Beobachtungsräumen kann man eine gewisse Zeit verstreichen lassen, bis man Gelegenheit findet, sich ein Bild über den logischen Zusammenhang zu machen, der den aufeinander bezogenen Verhaltensäußerungen von Mutter und Baby zugrunde liegt.

Jedenfalls führt eine derartige Untersuchung dazu, sich auf gewisse, mehr oder minder standardisierte Situationen wie Füttern, Körperpflege, Baden etc. zu konzentrieren. Damit wird eine bestimmte Vergleichsmöglichkeit geschaffen. Das Verhalten der Mutter kann nach typischen Mustern oder »patterns« beschrieben werden. Da unsere persönliche Erfahrung eher auf therapeutischen Beratungen beruht, neigen wir mehr zur Beobachtung von Sequenzen von freiem Verhalten innerhalb der sich zwischen der jungen Mutter und ihrem Baby entwickelnden Beziehung.

Unter diesem Aspekt ist es zweifellos ein ganz künstliches Vorgehen, die Äußerungen der Mutter und des Babys einander gegenüberzustellen; dies trifft um so mehr zu, als wir beabsichtigen, innerhalb der Interaktion eine Ökonomie und einen systematischen Zusammenhang aufzuzeigen. Doch aus Gründen der Einfachheit der Darstellung interessieren wir uns für die Mutter, die ihr Baby trägt, und behalten uns die Darstellung des Interaktionsgeschehens, insbesondere die Kommunikation beim Blickkontakt, für die Betrachtung des Babys vor.

Ein Baby wird von seiner Mutter gehalten

Wenn eine Mutter ein Baby in die Arme nimmt, löst sie bei ihm ein Reaktionsmuster aus, das sich zu Beginn des Lebens als ein ungerichtetes Suchverhalten äußert. Dabei handelt es sich wohlgemerkt um eine komplexe Situation, die bei weitem die Ausmaße des archaischen Reflexes des »rooting«[7] überschreitet. Die Mutter hat

---

[7] *Rooting* bezeichnet ein angeborenes Verhalten von menschlichen Säuglingen und entsprechend jungen Säugetieren. Bei menschlichen Babys ist es dadurch gekennzeichnet, daß das Kind, das ein Erwachsener in den Armen hält und an seine Brust

dabei alle Möglichkeiten ihrer mütterlichen Verhaltensweisen zur Verfügung, die überwiegend vorprogrammiert sind, aber auch Kommunikationswert für sie besitzen; außerdem sind die erotischen Wirkungen zu berücksichtigen, die sie bei ihr hervorrufen können. Gleichzeitig stellen ihr Geruch, die Rhythmen, die sie in den Dialog mit dem Baby einbringt, ihre Worte und ihre Stimmführung ein Gebilde von verbalen und nonverbalen Mitteilungen dar, die Teil jener Flut von Affekten sind, die wir im vorigen Kapitel erörtert haben.

Durch D. Winnicott[8] ist der »haltende Umgang« mit dem Baby unter dem Begriff des »holding« bekannt geworden. Mit diesem wohl unübersetzbaren Wort wollte er sagen, daß die Mutter ihr Baby nicht nur hält, sondern es auch erhält, umschlossen hält, festhält etc. Wie wir bereits erwähnten, kann man sich mit dieser metaphorischen Auffassung von der Mutter, die ihr Baby hält, veranschaulichen, wie ihr Verhalten auf die beiden Hauptakteure wirkt, die sich in ein wechselseitiges, unmittelbares Verhältnis fügen.

Aber wir möchten noch einmal betonen, daß ein Begriff, der eine gewichtige affektive Bedeutung hat, an Wert verliert, wenn er zu einem Rezept wird: Dann wird das »holding« zum »Tragen«. Sicher ist es ansprechend, die kleinen Kinder in einem Körbchen zu tragen, wenn es Teil der erlebten Fürsorge und Pflege ist, die sie genießen. Jedoch kann man sich mit Recht fragen, was die Kinder davon haben, wenn man sie in Tragevorrichtungen steckt, die übrigens ganz einfallsreich und bunt sind, und auf den Straßen, in öffentlichen Verkehrsmitteln, in Museen etc. herumführt. Zum einen wird das in Afrika gebräuchliche Tragen nachgeahmt; dabei befindet sich das Baby in einem Sack unmittelbar auf dem Rücken; unten

---

drückt, seinen Kopf dreht und die Brustwarze sucht; der nächste Schritt ist dann das Saugen. René Spitz *(Vom Säugling zum Kleinkind: Naturgeschichte der Mutter-Kind-Beziehungen im 1. Lebensjahr,* Klett, Stuttgart, 1976) mißt diesem archaischen Reflex oder Verhalten große Bedeutung bei; Kinder, die von ihrer Mutter getrennt wurden und an einer anaklitischen Depression leiden, zeigen diesen Reflex weiterhin und wackeln mit dem Kopf. Mit dieser Bewegung reaktiviert das Baby die verbliebenen Spuren des Lustgefühls und bringt das Gefüge der autoerotisch bedeutsamen Zonen der »Urhöhle« ins Spiel.

[8] D. W. Winnicott; vgl. Anm. 4.

schauen seine Beine heraus. In anderen Fällen wird der Trageriemen an der vorderen Körperseite des Erwachsenen befestigt, so daß das Kind an der Brust des Elternteils lehnt. Derartige Erfahrungen können durchaus wertvoll sein, aber man fragt sich hier doch, welche Bedeutung sie erlangen, wenn das Tragen in Eile und mit spürbarer Gleichgültigkeit stattfindet oder von dem Gedanken bestimmt wird, in anderer Hinsicht praktisch zu sein. Was soll man da noch von der therapeutischen Wirksamkeit sagen, die man dem Tragen zuschreibt und die möglicherweise so weit reicht, daß sie auch den Erwachsenen Vorteile bringen kann; in diesem Zusammenhang ist von einer neuartigen Psychotherapie die Rede!

In unserer Kultur hält eine Mutter ihr Baby im allgemeinen in zwei Positionen: in ihren Armen oder auf dem Schoß.

a) *Hält man das Baby auf dem Arm*, so setzt das unruhige Suchverhalten ein. Dabei sind aber mannigfaltige Unterschiede zu beobachten. Meistens schmiegt sich das Baby an die Brust, lehnt seinen Kopf eng an den Hals der Mutter und läßt ihn dabei auf ihrer Schulter ruhen. Das Baby mag seine Augen geschlossen halten oder öffnen, der Anblick, der sich ihm bietet, ist beschränkt. Mit zunehmendem Alter, gegen Ende des ersten Lebensjahres, wenn das Versteckspielen beginnt, zieht es sich bei Annäherung eines Fremden in diese Position zurück, findet jedoch schnell Gefallen daran, sich von ihm anschauen zu lassen, aber gleichzeitig hinter der Schulter des Erwachsenen zu bleiben, der es trägt: Abwechselnd versteckt es sich dann und kommt wieder hervor, um hinzusehen. So eröffnet sich ihm in den ersten Lebensmonaten die Möglichkeit, von dieser Position aus die Ereignisse in seiner Umgebung zu betrachten.

Wir haben außergewöhnliche Situationen kennengelernt, in denen dem Kind in dieser Haltung die oben umrissenen Verhaltensabläufe nicht möglich waren. Wir werden darauf zurückkommen, wenn wir die Perspektive vom Kind aus untersuchen und den Fall von G. (Fall 3) besprechen; das ist ein sieben Monate altes Baby, mit dem die Mutter sich wegen schwerer Schlafstörungen an uns gewandt hat. Als die Beratung beendet war, bat ich diese junge Frau, ihr Kind auf den Arm zu nehmen. Sie hat mir mitgeteilt, daß sie wisse, wie notwendig der Hautkontakt sei, zumal sie tagsüber arbeite; daher ziehe sie abends, wenn sie nach Hause komme, ihren Pullover und ihren Büstenhalter aus, wenn sie ihr Baby versorge. Als sie das Baby bei mir nun auf den Arm nahm, lagerte sie es so, daß sein Kopf auf ihrer Schulter hin- und herrollte und es lediglich die Wand hinter der Mutter anschauen konnte. Später wiegte sie es, aber in Wirklichkeit war es ein heftiges Schütteln in vertikaler Richtung. Wir werden noch darlegen, was geschah, als ich sie bat, das Kind so aufzunehmen, daß es sie anschauen konnte. Es ist ja bekannt, daß es sich dabei um eine ganz entscheidende Situation handelt; wir werden dies erörtern, wenn wir uns ausführlich mit dem direkten Blickkontakt aus der Sicht des Babys beschäftigen.

Durch eine persönliche (unveröffentlichte) Mitteilung von Eleanor Galenson habe ich erfahren, daß Kinder von Müttern mit einer Schulterluxation gesondert untersucht wurden und sich dabei zeigte, wie stark sie darunter leiden, daß sie nicht in den Genuß der Schlüsselbeinmulde ihrer Mutter kommen.

b) *Das Halten des Babys auf dem Schoß* bietet mehrere Möglichkeiten. Manchmal sitzt die Mutter und hält das Kind in den Armen, so daß es mit dem Gesicht an ihrer Brust lehnt. Diese Position eignet sich gut für das Einschlafen, um so mehr, als die Mütter ihr Kind streicheln und gleichzeitig ungehindert sprechen können, ohne es dabei jedoch zu vergessen. Diese Art des Haltens hat wahrscheinlich eine ganz ähnliche Wirkung wie der afrikanische Brauch, bei dem das Kind eng am Rücken der Mutter anliegt.

In bestimmten Fällen sind die Schwankungen der Interaktion im affektiven Bereich wahrnehmbar, wenn man beobachtet, was unter derartigen Bedingungen abläuft. Eine junge Mutter aus Martinique kam mit ihrem Baby, einem drei Monate alten Jungen (Fall 4), zu mir; man hatte ihr dazu geraten, weil er unter Verstopfung litt, obwohl sie ihn stillte. Sie saß mir gegenüber und hielt den kleinen Jungen, während sie ihn streichelte, so geschickt, daß er leise schnarchte. Sie erzählte mir, wieviel Freude es ihr bereiten würde, für ihn zu sorgen: Sie hatte aufgehört zu arbeiten und beabsichtigte, ihren Mutterschutzurlaub zu verlängern; sie beschrieb in rührender Weise, wie sie wach wird, um dem Baby zu trinken zu geben, wenn es danach verlangt, besonders nachts. Sie kam von den Antillen und lachte, als sie mir erzählte, daß ihre beiden Gefährten sie, die Mutter von drei Kindern ist, verlassen hätten, um zu anderen Frauen zu gehen. Das Baby gab kurz einen Laut von sich und schlief dann wieder ein, als sie über ihre friedliche Kindheit und über ihren Vater sprach, der der einzige ernsthafte Mann sei, den sie kenne. Später fragte ich sie, wie sie sich ihr Baby vorstelle, wenn es einmal erwachsen sein würde. Sie gab zur Antwort, daß sie dazu nichts sagen könne, und ich fragte noch einmal nach. Da legte sie das Kind tief bewegt beiseite; es schlief weiter, und sie sagte mir, sie »sehe nichts«. Dann holte sie es wieder zu sich heran und erklärte: »Er wird ein ordentlicher Mann werden wie mein Vater, . . . aber wenn er zehn, zwölf Jahre alt ist, muß ich ihn festhalten und darf ihn nicht gehen lassen, sonst wird er so ein Strolch wie sein älterer Bruder.« In diesem Augenblick – sie war ganz angespannt – wacht das Baby auf und weint kläglich. Eigentlich habe ich zwei Mütter gesehen, die dasselbe Baby halten; die eine besänftigt es, bis es schläft, die andere bedrängt es und zwingt es, seine Eingeweide zusammenzuziehen: das ist die Mutter, welche die Verstopfung bewirkt; an dieser Stelle wird ihre anale Charakterstruktur wirksam, als sie die Gefahr heraufbeschwört, die ihrem Baby droht, falls es so würde wie sein Erzeuger.

Manchmal sitzt die Mutter auch und bietet ihr Baby dar wie die Heilige Jungfrau das Jesuskind. Dies müßte eigentlich eine bequeme Position sein, was aber nur zutrifft, wenn es der Mutter auch so geht wie der Jungfrau Maria, die stolz auf ihr Kind ist und es den Heiligen Drei Königen oder anderen Bewunderern zeigt. Das Baby wird also auf ihre beiden Beine gelegt und ruht behaglich auf den Oberschenkeln in ihrem Schoß. Diese Position schließt nicht aus, daß eine aufmerksame Mutter sich mit ihrem Gesprächspartner unterhalten kann und gleichzeitig das Baby streichelt.

In dieser Stellung werden viele affektive Schwankungen, die in den Worten der Mutter auftreten, unmittelbar dadurch übertragen, daß sie sich auf die Art und Weise auswirken, in der das Baby gehalten wird. Es kann der Mutter entgleiten, sie kann es von sich fernhalten oder auch zulassen, daß es in eine unbequeme, merkwürdige Lage gerät. Sie kann seine Haare streicheln; wir haben viele nordarabische Mütter erlebt, die den Kopf ihres Babys scheinbar zu kräftig kraulen. Nebenbei sei dazu bemerkt, daß das äußere Verhalten einer Mutter und das Gefühl, das es einem als Beobachter vermitteln kann, nicht so wichtig sind wie die affektive Bedeutung, die es für die beiden Partner der Beziehung hat.

Der Fall eines Babys, das an Schlaf- und Einschlafstörungen leidet, veranlaßte uns, über diese Art des Haltens genauer nachzudenken. Das Baby war neun Monate alt (Fall 5); die Mutter saß, als sie mir das Kind zeigte; sie hatte die Beine übereinandergeschlagen, und der kleine Junge saß auf einem ihrer Knie; mit ihrer linken Hand hielt sie seinen Arm umfaßt, ihre rechte Hand hing einfach herunter. Ich identifizierte mich mit dem Baby und sagte zu der jungen Frau: »Wenn ich an Stelle Ihres Babys wäre, würde ich mich in dieser Haltung nicht wohl fühlen!« Die Mutter antwortete mir trotzig: »Na und! Aber ich fühle mich wohl!« Genau in diesem Augenblick gibt das Baby ihr eine Ohrfeige; dieses Verhalten, das auch auf Video aufgezeichnet wurde, wiederholte sich jedes Mal, wenn die Mutter mich provozierte, – was im Laufe des Gespräches mehrmals vorkam. Nach dieser Beratung schlief das Baby allabendlich gut ein; die Mutter konnte mir nun über die gestörte Beziehung mit ihrem Ehemann berichten, der nach Hause kam, um sich sogleich mit seinem Kopfhörer zurückzuziehen und völlig in der Musik aufzugehen. Ich hatte Gelegenheit, sie über ein Jahr lang immer wieder zu sehen. Begreiflicherweise war sie von dem kleinen Jungen sehr abhängig geworden, der ansatzweise die Rolle eines schwachen Vaters und Ehemannes spielte. Ich erinnere mich daran, daß der kleine Junge bei unserer letzten Unterredung ihren Schoß nicht mehr verlassen wollte, auf dem er sich nun so wohl fühlte. Er stand aufrecht, hielt sie an der Hand und schob mit einer seltsamen, nachdrücklichen Bewegung seine Fingernägel unter die seiner Mutter; es war offensichtlich eine sinnliche Erfahrung, die sie da miteinander teilten.

Ich hatte später Gelegenheit, mir Gedanken darüber zu machen, wie die Heiligen Jungfrauen oder vielmehr die Mütter bei Michelangelo ihr Baby auf dem Schoß halten, wie man es im Museum zu Florenz sehen kann. Wie die soeben erwähnte junge Frau halten sie es mit einer einzigen Hand, während der andere Arm gar nicht als solcher ausgeformt ist und mit dem Steinmaterial verschmilzt. Bekanntlich hat auch Michelangelo einen sehr schwachen Vater gehabt; und vielleicht ist das Baby, das einmal ein großer, schöpferischer Geist werden sollte, ungünstig gehalten worden ... Wie man weiß, hatten die Probleme der Abstammung für Michelangelo schwere Folgen; das gilt zumindest für sein Privatleben, aber auch für seine Teilnahme am öffentlichen Leben.[9]

Im Rahmen unserer Forschung, der diese knappen Beobachtungen entstammen, wollten wir genauer erfahren, was bei afrikanischen Frauen vor sich geht, die ihr Kind in ähnlichen Situationen auf dem Rücken tragen wie die erwähnten Mütter. Die frühen Interaktionen in diesem Kulturkreis werden wir später darstellen; jedoch erwähnen wir schon hier den Fall einer jungen Frau aus Guinea, die mit einem mehrere Monate alten Baby zur Untersuchung kam, das sie wegen ihrer epileptischen Anfälle nicht stillte (Fall 6). Sie saß mir gegenüber, zeigte mir ihr Baby und erklärte mir dabei deutlich, daß sie die nordafrikanischen islamischen Frauen verachte, die es den Franzosen nachahmen wollten und ihr Kind nicht auf dem Rücken tragen würden. Während ihrer aggressiven Ausführungen fühlte sich das Kind nicht wohl und war erregt. Ich sagte zu der jungen Frau, daß ich noch nie aus der Nähe gesehen hätte, wie ein Baby in dieser Weise getragen wird; von den europäischen Kindern würde ich es ja schon kennen. Die Frau sagte mir, sie trage einen Unterrock und sei gern bereit, ihre Kleider abzulegen und das Baby mit ihrem afrikanischen Kleid auf den Rücken zu nehmen, so wie es üblich sei. Sie führte dies auch aus und nahm wieder Platz; das Baby ruhte an ihrem Rücken, hatte seinen

---

[9] D. Fernandez, *L'arbre jusqu' aux racines*, Paris, Bernard Grasset, 1972, »Psychanalyse et création«. Eine der drei Studien ist Michelangelo gewidmet. Es sei daran erinnert, daß er nach dem Tod seiner Mutter von einer Stiefmutter großgezogen worden ist, bevor er zu der Frau eines Steinmetzes in Pflege kam. Diese Pflegemutter hat Vater und Mutter ersetzt. Die Rolle, die väterliche Helden für Michelangelo gespielt haben, ist bekannt: »Denn von Ghirlandaio bis Poliziano werden diese Gestalten, die Lodovico abgelöst haben, nicht als affektiver Ersatz für die Vaterfigur dargestellt (wenn sie diese Rolle gespielt haben, wird diese Frage nicht einmal aufgeworfen), sondern haben genau wie die Pflegemutter von Settignano einen kulturellen Stellenwert« (S. 110).

Kopf auf ihre Schulter gelegt und ließ die Arme nach vorn hängen; bald schlief es ein. Wir sprachen über die Schlafgewohnheiten des Kindes und über die Lieder, welche sie ihm vorsang. Sie willigte ein, sie auch mir vorzusingen: Es waren Wiegenlieder, die einem Sprechgesang glichen, dessen Rhythmus sich stark von ihrer französischen Aussprache unterschied und der recht schrill klang. Sie übersetzte sie mir auch; kurz gesagt, ihre Worte waren an ihren Sohn gerichtet; sie sagte ihm, daß seine Mama immer für ihn da sei und daß der Papa wiederkommen würde: »So ist das Leben.« Der kleine Junge war völlig entspannt; aber als die Mutter auf französisch sagte, daß der Vater zurückkommen würde, erklärte sie mir auch, daß sie Krisen habe, da der Teufel in sie gefahren sei; währenddessen blieb ihr Tonfall scheinbar unverändert. Sofort wachte das Baby auf, schlief jedoch wieder ein, als sie fortfuhr, mir das Lied zu übersetzen.

Wir haben diesen Fall hier insbesondere deshalb skizziert, weil wir aufzeigen wollen, daß das Tragen nicht als eine Verhaltensweise betrachtet werden sollte. Es gibt dabei ganz offensichtlich feinste Nuancen, die zutage treten, wenn die Mutter von sich selbst, von ihrem Baby und von den Beziehungen spricht, die in ihrem Leben mit ihm und ihren Angehörigen eine Rolle spielen; von Bedeutung ist auch, wenn sie die Störungen in ihrer Objektbeziehung erwähnt und der Körper des Babys möglicherweise zur Projektionsgrundlage für ihre Phantasien wird.[10] Bei der Darstellung der Interaktionen auf der Ebene der Phantasien werden wir noch sehen, wie Mutter und Baby bei den verschiedenen Verhaltensweisen – wie auch dem Halten – miteinander in Verbindung treten: Das Verhalten, die Gedanken und Phantasien, die Affekte und der Muskeltonus stellen viele einzelne Momente dar, die dieses Interaktionsgeschehen mit prägen und ihm eine Bedeutung verleihen, die man herausfinden kann, wenn man die Mutter aufmerksam betrachtet, ihre Handlungen deutet und sie bittet, über ihr eigenes Gemütsleben sowie über ihre früheren und ihre gegenwärtigen Beziehungen zu sprechen.

[10] L. Kreisler, B. Cramer, »Sur les bases cliniques de la psychiatrie du nourrisson«, *Psychiatrie de l'enfant*, 1981, *24*, 1, S. 223–263.

Am Rande sei angemerkt, daß sich durch die Anwesenheit des Kindes für den Psychoanalytiker die außerordentliche Gelegenheit ergibt, einen Erwachsenen über den Sinn seines Verhaltens zu befragen; denn ein solches Vorgehen kann im allgemeinen nicht zulässig sein und wäre es auch nicht, wenn die Mutter nicht ihr Baby bei sich hätte.

Um die Darstellung der Vorgänge bei der Mutter zu erleichtern, haben wir das Halten des Kindes herausgegriffen. In der Praxis kann ein Blick auf diesen Zusammenhang den Vorteil haben, daß man Vergleichsmomente an die Hand bekommt; jedoch muß der Kliniker als Beobachter vor Ort sich ohne Bedenken auf sein Assoziationssystem und sein Einfühlungsvermögen verlassen können, um dem Baby und seiner Mutter soweit zu folgen, wie sie es wünschen. Aus diesem Grund werden wir nun zwei kurze Fallbeispiele darstellen, bei denen die Überlegungen zum Halten natürlich nur ein Aspekt der praktischen Schlußfolgerungen sind, die aus der Untersuchung der Interaktionsprozesse gezogen werden.[11]

Die Mutter der drei Monate alten Olivia (Fall 7) stammt aus Martinique, ist 27 Jahre alt und lebt seit zehn Jahren in Frankreich. Sie arbeitet als Hilfsbuchhalterin; vorübergehend wohnt ihre Schwester bei ihr.

Über den Vater von Olivia wissen wir nichts; wenn man die Mutter danach fragt, wechselt sie das Gesprächsthema: »Das Wort ›Vater‹ kann gestrichen werden, den gibt es nicht, weil wir uns nicht mehr sehen.«

Sie wirkt verschlossen; wir erfahren, daß ihre eigene Mutter mehrmals wieder geheiratet hat. Sie bemerkt, daß Olivia die erste

[11] Die betrachteten Fälle sind Teil unserer Forschung, welche sich mit Kindern beschäftigt, die von sozialen, körperlichen und seelischen Beeinträchtigungen bedroht sind; sie werden aufgrund ihrer ärztlichen Unterlagen bei ihrer Geburt und im Alter von neun Monaten untersucht. Das Forschungsprogramm wird zur Zeit von der staatlichen Gesundheitsbehörde gefördert (Institut National de la Santé et de la Recherche Médicale; PRC 8133020). Die Mitarbeit des Mütterberatungsdienstes von Seine-Saint-Denis ist für uns dabei besonders wertvoll. Ich möchte an dieser Stelle Frau Dr. Annie Piquart ausdrücklich dafür danken, daß sie mir so bereitwillig die Unterlagen überlassen hat, die sie im Auftrag der Forschergruppe zusammengestellt hatte.

Enkeltochter sei, die die Mutter von ihren Töchtern bekommen habe: »Mit den Jungen ist das etwas anderes, das ist eher nebensächlich.« Sie sagt noch über ihre Mutter, daß sie niemals Zeit gehabt habe, ihre Kinder zu halten.

In der Krankenakte werden mehrere Angstsymptome bei Olivia festgestellt: Unruhe, plötzliches Zusammenfahren, Verstopfung und Schwierigkeiten beim Einschlafen. Wahrscheinlich spricht die Mutter da von ihrer eigenen Angst ...

Von ihrer Schwangerschaft erwähnt sie lediglich, daß sie wegen wehenartiger Spannungen ihre Arbeit aufgeben mußte. In den ersten Wochen nach der Geburt war sie darauf bedacht, sich nach den medizinischen Ratschlägen zu richten, und machte sich Sorgen, denn Olivia wurde nicht hinreichend wach und nahm nicht genügend an »Gewicht« zu.

Videoaufzeichnung

Das Holding: Olivia liegt bäuchlings auf dem Schoß ihrer Mutter, so daß eine gewisse Distanz bestehen bleibt; einige Augenblicke später wird sie von ihrer Mutter nicht mehr gehalten. Als sie ihr entgleitet (und man denke hier an Winnicott, wenn er sagt, daß in diesem Alter ein Hinabrutschen um 10 cm bedeutet, in einen Abgrund zu fallen), zieht die Mutter sie wieder heran und hält sie »wie einen Fisch an den Kiemen« in einer Position, die weder für das Kind noch für sie selbst bequem ist (die Mutter ist mit ihrem spitzen Fingernagel kurze Zeit ganz dicht unter dem Kinn des Babys). Diese Schoßlage scheint ein erotisch gefärbter Kontakt zu sein, der vielleicht an die Geburt erinnert.

Die Mutter bietet nichts Besonderes: Das Baby ist bei ihrem Holding nicht geborgen.

Antizipation: Die Mutter sagt mehrere Male zu ihrem Baby: »Ich kann es nicht erraten ...« Ihre Fähigkeit, sich mit dem Baby zu identifizieren, ist also sehr begrenzt. Sie sagt lediglich: »Sie ist mir ähnlich, sie läßt sich wohl nichts gefallen ...« Sie geht mit dem Schnuller ganz rigide um und setzt ihn ein, um sich selbst zu beruhigen. Unaufhörlich wischt sie dem Baby den Mund ab. Ihre Handlungen haben überwiegend funktionellen Charakter.

236

In ihren kreativ-vorausschauenden Bemühungen ist sie sehr beschränkt; sie führen in einigen Entwicklungsbereichen zu Verzögerungen, in anderen zu einem großen Vorsprung.

Kompetenzen: Olivias Kompetenzen scheinen sehr gut zu sein. Sie ist in der Lage, sich ganz selbständig zu beruhigen, findet ihren Daumen und reagiert auf Ansprache. Überhaupt ist ein für dieses Alter ungewöhnliches Interesse an der Außenwelt zu bemerken. Olivia schaut sich in ihrer Nähe um und tröstet sich sogleich, indem sie die Steckdose an einer Wand so eindringlich mustert, daß niemand umhin kann, es ebenfalls zu tun; so gewinnt sie die Aufmerksamkeit ihrer Mutter. »Wenn ich mit ihr spazierengehe, schaut sie woanders hin, so als wäre ich gar nicht da.«

Diese Neugier scheint eine vorzeitige Reifung in einem Teilbereich zu sein, die für die spätere Entwicklung besorgniserregend ist. Vieles scheint dafür zu sprechen, daß die Art und Weise des Haltens zu frühzeitigen Entwicklungen im Bereich des Interesses an der Außenwelt führen kann; damit erreicht das Baby, daß seine Mutter sich ihm wieder zuwendet, wenn sie einmal abschweift. Die Mutter selbst fühlt sich nicht angesprochen.

Die Flasche: Beim Füttern schaut die Mutter nicht Olivia, sondern die Flasche an. Wenn die Flasche fast leer ist, neigt sie sie nicht entsprechend, so daß Olivia Luft schluckt. Sie erzählt, daß Olivia ihr Fläschchen nie leertrinke . . . Dies wird von ihr als Ablehnung gedeutet, während sie selbst sich dagegen abschottet, einen Hinweis des Babys auch nur wahrzunehmen, und sich weigert, ihm etwas anderes als Luft zu geben . . . Man kann hier von einer minimalen Zurückweisung sprechen.

Beim ersten Hausbesuch der Kinderkrankenschwester schläft Olivia nebenan. Die Mutter spricht von praktischen Problemen, lehnt es jedoch ab, das Kind zu zeigen: »Sie wird zetern . . .«

Medhi (Fall 8) ist ein Junge von drei Monaten, der in die Untersuchung aufgenommen wurde, weil er eine ledige Mutter hat.

Familiensituation

Die Mutter ist 20 Jahre alt und wohnt zur Zeit bei ihren Eltern in einer Wohngegend für sozial Benachteiligte, die einen schlechten Ruf hat und als »verkommen« gilt. Ihr Vater stammt aus der Normandie und ist Bäcker. Ihre Mutter arbeitet als Schwesternhelferin. Sie hat einen älteren Bruder und eine ältere Schwester, die beide verheiratet sind, einen 19jährigen Bruder, der bald zum Militärdienst eingezogen wird und augenblicklich noch im Hause bleibt, einen Bruder von 17 Jahren, eine 15 Jahre alte Schwester, die mit zur Beratung gekommen ist, und einen 14jährigen Bruder, von dem es heißt, er sei auf dem Wege, ein Spitzbube zu werden. Sie selbst ist zur Zeit arbeitslos: Sie wurde aus ihrer Beschäftigung als Lageristin entlassen, als sie schwanger war, denn sie stand nicht unter Vertrag. Früher wohnte die Familie in Paris; als die Mutter von Medhi neun Jahre alt war, lebten in den vier Räumen der Wohnung die Großmutter mütterlicherseits, die Eltern und alle Kinder. Vier der Kinder wurden dann woanders untergebracht, so daß diese Mutter zwischen dem neunten und dem zwölften Lebensjahr von ihrer Familie getrennt war. Ihre Eltern kamen sie selten besuchen. Sie berichtet, daß ihre Schulzeit ungünstig verlaufen sei und sie bald habe arbeiten müssen.

Der Vater von Medhi hat eine berufsqualifizierende Ausbildung und arbeitet. Seiner Lebensgefährtin erscheint dieser Abschluß als der Wertmaßstab für Erfolg.

Die Liebesbeziehung von Medhis Vater und Mutter begann vor 1978. Die junge Frau ließ einen Schwangerschaftsabbruch durchführen; sie wollten alle beide kein Kind, aber diesen Eingriff haben sie wohl nur schlecht verkraftet. Darauf nahm sie Verhütungsmittel, die sie angespannt und überreizt machten und die sie dann absetzte; das ist der Grund für die zweite Schwangerschaft. Die Großmutter väterlicherseits wollte aber nicht, daß ihr Sohn eine Französin als Partnerin hat; so kam es im vierten Monat der Schwangerschaft zur Trennung. Die Mutter spricht davon, daß sie den Kontakt zum Vater des Kindes nicht wieder aufleben lassen wolle.

Schwangerschaft und Geburt

Während dieser ganzen Zeit wurde die Mutter durch eine warmherzige Familienatmosphäre unterstützt; stolz erzählt sie, daß ihre Mutter ihr viel geholfen habe. Sie selbst hat sich dieses Kind gewünscht und wollte gern ein Mädchen, bis sich nach siebeneinhalb Monaten Schwangerschaft durch eine Ultraschalluntersuchung herausstellte, daß es ein Junge war. Für die Zukunft wünsche sie sich jedoch ein Mädchen, daß sie dann Virginie oder Sandra nennen würde. Über den Namen Medhi sagt sie, es könne sich um einen französischen Vornamen handeln. Der zweite Name von Medhi ist Claude; so lautet auch der Vorname des Großvaters mütterlicherseits. Mit dem dritten Vornamen, Patrick, ist das Kind nach einem ihrer Brüder benannt. Ihre Mutter hat ihr während der gesamten, ziemlich schweren Geburt beigestanden; wenn sie über dieses Ereignis spricht, hat man das Empfinden, daß sie von der Unterstützung durch die Großmutter tief bewegt ist.

Das Baby

Medhi wurde zum ersten Mal im Alter von drei Wochen vorgestellt; wir sahen ihn erst wieder, als er drei Monate alt war. In der Zwischenzeit kam es zu zwei Krankenhausaufenthalten; der erste fand mit einem Monat wegen einer Entzündung der Atmungswege statt und dauerte eine Woche; der Anlaß für den zweiten waren Erbrechen und Verdacht auf Gehirnhautentzündung. Inzwischen kam es daneben zu zahlreichen notärztlichen Behandlungen in der Poliklinik ihres Stadtteils. Mit drei Monaten nun ist Medhi ein schönes, dunkles Baby mit leuchtenden Augen, das seiner Mutter ähnlich sieht. Er lächelt und schaut während der Beratung abwechselnd seine Mutter und die anderen Beteiligten an, als ob er schon in Ansätzen die Gesichter unterscheiden könnte. Er läßt sich ausziehen; jedoch bemerkt man, daß er in der Beweglichkeit seiner Hände sehr eingeschränkt ist. Er wurde von der Mutter nicht gestillt, weil sie rauchte. Zur Zeit (mit dreieinhalb Monaten) ist er an Kuhmilch gewöhnt und erbricht nicht mehr. Er beginnt vom Löffel zu essen, aber seine Mutter erzählt, daß man die Speise in ihn hineinstopfen müsse, da er sehr schnell essen wolle. Sein Schlaf ist gut, aber wie die Mutter berichtet, fährt er manchmal zusammen: Er träumt viel und lächelt auch; das ängstigt sie, so daß sie nachschaut, ob er eingeschlafen ist.

Interaktionen zwischen Medhi und seiner Mutter

Mit ihrem gleichförmigen Tonfall, ihren wenig abwechslungsreichen Gesten und ihrem oftmals abwesenden Blick wirkt die junge Frau sehr depressiv. Während des Gesprächs sitzt das Baby lange Zeit so auf dem Schoß seiner Tante, daß wir es anschauen können; seine Mutter wirft ihm bisweilen einen Blick zu. Diese Depression scheint von früher herzurühren und eine Art von Verlassenheitsdepression zu sein; die Mutter vermittelt einen Eindruck von Leere.

Der Blick

Stellt man ihr die Frage: »Wovon träumt er?«, so schaut sie Medhi an und betrachtet zunächst sein Gesicht von unten nach oben, vom Kinn bis zu den Augen, dann seinen Körper als Ganzes; da regt sich das Kind. Wenn sie von seinen blauen Augen und seinen braunen Haaren spricht und sagt, er sei wie sie, so schaut sie ihn dabei ganz eindringlich an.

Das Halten: Während der gesamten Beratung hat sie ein Taschentuch in ihrer Hand. Wenn sie Medhi hält, läßt sie ihre Beine überkreuzt; er sitzt so, daß eine Gesäßhälfte in der Luft hängt. Sie macht praktisch nichts mit ihm; sie faßt ihn höchstens ohne Gefühl zwischen den Beinen an; auch sagt sie: »Ich muß ihn hin- und herwiegen, noch dazu in meinen Armen.«

Die Antizipation: Folgender Vorgang wird berichtet: Medhis Sauger liegt auf dem Schreibtisch; Medhi ruht auf dem Schoß seiner Mutter und beugt sich in ihren Armen nach vorn; seine Augen sind auf den Sauger gerichtet. Die Mutter nimmt den Hinweis nicht wahr, so daß Medhi sich plötzlich wieder zurücklehnt und seine schlenkernden Arme sinken läßt. Hier merkt man, wie das Baby zum Spiegel für die Verarmung im Bewegungsausdruck der Mutter wird, deren häufigste Haltung darin besteht, die Arme auf der Brust zu kreuzen. Eine Weile später wird das Baby auf den Knien seiner Mutter ungeduldig und ist offensichtlich müde; sie sagt: »Er hat Hunger.« Dann schüttelt sie ihn, und er schreit so laut, daß die Kinderpflegerin das Baby nimmt und es auch bald zur Ruhe bringt. Als sie es in den Armen hat, lächelt das Kind und strahlt plötzlich über das ganze Gesicht; seiner Mutter ist ein gewisser Verdruß anzumerken.

Übertragung der Affekte der Mutter auf Medhi: Als sie über die Angst beim Fortgang des Vaters ihres Kindes spricht, fängt es an zu weinen. Etwas später sagt sie, sie wolle von diesem Mann nichts mehr wissen; in dem Augenblick läßt Medhi seinen Schnuller fallen. Seine Mutter hebt ihn auf, legt ihn unabgewischt auf den Schreibtisch, indem sie kurz die Psychiaterin anschaut, und nimmt Medhi dann aus den Armen ihrer Schwester.

Das Kind in der Vorstellung: Sie erzählt, daß sie es gern sehen würde, wenn Medhi studierte und nicht ein Dieb würde wie ihr kleiner Bruder. Sie spricht vom Baden und sagt, daß er mit den Füßen plantscht.

Identifizierung mit dem Baby: Sowie das Baby in den Armen ihrer Schwester eingeschlafen ist, kann man sehen, daß sie es sanft schaukelt.

Diese Betrachtung hat auch positive Aspekte; so läßt sich sagen, daß das Baby eine Unterstützung für seine Mutter darstellt, die auf diese Weise einen Rückhalt in ihrer Familie findet; indem sie das Baby hält, kann sie auch auf sich selbst zu sprechen kommen. Man hat nicht das Empfinden, daß sie wirklich »ledig« ist, d. h. sich mit dem Kind allein behaupten und durchschlagen muß. Wenn sie von diesem dunklen, blauäugigen Kind spricht, so stellt sich für sie damit offensichtlich eine Verbindung zwischen dem Vater von Medhi und ihrem eigenen Vater her. Auch gibt es einen Bund mit ihrer Mutter, die zusammen mit ihrer Schwester die Geburt miterlebt hat. Der Kopf dieser Mutter, der so leer schien, ist es durchaus nicht: Sie hat das Kind verinnerlicht; jedoch scheint es, als werde sie es nicht lange in ihrem Innern behalten können. Wir haben gesehen, daß sie ihre Affekte zum Teil auf das Baby überträgt; und wenn diese Affekte auch nicht durch ihre Hände zum Ausdruck gelangen, so verfügt sie doch über eine gewisse Fähigkeit, sich mit ihm zu identifizieren. Das imaginäre Baby existiert also mehr durch die in seinem Umkreis entstandenen Beziehungen als durch die eigene Fähigkeit der Mutter, es am Leben zu erhalten. Auch als der Sauger herunterfällt, gewinnt die Existenz des Babys nur insofern für sie wieder an Bedeutung, als eine Übertragung auf die Psychiaterin besteht (es ist ihr peinlich, daß sie den Sauger nicht abwischt); nur deshalb nimmt sie es wieder auf den Schoß. Allein das Baby macht sie zur Mutter, d. h. zu einem Mädchen, das Geschlechtsverkehr gehabt hat. Daher kann sie nur zusammen mit dem Kind über sich selbst sprechen. Als Mutter gesteht sie sich im übrigen regressive Verhaltensweisen zu.

In gewisser Hinsicht scheint Medhi jedoch gefährdet. Man bedenke, wie enttäuscht die Frau war, als Medhi in den Armen der Kinderpflegerin lächelte, daß sie als Mutter nicht mehr ausrichten konnte. Hier wird erkennbar, wie leicht sie anderen ihre Aufgaben überläßt und ihre mütterlichen Pflichten nur wahrzunehmen scheint, um ihrer Umgebung zu gefallen. Ihre eigene Mutter spielt offenbar nicht die Rolle eines Reizschutzes (wie die häufige Inanspruchnahme des Notarztes und die Krankenhausaufenthalte zeigen). Mit der Gegenwart der Großmutter mütterlicherseits ist im übrigen die auswärtige Unterbringung der Kinder assoziativ verknüpft. Außerdem scheint die Besorgnis der Mutter angesichts der Träume ihres Babys ein Hinweis dafür zu sein, daß sie sich nicht als ein gutes innerliches Objekt empfindet, bei dem sich das Kind geborgen fühlen kann; auch zeigt ihre Beunruhigung die Grenze ihres Vorstellungsvermögens.

Es geht uns bei diesen beiden Babys nicht ausschließlich um die Frage nach dem Halten des Kindes; wir gehen auch auf zahlreiche, verschiedenartige Bereiche des mütterlichen Verhaltens ein. Wir wollen sie nun noch einmal unter einem eher theoretischen Blickwinkel aufgreifen und dabei soweit wie nur möglich immer im Auge behalten, was auf seiten der Mutter vorgeht. Grob skizziert können wir sagen, daß die Mutter in Abhängigkeit von ihrer Rolle und den Vorstellungen handelt, die sie sich von ihrem Kind macht.

Das Handeln der Mutter wird oft mit dem Freudschen Begriff des »Reizschutzes« in Zusammenhang gebracht.[12] Freud nimmt hier einen Gedanken wieder auf, den er auch schon im »Entwurf einer Psychologie« dargelegt hat, wo es ihm um psychophysiologische Systeme ging. In dieser Arbeit aus dem Jahre 1920 wird der Reizschutz zum Bild für die Schutzschicht gegen innere Reize; dies gilt für jenen Zeitraum, da der seelische Apparat noch nicht durch die Schranke der Abwehrsysteme abgeschirmt wird. Die Anwendung dieses Begriffes auf das mütterliche Verhalten bedeutet also ausdrücklich, daß die Mutter diese Rolle übernimmt und in der Anfangsphase, wenn noch eine Einheit von Baby und mütterlicher Fürsorge besteht, den seelisch-geistigen Apparat des Kindes schützt. Von 1895 (»Entwurf«) bis 1920 (»Jenseits des Lustprinzips«) bleibt der Begriff des Reizschutzes fester Bestandteil der topischen und ökonomischen Darstellung des seelischen Apparates. Von den zeitgenössischen Psychoanalytikern wurde der Begriff also ausgeweitet und hat so Eingang in die Erforschung der Beziehung zwischen Mutter und Kind gefunden: Die Mutter wird nun als das System des Reizschutzes betrachtet. Vermutlich ohne sich darüber im klaren zu sein, verwenden die Psychoanalytiker daher einen Begriff, den sie über seinen genauen Inhalt hinaus ausdehnen, um mit anderen Worten etwas zu beschreiben, das die Verhaltensforscher als eine Schutzschranke gegen die Reize ansehen. So spricht Brazelton[13] beispielsweise von einem geschlossenen Mutter-Kind-Kreislauf, um die Situation des einschlafenden Babys zu erfassen, das sich in sein Inneres zurücknimmt, um neue Kraft zu schöpfen und dabei das System des »Feedback« aufhebt. Wenn die Antizipationen der Mutter, die das Baby zu neuen Äußerungen anregen, eher im Bereich der Phantasien anzusiedeln sind, würde das System des Reizschutzes

---

12 S. Freud, »Jenseits des Lustprinzips« (1920), GW, Bd. XIII, S. 26 ff.
13 B. Brazelton, in: *La dynamique du nourisson*, Paris, ESF, 1982.

im mütterlichen Narzißmus bestehen, der dem Schutz des Kindes zugute kommt.

Zahlreiche Psychoanalytiker sind heutzutage bestrebt, diese Auffassung zu vertiefen. Die Darstellung des »holding« (D. Winnicott) weist schon darauf hin, daß das Halten und der praktische Umgang (»handling«) der Mutter gleichermaßen auch Schutzmöglichkeiten für das Kind darstellen. Für Winnicott handelt es sich dabei nicht um eine einfache Beschreibung des Verhaltens, denn die Mutter ist gleichzeitig und von vornherein reales Objekt und Gegenstand der beim Kind sich entwickelnden unbewußten Phantasien: Das Kind ist im Denken der Mutter enthalten, deren Brust vom Kind als wirklich existierendes äußeres und als inneres Objekt erlebt wird. Wie wir schon erwähnten, wird die Mutter bei den Analytikern der Kleinschen Schule zu einem Behälter (»container«), der innerhalb des psychischen Systems des Kindes die von ihm ausgehenden Impulse seiner projektiven Identifikationen aufnimmt. W. Bion ist der Autor,[14] der die Theorie von einer als »Behälter« dienenden Mutter am stärksten vertritt. Er treibt die Freudsche Theorie von der Halluzination des Objektes auf die Spitze und kann daher behaupten, das Denken entstehe durch das Ausbleiben der Brust. Wie wir bereits mehrfach angemerkt haben, hat die Ausweitung eines Ausdruckes wie dem von der »Mutter als Behälter«, die durch einen ungerechtfertigten Gebrauch seiner metaphorischen Bedeutung entsteht, bisweilen zur Folge, daß die spezifische Bedeutung eines Begriffes allmählich den Anschauungen des gesunden Menschenverstandes angeglichen wird: So kommt es zu dieser Verschwommenheit, durch die das Halten des Babys zum Tragen wird, das bestimmte psychotherapeutische Richtungen heutzutage so eifrig empfehlen.

Dennoch spielt die Mutter ganz offensichtlich eine wesentliche Rolle, wenn sie das Baby vor ständigen Reizsituationen bewahrt. Indem sie es beruhigt und in den Schlaf geleitet, verstärkt sie die Bedeutung insbesondere der Außenreize, die dadurch allmählich einen für die Entwicklung des Kindes positiven Wert annehmen.

---

[14] W. R. Bion, *Attention and Interpretation*, Tavistock Publications, London, 1970.

Die Ruhe, die sie ihm verschafft, bietet ihm auch Schutz gegen die inneren Reize.

In seinen Darlegungen über das »Selbst« und das »falsche Selbst« weist D. Winnicott auf etwas hin, das ich als das beständige Gefühl der eigenen Existenz bezeichnen würde; es hängt damit zusammen, daß das Baby imstande ist, ein Enttäuschungsgefühl zu empfinden, wenn es zwar gesättigt, aber noch aufgeregt ist und gegen die Mutter tätlich wird. Dadurch, daß sie das Kind gegen sich selbst in Schutz nimmt, übernimmt sie eine bedeutsame Rolle bei der Herausbildung des »Selbst«. Bei dieser Aktivität, die Übergangshandlung genannt wird, lernt das Baby, sich die Mutter während ihrer Abwesenheit neu zu erschaffen. Wenn die Mutter nicht in der Lage ist, diesen Prozeß zu fördern, wird sich das Kind an die Außenwelt anpassen müssen und sich dabei zugleich von seiner inneren psychischen Realität entfernen: Das nennt Winnicott das »falsche Selbst«. Nach J. McDougall läuft das Kind dann Gefahr, so etwas wie einer »anerlernten« Realität unterworfen zu werden. Die äußere Welt nimmt dann die Stelle des Übergangsobjektes ein, wohingegen das innere Objekt nur unzureichend internalisiert ist und außerhalb der magischen Kontrolle gehalten wird, so daß es leicht manipuliert werden kann. Die Autorin stellt diese ursprüngliche Situation als die Grundlage jener Neurosen dar, bei denen das aktive Handeln beeinträchtigt ist. Für unser Thema ist es aufschlußreich, wenn J. McDougall schreibt: »... Sie wachsen auf, *ohne daß sie ihren ganzen Körper mit allen seinen Zonen und Funktionen psychisch in Besitz genommen haben:* Das Körpergeschehen wird dann größtenteils als zu einer anderen Person gehörig erlebt.«[15] Das Baby kann sich dann selbst nur als ein äußeres Objekt vorstellen, das zu seinem eigenen elementaren seelischen Leben keinen Bezug hat. Sein Körper steht außerhalb der Psyche und kann nicht symbolisiert werden. Seine autoerotisch bedeutsamen Zonen werden ihm keine Funktionslust bringen. Wie wir schon früher dargelegt haben,[16] werden die Konversionserscheinungen hin-

---

[15] J. McDougall, *Les théâtres du Je*, Paris, Gallimard, 1982, S. 70.
[16] S. Lebovici, »Névrose infantile, névrose de transfert«, *Revue française de Psychanalyse*, 1980, *44*, S. 733–1121.

gegen zum Ausgangspunkt für eine kindliche Neurose, wenn sie maßgeblich am psychischen Geschehen beteiligt sind.

Alle diese Ausführungen führen eindeutig zu der Überlegung, daß es einen mütterlichen Schutzschild gibt, der für das seelische Überleben des Babys sorgt. Das ist die Bedeutung der Mutter als »Behälter« oder als Reizschutz. Wir werden im Zusammenhang mit der autistischen Interaktion noch sehen, daß einige Psychoanalytiker über das »Haut-Ich«[17] hinausgegangen sind und von einer adhäsiven Identifikation sprechen, bei der die Mutter sich als eine riesige zweidimensionale Fläche darstellt.

Über die Rolle des mütterlichen Reizschutzes kommen wir aber wieder zum ursprünglichen Modell, so wie es innerhalb der Psyche aufgrund dieser Funktion gelten kann: Indem die Mutter die verschiedenen Reize ausliest, gibt sie schließlich dem Baby auch ihre Interpretation weiter. P. Aulagnier[18] zeigt, welche Gewalt die Mutter dabei ausübt, um etwas mitzuteilen, das noch nicht vorstellbar ist. Wenn sie keine Gelegenheit haben sollte zu träumen, so meint Bion, gesteht sie dem Baby nicht zu, all jene Momente miteinander zu verbinden, die sich ihm darbieten. Die Reize können sich dann nur so umwandeln, daß es zu einer Abfuhr kommt oder daß sie später in eine Handlung münden. Die autoerotischen Bestrebungen des Babys bleiben in narzißtischen Besetzungen gebunden; und die Freigabe zugunsten des inneren Objektes vollzieht sich mangelhaft. Man kann sich gut vorstellen, daß die Babys in diesen Fällen zu anfälligen Kindern werden, die schnell agieren, keine Fähigkeit zu psychischer Verarbeitung besitzen und dazu verurteilt sind, sich auf psychosomatische Äußerungsformen zurückzuziehen oder ihren Handlungsimpulsen zu folgen.

Die gesamte Körperpflege bedeutet in der Tat auch zugleich, daß zwischen der Mutter und dem Körper des Kindes Beziehungen bestehen. In den Vorstellungen der Mutter von den Körperregionen ihres Babys werden gewissermaßen ein realer und ein erogener Körper miteinander vereinigt: Letzterer ist Träger der proji-

---

[17] D. Anzieu, »Le ›moi-peau‹«, *Nouvelle Revue de Psychanalyse*, 1974, *9*, S. 195–208.

[18] P. Aulagnier-Castoriadis, *La violence de l'interprétation*, Paris, PUF, 1975.

zierten Phantasien der Mutter, so daß deren Unbewußtes zur Welt des Kindes wird.

Diese Welt wird sich in ihrer Gestaltung an der Realität der Beziehungen zu anderen Menschen ausrichten und sich im Einklang mit der Familienstruktur herausbilden. Aber die innere Realität der Mutter, ihr Unbewußtes, stellt den ersten Lebensbereich dar, dem sich das Kind gegenübersieht: zunächst die Phantasien seiner Mutter und die Art ihrer libidinösen und narzißtischen Besetzungen, dann die Phantasien und Besetzungen seines Vaters und schließlich die der Eltern. Indem die Mutter die affektiven Zustände ihres Babys jeweils benennt und einordnet, verleiht sie ihnen einen Sinn. Bei diesem Geschehen hat es ganz den Anschein, als sei diese Flut von Affekten, die wir dargestellt haben, irgendwie Eigentum der Mutter. Daher könnte man das, was als primäre Identifizierung bezeichnet wird, so charakterisieren: Sie stellt einen Aspekt jenes Verhältnisses dar, in dem das Kind Besitz der Mutter ist.

Im Rahmen der mütterlichen Fürsorge repräsentiert das Baby sicherlich seinen Vater, aber auch die Großeltern. Zunächst ist es das Kind, das aus dem Wunsch nach Mutterschaft hervorgeht, der, wie wir sahen, tief verankert und allgemein verbreitet ist. Sein Körper drückt die prägenitalen projizierten Phantasien der Mutter aus, so wie sie sich in den ödipalen Konflikten darstellen. Ganz allgemein scheint das Kind also die Erfüllung des Wunsches zu repräsentieren, vom Vater ein Kind zu bekommen. Aber da es die Mutter so überaus glücklich macht, kann sie ihre eigene Kastration sowie indirekt auch jene Kastration verleugnen, welche die Großmutter mütterlicherseits ihrem Ehemann, dem Großvater, gern zufügen würde. So gewinnen durch das Baby innerhalb der inneren und äußeren Realitätssphäre drei Generationen an Bedeutung; und oftmals wird den unbewußten ödipalen Phantasien der Mutter durch das Kind eine Darstellungsmöglichkeit eröffnet. Durch die mit der mütterlichen Pflege einhergehende Erotik wird verständlich, inwiefern die Mutter dem Baby in ihrem seelischen Dasein die Stelle ihres eigenen Vaters einräumen kann und sich dabei völlig frei von Schuld fühlt. Vermutlich trifft dies nicht ganz zu; denn wenn die Mutter ihr Kind liebkost und umhegt, ist sie ihm gegenüber ja be-

247

kanntlich auch häufig beleidigend: Die Anrede »mein kleines Schweinchen« ist zum Beispiel recht gebräuchlich.

Das Kind lebt Tag und Nacht. M. Fain sprach bereits von der »Zensur der Geliebten« [19] als einem Vorspiel zum Phantasieleben. Damit wollte er sagen, daß die Wunschhalluzination eine erste Auflehnung gegen die niederschmetternde, erschütternde Realität der mütterlichen Abwesenheit darstellt. D. Braunschweig und M. Fain [20] haben im Jahre 1975 geschildert, welchen Wirkungen das Kind bei Nacht und bei Tage jeweils unterworfen ist. Nachts ziehen die Eltern aufgrund ihrer sexuellen Aktivitäten ihre Libido vom Kind zurück. Daher muß die Mutter gewisse Vorkehrungen am Tage treffen. Nach Meinung der Autoren schlägt sich dadurch in der Vorstellung des Kindes die Tatsache nieder, daß die Mutter versucht, am Tage ihre sexuellen Bestrebungen von ihm fernzuhalten. Sie verknüpft jedoch die erotischen Regungen, die sie beim Körperkontakt mit dem Kind spürt, mit einer recht typischen Sprache; so lernt das Kind seinerseits zu unterscheiden, wie die Mutter ihm bei Nacht oder am Tage begegnet. Die Vorstellung von der nächtlichen Mutter wird in unbewußten, vom Wunsch geprägten Erinnerungsspuren bestehen. Diese Spuren sind an die Körperempfindung gebunden, wohingegen die mütterliche Sprache, die dem Kind bei Tage gilt, auch von den Spuren des väterlichen Überichs der Mutter beeinflußt wird; sie zielt auf die Zurückdrängung sexueller Motive und rückt die funktionelle Aktivität in den Vordergrund. Die Denkfähigkeit, deren Entstehung wir weiter unten noch beschreiben werden, ist also eine Aktivität des kindlichen Tageserlebens; die Mutter macht sie sich zunutze, um den Forderungen ihres Überichs nachgeben zu können.

Wir haben vorzugsweise die metapsychologische Darstellung der Mutterrolle gewählt, – der man zum Beispiel die Bedeutung des Reizschutzes beimessen kann –, um aufzuzeigen, wie die mütterliche Fürsorge zur Herausbildung des inneren Objektes im psychisch-geistigen Leben des Babys beiträgt. Die Untersuchung der

---

[19] M. Fain, »Prélude à la vie fantasmatique«, *Revue française de Psychanalyse,* 1971, *35*, S. 291–364.

[20] D. Braunschweig, M. Fain, *La nuit, le jour*, Paris, PUF, 1975.

mütterlichen Phantasien hat gezeigt, inwiefern die frühen Interaktionen einerseits – in interindividueller Hinsicht – durch die Beziehungen zwischen der Mutter und dem Vater des Kindes beeinflußt werden und zum anderen – intraindividuell gesehen – auch von den unbewußten Phantasien der Mutter abhängig sind. Wie wir bereits mehr als einmal feststellten, werden diese beiden Bedeutungsebenen der Mutterrolle leider häufig miteinander vermengt. Diese Verschmelzung ist innerhalb der Psyche der Mutter möglich, weil die Gefahr besteht, daß vor allem in unserer Kultur durch die Fürsorge der Mutter die narzißtischen, nicht sexuell gefärbten Forderungen der Gesellschaft eine Aufwertung erfahren. Das wollen zweifellos auch D. Braunschweig und M. Fain[21] zum Ausdruck bringen, wenn sie von »neuen Bedürfnissen« sprechen, die darauf abzielen, die unbewußten Schuldgefühle in Schach zu halten. Da die Mutter ständig den unbewußten Erinnerungsspuren der Wunschhalluzination anheimzufallen droht, unterwirft sie sich diesen neuartigen Bedürfnissen um so mehr. Die Gefahr ist um so stärker, je mehr sie ihren eigenen Einfluß auf das Baby fürchtet, d. h. die Wirkungen ihrer verführerischen Kräfte wahrnimmt, die sich auf das Kind beziehen.

Die Mutter als Schutz und die Mutter mit ihren Phantasien sind jene beiden Formen, in denen die mütterliche Fürsorge erscheint; vielleicht kommt in ihnen der unbewußte Gehalt der Rolle der Mutter als »Behälter« zum Ausdruck.

Indem wir uns einerseits bei der Beobachtung der mütterlichen Fürsorge auf die psychoanalytische Erfahrung stützten und uns andererseits die Theorie der Psychoanalyse zunutze gemacht haben, um etwas von der Bedeutung dieser Fürsorge zu begreifen, glauben wir die Vorgänge auf seiten der Mutter so vollständig wie möglich erklärt zu haben.

Wir sind uns bei dieser Argumentation völlig darüber im klaren, daß wir damit bei jenen Anstoß erregen, die dem mütterlichen Verhalten eine besondere Rolle absprechen und die Auffassung vertreten, daß die Betreuung der heranwachsenden Kinder ebensogut von Müttern wie von den »neuen Vätern« übernommen werden könne. Es ist vollkommen richtig, daß die Pflegepersonen des Kin-

----

[21] Vgl. Anm. 20.

des und insbesondere die Väter in der Lage sind, dem Baby die entsprechende mütterliche Fürsorge zu bieten. In modernen Familien ist es zweifellos ausgesprochen wünschenswert, daß die berufstätigen jungen Mütter durch den außerordentlich tatkräftigen Einsatz ihrer Ehemänner vertreten werden. Wir wollten jedoch so umfassend und genau wie möglich darlegen, welche Bedeutung die mütterliche Fürsorge für die Mutter und ihr Baby haben kann.[22]

Wenn wir nun zur Perspektive des Kindes übergehen, werden wir auch hier dieselbe Erfahrung und dieselben Theorien einsetzen; so können wir später von Interaktionen im Bereich der Phantasien sprechen.

---

[22] Die Fürsorge und die Funktionen der Mutter sind schwer zu benennen. Es ist Mode, von elterlicher Fürsorge zu sprechen. Meine bisherigen Ausführungen veranlassen mich aber, dieses Wort nicht zu benutzen, das nur einen praktischen Wert hat. P. C. Racamier schlägt den Ausdruck »Mütterlichkeit« vor. Für ihn geht es mrh um eine Funktion als um eine Tätigkeit; aus diesem Grunde halte ich es für schwierig, die von mir selbst in diesem Kapitel benutzten Begriffe zu umgehen.

19 Die Perspektive des Babys

Hier möchten wir die Vorgänge auf seiten des Kindes untersuchen und gleichzeitig herausfinden, welche Wirkungen das Baby bei seiner Mutter hervorruft. Das Kind, wie es von der Psychoanalyse rekonstruiert oder im Zusammenhang mit den ursprünglichen Bindungen geschildert wurde, ist nämlich jenes Wesen, das durch die mütterliche Pflege aufwächst und dabei seine Wünsche auf die Befriedigung seiner Bedürfnisse stützt. Die Betrachtung der frühen Interaktionen wird Aufschluß darüber bringen, daß das Baby ebenfalls einen Einfluß auf seine Mutter ausübt.

Wir nehmen an dieser Stelle unsere Überlegungen zu dem sieben Monate alten Baby wieder auf (G., Fall 3), das an Schlaflosigkeit litt; im vorangegangenen Kapitel haben wir beschrieben, wie paradox es gehalten wird. Das Kind wurde in einer bürgerlichen Familie geboren. Die Mutter hatte sich zunächst ihrem späteren Ehemann angeschlossen und half ihm beim Aufbau eines Familienunternehmens. Trotz ihrer Erziehungsgrundsätze nahm sie ihr Leben als Geschäftsfrau sehr wichtig. Gleichwohl war die Geburt des Kindes mit einem symbolischen Gehalt belastet, da sie nach mehrere Ehejahren zu einem Zeitpunkt vorgesehen war, wo die Eltern Anlaß hatten zu bedenken, daß sie beide bald sterben könnten. Nachdem das Kind geboren war, brachte seine Mutter es in einem schönen Zimmer unter und stellte ein junges Mädchen ein, das sich mit ihm beschäftigen sollte. Abends bot sie ihm die theoretisch perfekte Fürsorge, die, wie wir gesehen haben, auf der Anwendung moderner Erziehungsprinzipien wie etwa dem direkten Hautkontakt beruhte. Aber da das Baby immer nur schwer einschlafen konnte, geriet sie aus der Fassung und schlief auch selbst schlecht; ihr Kopf war voll von Gedanken an das schlaflose Baby; sie war frigide geworden und mußte fortwährend an das Kind denken, wenn sie mit ihrem Mann schlief. Ich bat sie, als ich nach einem langen Gespräch mit beiden Eltern wieder mit ihr allein war, G. auf den Arm zu nehmen. Der Leser wird sich erinnern, wie sie es anstellte, daß dem Kind als einziger Anblick die Mauer blieb, die sich hinter ihr befand. Sie war aufgestanden, um das Kind hin- und herzuwiegen oder, besser gesagt, auf ihre Art und Weise störrisch zu schaukeln. Ich gab es ihr dann so in die Arme, daß sie es anschauen konnte. Sie nahm es ganz ungeschickt entgegen, so daß ich nachhalf und ihr zeigte, daß sie den kleinen Jungen unter das Gesäß fassen muß und es für ihn bequemer ist, wenn sie ihn mit der Hand zwischen seinen Schenkeln hält; in diesem Augenblick wurde ich gewahr, daß sie seine Geschlechtsorgane hielt, was angesichts der Behaglichkeit, die sie ihrem Sohn bot, zumindest symbolische Bedeutung hatte. Nach dieser Bemerkung schaute sie das Baby an, das sich sofort beruhigte; bis dahin war es aufgeregt geblieben und hatte viel geweint. Dann sagte ich genau diese Worte zu ihr: »Sie haben Ihr Baby beruhigt, denn zum ersten Mal haben Sie ihm die Möglichkeit gegeben, Sie zu seiner Mutter zu machen: er hat Sie ansehen können, während auch Sie ihn angeschaut haben.«

An diesem Abend verschwanden die Schwierigkeiten beim Einschlafen. Wir maßen uns selbstverstädlich nicht an zu glauben, wir hätten damit gleich die Beziehung zwischen G. und seiner Mutter in ihrem Wesen verändert. Ich habe sie im übrigen regelmäßig wiedergesehen und war immer erstaunt, wie übermäßig stark die junge Frau das Baby durch ihr Verhalten reizte, damit in Erregung versetzte und es bedrängte. Während einer unserer Begegnungen, als das Kind gerade ein Jahr alt war und noch nicht ging, hielt sie es zum Beispiel ununterbrochen aufrecht, indem sie ihm unter die Achseln griff. An diesem Tag saßen wir einander gegenüber und waren dabei durch ein Zeichenbrett getrennt. Wie eine allmächtige Zauberin holte sie verschiedene Gegenstände hinter dem Brett hervor und gab sie dem Kind, das keine Zeit fand, sie sich zu wünschen, vorzustellen oder zu holen. Auf der Verhaltensebene unterbindet sie die Wirkungen, die sich aus der Kommunikation über das Zeigen ergeben, so wie wir es oben erörtert haben. Auf der Beziehungsebene gehört sie zu jenen Müttern, die wir im vorigen Kapitel beschrieben haben; sie drängen ihr Kind zu handeln und hindern es daran, etwas zu verarbeiten. So war auch G. ruhelos und vor allem hyperton.

Nach vier Jahren wollte die Mutter wieder in meine Sprechstunde kommen, da ihr Sohn Schlafstörungen habe: Tatsächlich litt er unter einer ganz erheblichen Trennungsangst, die sich zugleich in Schwierigkeiten beim Einschlafen äußerte sowie in einem Verhalten zutage trat, das fast als Schulangst bezeichnet werden konnte. Eine klinische Untersuchung führte uns zu der Annahme, daß es sich bei ihm um einen präneurotischen Zustand handelte: Wenn er spielte, war er tatsächlich nicht in der Lage, eine Gefahr durch die Projektion seiner Angst auf eine Person oder eine Situation dingfest zu machen. So flieht beispielsweise ein Mann vor einem Löwen und nimmt ein Flugzeug; der Löwe ist jedoch schneller als das Flugzeug, so daß die gefährdete Person dem Löwen am Ende wiederbegegnet. G. hatte also die Person, welche die Furcht hervorruft, noch nicht in eine angsterzeugende Vorstellung und in ein beschützendes Bild aufgeteilt. Die ödipale Situation war also bei weitem noch nicht erreicht; zweifellos existierte die Mutter so in seiner Vorstellung, daß sie in ein gutes und ein böses Objekt gespalten wurde. Daher wurde eine Psychotherapie in die Wege geleitet.

Während dieser vier Jahre hatte sich die Familiensituation beträchtlich entwickelt. Aus dem Vater, den ich bei einer Gelegenheit später kennenlernte, war ein Geschäftsmann geworden, der mit Aufgaben überhäuft war und eben viele Reisen mit dem Flugzeug unternahm. »Am Wochenende war er immer ganz geladen.« Die Mutter hatte ein weiteres Kind bekommen, eine kleine Tochter, die keine Schlafstörungen hatte. Sie erklärte mir, daß unsere Begegnungen ihr wirklich eine Lehre gewesen seien, denn sie würde nicht mehr arbeiten. Leider machte sie sich damit etwas vor, denn ich erfuhr bald, daß sie doch noch arbeitete, wenn es auch viel weniger war. Sie vermutete, daß ihr Sohn es gar nicht wüßte, da sie nur dann arbeitete, wenn er in der Schule war!

Ich hatte Gelegenheit, mit dem Vater zusammenzutreffen, weil die Eltern mich baten, noch einmal die Videoaufzeichnungen anschauen zu können, die bei der ersten Beratung gemacht worden waren. Er war mir gegenüber sehr aggressiv und fragte mich ironisch, wie es mir denn gehe. Seine Frau gab ihm Grund dazu, als sie sich fragte, wie sie es habe wagen können, mit mir zu »flirten«, während ihr Kind gerade weinte. Als sie wieder sah, wie das Kind zur Ruhe kam, war sie ganz bewegt davon, daß der Austausch von

Blicken, den ich mit ermöglicht hatte, für sie eine so große Bedeutung gewann. Die Eltern wollten gern das Band von mir haben, um es zu überspielen und als Andenken zu behalten. Sie baten mich sogar darum, es nicht für Lehrzwecke zu verwenden. Dann habe ich sie nicht mehr wiedergesehen.

Ein direkter Blickkontakt hat also einen mächtigen Einfluß, was wir anhand einer relativ systematischen Durchsicht der einschlägigen Veröffentlichungen zeigen wollen. Wir möchten schon jetzt anmerken, daß wir Gelegenheit hatten, zahlreiche Videobänder mit Babys zu sehen, die Opfer schwerwiegender Vernachlässigung oder gar von Mißhandlungen waren. Wird das Band an einer Stelle angehalten, an der sich ein Blickkontakt herstellt, so bietet sich jedoch beinahe immer eine rührende Szene dar: Es scheint sich um einen bevorzugten Augenblick zu handeln, in dem einerseits die Aufregung der Mutter und andererseits die Depression und das Leid des Babys aufgehoben werden; sie versetzen den Zuschauer in Verwunderung darüber, welch intensiver Austausch von Affekten in diesen Spiegelungen erscheint, bei denen sich die Pupillen von Baby und Mutter durch ihren wechselseitigen Blick bis ins Unendliche reflektieren.

Damit stellt das Baby seine Fähigkeit unter Beweis, die Muttergefühle hervorzurufen und sich seine Mutter zu erschaffen. Bei der Betrachtung von Olivia (Fall 7) haben wir gesehen, wie dieses kleine, drei Monate alte Mädchen die Beobachter dazu veranlassen konnte, ihre Augen auf einen Punkt zu richten, den sie selbst anschaute oder anzuschauen schien, wie zum Beispiel eine Steckdose, die sich als Kompensationsmöglichkeit für den fehlenden Blickaustausch anbot.

Winnicott[1] hat die Spiegelfunktion der Mutter dargestellt. H. Searles[2] geht sogar so weit zu schreiben, das Baby sei als Psychotherapeut für seine Mutter geeignet. Unter Hinweis auf die Möglichkeit, daß der Patient zum Therapeuten seines Analytikers wird,

---

[1] D. W. Winnicott, »Die Spiegelfunktion von Mutter und Familie in der kindlichen Entwicklung«, in: *Vom Spiel zur Kreativität*, Klett, Stuttgart, 1979.
[2] H. Searles, *Countertransference and Related Subjects: Selected Papers*, International Universities Press, New York, 1979.

beschreibt er Fälle, bei denen die Symbiose von Mutter und Säugling, die die normale Grundlage für die Persönlichkeitsbildung darstellt, durch das Verhalten der Mutter gestört wird, wodurch seiner Meinung nach das Kind gezwungen ist, zu einem »symbiotischen Therapeuten« zu werden. »Die Integrität seines Ichs wird unablässig und mit einer wahrhaft altruistischen Hingabe der Notwendigkeit geopfert, das Ich der Mutter sowie auch jener Menschen auszufüllen, die später innerhalb seines Unbequßten dieselbe affektive Bedeutung von unvollkommenen Müttern annehmen, deren Ichfunktion eine fortwährende Beteiligung des Kindes erfordert.«[3]

Wir werden also am Beispiel des direkten Blickkontaktes die Vorgänge beim Kind untersuchen und dann verfolgen, wie es bei ihm zur Herausbildung von Vorstellungen und Phantasien kommt.

Wir entnehmen der bemerkenswerten Habilitationsschrift von Frau Piñol-Douriez[4] die allgemeine Übersicht der Forschungsliteratur, zur Untersuchung des Blickkontaktes. Wir werden also die von Frau Piñol-Douriz zitierten Arbeiten nicht mehr belegen, da wir sie bis auf einige wenige nicht selbst gelesen haben.

Die erste Untersuchung von Ph. Wolff (1963) macht auf die Bedeutung des Blickkontaktes im Säuglingsalter aufmerksam. Der Vorgang des visuellen Austausches sowie das damit einhergehende Ruhen und Abwenden des Blickes gehört zu jenen Verhaltensweisen des Neugeborenen, die am weitesten entwickelt sind und mit denen es der Mutter lebhafte Freude bereitet. So wird J. de Ajuriaguerra von L. Lézine zitiert, die die Bemühungen des Babys untersucht, beim Füttern immer wieder Blickkontakt herzustellen: »Die Magnetisierung des Blickes ist eng mit den Prägungsmechanismen verwandt.« Die Tatsache, daß das Baby seine Mutter mit den Augen verfolgt, vergleicht R. Zazzo damit, daß die jungen Affen ihrer Mutter hinterherlaufen. Stern erörtert die Anfangs- und Endphasen der visuellen Aufmerksamkeit. Seiner Ansicht nach handelt es sich um ein Regulierungsverhalten, mit dem der Ausdruck von Ge-

---

[3] a. a. O., S. 82–83.
[4] M. Piñol-Douriez, *Expérience individuante et émergence des représentations*, unveröffentlichte Habilitationsschrift, Paris, 1982.

fühlen gleichermaßen angebahnt, herbeigeführt oder eingestellt wird.

In ihrer Untersuchung über blinde Kinder führt Selma Fraiberg das so häufig anzutreffende autistische Syndrom darauf zurück, daß die Mutter die Forderungen des Babys nicht unwillkürlich erwidern kann, da es sie ja nicht anschaut. Zur therapeutischen Unterstützung zieht die Verfasserin außenstehende Fachkräfte hinzu, welche diesen Müttern, die unter einem Fremdheitsgefühl leiden, die Zeichen ihrer Säuglinge übersetzen. Zahlreiche Autoren, die mit blinden Kindern gearbeitet haben, geben an, daß das Kind oftmals seiner Mutter gegenüber gleichgültig erscheint. In Kapitel 16 haben wir eine Arbeit von Emde erläutert, aus der hervorgeht, daß die Affekte im einzelnen durch geringfügige Änderungen in der Mimik ausgelöst werden, die weit über die Ausdrucksmöglichkeiten des Blickkontaktes hinausgehen. Dieser scheint sich jedoch eindeutig viel direkter auf die Identität als Mutter auszuwirken.

Bekanntlich wollten Elisabeth und Nikolaas Tinbergen eine allgemeine Theorie des kindlichen Autismus aufstellen indem sie sich auf den verlorenen Blick dieser Kinder stützten. Neuere Arbeiten, wie die von M. Piñol-Douriez zitierten, scheinen in der Tat darauf hinzudeuten, daß ein autistisches Kind unter einem kognitiven und affektiven Mangel leidet, durch den sich seine Wahrnehmung eines Gesichtes verändert; so sei es für die untere Gesichtshälfte viel empfänglicher als für die Augen und ihren Ausdruck. [5]

Solche Tatsachen, die in den Bereich der Pathologie gehören, belegen also insgesamt die Bedeutung der Dialogsituation. Am Schluß seines neuesten Buches beschreibt L. Kreisler [6] den Blick eines drei Monate alten Babys, das er in Genf untersucht hat; es leidet unter einer Säuglingsanorexie. »Während des Gesprächs hatte die Mutter das Baby auf dem Schoß, hielt es aber so, daß es ihr den Rücken zuwandte; es war ganz in sich zusammengesunken und wurde lediglich an den Ellenbogenspitzen festgehalten, nur damit es nicht herunterfällt. Das Baby zeigte selbst bei den Mahlzeiten keinerlei Saugaktivität und nahm seine Nahrung ausschließlich mit

[5] M. Rutter, 1982, unveröffentlichte Arbeit.
[6] L. Kreisler, *L'enfant du désordre psychosomatique*, Toulouse, Privat, 1981.

dem Löffel zu sich. Ganz erstaunlich war bei dem drei Monate alten Säugling die durchdringende Schärfe seines Blickes, mit dem er die anwesenden Beobachter wie ein Radargerät verfolgte, ohne aber jemals zu lächeln. Nicht weniger verwunderlich war die seitliche Verschiebung dieses Blickes, denn er wandte seinen Kopf immer ein wenig ab, wenn er etwas betrachtete, sogar wenn seine Mutter ihm zu essen gab.« Das Beispiel macht außerdem deutlich, daß bei der Untersuchung des Interaktionsverhaltens nur die vergleichbaren, einander entsprechenden Momente besonders berücksichtigt werden können. Gleichwohl darf nicht vergessen werden, daß Baby und Mutter in ein Beziehungsgeschehen verflochten sind, das weitaus umfangreicher und außerordentlich vielschichtig ist.

Der Aphorismus Freuds, der das Neugeborene und die mütterliche Fürsorge in den Anfängen des Lebens zu einer Einheit zusammenfaßt, hat also offenbar eine Ergänzung erfahren müssen: Die Einheit ist nur möglich, wenn zur Fürsorge der Mutter auch die Wirkungskraft ihres Phantasielebens hinzutritt. An dieser Stelle muß unbedingt hinzugefügt werden, daß diese ursprüngliche Einheit in ihrer Wirksamkeit auch an die Fähigkeit des Babys gebunden ist, seine Mutter zu besetzen. So schrieben wir im Jahre 1960: »Die Mutter wird besetzt, noch bevor sie wahrgenommen wird.« [7]

Fassen wir nun in groben Zügen jene Entwicklungsschritte des Kindes noch einmal zusammen, die vom affektiven Beziehungsgeflecht und den Aktivitäten der Abfuhr zur Herausbildung der Repräsentanzen und zu einer zunehmenden Bedeutung des Phantasielebens führen. Da ist zunächst die Darstellung der frühen Kompetenzen zu erwähnen, mit denen sich St. Stoléru auseinandergesetzt hat; ebenso wurde dargelegt, inwiefern sie für die Interaktion in der Beziehung zur Mutter geeignet erscheinen. Im Zusammenhang mit den sozialen Interaktionen, so wie sie sich im Rahmen der Bindung darstellen, wurde deutlich, wie Verhaltensweisen, die im menschlichen Baby angelegt sind oder die es sich angeeignet hat, zu einer Angleichung führen, die dieses Verhalten als willentlich

[7] S. Lebovici, »La relation objectale chez l'enfant«, *Psychiatrie de l'enfant*, 1960, *1*, S. 147–226.

gesteuert erscheinen läßt. Eine derartige Anschauung klingt auch schon bei R. Spitz an, wenn er die Organisatoren innerhalb der Entwicklung beschreibt. Man gewinnt da den Eindruck, es handele sich um ein »willkürliches« Verhalten, das gleichsam als eine Leistung erscheint. Von den wohlbekannten Schnittstellen der kindlichen Entfaltung einmal abgesehen, gehen dem ersten Einschnitt, dem sozialen Lächeln, tiefgreifende Umstellungen voraus, die viel früher einsetzen. Die Vorgänge, die in einer späteren Altersphase Bedeutung erlangen, scheinen schon sehr früh eingeleitet zu werden. Das wurde beim sogenannten Zeigen sichtbar, das wohl von einer zielorientierten Aktivität ausgeht, die in den ersten Stunden des Lebens zutage tritt. M. Mahler[8] setzt den Beginn von Persönlichkeitsentwicklung und allmählicher Ablösung schon sehr früh an: Das Baby zeigt schnell so etwas wie ein aufgewecktes Empfinden, oder eine Zielgerichtetheit. Ebenso kann man feststellen, daß ein Kind, das in den Armen richtig gehalten wird und sich in der »Urhöhle« geborgen fühlt, seinen Blick nicht nur auf die Mutter richtet, sondern sich auch etwas anderem zuwendet. Aus diesen genauen und subtilen Beschreibungen des Säuglingsverhaltens geht hervor, daß man allmählich immer mehr Anhaltspunkte findet, die eine Erhellung der Voraussetzungen jener Verhaltensweisen des Säuglings ermöglichen, die einem willkürlichen Handeln vorgelagert sind und dabei bereits mehr als nur eine Ausdrucksform der erblichen Anlagen darstellen. M. Piñol-Douriez zitiert beispielsweise eine Arbeit von E. Vurpillot, die eine eigene Willensbestimmung vom zweiten Monat an für möglich hält; sie spricht von »der Möglichkeit, eine sensomotorische zyklische Einheit auszulösen und zu beenden, d. h., aufnahmebereit zu sein, seine Aufmerksamkeit in eine bestimmte Richtung zu lenken und jemanden anzulächeln, ohne daß es eines auslösenden Reizes bedarf.«[9] Jedoch ist anzumerken, daß dieses Verhalten unbeständig ist und sich innerhalb eines übergeordneten Raumes vollzieht, der das Baby mit sei-

[8] M. Mahler, F. Pine, A. Bergman, *Die psychische Geburt des Menschen*, Fischer, Frankfurt, 1978.
[9] E. Vurpillot, 1981, Anmerkung 7; zitiert in der Habilitation von M. Piñol-Douriez; vgl. Anm. 4.

ner Umwelt zu einer Einheit zusammenschließt. Daher scheinen einige frühe Fähigkeiten wieder zu verschwinden: So haben zum Beispiel viele Beobachter herausgefunden, daß die Babys zwischen fünf und zwölf Wochen die Eigenart, am Daumen zu lutschen, verlieren; sie können nicht mehr gleichzeitig saugen und sich mit ihrem Blick von der Mutter abwenden. Angesichts dieser Tatsachen muß man die Bedeutung jener Interaktionsprozesse hervorheben, die eine Verhaltensangleichung fördern: Die Antizipationen werden zu Absichten; und es hat den Anschein, als seien die Babys in der Lage, von den Gesetzmäßigkeiten des Lernens Gebrauch zu machen, als würden sie »Hypothesen« bilden oder »abergläubische« Verhaltensregeln befolgen.[10] Die amerikanischen Autoren tragen diesem Tatbestand Rechnung, indem sie auf den Begriff der »Kontingenz« zurückgreifen; er bezeichnet eine zielorientierte Eigenschaft des willkürlichen Handelns, das auf eine ganze Reihe ineinandergreifender Handlungen ausgerichtet ist; damit wird der Begriff eines wahrhaft vorindustriellen Instrumentariums eingeführt. Die kontingenten Verhaltensweisen äußern sich sehr vorsichtig; sie bestimmen die Ausdrucksformen von Freude und Wut und vielleicht auch ihren Erfolg oder Mißerfolg. Alle Antizipationen des Babys besitzen also einen affektiven Gehalt, der sich zwangsläufig auch auf die Mutter auswirkt. Die Mehrheit jener Forscher, die sich der Betrachtung der frühen Interaktionen widmen, ist der Ansicht, die Verhaltensweisen des Kindes seien in ihm angelegt. Die unauflösliche Verflechtung von kognitiver Entwicklung und affektiver Entfaltung führt jedoch unabdingbar zu der Erkenntnis, daß die innerhalb der erblichen Anlagen festgeschriebenen Entwicklungsstrukturen durch die Einbettung in Affekte (und in die Sprache) bereits eine individuelle Ausprägung erfahren. Hier siedelt M. Piñol-Douriez den Ursprung jener inneren Momente an, die sie »Rohvorstellungen« nennt. So kann sie schreiben:»Die ›Rohvorstellungen‹, die fest in den interaktionsbezogenen Erfahrungsstrukturen verankert sind, werden von dem Kommunikationskode geprägt, den Mutter und Kind allmählich gemeinsam erarbeiten. Darüber hin-

---

[10] H. Papousek, in: M. H. Bornstein u. W. Kessen (Hrsg.), *Psychological Development from Infancy: From Image to Intention*, New York, Wiley, 1979.

aus gestaltet das Baby von seiner Geburt an *aktiv* und kontinuierlich seine Erfahrung und damit auch seine Vorstellungen.«[11] Daraus folgt, daß ursprüngliche Bindung und Kommunikationsgehalt unauflösbar ineinander verwoben sind. Die vorprogrammierten antizipatorischen Aktivitäten werden zu willentlichen Antizipationen.

Die Rhythmen, in denen die Interaktionen erfolgen, stellen einen weiteren bedeutsamen Gesichtspunkt dar. Zahlreiche Autoren haben Untersuchungen zu diesem Thema angestellt, das in den Arbeiten von Brazelton eine bedeutende Rolle spielt.[12] Wir werden hier nicht auf seine Ausführungen eingehen; sie gelten dem Wechsel von Zugänglichkeit und Rückzug, deren Bedeutung die Mutter erfassen muß, wenn die zyklischen Einheiten ihrem Ende zugehen: »Natur und Mutterverhalten sind nicht mehr zu trennen und bleiben miteinander verflochten, da beide Partner der Eltern-Kind-Dyade jeweils das Bedürfnis nach einem ›Feedback‹ haben.«[13] Andere sprechen von einer Aktivierung durch die Mutter, wenn die Stimulierung maßvoll ist und in einem ausgewogenen Rhythmus erfolgt. Ein bedrängendes Verhalten der Mutter wirkt schwächend, kann jedoch die antizipatorischen Aktivitätsmuster weiter festigen.

Im Rahmen dieser Forschungsarbeiten spricht M. Piñol-Douriez schließlich von einer Interaktionsökonomie, die den Prinzipien der Epigenese folgt: Es geht praktisch um die Bestimmung der inneren Zielrichtung und der ihr entsprechenden Objekte, die zu dem Zeitpunkt hervortreten, da sie auf Grund ihrer objektiven Merkmale zurückwirken, der ihnen mit der Kultur vorgegeben ist. Hier wird wieder deutlich, wie das Kind am psychischen Bildungsprozeß der

---

[11] M. Piñol-Douriez, a. a. O., S. 61; vgl. Anm. 4.

[12] B. Brazelton: a) *Neonatal Behavioral Assessment Scale, Clinics in Developmental Medicine*, London, Heinemann Medical Books, 1973, no. 50; b) *Early Mother-Infant Reciprocity in Parent-Infant Interaction*, Amsterdam, Elsevier, 1975; c) »Comportement et compétence du nouveau-né«, *Psychiatrie de l'enfant*, 1981, *24*, 2, S. 375–395; d) »Quatre stades précoces au cours du développement de la relation mère-nourisson«, *Psychiatrie de l'enfant*, 1981, *24*, 2, S. 397–418; e) »Le bébé: Partenaire dans l'interaction«, in: *La dynamique du nourrisson*, Paris, ESF, 1982.

[13] B. Brazelton; a. a. O., S. 15; vgl. Anm. 12e).

Mutter beteiligt ist, während sie ihrerseits die Ansätze des Kindes zu psychischer Verarbeitung fördert.

So läßt sich der Weg erforschen, den das Kind beschreitet, um Subjekt seiner Handlungen, seiner Vorstellungen und seiner Phantasien zu werden.

Wir greifen hier nicht wieder auf, was wir über die Metapsychologie Freuds gesagt haben, die weiterhin volle Gültigkeit besitzt, wenn sie die Schaffung des inneren Objektes anhand der Wunschhalluzination erklärt, die selbst wiederum auf der Halluzination von Lust beruht. Die Symbolisierungsvorgänge setzen am Ende des ersten Lebensjahres ein. Die symbolische Gleichsetzung der Abwesenheit der Mutter mit einer äußeren Gefahr, d. h. die Angst vor dem Gesicht eines Fremden, ist dafür ein hervorragendes Beispiel. Spitz sieht dieses Verhalten als einen Kernpunkt der Entwicklung an; er hat gleichzeitig sorgfältig erforscht, wie diese Angst beim Baby in Erscheinung tritt, nachdem es über lange Zeit hinweg die Stichhaltigkeit seiner ersten Objektbeziehungen erprobt hat. Das Kind wird fähig, sich an etwas zu erinnern, das es kennt oder wiedererkennt.

In der Theorie Freuds entsteht die äußere Realität aus dem Haß gegen jene Gegenstände, die abgelehnt, verneint, verleugnet und gespalten werden. Das dort entworfene Bild geht schon über eine Darstellung des Selbst oder einer kontinuierlichen Erfahrung des Lebens hinaus hin zu einem Ich-System, das imstande ist, zu denken und sich einen semantischen Gehalt zunutze zu machen. Die narzißtische Wut über die Ohnmacht gerät in Widerstreit mit dem Glücksgefühl des Kindes, das sich als Ursache lebhafter Wirkungen erfährt. In der Kommunikation findet eine Symbolbildung statt. So wird beispielsweise das Zeigen ritualisiert; funktionelle Spiele wie das mit der Spule werden systematischer. Nunmehr kann davon ausgegangen werden, daß das Verhalten und das Vorstellungsgeschehen eine Bedeutung erlangt haben oder mit Zeichen belegt werden können. Die Kommunikationsgewohnheiten sind nun bestimmten Konventionen unterworfen, und die Bedeutungen werden aus ihrem ursprünglichen Zusammenhang herausgelöst.

Diese Entwicklungsprozesse treten insgesamt schon am Anfang des zweiten Lebensjahres, also lange Zeit vor dem Erwerb der üblichen sozialen Sprache, in eine entscheidende Phase. Wie wir gesehen haben, handelt es sich im wesentlichen um einen Vorgang der »Subjektivierung«. Dennoch sollte an dieser Stelle etwas zur Rolle der objektbezogenen Handlungen gesagt werden. Winnicott ordnet sie in den Übergangsbereich ein. Wir haben sie eher im Zusammenhang mit den Bedingungen geschildert, unter denen die Besetzung der Mutter erfolgt. Es geht hier um die Vorgänge einer Differenzierung zwischen dem inneren Objekt, seinen Repräsentanzen mitsamt den dabei auftretenden Erinnerungen und Imagobildungen und dem äußeren Objekt, dem Beständigkeit und beschützende Kraft zugestanden und das als Auslöser von Haßgefühlen anerkannt wird.

Mit anderen Worten, der schöpferische Größenwahn des Babys weicht dem Wissen um ein »außerhalb«, ein »woanders«, ein »morgen«. Es ist ganz wichtig, darauf hinzuweisen, daß für einen Psychoanalytiker Denken und Handeln nicht vollkommen voneinander geschieden sind. In der psychoanalytischen Rekonstruktion ist das Baby noch nicht zu vollständig sekundären Denkvorgängen in der Lage, weil diese mit einer symbolischen Entsprechung einhergehen. Durch den affektiven Austausch mit der Mutter werden die Primärvorgänge in Gang gehalten, die auf der Übereinstimmung zwischen den Affekten und der Wahrnehmungsidentität beruhen. Das Kind erlebt seine beachtlichen Fähigkeiten als vom Wunsch seiner Mutter abhängig, über den es nicht verfügen kann. Wenn sie ihm angenehme oder auch lästige Empfindungen verschafft, so beruht dies auf ihrer Entscheidung oder ihrer Verantwortlichkeit. P. Aulagnier[14] schildert den von ihr so genannten »Sprachschatten, der auf das Kind geworfen wird«. Unserer Ansicht nach wird in dieser Darstellung aber die Rolle der Mutter allein auf ihre sprachlichen Äußerungen reduziert, während die Sphäre ihres Einflusses, wie wir im letzten Kapitel sahen, ein Gebilde aus Phantasien umfaßt, das ihre eigenen unbewußten Wünsche einschließt.

Andererseits kommt es auch vor, daß ein Baby seine Mutter »heilt«. Als Beleg werden wir einige konkrete Fälle aus unserer Forschung vorstellen. Zuvor möchten wir den Traum einer jungen,

---

[14] P. Aulagnier-Castoriadis, *La violence de l'interpretation*, Paris, PUF, 1975.

ledigen Mutter berichten, der von ihrem Sohn handelt: Sie stellt sich vor, daß der vierjährige Junge ein großes Motorrad fährt. Er sieht aus wie ein älterer, väterlicher Freund, der vor der Geburt des Kindes schon gestorben war. Sie sagt, daß sie es gern sähe, wenn der kleine Junge diesem Mann ähneln würde. Es ist klar, daß er die Stelle des Vaters einnehmen sollte, von dem sie sich getrennt hatte. Das Kind, das in ihrer Vorstellung existierte, stimmt hier also mit ihrer infantilen Wunschphantasie überein, von einem starken Mann beschützt zu werden, zumal sie ihren eigenen Vater nie kennengelernt hat. Es wurde jedenfalls immer behauptet, sie sei die Tochter des Ehemannes ihrer Mutter, bis sie erfuhr, daß sie von einem anderen Mann war; er hatte sie eines Tages angerufen, um ihr von seiner Existenz zu berichten und ihr seinen Besuch anzukündigen. Bevor es dazu kam, starb er: Auch dieses Ereignis geschah vor der Geburt des Babys.

Als erstes schildern wir den Fall einer Familie (Fall 9); die Mutter ist 39 Jahre alt, Französin und stammt aus der Normandie; sie scheint ohne Berufsausbildung zu sein; als sie sechs Monate alt war, verließ ihr Vater ihre Mutter. Außer einem einzigen Mal, dem Tag ihrer Kommunion, hat sie ihn wohl nie gesehen; da hat er ihr Geld geschenkt; ihre Mutter hat wieder geheiratet; sie beschreibt ihren Stiefvater als umgänglich und liebevoll. Das Verhältnis zu ihrer Mutter ist zur Zeit schlecht, weil sie nach Paris gefahren ist; dann erzählt sie von ihrem Stiefvater, der sie heimlich besuchen kommt. Zwölf Jahre lang war sie mit einem Alkoholiker verheiratet; da lebte sie noch in der Nähe ihrer Mutter; aus dieser Ehe hat sie keine Kinder, da ihr Mann unfruchtbar war. Sie ist ganz plötzlich und gegen den Rat ihrer Mutter nach Paris gefahren. Ihre erste Tochter, Delphine, wurde 1976 geboren; der Vater ist Nordafrikaner. Delphine war zwei Jahre lang vollständig in Pflege, denn ihre Mutter lebte zusammen mit ihrem Freund in einem Hotelzimmer. Im Jahre 1980 bekam die junge Frau ihren Sohn Manuel; der Freund war Portugiese und ist der Vater von Manuela, dem Baby, das dann auch eingehend untersucht wurde. Manuel starb im Januar 1981 an einem angeborenen Herzleiden. Drei Monate später beginnt die Schwangerschaft mit Manuela. Es sei angemerkt, daß die Großmutter mütterlicherseits sich nicht auf Reisen begeben hat, um zu Manuels Beerdigung zu kommen. Als die junge Mutter darüber berichtet, sagt sie: »Nach Paris zu fahren bedeutet für meine Mutter, zur Prostituierten zu werden.«

Was ihre weiter zurückliegende Lebensgeschichte betrifft, so weiß diese Mutter, daß ihre eigene Mutter eine schwere Kindheit gehabt hat und nacheinander in mehreren Waisenhäusern aufgewachsen ist. Sie weiß auch, daß ihre Großmutter mütterlicherseits bei der Geburt ihrer Mutter gestorben ist, als sie gerade mit ihrem Ehemann aus Österreich kam. An den Familiennamen ihres Großvaters mütterlicherseits kann sie sich nicht erinnern.

Schwangerschaft und Geburt

Die Schwangerschaft begann drei Monate nach dem Tode von Manuel, an den die Mutter unaufhörlich denkt; häufig geht sie zum Friedhof. Der Arzt habe ihr gesagt, sie werde nie mehr einen Jungen haben können, denn ihre Söhne würden unweigerlich denselben Herzfehler haben. Sie wollte dem Vater ihrer beiden Kinder davon nichts erzählen.

Die Geburt verlief ohne nennenswerte Besonderheit; aber als das Kind gerade geboren war, wurde die Mutter gefragt, welchen Vornamen sie ihm geben möchte: Da schlug sie spontan Manuela vor, obwohl sie andere Namen vorgesehen hatte.

Wir erfahren an dieser Stelle von ihr, daß sie jeden Tag eine bestimmte Zeit damit verbringt, eine Puppe an- und auszuziehen, die sie einmal von ihrer Mutter geschenkt bekommen hat; sie hat sie nach einem im Alter von zehn Jahren verstorbenen Vetter benannt, der François hieß. Dieser Puppe zieht sie die Kleider von Manuel an.

Der Vater von Manuela war in Portugal, um seine kranken Eltern zu besuchen, kam danach aber wieder zurück und wohnt nun mit der Mutter zusammen. Sie tragen sich mit dem Gedanken zu heiraten. Die junge Frau ist arbeitslos; sie habe eine Beschäftigung abgelehnt, um sich Manuela widmen zu können.

Untersuchung der Interaktionen

Sie sind sowohl im visuellen als auch im verbalen Bereich recht vielfältig. Die Mutter hält Manuelas Hand und spricht in einem beinahe singenden Ton mit ihrer Tochter; sie fragt sie ununterbrochen: »Was hast du denn? Was ist denn nicht in Ordnung? Warum bist du nicht zufrieden?« Während die Mutter über gesundheitliche Probleme spricht (sie hat Furcht vor einem Fibrom) und dabei auch den Tod ihres Sohnes erwähnt, wird das Baby allmählich immer unruhiger, strampelt, quengelt und versucht Kontakt zum Kinderarzt aufzunehmen, nachdem es sich von seiner Mutter abgewandt hat. Als das Kind geimpft wird, will die Mutter den Raum verlassen, um Manuelas Kinderfrau zu holen, damit diese sie tröstet; sie denkt, es werde ihr allein nicht gelingen, und kann nicht aushalten, »daß man einem Kind weh tut«; sie sagt, es sei so, als würde man es mit ihr machen; aus diesem Grunde habe sie auch nach der Geburt vorzeitig das Krankenhaus verlassen. Sie bleibt jedoch da und freut sich über die Ermutigungen der Berater. Nach Verabreichung der Spritze nimmt sie Manuela sofort in die Arme, umschließt sie vollkommen mit ihrem Körper und beugt den Kopf über sie. Manuela kann sich aber nicht beruhigen und weint, bis unser Gespräch zu Ende ist. Als die Mutter Manuela besänftigen will, muß sie selbst weinen.

Bei einer späteren Beratung, als Manuela etwas älter als sieben Monate ist, läßt die Mutter sie auf dem Untersuchungstisch sitzen. Sie umschließt sie jedoch mit den Armen und spricht von ihrer eigenen Mutter, der sie viel vorzuwerfen hat.

Manuela wird durch ihre Arme weder unterstützt, noch ist sie in ihnen geborgen; denn ihre Mutter wirkt angespannt. Die Spannung wird dadurch auf das Baby übertragen, daß sie es oft liebkost, ihm sanft auf den Körper klopft und ihm sein Gesäß und den Rücken reibt. Schließlich richtet die Mutter ihre Tochter auf und hält sie an den Händen; Manuela ist ein bißchen aufgeregt, freut sich aber und stampft mit ihren Füßen.

Wieder spricht die Mutter den Tod ihres Sohnes an und gesteht, daß sie erst Ruhe gefunden habe, als Manuela drei Monate alt geworden sei, denn Manuel starb schon vor Erreichen dieses Alters.

Bei diesem Beratungsgespräch trugen Manuela und ihre Mutter das gleiche Kleid und die gleiche Weste.

Infolge ihrer Trauer, die noch nicht abgeschlossen zu sein scheint, befindet sich die Mutter in einem wirklich diffusen Zustand. In diesem Zusammenhang ist Manuela wie geeignet, der Mutter über ihre Depressionen hinwegzuhelfen. So nimmt sie ihr Kind zum Beispiel an sich, als sie über die Konflikte mit ihrer eigenen Mutter spricht. Sie scheint die Rolle des Reizschutzes nicht übernehmen zu können und statt dessen ihre Tochter in Erregung zu versetzen. Manuela ihrerseits erscheint selbst angespannt und aufgeregt; sie kann sich beruhigen, wenn sie jemanden anschaut. Die Mutter erwähnt, daß Manuela zum Einschlafen am Daumen lutscht. In der Sprechstunde nimmt sie nur nach der Impfung ihren Daumen, was ihr jedoch keine Linderung verschafft.

In der Geschichte dieser Familie ist die verwandtschaftliche Linie der Mutter nur von ganz geringer Bedeutung. Die Großmutter mütterlicherseits hat ihren Ehemann davongejagt. Zur Beerdigung des Enkels ist sie nicht gekommen.

In der Generation von Manuelas Eltern scheint eine Wiederholung vorzuliegen: Der erste Ehemann war Alkoholiker und gab ihr an dem Tag, als Delphine geboren wurde, bekannt, daß er in Algerien acht Kinder hatte. Der Vater von Manuel und Manuela scheint eine Erbkrankheit zu haben, die zum Tod von Manuela geführt hat. Die Tochter, die danach geboren wird, trägt dann zur Verarbeitung der Trauer bei und wird zu ihrem eigenen Schaden zu einem »Antidepressivum« für ihre Mutter.

In dem zweiten Beispiel (Fall 10) geht es um ein Baby – Laëtitia –, das seinen intellektuell etwas zurückgebliebenen Eltern ermöglicht, in ihrer Fähigkeit, ein Kind aufzuziehen, Fortschritte zu machen. Das Baby kam vorzeitig zur Welt und wog bei der Geburt 3100 g. Es ist das einzige Kind zweier Körperbehinderter. Der Vater hat eine rechtsseitige Hemiplegie, die ihn, wie er sagt, nicht weiter stört; es fällt deutlich auf, daß er großen Wert darauf legt, im Umgang mit dem Kind seinen gelähmten Arm zu gebrauchen; dies geschieht jedoch in einer Weise, die dem beteiligten Personal oft riskant erscheint. Er selbst ist bis zum 20. Lebensjahr bei Pflegeeltern aufgewachsen und kam dann in eine Institution, in der er

266

arbeitet. Er trinkt zuviel und neigt oft zu gewalttätigen Ausbrüchen, deren er nicht Herr wird: So kam es vor kurzem, als er seine kleine Tochter im Kinderwagen spazierenfuhr, zu einer handgreiflichen Auseinandersetzung, weil sich, wie er sagte, jemand über ihn lustig gemacht habe. Dabei griff auch die Polizei ein, der er vorwarf, ihm nicht zu glauben, daß er selbst der Vater des Babys ist.

Die Mutter ist in einer Familie großgeworden, in der sie übermäßig behütet und abgewertet wurde, da man sie als »die Behinderte« ansah. Zu ihrer Mutter hat sie eine gute Beziehung gehabt, klagt aber darüber, daß ihr Vater sich nicht um sie gekümmert habe. Die junge Frau hat eine sehr viel jüngere Schwester; als das Baby einmal weint, spielt sie auf diese Schwester an und sagt zu dem Kind: »Du, sei still; ich habe noch eine zwölfjährige Schwester, die hat meiner Mutter so zugesetzt, daß sie bei ihrer Geburt gesagt hat, sie sei ein hundsgemeiner Kerl.« Sie arbeitet in derselben Institution wie ihr Mann. Die beiden Eltern verstehen sich, aber es bleibt nicht aus, daß sie sich gelegentlich beschimpfen; bisweilen schlagen sie sich. Als das Mädchen zum ersten Mal bei uns vorgestellt wird, ist es zwei Monate alt. Es ist dünn und schmächtig und wirkt sehr schwach. Zu Beginn der Beratung hält der Vater das Kind; er setzt es so auf seinen Schoß, daß man es betrachten kann. Er sagt, es sehe ihm ähnlich, da es genau wie er Sommersprossen habe. Sogleich fügt er hinzu: »Von mir habe ich kein Foto.« Er versucht, die Aufmerksamkeit ausschließlich auf sich zu lenken, nimmt Stellung zu den Ernährungsproblemen und geht sogar so weit, halb im Scherz zu sagen, er habe Milch; er nimmt jedenfalls die Stelle seiner Frau ein. Als das Baby auf dem Wickeltisch liegt, neigt sich die Mutter hinab und schaut ihre kleine Tochter aus der Nähe an. Auf das anwesende Pflegepersonal macht sie den Eindruck, als würde sie ein Tier im Zoo betrachten. Nach der Untersuchung zieht der Vater das Kind wieder an, ist dabei aber aufgrund seiner Behinderung recht ungeschickt. Als er das Baby umdreht, stößt er es mit dem Kopf an den Tisch, so daß das Kind zu weinen beginnt. Die Mutter rührt sich nicht und geht ihrem Mann nicht zur Hand. Das Baby beruhigt sich wieder in den Armen seines Vaters; er hält es wie vorher, so als wolle er es vorzeigen. Die Mutter wird aufgefordert, sich um das Kind zu kümmern. Sie nimmt ihre Tochter auf, läßt deren Kopf aber nach hinten herunterhängen, was den übrigen Teilnehmern sehr zu Herzen geht. Sie hält das Baby an der Seite ihres Körpers, vermutlich weil sie durch eine ziemlich ausgeprägte Skoliose behindert ist. Sie schaut es überhaupt nicht an und spricht kein Wort mit ihm. Während sie das Kind so trägt oder wenn sie es in den Armen hält, versucht der Vater immer, auf sie einzuwirken und an ihr herumzumanipulieren. Das kleine Mädchen ist aufgeweckt und eher hyperton. In den Armen seines Vaters gibt es Laute von sich. Aber die Eltern reagieren auf diese Kommunikationsversuche nicht.

Bei einem anderen Beratungsgespräch stellt sich heraus, daß die Eltern gern ein zweites Kind hätten, jedoch fürchten, daß die kleine Tochter eine Behinderung hat. So fragt sich beispielsweise der Vater, ob seine Tochter nicht blind sei. Die Mutter gibt ihrerseits zu verstehen, daß sie Angst habe, ihr Baby beim Baden fallen zu lassen; bei einem Hausbesuch war dann übrigens zu beobachten, daß sie es zuläßt, wenn ihr Kind in der Badewanne Wasser schluckt. Der Vater wiederum droht manchmal seiner Tochter; bei einem Hausbesuch erlebten wir, wie er zu ihr sagt: »Wirst du wohl ruhig sein, sonst werfe ich dich aus dem Fenster.« Oder bei einer anderen Gelegenheit meint er: »Ich gebe dir einen Schlag mit dem Hammer, wenn du nicht still bist.« Diese Drohungen hängen damit zusammen, daß der Vater sein Baby immer in seinem gefühllosen Arm trägt, so als sei es das Kind dieses leblosen Armes.

Anläßlich eines Besuches bei den Eltern fällt auf, daß dort zwei Kinderwagen nebeneinander stehen: Ein Wagen ist tatsächlich mit einer riesigen Puppe belegt. Die Mutter sagt, es sei *ihre* Puppe.

Alles deutet also darauf hin, daß dieses kleine Mädchen gefährdet ist. Es wird grob behandelt, ißt schlecht und muß die bedrohlichen Phantasien aushalten, die gegen es gerichtet sind. Außerdem wird es zum Konkurrenzobjekt seiner Eltern. Aber anscheinend geht im allgemeinen der Vater aus diesem Kampf als Sieger hervor; so hat er die Möglichkeit, zu beweisen, daß er mit seiner Körperbehinderung zurechtkommt. Dadurch erdrückt er seine Frau noch mehr, die ohnehin fortwährend geistig abwesend ist und sich dadurch schützt. Wenn sie das Kind aufzunehmen versucht, sieht sie bekümmert aus. Sie sagt, daß sie während ihrer Schwangerschaft sich nicht habe vorstellen können, wie es weitergehen würde. Die große Puppe im Kinderwagen ist für sie als Objekt der Identifizierung besser geeignet.

Es besteht jedoch Aussicht, daß sich die Familiensituation spürbar verbessert, wenn sich viele an diesem Fall beteiligte Berufsgruppen einsetzen, d. h. die Kinderkrankenschwestern und auch die Mitarbeiter in der Krippe, die darauf dringen, daß die Eltern ihr Kind dort hinbringen. Im Verlaufe einer verhältnismäßig taktvollen Anleitung der Mutter in ihrer Handhabung des Babys gewinnt sie wieder Zuversicht und wird für die Fortschritte des Kindes erstaunlich empfänglich; sie lernt allmählich, ihrem Mann das Baby wieder abzunehmen, was nicht immer ohne Konflikte abgeht.

Es ist überflüssig, diesen Fall hier weiter auszuführen; wir haben ihn erwähnt, weil er zeigt, daß es der Mutter durch dieses Baby – das sich in der Folgezeit, abgesehen von einer gewissen Hypertonie, ganz normal entwickelt hat –, und durch die Unterstützung der Fachkräfte weitgehend gelungen ist, ihre mütterlichen Fähigkeiten zurückzugewinnen und von ihrer Depression zu genesen. Diese Entwicklung fand unter Bedingungen statt, die für das Baby besonders bedrohlich waren; aber es hat schließlich doch Vertrauen erweckt. In gewissem Maße ist es dem kleinen Mädchen zu verdanken, daß aus der jungen Frau, die verachtet wurde und nur einer künstlichen Puppe gegenüber ihre Mutterfunktion wahrnehmen konnte, eine lebendige und ziemlich kompetente Mutter geworden ist.

Dies wäre ein elementares Modell für die Interaktion im Bereich der Phantasien, an der dieses kleine Mädchen aktiv beteiligt ist.

Das folgende Fallbeispiel soll veranschaulichen, was wir unter dem Thema der Interaktion im Bereich der Phantasien untersuchen wollen. Dabei wird der Leser mit der Komplexität der Faktoren vertraut gemacht, die hier zusammenwirken, so daß wir im weiteren Verlauf anhand einer eher systematischen Beobachtung von Ausschnitten einige Beispiele in ihren Einzelheiten betrachten können.

Olivier (Fall 11) ist das zweite Kind der jungen Mutter, von der hier die Rede sein soll; er hat eine fünfjährige Schwester. Sie wird als ein reizendes, liebenswertes kleines Wesen beschrieben. Der Vater und die Mutter dieser beiden Kinder stammen aus Guadeloupe und haben bis zu Beginn der zweiten Schwangerschaft zusammengelebt.

Die Mutter ist eine junge Frau von 25 Jahren; sie ist lebhaft, hübsch und weiß sich zu helfen. Sie selbst ist die vorletzte in einer Familie mit zehn Kindern. Neun von ihnen haben sich in Paris niedergelassen. Sie beschreibt ihre Mutter als gewalttätig und schwierig, wohingegen ihr Vater ruhig und umgänglich sei. Den Vater ihrer Kinder lernte sie mit 15 Jahren kennen; aber ihre Mutter hat die Beziehung immer abgelehnt, denn sie fand ihn als zukünftigen Schwiegersohn zu unreif. Die junge Frau schildert ihren Gefährten als einen ruhigen, freundlichen Menschen. Als sie von ihm spricht, weint sie.

Ihre zweite Schwangerschaft kam für sie überraschend. Sie trug eine Spirale und hatte nicht gemerkt, daß sie schwanger war. Die Schwangerschaft verlief schwierig, denn es kam gleich zu Beginn zu heftigen Auseinandersetzungen mit ihrem Freund, der zeitweise mit einer anderen Frau zusammenlebte. Dadurch fühlte sie sich einsam, wurde traurig, schlief schlecht und rechnete für die Zukunft mit materiellen Sorgen.

Die Geburt fand in einer belastenden Situation emotionaler Isolierung statt; es gab eine gefährliche Phase, in der Fieber und Schlafstörungen auftraten. Sie begann ihren kleinen Jungen zu stillen, hörte damit auf und gab ihm dann wieder die Brust. Für diese Entwicklung findet sie eine Erklärung und sagt, diese widrigen Umstände seien für sie ein Hinweis, daß sie das Baby nicht stillen sollte.

Nach der Geburt des kleinen Jungen kehrt der Vater bisweilen zurück. Da sie ihm nicht vertraut, hat sie sich das Kind vor dessen Geburt zuerkennen lassen; denn sie fürchtet, der Vater könnte ihr die beiden Kinder wegnehmen.

Wir wollen das Schwergewicht hier auf die Interaktionen zwischen Mutter und Baby legen: Das Kind scheint leicht hyperton; dadurch hält die Mutter einen gewissen Abstand zu ihm ein, den auch F. Cukier-Mŕeury, I. Lézine und J. de Ajuriaguerra bei Frauen geschildert haben, die ihr erstes Kind bekamen.[15]

---

[15] F. Cukier-Mémeury, I. Lézine u. J. de Ajuriaguerra, »Les postures de l'allaitement au sein chez les femmes primipares«, *Psychiatrie de l'Enfant*, 1979, *22*, S. 503–518.

Olivier zeigt eine besonders auffallende Gebärde: Wenn man das Gefühl hat, er sei hilflos und in Not, streckt er den rechten Arm vor und macht eine Faust; den Daumen verbirgt er dabei unter den Fingern. Die Forscher merken an, daß diese Art des Faustschlusses eher eine Schutzgeste darstellt; das Drohen mit der Faust erfolgt mit geschlossener Hand, so daß der Daumen außen liegt. Jedesmal wenn Olivier diese Gebärde macht, schaut er seine Mutter ganz eindringlich an.

Als sie gefragt wird, wie sie dieses Anzeichen auffasse, antwortet sie: »Er zeigt seinem Vater die Faust.« Dann erzählt sie, daß sie oft mit ihrem Kind spielt, es dabei an den Armen hält und seine Fäuste fest mit ihrer Hand umschließt.

In diesem Ausschnitt wird also eine ganz einfache Gebärde eines leicht hypertonen Kindes in den Vordergrund gerückt, die jedoch von der Mutter so aufgenommen wird, daß sie das Kind dabei zu einem aggressiven Mann macht, der sich gegen seinen Vater stellt.

Es handelt sich hier um ein Beispiel, in dem die Mutter einer Verhaltensweise des Babys einen Sinn verleiht, die ihrerseits mit einer körperlichen Eigenart verbunden ist. Darüber hinaus wird jedoch deutlich, daß die anderen Interaktionsmöglichkeiten recht eingeschränkt sind: Der direkte Blickkontakt und der Austausch durch stimmliche Laute scheinen wirklich schwach entwickelt.

Aber die Mutter scheint die Erläuterungen, die wir ihr zu ihrer Reaktion geben, gut annehmen zu können und macht sich daraufhin alle Interaktionsangebote, die von dem Baby ausgehen, ausgiebig zunutze; sie schaut es viel nachdrücklicher an.

Dabei ist interessant zu erleben, welch große Angst die Mutter hat, man könnte ihr die Kinder und insbesondere ihr Baby wegnehmen. So spricht sie beispielsweise über ihre Schwangerschaft und erzählt, daß sie auf Grund der Ultraschalluntersuchung gewußt habe, daß es ein Junge würde. Daher hat sie sich einen Mädchennamen ausgedacht, um zu verhindern, daß vorzeitig bekannt wird, sie bekomme einen Jungen. Ebenso hat sie von dem Kind, das sie in den Armen hält und anschaut, die Vorstellung, daß aus ihm ein Mann würde, der sie gegen ihren Freund verteidigt. Da wirkt es paradox, daß ihre Furcht wieder auflebt, ihr Freund könnte ihr Olivier wegnehmen. Auf diese Weise ist das Kind schon vor seiner Geburt von Männern bedroht. Sobald es auf die Welt gekommen ist, schützt es seine Mutter und muß lernen, sie zu verteidigen. Man kann sich vorstellen, wie große die Gefahr ist, daß das Phantasieleben des Kindes stark beeinträchtigt wird, weil seine Mutter einen Haß auf ihren Freund und auf die Männer überhaupt hat. Bei der Beratung wird übrigens sichtbar, daß alle Bemerkungen des Kinderarztes, der ja männlichen Geschlechts ist, auf die Mutter beunruhigend zu wirken scheinen. Wenn er zu ihr sagt: »In Ihren Armen hat er sich aber wohl gefühlt«, wird die Mutter betrübt und meint: »Ich würde Olivier gern ins Bett legen.« Die Mitwirkung des weiblichen Personals hingegen bereicherte das Interaktionsgeschehen.

Welche Probleme in bezug auf die Identifizierung mit der männlichen Geschlechterrolle auch immer aufkommen mögen, so wird doch schon jetzt deutlich, daß die sexuelle Identität des Babys im Symbol des »Faustschlagens« ihren Ausdruck findet; dies tritt ganz bezeichnend in der Hypertonie zutage, die durch die Phantasien der Mutter noch verstärkt wird. Zur Zeit verläuft die Interaktion im Bereich der Phantasien eher idyllisch, vorausgesetzt sie trägt dazu bei, die Männer fernzuhalten.

20 Einleitende Überlegungen zu den Interaktionen im Bereich der Phantasien

Der Begriff der Interaktion im Bereich der Phantasien stammt nicht von uns selbst; durch einen glücklichen Zufall ergab es sich, daß auch L. Kreisler und B. Cramer[1] ihn im Rahmen einer andersartigen Forschungsarbeit verwendeten, die unserem Ansatz aber nicht zuwiderläuft. Der Begriff mag sicherlich zweideutig oder in sich widersprüchlich erscheinen; bei den Verhaltensforschern, die vorgegebene Interaktionsmuster betrachten, kann er nur auf Kritik stoßen. In den vorangegangenen Kapiteln haben wir nun zunächst die von Affekten erfüllte Atmosphäre beschrieben, von der Mutter und Baby umgeben sind. Sodann haben wir die Vorgänge auf der Verhaltens- und der Phantasieebene bei der Mutter und dann bei ihrem Baby dargelegt. Im zweiten Teil dieses Werkes haben wir auch die sozialen Verknüpfungen untersucht, die aufgrund jener Verhaltensweisen entstehen, welche auf der Bindung beruhen. Wenn man von Interaktion im affektiven und im sozialen Bereich spricht, so wird unumgänglich – wenn es um das menschliche Baby geht –, das psychische Leben seiner Mutter und auch sein eigenes einzubeziehen. Schon andere Begriffe, die zur Erhellung der Interaktionsprozesse dienen, haben diese Zugangsweise nahegelegt; dies gilt auch für den von Escalona[2] eingeführten Ausdruck der »Beziehungsspirale«. Andere Forscher wiederum verwendeten den Begriff der gegenseitigen affektiven Besetzung. Wir haben also vor, im folgenden den Begriff der Interaktion im Bereich der Phantasien zu begründen und dessen Zweckdienlichkeit aufzuzeigen.

Wie in der Einleitung dieses Buches dargelegt wurde, ist der

---

[1] L. Kreisler, B. Cramer, »Sur les bases cliniques de la psychiatrie du nourrisson«, *Psychiatrie de l'enfant*, 1981, *24*, 1, S. 223–263.

[2] S. Escalona, *The Roots auf Individuality: Normal Patterns of Development in Infancy*, Chicago, Aldine Publishing Company, 1968.

Begriff der Interaktion viel gebräuchlicher. Er ist durch die Systemtheoretiker bekannt geworden, welche die Kommunikation innerhalb der Familie darstellen und schildern, wie sich dadurch ein Gleichgewicht herstellt. Die Psychoanalytiker greifen auch auf diesen Begriff zurück, vermutlich jedoch ohne zu ahnen, daß sie sich damit innerhalb der interindividuellen und intraindividuellen Dimensionen in einem Grenzbereich bewegen. Die Interaktionen im familiären Umkreis des Babys werden wir erst in einem anderen Zusammenhang erörtern; wenn wir von Interaktionen auf dem Gebiet der Phantasien sprechen, möchten wir vermeiden, daß es zu einer Vermengung mit diesen familienbezogenen Interaktionsprozessen kommt.

Zunächst sei daran erinnert, daß die Metapsychologie Freuds überwiegend auf den Schlußfolgerungen beruht, die aus der Hilfsbedürftigkeit des Neugeborenen gezogen werden können. Die heutigen Untersuchungen zur Interaktion hingegen beweisen, daß das Baby und seine Mutter aufeinander einwirken; das Baby entfaltet nämlich seine frühen Kompetenzen, während die Mutter auf Grund der Freude, die diese Entwicklung bei ihr auslöst, als Gegenzug eine antizipatorische Haltung einnimmt. So geht die Entwicklung des psychischen Bereiches beim Baby mit der Entstehung des Objektwunsches einher. Wie wir gesehen haben, wird das psychischgeistige Leben der Mutter ebenfalls von der Fortentwicklung ihres Babys beeinflußt.

Indem wir die Vorgänge nacheinander bei der Mutter und dann bei dem Baby betrachteten, haben wir zwangsläufig eine künstliche Trennung vorgenommen. Ebenso werden wir zunächst ganz schematisch die Grundlinien dieser Interaktionen skizzieren, um sodann zu versuchen, ihren Gehalt in bezug auf die Phantasien zu erfassen und darzustellen.

Seltsamerweise gibt es in der französischen Literatur schon einen älteren Artikel, der sich dieser Frage widmet.[3] Die beiden Autorinnen geben eine bemerkenswert genaue Beschreibung einiger Formen frühzeitiger Interaktion zwischen den Müttern und ihren

---

[3] M. David, G. Appell, »La relation mère-enfant«, *Psychiatrie de l'enfant*, 1966, *9*, 2, S. 445–532.

Babys. M. David hat unermüdlich ihre Arbeit auf diesem Gebiete fortgesetzt, ohne viel zu veröffentlichen. Sie leitet seit mehreren Jahren eine Abteilung, der eine besondere Form der Betreuung von Kindern obliegt, deren Mütter psychotisch sind; dort werden die Arbeiten zu diesem Thema von ihr gesammelt. Mit Unterstützung der staatlichen Gesundheitsbehörde wurde eine bisher unveröffentlichte Forschungsarbeit durchgeführt[4], in der untersucht wird, inwieweit derartige Kinder durch eine zu geringe oder zu starke Reizwirkung der Mutter beeinflußt werden.

Um unsere Gedanken zu veranschaulichen, entnehmen wir einer kürzlich erschienenen Arbeit von Brazelton einige Einzelheiten; er hat die Rolle des Babys als Interaktionspartner geschildert. Der Autor hebt die Interaktionsmuster und ihre aufeinander bezogenen Rhythmen hervor; anhand kleinster Beobachtungsausschnitte wird die Wechselseitigkeit im Verhältnis von Mutter und Baby herausgearbeitet. Auf seiten der Mutter geht es darum, den Säugling in der Steuerung seiner noch unreifen Reaktionen zu fördern: »Das wichtigste Gebot für die Aufrechterhaltung einer Interaktion scheint darin zu bestehen, daß die Mutter ein Gespür dafür entwickelt, wann ihr Baby imstande ist, seine Aufmerksamkeit auf etwas zu lenken, und wann es das Bedürfnis hat, sich nach einer Phase der Konzentration ganz oder teilweise wieder zurückzuziehen. Jedem länger andauernden Interaktionsabschnitt liegen anscheinend kurze Zyklen von Aufmerksamkeit und Nicht-Aufmerksamkeit zugrunde.«[5] Die Mutter hat also das Bedürfnis ihres Babys zu respektieren, verschiedene Vorgänge selbst zu regulieren. In diesen rhythmischen, auf den jeweils anderen abgestimmten Gestaltungsprozeß kann sie jedoch austauschbare Kommunikationselemente einführen, so wie es das Baby durch sein Lächeln, seine Laute, seinen Blick, seine Körperhaltung etc. ebenfalls versucht. Der Mutter obliegt es also, sich dem Rhythmus des Kindes anzupassen. Wenn sie voreilig ist, überfordert sie das Baby und trägt so zu einer Ver-

[4] Institut National de la Santé et de la Recherche Médicale (I.N.S.E.R.M.), ATP 66.78–98–003.

[5] B. Brazelton, »Le bébé: partenaire dans l'interaction«, in: *La dynamique du nourrisson*, Paris ESF, 1982, S. 21.

schlechterung seines Kommunikationsvermögens bei. Weiß sie seinen Rhythmus aber zu respektieren, so kann sich seine Kommunikationsfähigkeit dadurch steigern. Das Kind lernt allmählich den Mechanismus der Selbstregulierung kennen; günstig ist, wenn es dabei auf ein systematisches Feedback zurückgreifen kann.

Brazelton faßt in seiner Arbeit aus dem Jahre 1982 seine 1979 erschienenen Veröffentlichungen zusammen, in denen er vier Stufen eines Regulierungsprozesses beschreibt, die in den ersten vier Lebensmonaten durchlaufen werden:

»1. Der Säugling übt eine homöostatische Kontrolle über seine ›Input-‹ und ›Outputsysteme‹ aus, d. h., er kann sich einzelnen Reizen verschließen oder sich ihnen auch zuwenden und daraufhin die Kontrolle über diese Systeme und physiologischen Zustände wahrnehmen.

2. Innerhalb dieses kontrollierten Systems kann er allmählich die sozialen Anhaltspunkte kennenlernen und einsetzen, um diese aufmerksamen Phasen zu verlängern und immer umfangreichere Kommunikationsinhalte zuzulassen und in sich aufzunehmen.

3. In einem derartigen System von wechselseitigem Feedback und ständiger Anregung erfahren Baby und Eltern auch die Grenzen der Fähigkeit des Babys,
a) auf das Informationsangebot einzugehen und
b) sich in ein homöostatisches System zurückzuziehen, um neue Kraft zu schöpfen.

4. Ein empfindsamer Erwachsener führt das Baby in beiderlei Hinsicht an dessen Grenze und bietet ihm die erforderliche Zeit und die notwendige Gelegenheit, diese Grenzen auch zu erleben. Damit *verleibt*[6] es sie sich als einen vollwertigen Betandteil seiner eigenen Möglichkeiten *ein*.«[7]

Der Sachverhalt gewinnt noch an Klarheit, wenn Brazelton am

---

[6] Das Wort »einverleiben« haben wir hervorgehoben, um darauf hinzuweisen, daß der Autor hier einen psychoanalytischen Begriff gebraucht, offensichtlich ohne sich dessen vollkommen bewußt zu sein.

[7] B. Brazelton, a. a. O., S. 124; vgl. Anm. 5.

Schluß des Artikels schreibt: »Ich begreife diese Beobachtungen als einen eindeutigen Hinweis auf den Ansatz eines emotionalen und kognitiven Bewußtseins beim Baby und beim ›anderen‹, d. h. der Person, die die Mutterfunktion hat. Ein Baby lernt durch sich selbst hinzu und entwickelt so eine Grundlage für sein Ich. Der Vater und die Mutter, die an diesem Baby hängen – und aufs innigste mit ihm verbunden sind –, kennen, bewußt oder unbewußt, vergleichbare Schritte innerhalb ihrer eigenen Entwicklung als sorgender Elternteil.«[8]

Mit der kurzen Darstellung der Entwicklung des Babys im vorigen Kapitel haben wir zu zeigen versucht, wie sich sein Seelenleben entfaltet, wie seine Phantasievorstellungen entstehen und welchen Verlauf sein Denken nimmt, bis es als ein Sekundärvorgang betrachtet werden kann. Einige französische Psychoanalytiker wie A. Green[9] kritisieren dieses Modell, wie bereits deutlich wurde, und bezeichnen es als genetisch. Wenn man sich jedoch für die psychisch-geistigen Vorgänge interessiert, die ein Verständnis der Affekte und Repräsentanzen zur Voraussetzung haben, so ist unvermeidlich, daß man auch auf die Anfänge des Trieblebens zu sprechen kommt. Es entwickelt sich in den Armen einer Mutter, die ein Baby trägt, das sich ganz eng an sie festklammert. Zum Verständnis des Trieblebens gehört nämlich auch sein besonderer Ort an der Grenze von Biologie und Psychologie: Es stellt eine Macht, eine Herrschaft über das Objekt dar oder wird zu einem Bemächtigungstrieb; dieser besteht in dem Bedürfnis, etwas zu besitzen, Einfluß zugewinnen oder sich eine sadistische Lust zu verschaffen. Hier liegt der Ursprung für das Vermögen, auf die innere Realität und die Objekte einzuwirken. Alle Anstrengungen des Kindes, seine Motorik und sein Denken zu beherrschen, gehen von diesem Trieb aus.[10]

Dieser etwas allgemeine Grundgedanke, daß sich das Baby seiner Mutter bemächtigt, stammt von Freud, der in seinen drei

[8] a. a. O., S. 25.
[9] A. Green, »L'enfant modèle«, *Nouvelle Revue de Psychanalyse*, 1979, *19*, S. 27–48.
[10] B. Grunberger, »Étude sur la relation objectale anale«, *Revue française de Psychanalyse*, 1960, *24*, S. 137–168.

Abhandlungen zur Sexualtheorie den Bemächtigungstrieb als den Ursprung für die Grausamkeit des Kindes bezeichnet hat.[11] Wir wollen diesen Begriff in einem umfassenderen Sinne verstehen und darauf hinweisen, daß er zwei Seiten hat:

– Das Triebsystem, das sich auf das innere Objekt richtet, sichert sich dessen Besitz.
– Wendet dieses System sich der äußeren Realität der Mutter zu, so entspricht das dem Festhalten, dem Greifen etc.

Die Mutter ihrerseits hat natürlich auch eine gewisse Macht, einen bestimmten Bemächtigungsimpuls gegenüber ihrem Baby: Sie verfügt über ihre Fähigkeit, Antizipationen zu bilden, die sich dann auf das Baby auswirken; sie kann seinen Schlaf herbeiführen sowie sein Verhalten grob unangemessen interpretieren, um ihm so eine Bedeutung zu verleihen.

Der Phantasiegehalt der Interaktionen kann auf diese Weise durch bestimmte Verhaltensweisen der Mutter und des Babys erschlossen werden. Das Interaktionsgeschehen gestaltet sich im Zusammenhang mit der Vorstellung, die die Mutter sich von einem Kind macht, und ist bereits während der Schwangerschaft voll entwickelt. Aber es wird auch von den Phantasien beeinflußt, die mit dem Wunsch nach Mutterschaft einhergehen.

Dem stummen Dialog der Mutter mit dem ungeborenen Kind, auf den wir später eingehen werden, folgt ein sprachlicher Austausch, der schon eindeutig Ausdruck der Phantasien der Mutter ist; das zeigen auch Denise Josse und Monique Robin in ihrer Arbeit über den Inhalt der mütterlichen Sprache.[12] Sie untersuchen im Rahmen der Interaktion jene Momente in den Worten der Mutter, die dem Körper des Kindes gelten. In Übereinstimmung mit früheren Forschungsarbeiten wird dabei sichtbar, daß die Sprache der Mutter aus vielen Bruchstücken besteht und kurze Wendungen sowie einzelne Worte enthält. Neben häufigen Wiederholungen kommt es auch vereinzelt zu unbedeutenden Äußerungen, zu Ono-

---

[11] S. Freud, »Drei Abhandlungen zur Sexualtheorie« (1905), GW, Bd. V, S. 27–145.
[12] D. Josse, M. Robin, »A propos du contenu du langage maternel«, *Psychiatrie de l'enfant*, 1983, *26*, 1, S. 99–140.

matopöien, zu Ausrufen und zu Lauten, mit denen das Kind nachgeahmt wird. Die mehrmals hintereinander ausgestoßenen Laute sind ein wichtiger Bestandteil der elterlichen Sprache. Wenn das Kind zu einer Reaktion bewogen werden soll, ist die Sprache arm und gleichförmig. Sie dient zur Bezeichnung von Gegenständen und Situationen, die dem Kind vertraut sind. Die Betonung ist übertrieben, und die einzelnen Laute werden mit Nachdruck gesprochen, damit die Kinder darauf reagieren können.

Es wurden 66 Beispiele für sprachliche Äußerungen von Müttern ausgewertet, die unter den Bedingungen einer Beobachtungssituation aufgezeichnet worden waren; das Alter der Kinder reichte von wenigen Tagen bis zu zehn Monaten. Gegenstand waren das Interaktionsverhalten des Babys im visuellen, verbalen und mimischen Bereich sowie Handlungen, die dem Körper des Kindes gelte wie zum Beispiel körperliche Spiele. Ein Ergebnis war, daß der Inhalt der Worte und Laute bei der Mutter nicht dem Zufall unterworfen ist. Die Häufigkeit, mit der bestimmte Inhalte aufgegriffen werden, ist eine Folge der Fortschritte im Verhalten des Babys. Von ihnen hängen auch die Wort- und Satzbildungen ab. So stellen die Autorinnen zum Schluß fest: »Alle diese Elemente zeigen bei den Müttern an, wie sich das Interaktionsgefühl des Kindes allmählich herausbildet.«

In diesem Zusammenhang hat J. de Ajuriaguerra mehrfach Untersuchungen zu dem von ihm so genannten tonischen Dialog durchgeführt. Aufgrund der Zusammenhänge zwischen den affektiven Regungen und dem Muskeltonus kann von einem tonisch-emotionalen System gesprochen werden; dabei läßt sich die wechselseitige Anpassung von Mutter und Baby verfolgen; es hat ganz den Anschein, als versuche das Kind, sich in seiner Körperhaltung danach zu richten, wie es von seiner Mutter gehalten wird. Der direkte Blickkontakt hat, wie wir zeigten, ebenfalls diesen tonisch-emotionalen Aspekt. In diesem Bereich verfeinern und differenzieren sich die Reaktionen der beiden Partner, die zunächst nur eine recht vage Gefühlsgrundlage haben. So ruft die Anrede der Mutter beispielsweise tonische Schreckreaktionen hervor. Die Situation hält noch längere Zeit an, denn auf dem Arm seiner Mutter reagiert das Kind zu Beginn des zweiten Lebensjahres vor dem Spiegel in Abhängigkeit von dem Bild des anderen und der Mutter, die es erst allmählich wiedererkennt.

Die Wahl des kindlichen Vornamens läßt bisweilen sehr deutlich erkennen, welche Rolle das Kind im Phantasieleben der Mutter einnehmen wird oder bereits spielt. Zweifellos unterliegt diese Wahl oftmals kulturellen Traditionen. Wird der Vorname aber von der Mutter oder den Eltern ausgewählt, so zeigt er für die Zeit der Schwangerschaft eine Vorliebe für das dem Kind zugedachte Geschlecht; oder er ist ein Hinweis auf den Stellenwert des Kindes innerhalb der Verbindung von imaginärem und phantasiertem Kind; dabei gehört das erste zur Familienkonstellation, während letzteres inhaltlicher Ausdruck der auf das Baby projizierten, unbewußten Wünsche ist.

Entsprechend läßt sich nachvollziehen, in welcher Weise die Wunschphantasien der Mutter durch das Verhalten des Kindes Auftrieb bekommen oder erfüllt werden; manchmal bewirkt das Baby hingegen auch, daß sich die elementare Aggressivität bei der Mutter verstärkt und Haßgefühle bei ihr aufkommen. Auf jeder Entwicklungsstufe werden die unbewußten Konflikte der Mutter von der Struktur ihrer psychisch-geistigen Verfassung aktiviert. Das Baby, das zu Beginn seines Lebens – zumindest theoretisch – die Phase des primären Narzißmus durchläuft, schafft sich gleichzeitig dadurch innere Objekte, daß es die lustbezogenen Gedächtnisspuren reaktiviert und seine autoerotisch bedeutsamen Zonen ins Spiel bringt. Gerade durch die Schaffung der inneren Realität löst es sich von der Mutter, weist sie ab und wird gegen sie tätlich. Mit der Besetzung des inneren Objektes gibt das Baby seinen ursprünglichen Narzißmus auf, was unausweichlich dazu führt, daß die narzißtischen Besetzungen auf seiten der Mutter abgeschwächt werden. Man kann es auch anders formulieren und sagen, daß durch die Interaktionen, die sich im Rahmen des »holding« einspielen, die Vorstellung von einer Mutter entsteht, bei der das Kind geborgen ist, die es umsorgt, tröstet, streichelt etc. Es wird aber mit seinem erst schwach ausgebildeten Phantasieleben auch den Verboten Rechnung tragen müssen, die die Mutter mit ihrer Stimme und mit der Kraft ihres Überichs zur Geltung bringt: Die Mutter speist das entstehende Phantasieleben auch mit all jenen Momenten, die Erregungen und Verbote hervorrufen, die viel subtiler sind, weil sie an die eigenen affektiven Regungen, Vorstellungen und Phantasien der Mutter gebunden sind.

Daher erfahren der überaus erfolgreiche Narzißmus des Babys und die Schwankungen im narzißtischen Haushalt der Mutter durch deren produktive Antizipationen eine Bestätigung. Da das Baby durch die Elternimagines gestaltet wird und da die inneren, vom Kind erschaffenen Objekte auch durch diese Imagines und damit durch die Phantasiebildungen der Mutter geprägt werden, lassen sich alle einzelnen Teile des von uns dargestellten Zusammenhangs mit dem Begriff der Interaktion auf der Ebene der Phantasien erfassen.

B. Cramer[13] legt ein recht ähnliches Vorgehen nahe, um die Interaktion in den Phantasien zu definieren. Für ihn zeigt die Wirkungskraft der Worte, daß man bei der Untersuchung des Interaktionsgeschehens zugleich dessen Verhaltensaspekte wie auch die innerpsychischen Anteile erfassen kann.

Im übrigen ist bekannt – die Erfahrung der therapeutischen Beratungssituation belegt es –, welche Bedeutung solche Projektionen der Mutter haben, die sich auf die körperliche Funktionsfähigkeit des Babys beziehen; gerade dadurch werden besonders die funktionellen Störungen des Kindes bestimmt; aber so wird auch die positive Wirkung der Beratungen erklärbar, die ja an die Phantasien der Mutter rühren und zugleich auch den Körper des Kindes betreffen.

Auch muß die Anwesenheit des geschulten Beobachters berücksichtigt werden, der sich mit den beiden Beteiligten identifiziert. Er ist nämlich in der Lage, die zurückliegenden Ereignisse und die Erlebnisse der Mutter zu rekonstruieren und ein historisches Verständnis für jene Vorgänge zu entwickeln, die der Herausbildung ihrer Objektbeziehung vorangegangen sind. Aufgrund dieses historischen Einblickes in die Vergangenheit der Mutter kann sich der mit dem Baby identifizierende Beobachter auch im einzelnen vorstellen, wie sich die in der Entwicklung befindlichen Objektbezie-

---

[13] B. Cramer, »La psychiatrie du bébé«, in: *La dynamique du nourrisson*, Paris, ESF, 1982.

hungen gestalten werden. Im äußerten Fall besteht also gar keine Veranlassung mehr, die Darstellung der Objektbeziehung so kategorisch von der Schilderung der frühen Interaktionen zu trennen: Diese rufen die voraussehbaren Phantasien der Mutter wach und tragen dazu bei, daß sich das Phantasieleben des Babys nach epigenetischem Muster entwickelt; diese fortschreitende Entwicklung, die wir als einen »aus sich selbst heraus entstehenden Prozeß« bezeichnet haben, der diesseits der kindlichen Neurose anzusiedeln ist,[14] wird somit auch vom Einfluß auf die bedeutenden Umbildungen im Vorfeld der Latenzperiode sein.

Wenn man diese detaillierte Darstellung anders ausdrücken will, ohne dabei jedoch die Mikroanalysen von Teilausschnitten des Interaktionsverhaltens vernachlässigen zu wollen, so läßt sich folgendes sagen: Es geht hier um die Einführung einer zeitlichen Perspektive mit dem Ziel, daß Raum und Zeit irgendwie zu einer einheitlichen Dimension verschmelzen, die zugleich den aktuellen Ereignissen, der Geschichte und der synchronen Untersuchung des jeweiligen Verhaltensgefüges eine Bedeutung verleiht. Der Psychoanalytiker wird dann die Interaktionen »nachträglich« rekonstruieren können.[15] Der Psychiater, der sich mit dem Baby beschäftigt, wird auf der Ebene der Identifizierungsprozesse und ihrer unterschiedlichen Ausprägungsformen ansetzen können.

Je nachdem wie diese Interventionen, die einen therapeutischen Charakter haben können, im einzelnen erfolgen, werden sie vielleicht zum Verständnis und zur Erhellung jener Vorgänge beitragen, die wir die Interaktionen im Bereich der Phantasien nennen. Wir tragen im folgenden den Fall eines 13 Monate alten Babys vor (Fall 12), das unter erheblichen Störungen beim Einschlafen leidet. Seine Eltern waren schon als Kinder miteinander befreundet und hatten gegen die Willen ihrer Eltern geheiratet. Die Mutter war Psychologin. Als sie mir zusammen mit ihrem Ehemann das Baby vorstellte, erklärte sie, daß es keinem von beiden »gelungen sei,

---

[14] S. Lebovici, »Névrose infantile, névrose de transfert«, *Revue française de Psychanalyse*, 1980, *44*, S. 733–1121.

[15] S. Lebovici, »L'après-coup et l'organisation de la névrose infantile«, in: J. Guillaumin (Hrsg.), *Traumatismes et après-coup*, Toulouse, Privat, 1982.

das Kind soweit zu beruhigen, daß es einschläft, obwohl sie abwechselnd an seiner Seite wachten«. Wie groß der Ärger oder der Haß auch immer sein mag, der durch so schwerwiegende Schlafstörungen ausgelöst werden kann, so hat die Mutter ihren Narzißmus doch lieber an die zu mir entstehende Beziehung gebunden, wie sich gezeigt hat. Wir sprachen über die Vergangenheit der Eltern, über die Kindheit jedes einzelnen, über ihre Jugend und ihre gegenwärtige Beziehung. Ich erfuhr, daß sich der Vater gar keine Kinder wünschte, daß das Paar aber schon eine Tochter bekommen hatte, die ungefähr drei Jahre alt war, jedoch keine Schlafstörungen hatte. Der Ehemann hatte dann auf eine zweite Schwangerschaft gedrungen, denn er wollte nicht Vater eines Einzelkindes bleiben. Nach der Geburt des Babys litt die Mutter an Ischias und konnte ihr Kind nicht tragen; auf diese Weise kam es für das Baby zu einem realen Mangel, der für die Mutter auch eine narzißtische Kränkung bedeutete. Begreiflicherweise bedauerte sie, daß sie nicht in der Lage war, die ideale Mutter zu sein, die sie so gern verkörpert hätte. Nach einem langen Gespräch bleibe ich mit der Mutter und ihrem Baby allein. Das Kind ist leicht erregbar und meidet mich. Ich gewinne sein Zutrauen durch ein ausgedehntes Versteckspiel; dabei verberge ich zunächst ein Plüschtier unter der Liege, die in dem Zimmer steht, in dem wir sitzen. Danach verstecke ich das Tier in meiner Kleidung, später in den Kleidern der Mutter.

Das Spiel ist meiner Auffassung nach aufschlußreich für die Untersuchung der Interaktionen: So kann deutlich werden, inwieweit das »Selbst« zur Geltung zu gelangen vermag; auch werden wir noch sehen, daß das Spiel unser Verständnis für die Interaktionen im Bereich der Phantasien vertiefen wird.

Als ich das Tier unter dem Pullover der Mutter verstecke, sucht es das Kind dort. Dann widme ich meine ganze Aufmerksamkeit dem Spiel »Kuckuck, wo ist er denn?«; dabei halte ich vor das Gesicht des Kindes einen Schal, der der Mutter gehört. Der kleine Junge ist ganz zutraulich und zeigt an diesem Spiel mit mir eine überschwengliche Freude; ich beziehe dabei auch die Mutter mit ein.

Da möchte das Baby auf einmal auf ihren Schoß, um mit ihr allein Versteck zu spielen.

Viel Zeit ist vergangen; der kleine Junge ist nun ruhig und entspannt. Ich frage die Mutter, ob sie ihrem Sohn zum Einschlafen ein Lied vorsinge. Als sie dies bejaht, bitte ich sie, ein Wiegenlied vorzusingen, was sie auf bezaubernde, rührende Weise auch macht. Daraufhin sagte ich zu ihr, ich würde verstehen, daß man gerne an Stelle des kleinen schlaflosen Jungen wäre. Zu diesem Zeitpunkt sitze ich neben der Mutter; die Atmosphäre ist entspannt. Die Mutter ist von meinem aktiven Eingriff gerührt, der ohne Zweifel ein wenig verführerisch ist; sie ist vermutlich darüber glücklich, daß ich mich mit dem Wesen identifiziere, das die mütterliche Fürsorge genießt, sowie auch mit der Mutter selbst, die das Kind in den Schlaf geleitet; offenbar ermöglicht ihr dies auch, ihren Wunschphantasien freien Lauf zu lassen. Dann können wir sehen, wie das Kind etwas schwankend von uns fortgeht und die andere Seite des Raumes aufsucht. Ein- oder zweimal dreht es sich um und schaut uns an. Es zieht den Schal, mit dem es gespielt hat, von einem Tisch, legt ihn auf den Boden, streckt sich darauf aus und schläft ein. Kann man hier nicht annehmen, daß die Mutter und ich dem Kind ermöglicht haben, sich die Urszene vor Augen zu führen, sie sich vorzustellen und gedanklich zu erfassen? Wir haben dazu beigetragen, daß das Kind einschäft; denn auf Grund jener Ereignisse, die wir zu dritt erlebt haben, konnte es uns als Paar so deuten, daß die Wirkung zwangsläufig eintrat.

Wie in ähnlich gelagerten Fällen schlief das Baby nun allabendlich ein. Einige Monate später wollte die Mutter mich wieder konsultieren, weil sie wegen ihres Ischiasleidens operiert werden sollte und fürchtete, daß sich die bevorstehende Trennung nachteilig auf ihren Sohn auswirken würde. Wir konnten dabei über das rastlose Leben sprechen, das die Eltern führten, wenn sie die ältere Schwester zur Schuld und den kleinen Jungen zu seiner Tagesmutter fahren mußten. Der Vater war jedoch besser in der Lage, seine Rolle unter derartigen Bedingungen zu spielen. Ich sah die Eltern und den Jungen nach der Operation wieder. Wie der Ehemann mir erklärte, war es ihm während dieser Zeit ausgezeichnet ergangen: Er stellte sich vor, daß er gern aufhören würde zu arbeiten, um den Aufgabenbereich zu übernehmen, der gewöhnlich der Mutter zufällt. Bereitwillig schwärmte er mir von diesem Wunsch vor, während der kleine Junge, der inzwischen größer geworden war, seinen Vater heftig am kleine Finger zerrte, so als wollte er ihn von mir fortreißen und dazu bewegen, das Sprechzimmer zu verlassen. An demselben Tag schlug ich den Eltern vor, daß sie mit ihrem Kind spielen und ich sie dabei auf dem Videomonitor beobachte. Die Mutter war ausgesprochen eifrig; sie erfaßte die Spielfolgen des Kindes und seine Sprache, indem sie die noch vagen Äußerungen ganz offensichtlich aufgrund von Antizipationen deutete, die auf einem sehr weitreichenden Gespür beruhten. Der Vater blieb eher passiv und schaute Mutter und Sohn zu. Ich kam wieder hinzu, um mich an dem Spiel zu beteiligen, und dachte mir folgende Spieleinheit aus: Eine kleine Figur, die weibliche Züge hatte, wurde in einen Kasten gesteckt, und wir spielten »Kuckuck, wo ist sie denn?«. Immer wenn diese Figur verschwand, klopfte ich auf den Deckel der Schachtel und sagte dabei: »Nun ist sie weg.« Der kleine Junge war außer sich vor Freude und spielte mit mir. Dann ermunterte ich den Vater und die Mutter, sich am Spiel zu beteiligen. Die Mutter wurde wieder extrem aktiv, während der Vater sich damit begnügte, mein Verhalten getreu nachzuahmen.

Hier werden erneut einige Auswirkungen der Interaktion erkennbar, die sich im Bereich der Phantasien vollzieht, wo die narzißtische Kränkung der Mutter und die weiblichen Identifizierungen des Ehemannes wirksam sind. Aber in unserem Falle wird das Geschehen weitgehend vom Interaktionsverhalten bestimmt, und es wäre einfacher, die entsprechenden Rollen des Vaters und der Mutter innerhalb des ausgewogenen Familiengefüges zu durchleuchten.

Der Wert dieses Fallbeispiels liegt zweifellos darin, zu zeigen, wie die Interaktion in den Phantasien durch die von ihr hervorgerufenen Übertragungseffekte und durch den metaphorischen Gehalt der dabei gesprochenen Worte verständlicher wird.

Man kann die Auffassung vertreten, daß die Interaktion auf der Ebene der Phantasien eine Situation ermöglicht, in der der Psychoanalytiker seine Identifizierungsbestrebungen zurücknehmen kann, indem er sich der Verbindung bedient, die in seinem System vorbewußt zu seinen Sachvorstellungen, d. h. zu seinen Vorstellungen in bezug auf das Geschehen zwischen Mutter und Baby besteht, um auf diese Weise Zugang zu seinen gespeicherten Wortvorstellungen zu erlangen. Dadurch wird erreicht, daß er dem beobachteten Verhalten eine Bedeutung verleihen, es benennen und aussprechen kann: Er deckt also dessen Inhalt auf. Es hat den Anschein, als würde er das Vorbewußte der Mutter ansprechen und sich jener Sphäre zuwenden, die beim Baby das Primärsystem mit dem Sekundärsystem verbinden wird. Die Vorgänge im Denken des Psychoanalytikers, der sich in einem Zustand der »Hysterisierung« [16] befindet, führen zu einem Status von »insight«. [17] Der Psychoanalytiker kann erklären: »Ich sage ... (in Ihrem Namen zu Ihnen beiden).« Mit dem Bezug auf das »*Ich* ...«, durch den ja eine bestimmte Distanz geschaffen wird, ist es gewissermaßen möglich, die Vorgänge hinter den Kulissen in ein helles Licht zu tauchen, während sich die Schauspieler, die Mutter und ihr Baby, nur auf der Bühne beobachtet glauben, auf der sie sich zeigen.

Angesichts dieser Tatsachen ist die Diskussion darüber, ob nun der Objektbeziehung und den durch sie mit verarbeiteten Phantasien oder der ausgelebten oder phantasierten Handlung der Vorrang einzuräumen sei, kaum noch von Belang. Der »aus sich selbst heraus entstehende Prozeß« gelangt zur Repräsentanz, wird ausgesprochen, dargelegt und setzt eine Deutungsarbeit in Gang, von der man sich gewisse Impulse für eine Wandlung erhofft.

Die Deutung gilt der Mutter und dem Baby; sie kann wirksam sein, weil sie in einer affektiv belasteten Situation erfolgt. Wenn das Kind sehr klein ist, zielt die Deutung aber eher auf jene Zusammenhänge, die den Wiederholungen im Verhalten der Mutter zugrunde liegen. Wenn die Handlungen und die Sprache beim Kind eine symbolische Entsprechung haben, betrifft die Deutung auch

---

[16] Mit dem Begriff der Hysterisierung bezeichnen wir einen Vorgang, der beim Psychoanalytiker einsetzt, wenn durch seine Identifizierungsfähigkeit die Sekundärprozesse in seinem Denken abgeschwächt oder aufgehoben werden und er dadurch eine intuitive Kraft gewinnt, deren Wirkungsvermögen er durchaus spürt.
[17] Mit »insight« wird ein Zustand der Bewußtwerdung oder vielmehr eine überschauende Sichtweise bezeichnet, die einen Einblick in die psychischen Zusammenhänge gestattet. Beim Psychoanalytiker hört damit der erwähnte Vorgang der »Hysterisierung« auf.

diese Phantasiebruchstücke, die von den Primärvorgängen geprägt werden.

Der Psychoanalytiker kann die Interaktionen im Bereich der Phantasien also in jener besonders günstigen Situation erfassen, in der das Verhalten der Mutter, ihre Aussagen und die möglicherweise dadurch ausgelösten unerwarteten, paradoxen Reaktionen des Babys betrachtet werden können; dies wurde ja bei einigen oben angeführten Fallbeispielen im einzelnen deutlich. Die Mutter kann auch erzählen, sich an ihre Vergangenheit, an ihre Lebensgeschichte erinnern und über die Konflikte berichten, die im Laufe ihres Lebens aufgetreten sind; so vermittelt sie einen Eindruck über ihre psychisch-geistigen Mechanismen und ihre Phantasiewelt und offenbart damit, inwiefern ihr das Verhalten ihres Babys von Vorteil ist, um diesen Regungen der Phantasie Genüge zu tun.

Wir haben bisher ein wenig zu auffallende Beispiele gewählt. Die Erfahrung des Alltags zeigt, daß alle Begebenheiten des Lebens Gelegenheit für dieses Wechselgeschehen zwischen einer Mutter und ihrem Baby bieten, bei dem sich die Phantasien des einen voll entfalten und sich das Phantasieleben des anderen erst zu gestalten beginnt.

Man nehme zum Beispiel ein so einfaches und ständig wiederkehrendes Ereignis wie das Trinken. Beim gleichen Paar kann es unendlich viele Varianten geben. In den Armen seiner Mutter zeigt das Baby sogar dann sein ungerichtetes Suchverhalten, wenn es aus der Flasche trinkt. Vom psychischen Zustand der Mutter hängt ab, in welcher Weise sie ihre Aufgaben wahrnehmen wird. Wenn das Baby richtig und regelmäßig trinkt, wird sie geduldig und zufrieden sein. Sie wird auch die Pausen und die kleinen Seufzer aushalten und sich darüber freuen können. Nach der Mahlzeit wird sie auf jeden Fall genügend lange warten, bis das Kind aufgestoßen hat. Hat sie andere Sorgen, ist sie ängstlich oder niedergeschlagen, wütend über die Haltung ihres Mannes oder von einem älteren Kind in Anspruch genommen, wird das Mahl weniger günstig verlaufen. Wenn das Baby aber ohne weiteres seine Mahlzeit eingenommen hat, wird sie sich ihrer Sorgen enthoben fühlen. Auch muß ihre Unerfahrenheit berücksichtigt werden, wenn sie jung ist und zum ersten Mal ein Kind bekommt oder auch wenn sie bisweilen wirklich verzagt ist; dann kann ein Gefühl von Machtlosigkeit oder Wut aufkommen, das sie sofort als verwerflich ansieht. Wenn das Baby nachts geweint hat, ist sie viel ermüdeter und nicht so ungeduldig. Es gibt also tausend Möglichkeiten, durch die ihr Verhalten eine Änderung erfahren kann, die aber im allgemeinen eine im Grunde positive Bedeutung haben, soweit die materielle Situation der Mutter dies zuläßt; vor allem aber, wenn das Kind die Entfaltung der Phantasien rechtfertigt, die sich auf ihre Fähigkeiten und ihre Identifizierung als Mutter beziehen. Wie wir in Kapitel 2 dargelegt haben, hat die Erfahrung sogar gezeigt, daß die Voraussagen, die das mütterliche Verhalten betreffen und von dem Ausmaß der psychischen Störungen der Mutter abhängen, sich als falsch erweisen können, wenn die Mutter sich glücklich fühlt, weil ihr Kind seine Mahlzeiten so reibungslos zu sich nimmt.

Das Baby ruft also von sich aus Reaktionen der Mutter hervor, von denen einige auf seltsame Weise programmiert zu sein scheinen; I. Lézine [18] hat zum Beispiel gezeigt, daß junge Frauen, die ihr erstes Kind bekommen haben, während der ersten zehn Tage im Leben ihres Kindes viel eher darauf eingestellt sind, sich seinem Rhythmus anzupassen und sich beim Füttern beispielsweise nach seiner Atmung zu richten, wenn es sich um einen Jungen handelt. Die Beobachtung eines programmierten Verhaltens scheint die Annahme zu rechtfertigen, daß es sich hier um den Ausdruck eines Ödipuskomplexes auf der Gegenseite der Mutter handelt, der sich auf die männlichen Babys bezieht. Freud hat von diesen Müttern behauptet, sie hätten keinerlei ambivalente Gefühlsbestrebungen. Wir haben gesehen, daß er damit nur teilweise recht hatte.

Das Kind ist bei dieser Erfahrung jedoch aktiv. Natürlich hängt sein Verhalten von bestimmten persönlichkeitsspezifischen Merkmalen und seinem Wohlbefinden ab. Jedoch muß betont werden, daß sich der Säugling bei seiner offensichtlich bedeutungsvollen Aktivität – jedenfalls ist sie es in den Augen seiner Mutter – voll und ganz mit »seiner Urhöhle« [19] einbringt; zu ihr gehören die auto-

[18] I. Lézine, M. Robin und C. Courtial, »Observations sur le couple mère-enfant au cours des premières expériences alimentaires«, *Psychiatrie de l'enfant*, 1975, *8*, 1.
[19] R. Spitz, *Vom Säugling zum Kleinkind*, Klett, Stuttgart, 1976.

erotisch bedeutsamen Zonen des Mundes und seiner angrenzenden Partien, die entsprechenden Bereiche des Kehlkopfes etc. sowie die Vorderseite seines Brustkorbes, seine Arme, seine Finger, die etwas festhalten oder von der Mutter gehalten werden, seine strampelnden Füße etc.

Mit dieser umfassenden Aktivität ruft das Baby die vielfältigsten Wirkungen bei seiner Mutter hervor und erlebt gleichzeitig affektiv bedeutsame, mit körperlicher Spannung verbundene Situationen, die gerade dazu beitragen können, daß sich die ersten Ansätze der Objektbeziehung herausbilden. Seine Empfindungen wirken auf das psychisch-geistige Leben der Mutter zurück. Man braucht nur seinen Blick während des Saugens zu betrachten: Bald ist das Kind traumverloren, wirkt entrückt und doch konzentriert, bald schließt es hingebungsvoll seine Augen; dann wiederum erkundet es die nähere Umgebung und beginnt an der Umwelt Anteil zu nehmen. Diese verschiedenen Ausdrucks- und Erlebnisweisen verleihen bestimmten Aktivitäten, die nicht unmittelbar an die Nahrungsaufnahme gekoppelt sind, einen affektiven Wert und wirken sich ihrerseits in ihrem Phantasiegehalt auch auf die Mutter aus.

Uns ist völlig klar, daß die Worte, in denen diese vielfältigen Äußerungsformen bisher formuliert worden sind, Deutungen nahelegen, die darauf beruhen, daß sich der Beobachter mit der Mutter und diese sich wiederum mit ihrem Kind identifiziert. Die Metaphern des beobachtenden Forschers entsprechen weitgehend den Antizipationen der Mutter und finden dort ihren Widerhall. Dadurch, daß es keine andere brauchbare sprachliche Ausdrucksmöglichkeit gibt, werden jene Konstruktionen, die wir uns für die Mütter ausdenken und ihnen vorschlagen können, direkt für uns greifbar. Würden wir auf diesen Umweg über die Metaphern verzichten, müßten wir uns mit der Beobachtung kleinster Ausschnitte des Interaktionsverhaltens bescheiden; dies ist in anderer Hinsicht sicherlich interessant und weist aus ethologischer Sicht auf die Grundzüge menschlichen Verhaltens. Ein solches Verhalten gewinnt darüber hinaus an Bedeutung, daß auch die Würde des Denkens der Phantasie einbezogen wird, die ebenfalls ihren unbewußten Bedingungen unterworfen sind.

Zweifellos könnten viele Interaktionsvorgänge geschildert wer-

den, ohne daß man den »schwarzen Kasten« öffnet, nämlich, indem
man lediglich die Konditionierungsprozesse und deren Ergebnisse
einer gründlichen Erforschung unterzieht. Ebenso könnten die Interaktionen nicht erfaßt werden, wenn man die kognitive Entwicklung nicht gebührend berücksichtigt. Aber die Verhaltensweisen
von Mutter und Baby erfordern grundsätzlich in jedem einzelnen
Falle, besonders beim Umgang in der klinischen Praxis, auch ein
Verständnis der individuellen Problematik der Phantasien sowie
der Symptome, in denen sie zutage treten können. So ist beispielsweise bekannt, daß viele phobische Mütter deutlich stärker als die
Mehrzahl der übrigen Eltern fürchten, ihr Kind könne ganz unerwartet sterben; diese Furcht ist überhaupt nicht selten und tritt
sogar auch bei anderen Müttern auf. Wenn man diese Fälle unter
psychopathologischen Gesichtspunkten betrachtet, so stellt sich
heraus, daß die Identität als Mutter gestört ist und oftmals noch
eine ödipale Problematik hinzukommt. Die unangemessene Furcht
der Mutter vor unkontrollierten, gegen das Kind gerichteten, inneren Impulsen,[20] zeugt von der Angst, den Haß nicht beherrschen
zu können, und läßt gewisse Zusammenhänge sichtbar werden, die
vielleicht zwichen diesen bedrohlichen Regungen und entsprechenden Abwehrbestrebungen bestehen; sie sind jedoch unterschwellig
und erscheinen nicht im Verhalten; so wird schließlich eine Verbindung von den neurotischen Symptomen zum Triebleben hergestellt. Daher wirken sich, zumindest in theoretischer Hinsicht, das
Schicksal, welches der Entwicklung des kindlichen Trieblebens der
Mutter und ihrer infantilen Neurose beschieden ist,[21] sowie die Veränderungen und Umbildungen dieses Prozesses unmittelbar auf
das Leben des Babys aus. Diese phobischen Mütter lassen ihren
Babys keine Möglichkeit, sich in der Stille des Schlafes und in den
bereichernden Träumen zu erholen. Höchstwahrscheinlich hemmen
sie das gerade entstehende Phantasieleben des Kindes.

---

[20] Mit dieser unangemessenen Furcht vor unkontrollierten Impulsen ist die angsterzeugende Vorstellung gemeint, eine lustbetonte Handlung auszuführen; in unserem Beispiel wären dies aggressive Akte gegenüber dem Baby.
[21] S. Lebovici, »Névrose infantile, névrose de transfert«, *Revue française de
Psychanalyse*, 1980, *44*, S. 733–1121.

In derartigen Fällen kommt es häufig beim Baby zu Schlaflosigkeit, die Ausdruck der besonderen innerpsychischen Situation der Mutter ist. Die Schlafstörungen können vorübergehen, wenn sich die Furcht der Mutter vermindert und der Druck ihrer phobischen Angst nachläßt.

Genauso einfach läßt sich zeigen, welchen Einfluß die Vorläufer der Repräsentanzen, welche das Baby ausbildet, auf das Wohlbefinden und die psychischen Prozesse der Mutter haben. Sie ist dafür um so aufgeschlossener, als sie über bedeutende Fähigkeiten verfügt, einzuschätzen, inwiefern diese Vorstellungen sie in ihrem Verhalten als Mutter bestimmen.

Die Art und Weise, in der die Gefühlsregungen der Babys zutage treten, kann ihre Mütter jedoch aus der Fassung bringen: So ein ruhiges, lächelndes Kind gerät plötzlich in Aufregung und scheint zu leiden. Eine derartige Veränderung bereitet der Mutter Sorgen; sie wird ratlos und kann sich der Lage nicht mehr gewachsen fühlen. Man kann die Erfahrung machen, daß das Baby Veränderungen auch sehr leicht als einen Bruch empfinden kann; so erlebt man beispielsweise, daß es schreit und strampelt, sobald man es auszieht. Es kann sich beruhigen, wenn es wieder einen Hinweis auf die bis dahin vorhandene Kontinuität findet; bei unserem Beispiel hier genügt es, dem Baby ein Kleidungsstück von ihm auf den Bauch zu legen, damit es sich entspannt. Wenn es auf dem Bauch liegt, kann es auch zur Ruhe kommen, indem es seine Umgebung erkundet, selbst wenn es noch sehr klein ist.

Die Kontinuität in den wechselseitigen Erlebnissen, die im Rahmen der kognitiv bedeutsamen Entdeckungen auch einen reichen affektiven Gehalt haben, ist also unerläßlich, um die Interaktionen im Bereich der Phantasien in ihrer Mannigfaltigkeit zu festigen. Wenn diese Interaktionen sich auf ausgedehnte, vielfältige Erfahrungen stützen können, führen sie nicht zwangsläufig zu Wiederholungen im Verhalten; diese hätten leicht zur Folge, daß die Erlebnisvorgänge und die Lehren, die aus ihnen gezogen werden können, ihren Wert einbüßen; das gilt für den affektiven Bereich ebenso wie für die einzelnen Entwicklungsfortschritte, die jeweils möglich sind.

Mit der Erörterung der Interaktionen im Bereich der Phantasien haben wir in diesem Kapitel den wechselseitigen Einfluß der psychischen Vorgänge bei Mutter und Baby untersucht. Im Gleichgewicht der familiären Beziehungen nimmt das Baby eine bestimmte Stellung ein; das Gleichgewicht wird durch die Existenz des Kindes gefestigt oder in Frage gestellt, weil es mit seiner Geburt über den Rahmen der bestehenden Generation hinausweist. Unentbehrlich ist auch der Hinweis, daß die Wechselseitigkeit in den Affekten, in den Besetzungen und in den Phantasien Auswirkungen auf die Beziehungen und die Kommunikation in der Familie hat. Dies wird Gegenstand eines der folgenden Kapitel sein. Zunächst ist jedoch notwendig, einige Sonderfälle bei den Interaktionen im Bereich der Phantasien näher zu betrachten.

21 Die Interaktionen
während der Schwangerschaft

Wenn das menschliche Verhalten zu einem gewissen Teil mit seinen neurohormonalen Funktionszusammenhängen verflochten ist, so kann man mit Sicherheit behaupten, daß die überaus mannigfaltigen Austauschprozesse innerhalb der blutgefüllten, intervillösen Räume der Placenta auch gewichtige Auswirkungen auf die Mutter und ihr zukünftiges Kind haben müssen. Andererseits ist nicht zu übersehen, daß die Erfüllung des Wunsches nach Mutterschaft beträchtliche Folgen hat.

Die starke Zunahme an Untersuchungen über die Beziehungen zwischen Fetus und Mutter hängt damit zusammen, daß diese im Mittelpunkt des Interesses stehende Phase zu vielen, nicht immer wissenschaftlich fundierten Überlegungen anregt und Hoffnungen weckt, die schwangere Frau in ihren künftigen mütterlichen Funktionen beeinflussen zu können.

Die jungen Mütter machen die ersten Erfahrungen mit dem Leben ihres Babys, wenn sie die Bewegungen des Fetus spüren, die vom vierten oder fünften Schwangerschaftsmonat an auftreten und einen geheimnisvollen Eindruck auf sie machen; die Mütter geben genau auf diese Bewegungen acht.

Auf Grund einer besseren Beratung während der Schwangerschaft kann sich eine Mutter heutzutage das Leben ihres künftigen Babys vorstellen. Die systematisch durchgeführten Ultraschalluntersuchungen bieten ihr ein erstes optisches Bild, das natürlich unzulänglich ist.

Während dieser Zeit kann die Haltung des Arztes, der die junge Frau untersucht, dann sehr wertvoll sein, wenn er sich die Zeit für ausführliche Erklärungen nimmt. Ist er ängstlich oder gar wortkarg, so führt dies manchmal zu der Annahme, daß etwas nicht in Ordnung sei. Ein derartiges Verhalten kann tiefgreifende Auswirkungen auf das Wohlbefinden der jungen Schwangeren haben.

Mit der Ultraschalluntersuchung ergeben sich auf jeden Fall neue Möglichkeiten in der Ausgestaltung der Vorstellungen, die sich die Frau von ihrem Kind macht. Die zukünftige Mutter macht in unterschiedlichem Maße davon Gebrauch; dies wird besonders an der Frage deutlich, inwieweit sie die Gelegenheit wahrnimmt, das Geschlecht ihres Kindes schon vor der Geburt zu erfahren. Manche Mütter fragen danach oder akzeptieren, daß es ihnen mitgeteilt wird; die Feministinnen meinen, daß sich eine derartige Frage bald gar nicht mehr stellen werde, denn die Frauen hätten ganz einfach das Recht auf diese neue Information. Andere zukünftige Mütter wollen lieber das Geheimnis bewahren und ihre Vorstellungen reifen lassen.

Die gründlichen Beratungen während der Schwangerschaft bestätigen klar, daß die Mutter reale und imaginäre Beziehungen zu ihrem Baby unterhält. Ihr Wohlbefinden, ihre Beschwerden und ihre Gemütsverfassung bringt sie innerlich mit dieser Beziehung in Zusammenhang, wobei gleichzeitig ihr Verhältnis zu ihrer Umgebung und auch ihre materiellen Lebensgrundlagen sich auswirken.

Schon längst haben Mütter festgestellt, daß das Baby auf sein Dasein aufmerksam macht und daß sie es an seinen Bewegungen spüren und auch andere daran teilhaben lassen können, indem sie darüber sprechen und beschreiben, wie sie die Zusammenhänge zwischen den Bewegungen des Fetus und ihrem Alltagsleben empfinden. Die künftige Mutter kann mit ihrem Mann darüber sprechen: Dadurch kann der Vater des Kindes an den Erfahrungen der Mutter Anteil nehmen und möglicherweise die Stellung des Kindes innerhalb des zukünftigen Familiengefüges festigen.

Bereits zu dieser Zeit beginnen die Besorgnisse der Mutter. Ganz bekannt sind in diesem Zusammenhang die Befürchtungen, ob das Sexualleben während der Schwangerschaft fortgesetzt werden könne. Diese Bedenken werden von den Vätern geteilt; sie reagieren oft mit einem Widerwillen, der ihre sexuellen Wünsche dämpft oder aufhebt, und wagen dann offenbar nicht, solche Gefühle zum Ausdruck zu bringen.

Wir wollen hier nicht die zahlreichen Entdeckungen über die Realität der Austauschprozesse zwischen Fetus und Mutter inhaltlich darstellen. Das künftige Baby erfährt in der Gebärmutterhöhle eine Vielzahl von Reizen, deren Auswirkungen kaum genau faßbar sind. Zwangsläufig ist wenig über das Sehvermögen bekannt, das wohl nur eine geringfügige Anregung erhält. Das Leben des Fetus ist den verschiedensten Reizwirkungen ausgesetzt, die von den taktilen Empfindungen, den Veränderungen der Körperlage und anderen Faktoren ausgehen. Auch schluckt er, was zur Folge hat, daß sein Geschmackssinn schon ziemlich früh angeregt wird. Man weiß auch, daß er hört: Er kann auf Geräusche innerhalb und außerhalb der Bauchhöhle reagieren.

Vom sechsten Schwangerschaftsmonat an kann man Änderungen im Herzrhythmus feststellen, sobald Mutter und Baby einen bestimmten Ton vernehmen. Manche Verhaltensreaktionen des ungeborenen Kindes, die dabei auftreten, bestätigen diesen Zusammenhang: Drehen des Kopfes in Richtung der Schallquelle, Strekken der Arme wie beim Mororeflex, der bei Neugeborenen auftritt, sowie Änderungen des Herzrhythmus.

Es ist natürlich schwierig, eine einzige Variable zu isolieren, die man als die Wirkung des Geräusches ansehen könnte, wenn man an die Bedeutung des affektiven Zustandes der Mutter und der besonderen Situation der Untersuchung denkt. Viel häufiger ist eine Beschleunigung des Herzrhythmus zu beobachten als eine Verlangsamung; aber beide Veränderungen können aufeinander folgen, so wie auch ein Erwachsener zunächst überrascht zusammenfährt und dann um sich schaut, um die Ursache für die Erregung herauszufinden. Solche Untersuchungen möchten nachweisen, daß der Fetus leidet; daher wird mit diesen Versuchsanordnungen nicht erfaßt, inwieweit die Geräusche des täglichen Lebens auch angepaßt und gemildert werden. Es ist bekannt, daß sich die Gehörorgane beim Menschen ziemlich frühzeitig entwickeln: Die Cortischen Zellen sind schon etwa im vierten Schwangerschaftsmonat in ihrer endgültigen Position. Die ausgereiften Gewebe und Organe übernehmen ihre Funktion immer erst nach einer Latenzzeit. Man kann also festhalten, daß der Fetus hört und reagiert. Zwangsläufig bleibt uns verborgen, wie diese Empfänglichkeit für Reize sowie die Auswahl und die Kodierung der Informationen im einzelnen beschaffen sind. Davon abgesehen werden die Geräusche durch das Körpergewebe der Mutter übertragen und dabei gefiltert. Sie vermischen sich mit jenen Geräuschen, die von der Bauchhöhle der Mutter und von ihrem Baby ausgehen: Diese rühren von den Muskelkontraktionen der beiden Verdauungsapparate, der Herzen etc., her. Die Geräusche aus der Außenwelt werden also überdeckt, es sei denn, sie sind besonders stark und haben eine niedrige Frequenz.

Es besteht also kein Zweifel, daß der Fetus auf Laute reagiert. Jedoch ist Vorsicht geboren, wenn es darum geht, die Forschungsergebnisse zu interpretieren und in der Praxis anzuwenden.

Man hat tatsächlich den Versuch unternommen, sich ein Bild darüber zu machen, inwieweit die menschliche Stimme herauszuhören ist, die mit Hilfe einer Sonde in die Vagina oder gar in die Fruchtblase übertragen wird. Sprachliche Äußerungen sind dabei schwer zu verstehen; einzelne Worte sind aber als solche zu erkennen und kommen wohlartikuliert zum Ausdruck. Auch Melodien können wiedererkannt werden. Die Stimme hebt sich insgesamt von einem ziemlich starken intrauterinen Grundgeräusch ab, an das der Fetus gewöhnt sein muß.

Die Verhaltensforscher bestätigen in ihren experimentellen Arbeiten die prägende Wirkung, die von dem »Mutterruf« ausgeht. Die Küken müssen diesem akustischen Reiz während des Brütens ausgesetzt sein, um nach dem Schlüpfen der Henne hinterherzulaufen. Wird ihnen diese Erfahrung vorenthalten, so zeigen sie auch nicht dieses Verhalten. Entsprechend kann die akustische Prägung künstlich abgeändert werden; bietet man den Tieren im Mutterleib die Rufe einer anderen Art dar, so kommt es beim Fetus zu schweren Herzrhythmusstörungen.

Beim Menschen hat Jean Feijoo Experimente durchführen können, in denen der Fetus auf die menschliche Stimme konditionierte; dabei assoziierte er jenen Zustand des Fetus, der mit einer Entspannung der Bauchmuskulatur der Mutter einhergeht, mit einem akustischen Reiz; die Mutter war währenddessen durch Kopfhörer von akustischen Außenreizen isoliert. Eine Konditionierung des Fetus in bezug auf akustische Reize scheint also möglich zu sein. Dies bedeutet, daß der Fetus ungefähr von der 24. Woche an hört und über ein gewisses Erinnerungsvermögen verfügt; der Autor gelangte zu seinen Resultaten, indem er sich die Wirkungen des Fagotts zunutze machte, das in *Peter und der Wolf* erklingt; die im

Mutterleib konditionierten Babys sind in Belastungssituationen während des ersten Lebensjahres zu erkennen.[1]

Die Arbeiten haben zu experimentellen Versuchen geführt, deren Ergebnisse ein wenig überstürzt der breiten Öffentlichkeit zur Kenntnis gebracht wurden, die dann aus ihnen fragwürdige Schlußfolgerungen gezogen hat; der Fetus scheint für die Frequenzen einer tiefen Stimme empfänglicher zu sein, die im allgemeinen die Männer haben. Die alltägliche Praxis scheint tatsächlich zu beweisen, daß die Väter mit ihrer Stimme ein aufgeregtes Baby besser beruhigen; jedoch sollten daraus keine praktischen Schlüsse gezogen werden. Ein Japaner hat beispielsweise die Herztöne der Mutter aufgenommen und eine Schallplatte daraus gemacht, mit der angeblich die Erregung des Babys gemildert wird und die ihm hilft einzuschlafen. Angenommen, diese Tatsachen treffen zu, so kann doch die Frage aufgeworfen werden, ob es klug ist, an dieser für die Zeit des intrauerinen Lebens gewiß günstigen Wirkung weiterhin festzuhalten, wenn das Baby auf der Welt ist und weitaus reichere und differenziertere Beziehungen mit seiner Umwelt und seiner Mutter eingehen soll.

Die Gruppen der »singenden Mütter« sind sehr beliebt und vermitteln den schwangeren Frauen sicherlich positive Erfahrungen. In diesem Zusammenhang schlägt M. L. Aucher eine »von Gesang begleitete Mutterschaft« vor.[2] In diesen Gruppen hat sie Musik- und Bewegungsspiele durchgeführt, die ganz melodisch, rhythmisch und poesievoll sind; es handelt sich um eine Vokalmusik, die auf den Dialogen zwischen Mutter und Baby beruht. Sie nimmt an, daß das Kind nach seiner Geburt zu einer inneren Ruhe gelangen kann, wenn es hört, was es bereits in der Zeit vor seiner Geburt

---

[1] J. Feijoo, »Le fetus, Pierre et le Loup«, *Les Cahiers du nouveau-né, L'aube des sens*; die Nummer wurde unter der Leitung von E. Herbinet und Marie-Claire Busnel zusammengestellt und erschien 1981. Dieser Band enthält Kapitel über die ersten Augenblicke des Lebens, die auf umfangreichem Untersuchungsmaterial beruhen. Die Forschungen zum Hörvermögen des noch ungeborenen Kindes werden dort anhand der von C. Granier-Deferre und M.-C. Busnel durchgeführten Interviews vorgestellt.

[2] M. L. Aucher, »Les maternités chantantes«; M.-C. Busnel hat diesen Bericht in dieselbe Ausgabe von *Les Cahiers du nouveau-né* aufgenommen; vgl. Anm. 1.

wahrgenommen hat. Sie vermutet, daß diese »akustisch orientierten Kinder« gewandter in ihrer Feinmotorik sind. Wie sie berichtet, setzen die Babys von Baritonen hingegen besser ihre Grobmotorik ein. Offenbar handelt es sich um ein wenig voreilige Feststellungen.

In diesem Zusammenhang hat auch die Psychoakustik viele wissenschaftliche Kontroversen ausgelöst; es geht dabei um den therapeutischen Einsatz von Geräten, sogenannter »Elektronenhörer«, die die menschliche Stimme verzerren. Die gefilterten Laute, die nur die hohen Frequenzen enthalten, wirken so ähnlich wie eine bestimmte musikalische Richtung, etwa wie die Musik von Mozart. Ebenso scheint die gefilterte Stimme der Mutter eine seltsame Wirkung auszuüben, die als belebend und anregend bezeichnet wird, obwohl die Stimme praktisch unkenntlich ist. In diesen Versuchen scheinen die verschiedenartigen Wirkungen der hohen und der tiefen Stimme bestätigt zu werden, so wie auch M. L. Aucher sie angedeutet hat.

Als wichtig ist jedoch festzuhalten, daß die menschliche Stimme wahrscheinlich ein Moment in der akustischen Prägung darstellt, durch die das künftige Baby auf die spezifische Beziehung mit seiner Mutter vorbereitet wird; dies wird auch durch den Versuch von Mehler über das Wiedererkennen der mütterlichen Stimme bestätigt, das schon ganz frühzeitig möglich ist. Ein fünf Tage altes Kind lutscht ausgiebiger an seinem Daumen, wenn es die Stimme seiner Mutter hört, als wenn es sich um die Stimme eines Fremden handelt.[3]

Im allgemeinen kann wohl die Hypothese als stichhaltig angesehen werden, daß der Fetus in der Lage ist, auf die äußeren Reize in gewissem Maße differenziert zu reagieren, und daß er mit seinen verhältnismäßig spezifischen Reaktionen über bestimmte Ausdrucksmöglichkeiten im Hinblick auf die Mutter verfügt.

Die menschliche Phantasie erhält gegenwärtig von der modernen Technologie Auftrieb; aber wie aus den oben dargelegten Feststellungen hervorgeht, hat sich der Mensch in Wirklichkeit schon

---

[3] J. Mehler, J. Bertoncini, M. Barrière u. D. Janik-Gerschenfeld, »Infant Recognition of Mother's Voice«, *Perception*, 1978, 7, S. 491–497.

seit langer Zeit in seinen Vorstellungen mit dieser Beziehung zwischen Fetus und Mutter beschäftigt, die für ihn ein verlorenes Paradies bedeutet und die das Ebenbild einer konfliktlosen Verschmelzung und des Nirwana ist.

Eine Psychoanalytiker[4] haben diese Situation als das Musterbeispiel für den Narzißmus dargestellt, der aber auch bereits zu Konflikten führt. Otto Rank hatte zuvor den Bruch in der intrauterinen Einheit als den Ursprung der so grundlegenden Geburtsangst bezeichnet.[5] Diese Anschauung hat Freud in »Hemmung, Symptom und Angst« kritisiert.[6] Ferenczi sah in seinem »Versuch einer Genitaltheorie«[7] die Rückkehr in den Mutterleib als den sinnfälligen Ausdruck der Ziele des Koitus an und verstand sie als ein nachträgliches Bild für die Auswirkungen der Sintflut auf die Geschichte der Menschheit. Auch wurden Träume beschrieben, die den Wunsch nach Rückkehr zum intrauterinen Dasein bedeuten.[8]

Wir erwähnen diese verschiedenen Arbeiten nur, um darauf hinzuweisen, welche Spuren der – wie wir gesehen haben – recht fragwürdige Mythos von der tiefen Stille des intrauterinen Daseins in unserem geistig-psychischen Leben hinterlassen hat. Die Verbindungen, die in unserem Seelenleben zwischen diesem Mythos und dem Wunsch nach Regression, nach Schlaf und Rückkehr zum Regungslosen, zum Unbeseelten bestehen, haben Freud veranlaßt, den Begriff des Todestriebes einzuführen. Zweifellos gründet unser psychisch-geistiges Dasein auf dem Wunsch zu leben, zu lieben, sich fortzupflanzen sowie auch auf dem Bestreben, zur Nicht-Bewegung zurückzukehren. In seiner Schrift »Das ökonomische Problem des Masochismus«[9] sagt Freud zwar, daß die lebensbewahrende Funk-

[4] B. Grunberger, *Vom Narzißmus zum Objekt*, Suhrkamp, Frankfurt, 1982.

[5] O. Rank, *Das Trauma der Geburt und seine Bedeutung für die Psychoanalyse*, Internationaler Psychoanalytischer Verlag, Leipzig–Wien–Zürich, 1924.

[6] S. Freud, »Hemmung, Symptom und Angst«, GW, Bd. XIV, S. 111–205.

[7] S. Ferenczi, »Versuch einer Genitaltheorie« (1924), in: *Schriften zur Psychoanalyse*, S. Fischer, Frankfurt, 1970.

[8] P. U. Ploye, »Does Prenatal Life Exist?«, *International Journal of Psychoanalysis*, 1973, *54*, 2, S. 241–246.

[9] S. Freud, »Das ökonomische Problem des Masochismus« (1924), GW, Bd. VIII, S. 369–383.

tion dem Lustprinzip obliegt, aber er zeigt auch, daß diese Aufgabe vor allem einer Instanz zufällt, die er den moralischen Masochismus oder das Strafbedürfnis nennt, das in seiner Wirkungsweise dem unmittelbaren Streben nach Lust zuwiderläuft.

Der Wunsch nach Mutterschaft und Fortpflanzung beruht auf dieser Verschränkung von Eros und Thanatos und führt dazu, daß in der Vorstellung der zukünftigen Mutter jenes Kind entsteht, an dem sie sich gedanklich orientiert. Unserer Ansicht nach muß zwischen diesem Kind, das in der Vorstellung existiert, und jenem, das den unbewußten Phantasien angehört, tatsächlich unterschieden werden; letzteres stellt den zu einer dramatischen Szene umgeformten Ausgang der unbewußten Konflikte der Mutter dar, die seit ihrer frühesten Kindheit bestehen und sich ständig weiterentwickeln.

Mit der Schwangerschaft lebt nun ihr zukünftiges Kind: Der Wunsch nach Mutterschaft wird zum Kinderwunsch. Die Mutter unterhält sich häufig in Gedanken mit dem Kind oder spricht wirklich mit ihm; sie sorgt sich dabei zugleich um die unmittelbaren Reaktionen des Fetus wie um die Zukunft des Kindes, das sie erwartet. Während dieser Zeit rätselt sie über sein Geschlecht, malt sich aus, wie es aussieht und wie sein künftiges Leben verlaufen mag, denkt über einen Vornamen nach, für den sie sich dann entscheidet, etc. Gleichzeitig stellt sie sich vor, daß sie eine mehr oder minder sachkundige Mutter wäre, je nachdem wieviel Erfahrung sie hat. Sie trifft Vorbereitungen für sein Bettchen, seine Kleidung etc. Sie ängstigt sich darüber, ob das Baby wohl lebensfähig sein wird; fast ständig fürchtet sie, daß es mit Mißbildungen, mit einer Krankheit etc. auf die Welt kommen könnte.

Viele junge Frauen widmen sich diesem Erleben sehr stark, sind zurückhaltend und mögen gar nicht darüber sprechen, so als wollten sie sich auf den Dialog mit ihrem Kind zurückziehen, das real ist und zugleich auch in der Vorstellung existiert.

Die geringfügigen Störungen zu Beginn der Schwangerschaft sind für die Mutter oft der Anlaß dafür, der Umgebung und dem Arzt etwas über ihren Zustand und ihre Befürchtungen mitzuteilen und zu zeigen, daß sie imstande ist, das lebendige Wesen, das sie zur Welt bringen wird, auch zu verkraften. Zweifellos wären systematischere Untersuchungen zur psychischen Situation der schwangeren Frau erforderlich; dabei sei hier daran erinnert, daß bestimmte Gruppen von Frauen jeweils gesondert betrachtet werden sollten: die sozial benachteiligten Frauen, diejenigen mit mehreren Kindern, ältere oder ganz junge Frauen, jene jungen Frauen, die mehrere Schwangerschaftsabbrüche hinter sich haben, Frauen, die unfruchtbar sind oder einen zeugungsunfähigen Partner haben, jene, deren Schwangerschaft das Ergebnis einer künstlichen oder extrauterinen Befruchtung ist, etc.

Ganz allgemein jedenfalls hat es den Anschein, daß es für dieses in der Vorstellung existierende, so überaus umschwärmte, gefürchtete, unbekannte, umsorgte Kind, das ein Gefühl von Vollkommenheit oder eine Besorgnis auslösen kann, zahlreiche Ursachen gibt:

- der Wunsch nach Mutterschaft und die damit einhergehenden Phantasien,
- die reale Situation der Mutter, auf deren Unterschiedlichkeit wir hingewiesen haben,
- eine eher lebhafte Entwicklung von Vorstellungen, die mit jener psychischen Aktivität vergleichbar ist, die auch Tagträume (oder bewußte Phantasien) hervorbringt.

Daher taucht in der mütterlichen Vorstellung von dem Kind auch der Vater auf oder müßte dort zumindest auftauchen; nicht immer spielt er in den bewußteren Phantasien der Mutter eine Rolle. Er selbst kann sich das Kind auch auf seine eigene Weise vorstellen und es in seiner Phantasie annehmen. Er kann es auch zurückweisen und bereits vor dessen Geburt eine Eifersucht hegen, die dann später die ödipalen Konflikte mitbestimmt. Je intensiver die Väter an Schwangerschaft und Geburt beteiligt sind, um so direkter können sie jedenfalls frühzeitig Vorstellungen über ihr künftiges Baby entwickeln; in dem Kapitel, das der Untersuchung dieser Interaktionen gewidmet ist, werden wir darauf eingehen.

22 Die Interaktion zwischen dem Baby und seinem Vater*

Die Erforschung der Interaktion Vater–Säugling ist in größerem Umfang erst während der letzten fünf bis sechs Jahre in Gang gekommen. Die ersten Untersuchungen galten hauptsächlich der Beziehung von Säugling und Mutter; der Vater kam in den theoretischen Ansätzen, die aus diesen Arbeiten hergeleitet wurden, kaum vor. Daher dreht sich die Theorie der Bindung, die von Bowlby[1] und Ainsworth[2] entwickelt wurde, nur um das Verhältnis von Mutter und Säugling. Wie wir aber sehen werden, spielt der Vater in dem Alter, das diese Autoren betrachten, also zur Zeit der Entstehung dieser Bindung, schon seit einigen Wochen eine psychologisch wichtige Rolle.

Vielleicht kommt im Forschungsbetrieb auf wissenschaftstheoretischer Ebene auch etwas zum Ausdruck, was für manche Paare von Mutter und Säugling gilt, nämlich eine Neigung, die Rolle des Vaters und dessen Einwirkung auf die Paarbeziehung zu ignorieren! Im weiteren werden wir jedoch zeigen, daß der Vater nicht nur derjenige ist, der die Trennung von Mutter und Säugling auslöst, sondern daß das Baby noch weitaus mehr an ihm hat.

Greenberg und Morris[3] widmen sich in ihrer Arbeit dem Einfluß des Vaters auf das Neugeborene. Diese Untersuchung ist einer der wichtigsten Beiträge auf diesem Forschungsgebiet und kann als Pionierarbeit gelten. Die Autoren interviewten im Rahmen einer Untersuchung an einer Londoner Entbindungsklinik 30 Männer, die zwei bis drei Tage zuvor zum ersten Mal Vater geworden waren.

---

* Dieses Kapitel wurde weitgehend von Serge Stoléru verfaßt.

[1] J. Bowlby, *Eine Analyse der Mutter-Kind-Beziehung*, Kindler, München, 1980.

[2] M. D. S. Ainsworth, »Object Relations, Dependency and Attachment: A Theoretical Review of the Infant-Mother Relationship«, *Child Development*, 1969, *40*, S. 969–1025.

[3] M. Greenberg u. N. Morris, »Engrossment: The Newborn Impact upon the Father«, *American Journal of Orthopsychiatry*, 1974, *44*, S. 520–531.

In die Stichprobe wurden nur Babys aufgenommen, die zum erwarteten Termin geboren worden waren und keinerlei gesundheitliche Beeinträchtigungen aufwiesen.

Die beiden Verfasser fanden dabei folgendes heraus:

1. Die Väter sprachen über ihren *visuellen* Eindruck von dem Baby und betonten nachdrücklich, daß ihre Kinder schön seien und ihnen gefallen würden.

2. Sie erwähnten, was sie bei der *Berührung* des Babys empfanden, sprachen von ihrem Wunsch, es anzufassen und auf den Arm zu nehmen, und erzählten, wieviel Freude sie daran hätten.

3. Sie sprachen von einzelnen Gesichtszügen ihres Neugeborenen und über ihr Gefühl, es von den anderen Babys unterscheiden zu können. Einige Väter meinten, ihr Baby aus dem Gedächtnis beschreiben zu können und hatten sehr deutlich den Eindruck, daß es ihnen ähnlich sehe. Sie hoben die Ähnlichkeit mit sich selbst viel stärker hervor als jene, die möglicherweise zwischen dem Baby und ihrer Ehefrau bestand. Vielleicht haben wir es hier mit dem Zeichen einer »ersten Anerkennung der Vaterschaft« zu tun, also mit einer gefühlsmäßigen Anerkennung des Babys, die eine feste Grundlage für die gesetzliche Legitimation darstellt.

Ein Vater erklärte, warum er meinte, zwischen seinem Sohn und ihm selbst bestehe eine Ähnlichkeit:

»Er hat schon einen länglichen Körper, obwohl er noch ganz wenig wiegt. Er hat wie ich große Hände, seine Füße sind lang, er hat große Augen, genau wie ich hat er eine große Nase; ich glaube, er hat ein kleines Kinn mit einem Grübchen. Die Haare hat er von meiner Frau, lang und seidenweich; auch hat er dieselben Augen, die vorläufig noch braun sind. Wirklich, ich könnte ihn an seinem Gesicht wiedererkennen, und wenn ich mir bei seinem Gesicht nicht ganz sicher wäre, würde ich ihn ganz bestimmt an seinen Händen und Füßen wiedererkennen. Ich glaube, daß ich ihn aus einer Schar herausfinden könnnte. «

4. Das Neugeborene wird von recht vielen Vätern als der Gipfel der »Vollkommenheit« beschrieben.

5) Die Väter berichten, wie stark sie sich zu dem Baby hingezogen fühlen und wie sehr sich ihre Aufmerksamkeit auf das Kind konzentriert. Ein Vater beschreibt seine Besuche im Krankenhaus so: »Ich setze mich hin und schaue nur das Baby an; ich spreche auch mit meiner Frau und versuche ihr ein bißchen zu helfen. Aber die Hauptsache ist das Baby, vor allem möchte ich gern das Baby halten.«

6) Fast alle Väter geben an, durch die Ankunft des Babys ein überschwengliches Gefühl zu empfinden. Sie sind dadurch stark erregt, überdreht und können sich beinahe nicht mehr fassen. Sie beschreiben sich als »benommen, berauscht, schwerelos und energiegeladen«; sie haben »das Gefühl, zehn Fuß groß zu sein«, und finden sich »andersartig und nicht normal«. Sie haben den Eindruck, »fortgerissen« und »außer sich« zu sein.

Es liegt nun nahe, die Erlebnisse mit dem Gefühl einer manischen Überspanntheit zu vergleichen. Das Baby scheint also bei den Vätern das auslösende Moment für die plötzliche Freisetzung von psychischer Energie zu sein. Der Körper des Babys scheint sich ihrem eigenen »anzugliedern«, so daß ihre Frau bei diesem Geschehen wohl ein bißchen vernachlässigt wird. Wie bei jedem manischen Zustand muß schließlich auch hier die Frage nach der Depression auftauchen, die da verborgen sein kann; einige Autoren erforschen zur Zeit auch die postnatale Depression bei Vätern.[4]

Ein weiteres Moment dieser Berichte scheint in einer *minimalen* Depersonalisation zu bestehen: Der Vater erlebt hier offenbar etwas, das mit den Erfahrungen seiner Frau während der Geburt vergleichbar ist; wir haben diese Erlebnisse bereits erwähnt, die an einen Zustand von Depersonalisation erinnern.

7) Die Väter berichten, daß ihr Selbstwertgefühl in jenem Augenblick anstieg, als sie zum ersten Mal ihr Neugeborenes sahen.

Auch hier steht das zunehmende Selbstwertgefühl wieder im Zusammenhang mit diesem überschwenglichen Empfinden und der Freude darüber, dieses Baby gezeugt und erschaffen zu haben.

---

[4] L. Brudal, persönliche Mitteilung.

Viele Väter teilen mit, wie überrascht sie von einer derartigen inneren Anteilnahme waren. Darüber hinaus wird deutlich, daß das Baby bei diesem Prozeß der affektiven Besetzung durch den Vater eine *aktive* Rolle spielt; insbesondere trägt es mit seinen Bewegungen und seiner reflektorischen Aktivität (Greifen, Motorik, Blicke) dazu bei.

Die Untersuchung ist wahrscheinlich sehr optimistisch und gibt nur einen Teilaspekt des Geschehens wieder. Rufen wir uns doch die folgenden Merkmale dieser Gruppe in Erinnerung: Alle Männer waren verheiratet; sie waren soeben zum ersten Mal Vater geworden; die Schwangerschaften waren unkompliziert verlaufen, und die Geburt hatte auf normalem Wege und ohne Zange stattgefunden; alle Neugeborenen waren völlig gesund. Eine große Anzahl günstiger Faktoren war also vereinigt.

Wenn wir nach den tieferliegenden Ursachen für das überdrehte Gefühl der Väter fragen, erhalten wir vielleicht durch die Mutter eines fünf Tage alten Babys einen Hinweis: Sie sagte uns wehmutsvoll, daß das Baby nicht mehr in ihrem Bauch sei, sondern daß sie jetzt »weniger egoistisch« sein und ihrem Mann Gelegenheit geben müsse, auch zu seinem Recht zu kommen. Betrachtet man die Aussage aus der Sicht des Vaters, so ist auch besser seine Frustration nachzuvollziehen; denn er ist während der Schwangerschaft vom Baby ausgeschlossen und bleibt außenstehender Zeuge eines Vorganges, an dem er nicht teilhaben kann, nachdem er ihn immerhin ermöglicht hat. Mit der Geburt wird ihm nur ein »Teil seiner selbst« ganz abrupt zurückgegeben, und er hat die Möglichkeit, eine aufwendige libidinöse Gegenbesetzung abzubauen: Mit ihr bekämpft er seinen Wunsch, eine weibliche Rolle einzunehmen und die schwangere Mutter zu sein. Die Tatsache, daß das Baby den Bauch der Mutter verlassen hat, stellt für ihn eine neue libidinöse Freiheit dar und bietet ihm Gelegenheit, mit dieser Energie das neu verfügbare Objekt zu besetzen.

Auch wissen wir noch sehr wenig über die psychischen Vorgänge beim Vater während der Schwangerschaft seiner Ehefrau. Vermutlich teilt er mit ihr die Angst, daß ein mißgestaltetes, anormales Baby geboren wird; es wäre das Ergebnis der Aggressionen, die sich gegen den Körper seiner Frau richten und die eine Wiederbelebung, eine Folge der sadistischen Wünsche darstellen, die er in seiner Kindheit gegenüber dem Körper seiner Mutter hegte. Vor diesem Hintergrund wird sich der Vater Gedanken darüber machen, was wohl jenen Dingen, die er in das Innere des mütterlichen Leibes hineingebracht hat, d. h. seinem Penis und seinem Samen, für ein Schicksal beschieden sein mag. Er kann sich fragen, ob seine Übergriffe auf die Mutter und deren darauffolgenden Vergeltungsmaßnahmen das Baby nicht zerstören oder zu einer Mißgeburt führen werden, die dann ein lebendiges Zeugnis seiner eigenen phantasierten Abscheulichkeit wäre.

Daher stellt die Geburt eines realen und unversehrten Babys eine außerordentliche Erleichterung für den Vater dar und führt dazu, daß er das Vertrauen auf seine Liebesfähigkeit zurückgewinnt.

Es gibt mehrere Möglichkeiten, Aufschluß über die Beziehung von Vater und Säugling zu erhalten. Am naheliegendsten ist, die *direkte* Interaktion von Vater und Säugling, also ihren körperlichen Kontakt und den Austauschprozeß zwischen ihnen zu betrachten. Ein weiterer Zugang besteht in der Berücksichtigung des *indirekten* Einflusses, den der Vater auf den Säugling ausübt, z. B. über die eheliche Verbindung, durch die Unterstützung, die er der Mutter anbietet, und durch verschiedene andere Aspekte der Paarbeziehung. Schließlich bestimmt umgekehrt hauptsächlich die Mutter das Verhältnis zwischen Vater und Säugling, indem sie einerseits dem Vater in unterschiedlichem Maße und auf verschiedene Weise gestattet, Vater zu sein, und andererseits dem Baby ermöglicht, zu seinem Vater tatsächlich oder in der Phantasie dadurch wieder in Beziehung zu treten, daß auch er in den Worten der Mutter Erwähnung findet.

Wir gehen hier auf die direkte Interaktion zwischen Vater und Säugling ein. Insgesamt scheint sich in den bisher durchgeführten Untersuchungen ein bestimmtes Bild abzuzeichnen:

1) Die Interaktion von Vater und Säugling hat manches mit der Interaktion zwischen Mutter und Baby gemein: In beiden Fällen handelt es sich nämlich um einen Austauschprozeß, der durch

Wechselseitigkeit und einen Vorgang gegenseitiger Regulierung gekennzeichnet ist.

2) Aber die Interaktion von Vater und Säugling hat auch besondere Eigenschaften; ihnen werden wir uns jetzt zuwenden.

Nach Michael Yogman [5] hat dieses Interaktionsgeschehen mehr einen »körperlichen« Charakter und ist eher auf Reize ausgerichtet als die Interaktion Mutter–Säugling. Der Verfasser zitiert das Beispiel eines 45 Tage alten Babys im Spiel mit seinem Vater: Dieser bringt das Baby zum Sitzen, indem er es leicht an den Händen zieht; er beklopft es sanft, tippt es unterhalb der Nase und in den Mundwinkeln an und schnalzt dabei mit der Zunge; er tut so, als wolle er immer wieder den Mund des Babys schließen, und führt mit dessen Beinen Radfahrbewegungen aus. Durch diese Spiele wird das Baby ausgesprochen munter und aufmerksam; im allgemeinen tritt diese Spielsituation gleichermaßen bei Jungen wie bei Mädchen auf und ist in einem Alter von sogar nur 23 Tagen zu beobachten.

Yogman führt an sechs Vater-Säugling-Paaren eine mikroanalytische Untersuchung durch; jede Dyade wird zu mehreren Zeitpunkten beobachtet, und zwar wenn die Babys 4, 6, 8, 10, 12, 14, 16 und 24 Wochen alt sind; dabei wurde das Grundmuster einer Interaktion eingehalten, bei der beide Partner einander zugewandt sind. Bei jedem Durchgang wurde auch eine Interaktionsabfolge von Mutter und Säugling aufgenommen, um sie später mit dem Interaktionsgeschehen zwischen Baby und Vater vergleichen zu können.

Es stellte sich heraus, daß die »Spiele« (nach der Definition von Stern sind dies »mehrere gleichartige Phasen beiderseitiger Aufmerksamkeit, in deren Verlauf der Erwachsene ein Verhaltensmuster wiederholt, das er bei jeder einzelnen Phase nur geringfügig abwandelt«) bei den meisten Interaktionsabfolgen sowohl zwischen Mutter und Säugling als auch bei Vater und Säugling auftreten, beim Vater jedoch häufiger waren. Die geläufigsten »Spiele« waren rein visueller Natur oder beschränkten sich auf körperliche Berüh-

---

[5] M. Yogman, »Observations on the Father-Infant Relationship«, in: S. H. Cath, A. R. Gurwitt u. J. M. Ross (Hrsg.), *Father and Child. Developmental and Clinical Perspectives*, Boston, Little, Brown & Company, 1982.

rung oder beinhalteten auch beides zugleich. Bei den »visuellen Spielen« lenkte der Elternteil die Konzentration des Babys auf verschiedene Gebärden, um seine visuelle Aufmerksamkeit aufrechtzuerhalten. Diese Art von »visuellem« Spiel war bei den Müttern statistisch signifikant häufiger als bei den Vätern. Die am häufigsten bei den Vätern auftretenden Spielsituationen lagen im »taktilen« Bereich. Im Gegensatz zu den Müttern bewegten die Väter die Gliedmaßen des Babys und versuchten sie auf spielerische Weise zu reizen; auch hier war zwischen Vätern und Müttern ein statistisch signifikanter Unterschied in der Häufigkeit der taktilen Spiele zu verzeichnen.

Andere Autoren fanden später bei acht Monate alten Babys vergleichbare Vorgänge: Die Mütter spielten eher mit »Abstand«, während die Väter wiederum mehr körperlichen Umgang zeigten.[6] Bei dieser Untersuchung waren die Partner nicht mehr einander zugewandt, sondern die Situation war zwangloser; auch Spielzeug stand zur Verfügung. Väter und Mütter spielten vielfach in ähnlicher Weise, jedoch setzten die Väter häufiger körperliche Spiele ein und hoben beispielsweise das Baby in die Höhe oder ließen es auf ihren Knien reiten. Die Mütter hingegen nahmen mehr durch »distanziertere« Spiele Kontakt zu den Babys auf und erweckten ihre visuelle Aufmerksamkeit. Ein Lieblingsspiel der Mütter bestand etwa darin, dem Baby ein Spielzeug zu zeigen und dabei zu bewegen, um das Interesse des Kindes darauf zu lenken.

Diese Unterschiede zwischen Müttern und Vätern sind weiterhin bis zu einem Alter von 24 Monaten zu beobachten.[7]

So bemerkt K. Alison Clarke-Stewart: »Das Spiel des Vaters ist im allgemeinen eher körperorientiert und reizintensiver; es ist nicht so intellektuell, weniger didaktisch oder durch Gegenstände vermittelt, wie es bei den Müttern der Fall ist.«[8]

---

[6] T. G. Power u. R. D. Parke, »Play as a Context for Early Learning: Lab and Home Analyses«, in: E. Sigel u. L. M. Laosa (Hrsg.), *The Family as a Learning Environment*, New York, Plenum, 1982.

[7] M. Lamb, zitiert in: R. D. Parke, *Fathers*, Cambridge, Harvard University Press, 1981.

[8] K. A. Clarke-Stewart, »The Father's Contribution to Children's Cognitive and

Wir beziehen uns hier natürlich nur auf die Beobachtungen, die anhand von *Stichproben* an Vätern durchgeführt wurden. Jeder Vater hat jedoch einen anderen, einzigartigen Stil; und zweifellos gehen manche Väter viel sanfter mit ihren Babys um, ebenso wie einige Mütter vermutlich forscher an ihr Kind herangehen als andere.

Es bleibt jedoch festzuhalten, daß Vater und Mutter von Beginn des Interaktionsgeschehens an vom Baby in unterschiedlicher Weise erlebt werden können; der Säugling macht eine andere Erfahrung, wenn er mit seinem Vater zusammen ist: Sein Erleben unterliegt dann eher plötzlichen Änderungen, einem aufregenderen Rhythmus, und gleicht mehr einem munteren »Tanz«.

Brazelton hat das folgendermaßen ausgedrückt: »Die meisten Väter scheinen eine eher spielerische und stimulierende Umgangsart zu haben. Betrachten wir jedoch ihre Interaktion mit dem Baby, so zeigt sich, daß ein Vater stärkere und verspieltere Reaktionen von seiten seines Babys erwartet; und es gelingt ihm, sie auch hervorzurufen! Es ist erstaunlich, was für eine unterschiedliche Haltung ein etwa zwei bis drei Wochen alter Säugling gegenüber seinem Vater oder gegenüber seiner Mutter einnimmt: Seine Augen sind (wenn er mit dem Vater zusammen ist) weiter geöffnet, und sein Gesicht sieht spielbereiter und strahlender aus. Die Zyklen (der Interaktion) könnten als reichhaltiger in ihren Schwankungen und sogar als ein bißchen arhythmischer bezeichnet werden.«[9]

In der Tat stellt sich die allgemeine Frage: Woran mag ein Säugling seinen Vater erkennen; auf welche Anzeichen gründet er seine Wahrnehmung, um ihn von der Mutter zu unterscheiden? Welche Faktoren ermöglichen dem Baby, seinen Vater zu identifizieren, wenn dieser anfangs mit ihm in Interaktion tritt; und wodurch kann es dann eine ganz bestimmte Art von Interaktion antizipieren, die anders ist als jene, die es erwartet, wenn es mit seiner Mutter zusammenkommt?

Social Development in Early Childhood«, in: F. A. Pedersen (Hrsg.), *The Father-Infant Relationship*, Praeger, New York, 1980.

[9] T. B. Brazelton, »Behavioral Competence of the Newborn Infant«, *Seminars in Psychology*, 1979, *3*, 42.

Diese Fragen bleiben noch weitgehend ungelöst. Judith Kestenberg versucht eine Antwort zu geben[10]: »Von Beginn an spürt das Kind, daß es von jedem Elternteil auf andere Art und Weise gehalten wird. Unsere Forschung über die Bewegungsmuster läßt vermuten, daß das männliche Kind den motorischen Rhythmus seines Vaters so ähnlich wie seinen eigenen empfindet. Seine Anpassung an die Bewegungsrhythmik der Mutter fördert sein orales Wahrnehmungsvermögen, besonders, wenn die Mutter stillt. Betrachten wir den Saugrhythmus unter dem Blickwinkel des Bewegungsmusters, so erscheint er selbst weder als unregelmäßig noch als gleichförmig, sondern erst durch die Bewegungen der Mutter tritt eine kontinuierliche Komponente hinzu, wohingegen die Bewegungen des Vaters eher schroff wirken.«

Wie hier deutlich wird, betont Kestenberg das rhythmische und motorische Element in der Interaktion mit dem jeweiligen Elternteil und hebt es als ein Unterscheidungsmerkmal für den Säugling hervor. Indem das Baby gerade diese Hinweise aufgreift, lernt es die verschiedenen »Tanzbewegungen« zu unterscheiden, in die seine Eltern es jeweils einbeziehen.

Kestenberg merkt an, daß die Väter dem Baby körperlich nicht so nahe sind wie die Mütter, obwohl die Väter gerade aufgrund seines motorischen Verhaltens zu ihrem *Neugeborenen* eine starke Nähe empfinden. »Häufig halten sie das Neugeborene in Höhe der Körpermitte, während die Mütter mit ihrer Brust oder ihrem Gesicht an es herangehen. Die Väter neigen stärker als die Mütter dazu, das Baby so zu halten, daß es nach vorn schaut oder daß es ausgestreckt auf ihrem Schoß liegt. Auch sind die Väter eher bereit, das Baby in die Höhe zu heben und dadurch den Abstand zwischen sich und dem Kind zu vergrößern – eine Gewohnheit, die zur Einübung der Trennung zwischen Elternteil und Baby dient.«[11]

---

[10] J. S. Kestenberg, H. Marcus, K. M. Sossin u. R. Stevenson, »The Development of Paternal Attitudes«, in: *Father and Child* (1981); vgl. Anm. 5.

[11] Der scheinbare Widerspruch zwischen dieser Darstellung und den Angaben von Yogman ist darauf zurückzuführen, daß letzterer Eltern in einer Spielsituation beobachtet hat, bei der sie sich dem Baby gegenüber befanden und es daher nicht in den Armen halten konnten. Außerdem bestehen erhebliche Altersunterschiede zwischen den Babys, die von diesen beiden Autoren untersucht wurden.

Erwähnenswert ist, daß Kestenberg bei dieser Frage von dem Begriff des »holding« ausgeht, d. h. von der Art und Weise, in der ein Elternteil das Baby hält. Als Winnicott diesen Begriff prägte, meinte er sicherlich viel mehr als nur die konkrete Geste, die darin besteht, daß das Baby auf dem Arm gehalten wird. Für ihn ging es darum, wie die Mutter auf die Bedürfnisse des Babys reagiert, wenngleich er das Halten und das konkrete Tragen nicht ausschloß. Kestenberg schreibt: »Das Baby erlebt den Vater als aktiver und aggressiver, als heftiger, kühner und als weiter von ihm entfernt als die Mutter; dadurch fördert der Vater die Selbständigkeit und die Aggressivität des Babys. Im Laufe der Zeit tritt der Vater aus dem Schatten der Mutter heraus und wird besonders als Spielpartner zu einem eigenständigen Wesen.«

»Auch wenn der Vater jemand war, an den man sich wenden konnte wie an die Mutter, so wird er vielleicht ebenso wie die Geschwister zur Mittlerfigur für die Trennung und zum Katalysator für die Sublimation der Aggressivität durch das Spiel.«[12]

Die Rolle des Vaters bei der psychosexuellen Differenzierung

Anscheinend spielt der Vater bei der psychosexuellen Differenzierung und dem allmählichen Erwerb einer sexuellen Identität des kleinen Kindes eine wichtige Rolle. Das versteht sich eigentlich von selbst, denn durch die Interaktion mit dem Vater erfährt das Baby zum ersten Mal von der Existenz eines anderen Geschlechts und von den Geschlechtsunterschieden.

Säuglinge verschiedenen Geschlechts erleben die Interaktionen mit ihren Eltern nicht in der gleichen Weise. »Die Väter behandeln ihre Söhne und Töchter von Geburt an jeweils anders. Im Rahmen einer Untersuchung über ihr Verhalten in den Räumlichkeiten des Krankenhauses wurde herausgefunden, daß die Väter zu männlichen Neugeborenen am häufigsten Kontakt durch Berührung und Laute aufnahmen. Sie wenden sich nicht nur häufiger mit Lauten ihren Jungen zu, sondern reagieren auch stärker auf Lautbildungen, die von den Söhnen ausgehen.« Umgekehrt erbrachte die Stu-

---

[12] Kestenberg, a. a. O.

die von Thoman und Mitarbeitern, daß »die Mütter mehr mit ihren Töchtern sprachen und auch mehr Körperkontakt mit ihnen hatten«.

Sawin und Parke [13] untersuchten die Interaktion zwischen Vätern und ihren drei Wochen bzw. drei Monate alten Säuglingen in häuslicher Umgebung und konnten zeigen, daß dieser Unterschied auch weiterhin bestehenbleibt. In der Spielsituation waren die Väter im Umgang mit ihren Söhnen viel anregender als bei den Töchtern; dies gilt für die Körperkontakte wie auch für die Verwendung von Spielzeug. Sogar ihr Blickkontakt war ausgeprägter, wenn sie sich ihren Söhnen zuwandten. Natürlich spielten die Väter auch mit ihren Töchtern; aber wie die Untersuchung zeigte, waren es überwiegend die Mütter, die mit ihrer kleinen Tochter spielten, und zwar intensiver als mit ihren Söhnen. Dieselben Unterschiedlichkeiten traten auch bei der Nahrungsaufnahme auf: »Die Väter waren viel stärker bestrebt, ihre Söhne zum Trinken der Milch zu bewegen (insbesondere durch Schütteln mit der Flasche). Die Mütter hingegen schienen eher die Mädchen zur Annahme der Flasche zu ermuntern. Das Gesamtgeschehen ist jedoch noch vielschichtiger. So hielten die Väter ihre Söhne beim Füttern mit der Flasche nicht so liebevoll und dicht am Körper, – das war ihren Töchtern vorgehalten. Die Mütter neigten entsprechend dazu, ihre Söhne enger an sich zu ziehen als ihre Töchter. Unserer Auffassung nach stehen diese Gewohnheiten, das Baby zu halten, zum Teil in Einklang mit den bereits erwähnten Beobachtungen. Hielt der Elternteil das Baby ganz dicht am eigenen Körper, so war es umständlich, das Kind aktiv zu handhaben oder ihm verschiedene Anregungen zuteil werden zu lassen.«

Die Unterschiede in Abhängigkeit vom Geschlecht des Babys treten auch später noch auf. Kotelchuk [14] hat beobachtet, daß Väter mit ihren Söhnen längere Zeit spielten als mit den Töchtern (bei allen Jungen und Mädchen handelte es sich um erstgeborene Kinder,

[13] R. D. Parke u. R. B. Sawin, »The Family in Early Infancy«, zitiert in: R. D. Parke, *Fathers*; vgl. Anm. 7.

[14] M. Kotelchuk, »The Infant's Relationship to the Father«; Power u. Parke, »Play as a Context for Early Learning«, a. a. O.; vgl. Anm. 7.

die ein Jahr alt waren). Sie gingen eher körperbezogen mit ihren Söhnen um (sie hoben das Kind zum Beispiel in die Höhe), traten zu ihren Töchtern aber mehr durch Lautäußerungen in Kontakt.

Vielleicht hängt dieser Unterschied in der Interaktion mit der gegensätzlichen Wahrnehmung der Eigenarten eines männlichen und eines weiblichen Babys durch die Eltern zusammen.

J. Rubin und Mitarbeiter[15] fanden folgendes heraus: Die Väter hatten ihren neugeborenen Sohn noch nicht einmal in die Arme genommen, sondern einfach nur gesehen, als sie ihn schon als »kräftiger bewerteten und meinten, daß seine Gesichtszüge ausgeprägter seien, daß er eine bessere Bewegungskoordination habe, und sie bezeichneten ihn als munterer, stärker und widerstandsfähiger; die Mädchen hingegen wurden als sanfter angesehen; sie hätten feinere Gesichtszüge, seien weniger aufmerksam, schwächer und zarter«.

Auf die anderen Beiträge des Vaters zur Entwicklung des Babys werden wir nicht weiter eingehen. Wichtig scheint uns jedoch, kurz zu erwähnen, inwiefern der Vater die Fähigkeit des Babys oder des Kleinkindes beeinflußt, mit der Außenwelt in Beziehung zu treten und insbesondere mit Personen außerhalb der Familie und mit anderen kleinen Kindern Kontakt aufzunehmen.

Frank Pedersen und seine Forschergruppe untersuchten, wie fünf Monate alte Säuglinge gegenüber einem Erwachsenen reagieren, der ihnen unbekannt ist, aber ganz freundlich zu ihnen Kontakt aufnimmt. Selbst in einem so frühen Alter scheint der Vater schon einen Einfluß auszuüben: Jene fünf Monate alten Jungen, die häufig Gelegenheit gehabt hatten, mit ihrem Vater zusammenzusein, erwiderten die Lautäußerungen des Fremden in stärkerem Maße, ließen sich leichter auf den Arm nehmen und hatten am Spiel mit der fremden Person offenbar mehr Freude als die anderen männlichen Säuglinge, die mit ihrem Vater keine so vertraute Beziehung hatten. Dieser Unterschied trat hingegen bei weiblichen Babys nicht auf.[16]

---

[15] J. Rubin, F. J. Provenzano u. Z. Luria, »The Eye of the Beholder; Parent's Views on Sex of Newborns«, *American Journal of Orthopsychiatry*, 1974, *43*, S. 720–731.

[16] F. A. Pedersen, J. Rubinstein u. L. J. Yarrow, »Infalt Development in Father-Absent Families«, *Journal of Genetic Psychology*, 1979, *135*, S. 51–61.

Später stellte sich heraus, daß die Väter auch die Fähigkeit des Säuglings fördern, sich auf unbekannte Personen und Situationen einzulassen, Kotelchuk und Mitarbeiter[17] untersuchten die Interaktion von einjährigen Säuglingen, die mit einer ihnen unbekannten Person allein zusammen waren. Drei Gruppen von Säuglingen wurden dabei miteinander verglichen:

- eine Gruppe, deren Väter sehr stark an der Erziehung beteiligt waren,
- eine zweite Gruppe, deren Väter sich nur wenig darum kümmerten,
- und eine dritte Gruppe, deren Väter, was die Mitwirkung bei der Pflege und der Erziehung ihres Babys anbelangt, zwischen den beiden ersten Gruppen lagen.

Von diesen Säuglingen gerieten jene am häufigsten und stärkstgen in Angst und Bedrängnis, deren Väter sich ihnen am wenigsten widmeten, wohingegen derartige Notlagen bei den Babys, mit denen sich die Väter am intensivsten beschäftigten, am seltensten und geringfügigsten auftraten. Die Säuglinge, die Angstreaktionen von mittlerer Intensität und Häufigkeit zeigten, gehörten zu jener Gruppe, bei der die Väter ebenfalls eine Zwischenposition einnahmen.

Offenbar sind die Babys, die am meisten Gelegenheit zu Erfahrungen mit ihrem Vater hatten, auch am besten in der Lage, neuartige Situationen zu bewältigen.

Der Einfluß des Vaters auf die kognitive Entwicklung des Säuglings

Die kognitive Entwicklung des Babys wird von der Existenz des Vaters beeinflußt. Mehrere Untersuchungen gelangten zu dem einhelligen Ergebnis, daß dies im wesentlichen auf männliche Babys zutrifft.

Pedersen und Mitarbeiter[18] untersuchten die kognitive Ent-

---

[17] M. Kotelchuk, zitiert in: R. D. Parke, *Fathers*, a. a. O.; vgl. Anm. 7.
[18] F. A. Pedersen, J. L. Rubinstein u. L. J. Yarrow; vgl. Anm. 16.

wicklung von Säuglingen in Abhängigkeit davon, ob ein Vater in der Familienstruktur vorhanden war oder nicht. Sie legten die Skala für kognitive und motorische Entwicklung von Bayley zu Grunde und zeigten, daß die männlichen Babys höhere Werte erzielten, wenn ihr Vater integraler Bestandteil der Familie war. Diese Auswirkung war bei weiblichen Babys nicht erkennbar.

Ein entscheidender Faktor ist nicht nur, ob der Vater fehlt oder vorhanden ist. Betrachtet man die männlichen Säuglinge, deren Vater mit in der Familie lebte, so findet man, daß sie in ihrer kognitiven Entwicklung weiter fortgeschritten waren, wenn sie mit ihrem Vater in einem reichhaltigeren Austauschprozeß standen. Auch hier schien sich das Ausmaß der väterlichen Anteilnahme nicht auf die kognitive Entwicklung der weiblichen Babys auszuwirken; das gilt zumindest für eine so frühe Altersphase.

Es sei daran erinnert, daß dafür umgekehrt der Einfluß der Interaktion zwischen Mutter und Säugling auf die kognitive Entwicklung der Mädchen feststellbar ist, der bei den Jungen wiederum kaum zu beobachten ist.

Nach herkömmlicher Ansicht interessiert sich der Vater erst für sein Kind und beginnt mit ihm zu spielen, wenn es spricht und ein Identitätsgefühl entwickelt hat; dies trifft besonders für Jungen zu. Die kleinen Kinder bleiben in weiblicher Obhut, selbst wenn ihr Vater stolz auf seine so zahlreiche Nachkommenschaft ist.

Im Leben der von Städten geprägten westlichen Gesellschaften hat sich die Funktion des Vaters gewandelt; die jungen Männer nehmen an der Erziehung des Babys nicht ohne Sachverstand teil. Zudem ermöglicht die Sozialgesetzgebung den Vätern durch verschiedene Formen des Mutterschaftsurlaubs, ihre Frau für eine gewisse Zeit zu entlasten.

Diese vollkommen gegensätzlichen Perspektiven dürfen jedoch nicht darüber hinwegtäuschen, daß der Wunsch nach Mutterschaft nicht nur den Frauen eigen ist: Stets erklären die kleinen Jungen, daß sie Mutter werden wollen. Es ist auch durchaus berechtigt, den Wunsch nach Fortpflanzung mit diesem grundlegenden Verlangen in Zusammenhang zu bringen. Oft ist gefragt worden, ob das künstlerische Schaffen und die mit ihm einhergehende Begeisterung nicht ein Hinweis auf das »Allgegenwärtige«, auf die Gegenwart eines inneren Gottes sei; darin besteht ja auch die etymologische Bedeutung dieses Begriffes des Schöpferischen. Die Göttinnen des frühesten Altertums, die als Mütter angesehen wurden, waren auch immer die mächtigsten; die Väter unter den Göttern wurden von ihren Söhnen umgebracht, die dann selbst Kinder zu Welt brachten, wie Zeus, dessen Tochter Athene mitsamt ihren Waffen aus seinem Kopf erschaffen wurde, während Dionysos aus seinem Schenkel hervorging.[19] Um diesen kurzen Überblick zu vervollständigen, sei abschließend darauf hingewiesen, daß sich bei zahlreichen Volksstämmen die männlichen Kinder einem Eingriff unterziehen müssen, bei dem die Unterseite ihres Penis eingeschnitten wird, damit sie beim Urinieren sitzen müssen und für sich in Anspruch nehmen können, wie ihre Frauen in der Lage zu sein, ein Kind zu bekommen. B. Bettelheim geht sogar so weit anzunehmen, daß mit der Beschneidung nicht nur ein Teil der Männlichkeit geopfert wird, um den Zorn Gottes nicht heraufzubeschwören und um sich dessen Verbundenheit sicher zu wissen, sondern daß sie auch ein schwacher Überrest dieses Einschnittes in den Penis ist.[20]

Die Psychoanalyse bestimmt die Rolle des Vaters anhand der Ausformung und der Bewältigung des Ödipuskomplexes, der nach einer ziemlich langen präödipalen Phase auftritt. Er bietet den Projektionen der sadistischen Triebe Raum, die nach außen gewendet werden, und ermöglicht die Personalisierung des Überichs bei den Jungen wie auch bei den Mädchen. Zu diesem Zeitpunkt wird das Kind mit der Realität des Geschlechtsunterschiedes und der Unterschiede zwischen den Generationen konfrontiert; damit stellen sich bei ihm auch zugleich die Urphantasien der Kastration und die Phantasie der Urszene ein.

Aber diese Entwicklung, in deren Zuge sich der Ödipuskomplex ausbildet, ist von den Psychoanalytikern nach Freud auf verschiedene Weise gewürdigt worden: Melanie Klein und ihre Nachfolger vermuten, daß das böse innere Objekt abgespalten und auf den Vater projiziert wird und daher die ödipale Dreieckskonstellation in ihren genitalen und prägenitalen Erscheinungsformen schon gleich

---

[19] Vgl. S. Bégache, *La maternité et son désir*, Habilitation, Lyon, 1982.

[20] B. Bettelheim. *Die symbolischen Wunden*, Kindler, München, 1975.

zu Beginn des Lebens existiert. Die anderen Analytiker, die der Entwicklung des Kindes Rechnung tragen, nehmen eine präödipale Phase an und sind der Ansicht, daß mit der Kenntnis des Unterschiedes zwischen dem Vater und der Mutter zweifellos von einer Situation zu dritt gesprochen werden kann, während der Eintritt in den ödipalen Konflikt dadurch gekennzeichnet sei, daß der Vater vermittelnd in den urwüchsigen, »sich selbständig vollziehenden Interaktionsprozeß« zwischen Mutter und Baby eingreife. Es sei jedoch daran erinnert, daß wir von Freud den Begriff der primären Identifizierung übernommen haben; das Baby identifiziert sich in dieser Phase mit seiner Mutter und/oder mit seinem Vater; dabei findet auf der affektiven Ebene ein Austausch statt, bei dem noch keine Vorstellungen ausgebildet werden; diese affektive Verbindung ist ein Teil des entstehenden Beziehungsgeflechtes, das von einer Vorstufe der Wahrnehmung geprägt ist, die noch keine Unterscheidungen zwischen den Eltern ermöglicht.

1. Die Beobachtung und Erforschung zeigt deutlich, daß der Vater durchaus eine sogenannte Mutterrolle bei der Pflege des Babys einnehmen und sich dabei als sehr geschickt erweisen kann.

2. Zugleich weicht er in seinem Verhalten geringfügig von der Mutter ab. So trägt er das Baby nicht so eng an seinem Körper und zeigt in seinem Umgang mehr rhythmische Komponenten. Der Vater wahrt eher Abstand zu seinem Baby als die Mutter. Wenn er es sanft hin- und herbewegt, hält er es vorwiegend senkrecht.

Andererseits wurde erkennbar, daß seine tiefe Stimme das Baby eher zu beruhigen scheint. Der Vater genießt es wohl auch mehr, wenn sich das Baby an seinem Hals einnistet.

Alles deutet also darauf hin, daß der Vater bei der Pflege des Babys recht gewandt ist und verhältnismäßig typische Verhaltensweisen hat, die besser dazu geeignet sind, daß sich ein motorischer Rhythmus einpendeln kann; dadurch treten auch eher anregende, aggressive Komponenten hinzu.

Da Väter ihre Töchter außerdem wohl als zerbrechlicher empfinden, gehen sie mit den männlichen Babys lebhafter um und unterhalten mit ihnen auch einen mannigfaltigeren präverbalen Austausch.

In seiner Schilderung der Angst vor dem Gesicht eines Fremden macht Spitz[21] den Vater zum Prototyp des Fremden. Tatsächlich handelt es sich eher um ein Modell als um eine beobachtbare Tatsache. Es wird nun möglich, das Augenmerk auf die Dreierkonstellation zu richten, die dann – wie ja bereits dargelegt wurde – zur Ausformung der ödipalen Phantasien führt. In Wirklichkeit ist der Vater dem Baby viel früher vertraut und nimmt in seinem psychischen Dasein nicht die Rolle eines Fremden ein, wenngleich später durch seine Anwesenheit auch die Gefahr auftaucht, die Mutter und ihre Zuwendung zu verlieren. Oftmals sucht das Baby ohnehin lieber in den Armen seines Vaters Zuflucht, wenn ein Fremder hinzukommt, den es dann so besser mustern kann. Der Vater bietet dem Kind eine sichere Möglichkeit, daß es sein Entsetzen gegenüber dem Unbekannten allmählich verliert.

Beim Vater ist der Wunsch nach Mutterschaft mit jenen Auswirkungen verbunden, die die Vaterschaft auf sein Phantasieleben und dessen ödipale Ausgestaltung hat. Dazu gehört auch die Identifizierung mit dem Großvater väterlicherseits; deshalb sind die Konflikte so bedeutsam, die mit der Geburt des Kindes wieder auftauchen. In bestimmten Kulturen wird dem Vater das Recht auf ein Männerkindbett eingeräumt. Bei uns entbehrt der Stolz des jungen Vater nicht eines Gefühls von Besorgnis, Schuld und Scham.

Wenn man das Interaktionsgeschehen zwischen Vater und Baby untersuchen will, so ist es schwieriger, sie mit der Einheit einer Dyade von der übrigen Umgebung abzutrennen, es sei denn, man hat lediglich die Absicht, die Rolle des Vaters innerhalb der elterlichen Pflege des Kindes zu betrachten. Das Verhältnis zwischen Vater und Mutter in ihrer Paarbeziehung hat ganz zwangsläufig einen Einfluß. Beispielsweise ist bekannt, daß sich frühgeborene Babys besser entwickeln, wenn die Väter ihren Frauen bei den pflegerischen Arbeiten zur Hand gehen; die Mutter ihrerseits übernimmt ihre Funktion des Reizschutzes und kann sich damit wieder ihrer Familie und ihrem Ehemann zuwenden. In dieser Hinsicht begreift man besser die jeweilige Stellung der einzelnen Familienmitglieder im System der Familie, wie jetzt deutlich wird.

---

[21] R. A. Spitz, *Vom Säugling zum Kleinkind*, Klett, Stuttgart, 1976.

Der erste Fall ist ziemlich einfach und zeigt, inwiefern der Vater korrigierend auf die Wechselbeziehung zwischen einer Mutter und ihrem Baby einwirken kann.

Das Baby ist fünf Monate alt (Fall 13). Die Mutter ist Ausländerin und hat ihre Tochter nach ihrem eigenen Vornamen benannt. Sie stammt aus einem östlichen Land und kam nach Frankreich, nachdem sie mit ihrem zukünftigen Mann in Briefkontakt gestanden hatte. Sie hat sich dieses Kind gewünscht, das der Vater aber gar nicht wollte.

Während des anamnestischen Gespräches sitzt das Mädchen so auf dem Schoß seiner Mutter, daß wir es anschauen können. Es führt etwas an seinen Mund, das die Mutter ihm wegnimmt; dabei sagt sie: »Das ist schmutzig.« Der Vater versucht die Aufmerksamkeit des Kindes auf sich zu lenken und bietet ihm einen Gegenstand an. Die Mutter hindert die kleine Tocher daran, ihm näherzukommen. Sie rückt mit dem Kind vom Vater weg.

Die Mutter erklärt dann, daß sie sich in Paris gut eingelebt habe, sich aber bei »den Eltern von den anderen« nicht wohl fühle. Sie spricht so von ihren Schwiegereltern und offenbart damit ihre weitreichenden widersprüchlichen Gefühle gegenüber ihrem Mann und dem, was er für sie darstellt; dies gilt um so mehr, als sie ihr Land nur hat verlassen können, weil sie mit ihm eine Ehe eingehen wollte.

Das Baby zeigt währenddessen ein lebhaftes Explorationsverhalten; es greift nach seinen Schuhen. Die Mutter hält ihm die Hände fest, damit es nicht seine Füße anfaßt. Als sie gefragt wird, warum sie ihrem Kind verwehre, nach seinen Schuhen zu greifen, antwortet sie, daß sie ihrer Tochter später mehr Freiraum zugestehen werde. Zur Zeit sei sie glücklich, wenn sie den Rücken des Babys an ihrem Bauch spüre; sie drückt ihre Tochter bei diesen Worten an sich und richtet ihren Oberkörper auf. Gleichzeitig gibt der Vater zu erkennen, daß er etwas verärgert ist.

Aus diesen wenigen Bemerkungen geht hervor, wie vielschichtig das Phantasieleben der Mutter ist. Sie ist nicht in der Lage, das Kind kontinuierlich zu halten, wenn sie sich mit ihren Reinlichkeitswünschen auseinandersetzen muß. An dieser Stelle greift der Vater ein und versucht, die Wirkungen der mütterlichen Affekte zu mildern.

Die zweite Falldarstellung ist ein Beispiel dafür, wie schwierig es ist, Vater in einer nordafrikanischen Familie zu sein.

Das ein bißchen zu früh geborene Baby (Fall 14) ist ein kleiner Junge, der im Alter von einem Monat zum ersten Mal zur Untersuchung vorgestellt wurde.

Seine Mutter ist 19 Jahre alt und war zum ersten Mal schwanger. Sie selbst ist das vierte Kind in einer Familie mit sieben Töchtern; sie stammen alle aus Algerien, leben aber seit 20 Jahren in Frankreich; der Großvater mütterlicherseits führt die Familie nach patriarchalischem Muster; er ist gefürchtet und wacht über die Sitten. Der Großvater väterlicherseits hat diesen sozialen Rang nicht, denn er ist französischer Staatsbürger; er hat also mit seiner algerischen Abstammung gebrochen. Die Großmutter väterlicherseits, die übrigens selbst Französin ist, hatte ihren Sohn, den Vater des Babys, im Stich gelassen, was dieser erst beim Tod seines Vaters erfuhr.

Vater und Mutter des Babys waren schon miteinander befreundet, aber der Großvater mütterlicherseits weigerte sich lange, der Eheschließung mit dem künftigen Schwiegersohn zuzustimmen; die Gründe dafür wurden bereits erwähnt. So entfloh sie ihrer Familie und zog mit ihrem Mann zusammen. Daraufhin erklärte sich der Großvater mit einer kirchlichen Trauung einverstanden, während die junge Frau tatsächlich schon im sechsten Monat schwanger war. Dies wurde vor dem Großvater grundsätzlich verheimlicht, der nach Auskunft der Eltern von der Geburt seines Enkels nichts gewußt hat. Wenn er seine Kinder besuchen kam, konnte er nichts von einem Baby entdecken, da es dann in einem Schrank versteckt wurde und sich dort auch ruhig verhielt.

Auf die ausführliche Darstellung der Interaktion zwischen Mutter und Baby werden wir hier verzichten. Es sei lediglich angemerkt, daß sämtliche Beratungsgespräche zusammen mit dem Vater stattgefunden haben.

Die Mutter übt auf das Kind eher eine Reizwirkung aus, während der Vater immer tätig wird, wenn sich das Baby nicht behaglich fühlt. So hält seine Frau es zum Beispiel auf dem Schoß, um ihm die Flasche zu geben, hat dabei aber ihre Hand auf dem Oberschenkel und hält das Kind nicht fest. Die Mutter scheint ziemlich aufdringlich mit ihm zu sein; besonders deutlich wird dies daran, wie sie den Sauger im Mund hin- und herdreht und plötzlich die Flasche absetzt. Die hölzernen Bewegungen verstärken sich noch, als sie auf das Verhältnis zu ihrem Ehemann angesprochen wird. Sie wird im Laufe des Gespräches immer weitschweifiger, so daß das Kind bei ihr zunehmend in den Hintergrund tritt.

Eine dieser Beobachtungssituationen wurde gefilmt; dabei konnte man zwei verschiedene Muttergestalten wahrnehmen: Die eine schaut ihr Kind an und stellt auf affektiver Ebene eine Verbindung zu ihm her, so daß es ruhig und friedlich ist. Vielleicht sieht sie in ihm den Mann, der er einmal werden wird. Wenn sie es jedoch anfaßt und versorgt, bringt sie es in Bedrängnis. Es hat den Anschein, als sei es das Kind ihres Mannes, das sie eben wegen dieser Heirat vor ihrem Vater verbergen muß; hier wird das Kind zu einem unsanft behandelten Wesen, das innerhalb ihrer psychischen Sphäre den Ehemann repräsentiert. Läßt man diese Aufnahme im Zeitlupentempo ablaufen, wird der starre Blick der Mutter erkennbar: Das Kind des Mannes ist in ihrer Phantasie letztlich also nur der Repräsentant eines Vaters, der seinerseits vom ödipalen Vater nicht anerkannt wurde.

Währenddessen wird der Vater nur aktiv, wenn die Mutter sich nicht um ihr Kind kümmert. Er bleibt aus der persönlichen Geschichte der Mutter ausgeschlossen und darf nur unter diesen Bedingungen eingreifen. Zu dieser Zeit ist das Kind im allgemeinen sehr passiv: Seine unteren Gliedmaßen hängen herab; die Bewegungen seiner oberen Extremitäten sind in ihren Dimensionen stark eingeschränkt. Wenn es protestiert und der Vater einen Versuch unternimmt, die Situation des Kindes zu verbessern, so widersetzt sich die Mutter mit einer stereotypen Reaktion: Sie steckt dem Baby einen Schnuller in den Mund.

Die Videoaufzeichnung wurde den Eltern gezeigt, als das Baby schon laufen konnte. Sie erkannten es kaum wieder, denn es war ja »so groß geworden«. Dem Großvater mütterlicherseits war die Existenz des Kindes nun offiziell bekannt; er erkannte es an, weil es ein Junge war, wohingegen er selbst ja nur Töchter hatte. Aber der Vater des Kindes fühlte sich dadurch noch nicht entsprechend gewürdigt. Seine Frau klagte darüber, daß er sich zuviel mit dem kleinen

Jungen beschäftigen würde. So stand er bei dieser Begegnung immer sofort zur Verfügung und nahm sich des Kindes an, sobald es unruhig wurde. Schließlich machte er folgende, dramatische Bemerkung, die er mehrfach wiederholte: »Ich selbst bin nicht größer geworden!«

Der dritte Fall ist noch verwickelter; hier wird zugleich deutlich, wie die Interaktion zwischen einem Kind und einem Vater von dessen psychischem Funktionsmuster und von seinen Erwartungen hinsichtlich der Kinder abhängt (Fall 15).

Émilie sehen wir zum ersten Mal in der Entbindungsklinik, in der sie auch geboren wurde; Anlaß dafür war, daß ihre Mutter, deren erstes Kind sie ist, sich sehr ungeschickt verhielt und in große seelische Not geriet, als sie mit dem Stillen begann. Im Alter von fünf Monaten sahen wir das Kind bei einem Hausbesuch wieder, bei dem beide Elternteile zugegen waren; der Vater gehört zu einem Kreis hochspezialisierter Facharbeiter mit großem Verantwortungsbereich. Die Wohnbedingungen sind sehr günstig. Mit elf Monaten beginnt das Kind zu laufen; seine ersten Schritte machte es bei einem zweiten Besuch im Hause der Familie. Diese stimmt einer Teilnahme an dem Forschungsvorhaben zu; die Untersuchung findet statt, als das kleine Mädchen 13 Monate alt ist: Das Kind ist sehr lebhaft, verfügt über reichhaltige Ausdrucksmöglichkeiten und kann sich gut verständlich machen. Gerade während dieser Untersuchung widmet sich das Kind zum ersten Mal dem »Kuckuckspielen«; tatsächlich hebt sie etwas ihren hübschen Rock an, den die Großmutter ihr gestrickt hat; darauf erhält sie vom Vater einen Verweis, auf den die kleine Tochter mit überschwenglicher Freude reagiert, indem sie immer wieder den konsonantischen Laut »ke-ke« ausspricht. Dann wendet sie sich ihrer Mutter zu, die sich recht stark zurückgezogen hat, und spielt mit ihr »Kuckuck«.

Während dieser langen Phase, in der die Mutter mit ihrer Tochter Gegenstände austauscht, die sie versteckt oder herausgibt, begegnet das Kind dem bisweilen eingreifenden Beobachter, der abwechselnd »Kuckuck« ruft und ihm die Gegenstände übergibt, in derselben Weise wie seine Mutter.

Währenddessen redet der Vater recht wortreich über viele verschiedene Dinge: Er ist ein langer Kerl mit lauter Narben im Gesicht und einer hohen, schrillen Stimme; vor seiner Heirat kannte er schon mehrere Jahre lang seine Frau, denn er war schon immer bei seinen Schwiegereltern zu Gast. Er ist ihnen zu großem Dank verpflichtet, denn er hatte während seiner Militärdienstzeit bei der Rückkehr aus dem Urlaub einen Autounfall; sein Schwiegervater hatte so großes Vertrauen zu ihm, daß er ihm sein eigenes Auto überließ. Fortan lebte er also bei seinen Schwiegereltern und hatte auch sexuelle Beziehungen mit seiner künftigen Frau; so kam es zu der Schwangerschaft.

In diesem Zusammenhang erklärt der Vater auch, wie stark er sich an seinem Schwiegervater orientiert, den er so bewundert. Er hat dessen Tochter nicht geheiratet, um dem Kind, wie er sagt, den Familiennamen der Mutter und seinen eigenen Namen geben zu können, damit so der Familienname des Schwiegervaters erhalten bleibt.

Sodann kommt er darauf zu sprechen, welch maßlose Befürchtung er hat, die kleine Tochter könne im Schlaf sterben. Es stellt sich heraus, daß sie im Schlafzimmer der Eltern dicht neben deren Bett schläft. Er achtet genau auf ihre Atmung. Wenn er sich auch um sie ängstigt, so empfindet er doch zugleich einen Ekel vor ihr, denn sie kann nur einschlafen, wenn sie an einer Windel kaut, die dabei von ihrem Speichel vollkommen durchtränkt wird. Ihm wird dann übel, und zugleich steigern sich auch seine Befürchtungen, sie könnte daran ersticken.

Kurzum, alles deutet also darauf hin, daß der Vater um so größere Angst um seine kleine Tochter hat, je mehr er sich vor ihr ekelt: Seine übermäßige Angst ist eine Furcht vor Frauen; diese ist das Ergebnis der Entwicklung seiner Triebstruktur und deren homosexuellen Ausrichtung, die in der von zärtlicher Bewunderung geprägten Beziehung zu seinem Schwiegervater zutage tritt.

Einige Monate darauf kommen die Eltern mit ihrem kleinen Mädchen wieder, um sich diese Videoaufzeichnung im einzelnen anzuschauen: Die Mutter ist gehemmt und spricht über ihren großen Kummer in der Entbindungsklinik, während ihr Mann munter lacht. Seine Bewegungen wirken manieriert; als er sich selbst bei der Beratung sieht, äußert er die Ansicht, er sei zu affektiert und würde die Hände beim Sprechen zu sehr bewegen. Er scheint wirlich nahe daran, über sein weibliches Gehabe zu sprechen.

Die Mutter ist wieder schwanger. Sie äußert sich sehr vorsichtig über ihre Gefühle in bezug auf diese zweite Schwangerschaft und sagt, sie könne sich nicht mehr daran erinnern, was sie bei ihrem ersten Kind empfand, weder während der Schwangerschaft noch nach der Geburt. Sie wünscht sich jetzt ein Mädchen und hat sich gar keinen Jungennamen ausgedacht, denn wenn es – unglücklicherweise – ein Junge sein sollte, habe der Mann das Recht, einen Vornamen zu bestimmen.

Bei dieser Gelegenheit berichtet der Vater von seinen Befürchtungen. Er beschreibt diese Angst jetzt wie eine echte Phobie, die auch ein bestimmtes Triebmoment mit einschließt: Er kann sich von seiner Tochter nicht mehr trennen. Von sich aus erklärt er unverhohlen, daß das zweite Kind ihm seine Ängste nehmen soll. Falls es nicht gelingt, so stellt sich ihm die Frage, welcher Art von Behandlung er sich unterziehen sollte.

Es wird ein Junge geboren; die Untersuchung findet statt, als dieses Baby, das nach dem Willen des Vaters François heißt, sechs Wochen alt ist. Sein Geschlecht war bis zur Geburt nicht bekannt. Der Vater war bei der Geburt anwesend; er hat sich zwar nicht geekelt, fand aber, daß es zu schnell gegangen sei und er keine Zeit gefunden habe, alles zu erfassen.

Der Junge liegt in seiner Wiege. Er beginnt zu weinen und beruhigt sich von selbst, indem er an seinen Fingern lutscht. Dabei schläft er aber nie ein. Die Mutter macht keine Bewegung, die darauf schließen ließe, daß sie das Kind aufnehmen will, bis der Vater es dann auf den Arm nimmt; er hält es recht weit vom Körper entfernt, hat aber ein großes Vergnügen daran, es zu liebkosen. Die kleine Tochter hat sich sehr günstig entwickelt. Sie geht in den Kindergarten und ist in zufriedenstellender Weise zu symbolischen Handlungen fähig.

Wir wollen unser Augenmerk auf die psychische Situation des Vaters richten: Als er um den Gesprächstermin bat, beklagte er sich über die Zunahme seiner phobischen Angst. Sein Ekelgefühl äußert sich nun, als das Geschlechtsteil des kleinen Jungen angesprochen wird: »Ich weiß, daß es ein Junge ist, weil er nach vorn pinkelt. Aber ich bin darauf nicht hereingefallen so wie meine Frau; die hat sich reinlegen lassen.« Der Ausdruck »sich reinlegen lassen« ist natürlich recht vielsagend und verrät eine unbewußte Identifizierung mit seiner Frau. Außerdem macht er sich Sorgen, weil das Baby so zart und zerbrechlich ist. Wenn er es aber auf seinen Schoß nimmt, zeigt er viel mehr Geschick und erreicht schnell, daß sein Sohn sich entspannt.

Dann kann man beobachten, wie die Mutter dem kleinen Jungen das Fläschchen gibt. Sie erfüllt ihre Funktionen jetzt besser, auch wenn ihre Hand beim Einführen des Saugers in den Mund zittert; dabei paßt sie sich gleichzeitig dem Atemrhythmus des Sohnes an, erreicht aber kaum eine harmonische Übereinstimmung.

Die Eltern möchten nicht, daß man dem kleinen Baby auf den Rücken klopft, damit es sein »Bäuerchen« macht: »Das sind Altweibermethoden, die vielleicht bei der Schwiegermutter oder der Mutter üblich sind.« Der Vater erklärt, daß die Großmütter ferngehalten werden müssen und immer ein Elternteil da sein sollte, wenn ein Baby zu betreuen ist. Schließlich könne es ja sein, daß die Großeltern unverhofft sterben.

Während das Baby nach der Bewertungsskala von Brazelton getestet wird, spricht der Vater wieder unablässig über seine phobischen Ängste und fragt, wie er davon geheilt werden könne.

Hier stellt sich die Frage, ob sein Bedürfnis nach Einführung einer Instanz, die bei den Kontakten zwischen dem zweiten Baby und den Großmüttern eine Mittlerrolle spielt, nicht Ausdruck einer interessanten Entwicklung dieses Paares ist, bei dem die Mutter ihrer Aufgaben nur wahrnimmt, wenn der Vater der Kinder sie dazu ermächtigt.

Diese sind beide in guter Verfassung; man kann sich also durchaus fragen, inwieweit es dieser leidvollen und mit Schuld beladenen weiblichen Identifizierung des Vaters gelingen kann, daß die ödipalen Konflikte bei beiden Kindern einen günstigen Ausgang nehmen.

Dieser letzte Fall scheint uns zwei Aspekte gut zu veranschaulichen, die durch die Berücksichtigung des Vaters bei der Untersuchung der Interaktionsprozesse deutlich werden:
a) Das Phantasieleben dieses Vaters scheint im Augenblick den Fortgang der Entwicklung seiner beiden Kinder nicht zu behindern. Es scheint also ausgesprochen wünschenswert, diesen Fall weiterhin aufmerksam im Auge zu behalten.

b) Das Kind nimmt innerhalb der Familie eine bestimmte Stellung ein: In diesem Fall hat es die Aufgabe, den Vater von einer Phobie zu kurieren, die mit seinen weiblichen Identifizierungsformen zusammenhängt. Nebenbei ist anzumerken, daß sich der Vater einen Jungen gewünscht hat, der ihn von der Phobie gegenüber seiner älteren Tochter befreit. Sein Wunsch nach einem Sohn ist zwar in Erfüllung gegangen, aber sein Narzißmus hat durch die Existenz des Penis, den das kleine Baby hat, keine Steigerung erfahren, denn er identifiziert sich weiterhin mit einer Frau, die »sich reinlegen lassen« kann. Durch das Fortbestehen seiner weiblichen Identifizierung wird außerdem seine Frau daran gehindert, ihre Mutterrolle vollständig wahrzunehmen; in Gegenwart des Mannes jedenfalls muß sie sich als Mutter zurückhalten oder verhehlen.

Zu diesem Fall, durch den auch andere Beobachtungen Bestätigung finden, ist noch hinzuzufügen, daß die anfängliche Hilflosigkeit der jungen Frauen, die ihr erstes Kind bekommen haben und insbesondere mit dem Stillen zunächst nicht zurechtkommen, keine Auswirkungen auf ihre Fähigkeiten als Mutter zu haben scheint. Dadurch, daß der Unerfahrenheit der Mutter eine so dramatische Bedeutung verliehen wird, besteht indes die Gefahr, daß andere Interaktionsvorgänge verborgen bleiben, die weniger von der Notwendigkeit eines instrumentellen Erfolges bestimmt werden. Untersucht man die Aufzeichnungen, die vom Stillen gemacht wurden, in der Zeitlupe [22], so zeigt sich eine erstaunliche Ausdrucksintensität im Blick der Mutter, der offensichtlich eine andere Art von affektiver Stärkung vermittelt als das verzweifelte Hantieren im Zusammenhang mit dem Stillen. Hier ist aus den übereilten Schluß-

---

[22] Die Untersuchung von Videomaterial in der Zeitlupe schließt das Risiko einer Überinterpretation ein, hat aber auch einen Vorteil: Sie lenkt das Augenmerk auf ganz kurze, kaum sichtbare Interaktionsvorgänge. Stern berichtete folgende Episode über den Blick eines Vaters: Dieser trägt sein Neugeborenes, das bedrückt zu sein scheint und offenbar plötzlich aufwacht. Betrachtet man den Film in der Zeitlupe, so bemerkt man, daß der Vater das Baby an dieser Stelle zweimal angeschaut hat: »Ich bin da«, scheint er zu ihm zu sagen; »selbst wenn ich mich den anderen zuwende, mit denen ich mich unterhalte, so habe ich doch deine Not vernommen« (mitgeteilt von G. Rimbault; siehe in: *Monaco IV-Symposium sur la naissance du cerveau*, Paris, Guigoz, 1982).

folgerungen einer flüchtigen, aufs Detail gerichteten Untersuchung eine Lehre zu ziehen. Die Warnung gilt ebenso für die gewagten Deutungen wie auch für die ausgeklügelten Beobachtungen kleinster Einheiten in der Verhaltensforschung.

23 Die Rolle der Geschwister

Wir wollen hier nicht auf die Konflikte von kleinen Kindern eingehen, die durch die Ankunft eines Geschwisters vielleicht in mehrfacher Hinsicht Verluste erleiden müssen. Ein solches Erlebnis ist in anderen Kulturen recht häufig, bleibt den Babys in unserer Gesellschaft jedoch weitgehend erspart. Wollte man aber dieses Problem nur schlicht als Verlust und als reaktive Eifersucht darstellen, würde man es vereinfachen. Die im Dienste der Abwehr stehenden Identifizierungen mit dem Vater und insbesondere mit der Mutter sind dafür ein beredter Beweis, unabhängig davon, ob es sich um ein Mädchen oder einen Jungen handelt.[1]

Wenn auch die Geburten heutzutage geplant werden, zeitlich weiter auseinander liegen und sich ihre Zahl vermindert hat, so zeigt sich doch, daß die materiellen Fortschritte den jungen Müttern das Leben nicht erleichtern, wenn ein zweites und – seltener noch – ein drittes Kind geboren wird. Die vielleicht daraufhin einsetzende inhaltliche Verarmung der Beziehungen innerhalb der Familie kann durch das Interaktionsgeschehen unter den Geschwistern kompensiert werden. Man weiß, daß die Affen ihre »schizophrenen« Mütter wieder heilen; ebenso ist bekannt, daß sie sich gegenseitig helfen, wenn einer verlassen ist oder von der Mutter getrennt wird.[2]

In dieser Hinsicht untersuchen wir den Fall einer jungen Mut-

---

[1] Der kleine Hans entwickelte seine Pferdephobie, als seine kleine Schwester Hanna geboren wurde, die dann seinen Platz bei der Mutter einnahm. Er wünschte sich zwar den Tod des Vaters und hatte gleichzeitig Angst vor dieser Bestrebung. Aber die Tatsache, daß er sich nicht mehr traute, so zu zappeln wie die umgefallenen Pferde, und nicht mehr wagte, sich vom Fenster aus die Verladerampe anzuschauen, an der er diesen Vorfall beobachtet hatte, zeigt auch seine Angst vor der Identifizierung mit seiner Mutter, die ja ein Kind zur Welt brachte so wie er, wenn er seine »Lumpfe« produzierte, d. h. Stuhl absetzte. (Vgl. S. Freud, »Analyse der Phobie eines fünfjährigen Knaben« [1909], GW, Bd. VII; S. 243–377.)

[2] St. J. Suomi, »Expérience précoce et développement social du singe rhésus«, *Psychiatrie de l'enfant*, 1976, *19*, 1, S. 279–302.

ter, die Mutter zweiter Kinder ist; dem älteren der beiden hat sie die Verantwortung für die Interaktionsprozesse mit ihrem Baby übertragen (Fall 16).

Die Mutter ist 32 Jahre alt und arbeitet in der Intensivpflege als Kinderkrankenschwester im Nachtdienst. Über ihre Familie ist wenig bekannt. Im Jahre 1972 wird N. geboren. Dem Vater von N. hatte sie die Schwangerschaft verschwiegen und war weggezogen, ohne ihre neue Adresse zu hinterlassen. Sie konnte sich angeblich weder an den Familiennamen noch an den Vornamen dieses Mannes erinnern; wenn ihr Sohn von ihr etwas über seinen Vater wissen will, antwortet sie: »Du kannst dir einfach irgend etwas vorstellen.«

Der Schulbesuch von N. verläuft normal.

Im Oktober 1980 wird F., ein kleines Mädchen, geboren.

Im Februar 1982 kommt M., ein kleiner Junge, zur Welt; sein älterer Bruder ist bei der Geburt anwesend, die recht schwierig verläuft.

Der Vater von M. ist auch der Vater von F. Er ist als Lastwagenfahrer oft nicht zu Hause; ganz unerwartet verließ er die Mutter im Januar 1982. Dazu sagt sie: »Das ist mir auch lieber, ich komme auch ohne Mann im Haus zurecht.« Sie will aufhören zu arbeiten und sich für ein Jahr beurlauben lassen, um sich um ihre Kinder zu kümmern. Daher nimmt sie F. drei Monate vor der Geburt des Bruders aus der Krippe. Dennoch heiratet sie völlig unverhofft im Juli 1982 einen Mann, der Pförtner bei einer Bank ist und sich die beiden zuletzt geborenen Kinder als seine eigenen hat anerkennen lassen.

Die Kinder

N. macht einen etwas traurigen Eindruck und ist ein Junge, der vermutlich in seiner Entwicklung zurückgeblieben ist; er hat anscheinend die Rolle des Ehepartners und der Mutter übernommen. F. ist ein Wunschkind mit einer verzögerten Sprachentwicklung und nur schwach ausgeprägter Kommunikationsfähigkeit; es gehen keine Impulse zu einer Interaktion von ihr aus, sie scheint sich an den passiven Habitus ihrer Mutter angeglichen zu haben. Sie hat jedoch einen erzieherischen Einfluß auf M., den sie *anschaut*. Außerdem ist bemerkenswert, daß F. offenbar zu jedem »Mama« sagt; damit wird sichtbar, daß sie kein spezifisches Objekt internalisiert hat, sondern das psychologische Objekt nur einer Kategorie zuordnet: »Mama« entspricht also der Kategorie »Mutter«.

Die Geburt von M. erfolgte nach einer Schwangerschaft, die entgegen der Ansicht des Vaters ganz geregelt verlaufen war. Seine Entwicklung verläuft gut: Er ist nicht so lebhaft und stellt wenig Ansprüche. Es gelingt ihm leicht, sich von selbst wieder zu beruhigen; sein gestischer Ausdruck ist recht kümmerlich. Er zeigt jedoch keinerlei Beeinträchtigung des Schlafes oder der Nahrungsaufnahme.[3]

Es bleibt also festzuhalten, daß die drei Kinder durchaus mit sich allein zurechtkommen, dabei aber eindeutig eine gewisse Verarmung ihres Lebens in Kauf nehmen müssen. Ihre Gelassenheit ist ein Anzeichen für ein beständiges, aber spärliches Leben. Sie finden in sich selbst, was sie zum Leben brauchen: Die Geschwister begnügen sich mit sich selbst und gleichen die Mängel der mütterlichen Aktivität aus.

Die Mutter hingegen scheint die Aufgabe, ein »Ich« zu werden, d. h., Subjekt ihres Denkens und Handelns zu sein, anderen zu überlassen. Sie verfügt nur über ein rein funktionales »Ich«, das sich auf die Rolle der Mutter beschränkt. Eine Mutter würde zum Beispiel über ihr Kind sagen: »«Es schaut mich an.« Sie aber sagt: »Es schaut seine Schwester an.« Sie scheint sich selbst zu verleugnen und versagt sich schlechterdings ihre Phantasien. Daher verschwindet sie auch vollkommen hinter ihren Kindern, die auf ihre Knie geklettert sind, und scheint dann ganz nebensächlich zu sein. Normalerweise führt eine derartige Situation bei der Mutter zu Konflikten, da sie sich ja nicht beiden Kindern gleichzeitig widmen

---

[3] Diese Darstellung von M. stimmt in jeder Hinsicht mit den Ergebnissen des Tests von Brazelton überein, der bei der Geburt durchgeführt wurde (S. Stoléru). Im Alter von zweieinhalb Monaten war ein intensiver Blickkontakt zwischen Mutter und Baby zu verzeichnen; aber wenn die Mutter das Kind im Arm hielt, schien es sich nie richtig entspannen zu können. Sie selbst war praktisch unbeweglich und paßte sich überhaupt nicht der Körperlage ihres Sohnes an.

kann. In diesem Fall besitzt die Frau sowohl als Ehefrau wie auch als Mutter keine Vorstellungskraft und spricht den anderen das Recht auf ein Phantasieleben ab: »Du kannst dir ausdenken, was du willst«, sagte sie zu N. auf dessen Frage nach seinem Vater.

Eine Aussage zum Tode ihres Vaters stellt ein wichtiges Moment dar: »Ich habe nicht getrauert.« Dennoch erwähnt sie, daß sie in allen Beziehungen mit einem Mann die Trennung fürchtet.

Sie spricht also wichtige Dinge aus, ohne sie wirklich in ihrem Gehalt zu erfassen, so als müsse sie etwas »behalten«. Wenn sie nachgiebiger wird, entzieht sie ihren Worten jegliche Geltung, um sich nicht von etwas trennen zu müssen. Man gewinnt den Eindruck, daß die Anstrengungen dieser jungen Frau, die Oberhand zu behalten, zu einer inneren Leere führen: Um ihr Inneres zu füllen, muß sie den Inhalt vergessen; sie muß unwissend bleiben, denn nur dadurch wird die Trennung vermieden.

Diese Beobachtung kann zu vielfachen Überlegungen Anlaß geben: Sie macht deutlich, daß diese junge Frau eine ungeheure Verachtung gegenüber Männern hegt und kein Erinnerungsvermögen in bezug auf ihren Vater zu besitzen meint. Daher ist sie entweder gar nicht bestrebt, etwas für sich zu behalten, oder sie übernimmt sich bei dem Versuch, es doch zu tun. Ihren beiden Kindern weist sie Rollen zu, die ihnen gar nicht gebühren:

- Den ältesten Sohn macht sie zu einem vaterlosen Kind, läßt ihn der Geburt eines Bruders beiwohnen und erlegt ihm die Rolle des Partners auf;
- ihr zweites Kind, eine Tochter, beauftragt sie mit der Rolle der Mutter, der es zufällt, mit ihrem Baby durch direkten Blickkontakt in eine Austausch zu treten, während sie selbst hinter den Köpfen verschwindet, die sich vertraut einander zuwenden.

Und trotzdem ist dieses Bild einer Mutter, auf deren Knien jeweils ein Kind sitzt, das sie mit einem Arm hält, ein anschaulicher Beleg für ihre Kraft, die beiden Kinder vor deren eigenen Haß zu bewahren. Es ist ein anderes Bild für den Zusammenschluß der Brüder, die nach der Version Freuds in »Totem und Tabu«[4] gegen

---

[4] S. Freud, »Totem und Tabu« (1913), GW, Bd. IX.

den Willen des Vaters die Mutter begehren. Dort wird die Bruder-
liebe durch den gemeinschaftlich begangenen Vatermord gefestigt.

Die Väter kommen oft in die Lage, stellvertretend für die Mutter eines oder mehrere Kinder zu versorgen, wenn die junge Frau
sich um ein kleineres Baby kümmern muß; dies hat häufig zur
Folge, daß der Vater mütterliche Züge annimmt, führt aber auch zu
Veränderungen in den Interaktionen zwischen dem Vater und seinen Kindern; so erfahren die Spiele und das Erzählen von Geschich-
ten eine weitere Ausgestaltung; auch treten das kognitive Moment
und die Gemeinschaftlichkeit des Umgangs stärker hervor.

Auf diese Weise trägt die Geburt von Geschwistern dazu bei,
daß sich die Regeln des Familiensystems ändern, dessen Bedeutung für die Entstehung und Fortentwicklung der frühen Interaktionen wir nun im einzelnen genauer untersuchen wollen.

24 Die Interaktionsvorgänge innerhalb der Familie

Bisher wurden die Interaktionen erörtert, die sich auf der sozialen und der affektiven Ebene sowie im Bereich der Phantasien innerhalb der Beziehung von Kind und Mutter (oder einer entsprechenden Person) ergeben. Vielfach wurde deutlich, daß es sich dabei um eine künstliche, isolierte Betrachtungsweise handelt und daß die Familiensituation bei der Entwicklung dieser Zusammenhänge auch immer eine Rolle spielt.

Dennoch waren wir ständig darauf bedacht, bei der Darstellung des affektiven Austausches und des Zusammenspiels von Besetzungen und Phantasien auch hervorzuheben, daß wir durch die unbewußten Konflikte, die dem Gehalt des seelischen Lebens seine Wirkungskraft verleihen, auf eine Interaktionsökonomie und ihre Epigenese schließen können.

Bei der Beschäftigung mit den verschiedenen Erscheinungsformen des Babys, mit denen es die Mutter – und auch der Forscher – zu tun hat, haben wir schließlich vier Typen von Kindern herausgefunden:

a) *Das Kind, welches dem Wunsch nach Mutterschaft entspringt,* ist mit jenen Phantasien verbunden, die sich im Zusammenhang mit den libidinösen Konflikten und den narzißtischen Gestaltungsprozessen herausbilden. Dies ist das Kind aus dem Ödipuskomplex. Für die Mutter wird es einerseits das Kind sein, das ihrem Wunsch entspricht, die Kastration des Vaters zu verleugnen, an dessen Stelle sie nun den Ehemann gesetzt hat; andererseits wird das Kind zum Gegenstand der sekundären Identifizierung.

b) *Das in der Vorstellung existierende Kind ist an den Kinderwunsch geknüpft* und gehört zur Lebensproblematik des Elternpaares; mit der Schwangerschaft der Mutter kommt es vollends zur Geltung, hängt dabei aber natürlich auch von den Phantasien des Mannes und der Frau ab; es ist ebenfalls ein Teil des familiären Gleichgewichts, das auch die kulturellen oder gesellschaftlichen

Verbindlichkeiten in sich schließt, die in die Kommunikation zwischen den Generationen einfließen.

c) *Das reale, körperliche Kind* ist das lebendige, fleischliche Wesen, mit dem die Mutter nach festgelegten Mustern in eine Interaktion tritt, die um ihre Phantasien und Tagträume noch bereichert wird.

d) *Das von den Psychoanalytikern rekonstruierte und/oder beobachtete Kind* bietet theoretische Anhaltspunkte für Bildungs- und Änderungsprozesse; so erweitert sich das Verständnis von dem Wesen und den Wirkungsmechanismen der Interaktionen zwischen Baby und Mutter.

Die Kombinationsmöglichkeiten in der Art der Interaktion, die sich aus diesen vier Typen von Kindern ergeben können, sind unendlich zahlreich. Offensichtlich hängen sie von den Gegebenheiten der Beobachtung und von dem theoretischen Hintergrund des Forschers ab. Sie geben Anlaß zu einem fachübergreifenden Forschungsansatz, dessen Bedeutung heutzutage besonders in den Sozialwissenschaften erkannt wird.[1]

Wie bereits erwähnt, verstehen jene Verfasser, die als Grundlage der Beziehung hauptsächlich die Bindung ansehen, das Interaktionsgeschehen als den Ausdruck von Regelsystemen, die sich durch Rückkopplungsprozesse selbst korrigieren und im Kern den Grundsätzen der Informations- und Kommunikationstheorie unterliegen. So wird dem Baby sein Platz innerhalb des Familiensystems zugewiesen, in dem es zur Not eine Untereinheit mit

---

[1] Fachübergreifende Forschung versteht sich nicht nur als ein gemeinsamer Zugang vieler einzelner Wissenschaftsrichtungen, sondern sie bedeutet das Einverständnis der Forscher darüber, daß der untersuchte Gegenstand zwar nicht in ihren Bereich fällt, aber daß sie auf Grund ihrer Kompetenz zur Entdeckung neuer Perspektiven beitragen können. Die Tätigkeit eines Verhaltensforschers gilt dem Tierverhalten, die Psychologen können nur die Verhaltensweisen des Babys untersuchen und daraus Rückschlüsse auf sein Seelenleben ziehen; die Psychoanalytiker können nur ihre Kenntnisse über die Phantasien der Mutter einsetzen und auf ihre Konstruktionsarbeit zurückgreifen, die sich in den psychoanalytischen Behandlungen vollzieht. Das Gebiet der Interaktion ist jedenfalls neu und wird als ein System begriffen.

seiner Mutter bilden kann. Wir haben oft betont, daß den in der Vorstellung existierenden Kindern in der Tat ein Platz im Rahmen des Gleichgewichts zwischen den einzelnen Familienmitgliedern eingeräumt werden muß. Nach ihrer Geburt werden sie mehr oder minder leicht in diese Systeme aufgenommen, die dabei gestört werden können, um dann, ebenfalls mehr oder weniger mühelos, wieder zu ihrem Gleichgewicht zurückzufinden.

Um die Interaktionen auf dieser Ebene zu erörtern, braucht man sich über die psychischen Abläufe bei den einzelnen Beteiligten keine Gedanken zu machen. Allein anhand ihrer Interaktion im Hier und Jetzt kann etwas über das Gleichgewicht des Systems ausgesagt werden.

Der Nutzen dieser Betrachtungsweise liegt für jeden klar auf der Hand; trotzdem ist nur schwer vorstellbar, daß das seelische Leben jedes einzelnen innerhalb des ausgewogenen Familiensystems keine Rolle spielen soll, auch wenn der Rang des Babys im Grunde durch dieses Gleichgewicht bestimmt wird. In einem von mir entwickelten Ansatz zur Familienpsychiatrie[2] trete ich für diese Anschauung ein.

Bei allen von uns erwähnten Fällen hätte man auch das familiäre System untersuchen können. So fühlte sich zum Beispiel der Vater, der durch den Widerwillen gegen seine kleine Tochter in einen phobischen Zustand geraten war, durch die Geburt in seiner recht künstlich wirkenden Männlichkeit bedroht und erwartet von dem Mädchen oder dem bald darauf geborenen Jungen, von seiner Phobie geheilt zu werden (Fall 15).

Bei derartigen Konstellationen ist es nicht ausgeschlossen, auch die ödipalen Beziehungen zu berücksichtigen, die sich für das einzelne Familienmitglied im Laufe einer langen und jeweils einzigartigen Entwicklung über dessen persönliche Phantasien herausbilden. So gelangt man nur durch einen Sprung von den intraindividuellen Aspekten zu den Verhältnissen zwischen den einzelnen Personen in der Familie. Die ödipalen Grundlagen des Phantasiele-

[2] S. Lebovici, »A propos des thérapeutiques de famille«, *Psychiatrie de l'enfant*, 1981, *24*, 2, S. 542–582.

bens haben also einen entscheidenden Einfluß darauf, wie sich jeder in seine Familienverhältnisse einfügt.

Es bestehen radikale Unterschiede in der wissenschaftlichen Auffassung zwischen der Kommunikation und den wechselseitigen Beziehungen in der Familie einerseits und der Kommunikation in der Psychoanalyse andererseits. Die Psychoanalytiker haben den Grundsatz, auf Interaktionsversuche nicht einzugehen und in die Geschehnisse, die der Patient aus seiner familiären Umgebung berichtet, nicht einzugreifen. Ein Psychoanalytiker interessiert sich nicht dafür, was mit dem Vater, der Mutter, dem Partner oder den Kindern des Patienten geschieht.

Die Untersuchung der Interaktion zwischen Mutter und Baby mit ihren so bedeutungsvollen Austauschvorgängen führte uns insbesondere im Rahmen der therapeutischen Beratungen zu der Überlegung, daß man die Erforschung der Interaktion auf der Verhaltensebene und der Ebene der unbewußten Phantasien miteinander verbinden kann. Aber sobald es darum geht, die Familie als ein zusammenhängendes Gebilde zu verstehen, wird der Ödipuskomplex, der die drei Generationen miteinander verbindet, in seiner Struktur nicht an symbolische Beziehungen geknüpft, so wie sie bei den Verschiebungs- und Übertragungsvorgängen in der psychoanalytischen Behandlung von Neurotikern sichtbar werden; vielmehr ist eine *ödipale Allegorie* zu erkennen, die sich auf die Interaktionen innerhalb der Familie gründet. Die symbolische Situation wird auf der Familienebene zu einem konkreten Sinnbild.[3]

Man sollte folgende symbolischen, konfliktträchtigen Beziehungen unterscheiden:

a) Beim Mythos der Harmonie sind alle Mitglieder bemüht, die Familiengeschichte neu zu schreiben, indem sie ein Bild von Glück und Eintracht herauskehren.

b) Beim Mythos der Erlösung oder Freisprechung ist ein Familienglied sozusagen der Urheber des Unglücks; es wird als Ursache für das Mißgeschick abgestempelt und muß es sühnen: So wird es zum Sündenbock.

---

[3] E. Gillerion, »Traitement de famille et psychanalyse«, *Dialogue*, 1980, 70.

c) Der Heilsmythos stellt eine Erweiterung des Erlösungsmythos dar; die Familie kann dabei durch den Eingriff einer starken, allmächtigen Person gerettet werden, die den Glückszustand in der Gemeinschaft wiederherstellt.

Mit diesen Überlegungen wird noch einmal klar, daß der Familienmythos das Zirkulieren der individuellen Phantasien ermöglicht: Die Phantasie ist der Ursprung der Person, der Familienmythos der Ursprung der familiären Beziehung.

In der von uns vertretenen Theorie widmet sich der Psychoanalytiker in seiner Arbeit mit dem Neurotiker der ödipalen Konstellation und ihren symbolischen Inhalten. Die dabei zum Ausdruck gelangenden Gedanken und Phantasien verdeutlichen die Interaktion zwischen Schuldgefühl und Scham, zwischen Rivalität und Machtlosigkeit sowie den daraus resultierenden sekundären Krankheitsgewinn. Die Struktur des Ödipuskomplexes erscheint als die psychische Situation zu jenem Zeitpunkt, da die infantile Sexualität ihrem Ende zustrebt und sich die Generations- und die Geschlechtsunterschiede herausgestellt haben.

Vorher – im Zuge der von mir so genannten »Eigendynamik« – kommt es immer wieder so lange zu Interaktionen, bis schließlich ein wiederentdeckter Zeitabschnitt dadurch rekonstruiert werden kann, daß in einem doppelten Vorgang für die Vergangenheit nachträglich eine Erklärung gefunden und die Entstehungsgeschichte neu aufgearbeitet wird.

Hat der Psychoanalytiker mit einer Familie zu tun, so gilt seine Arbeit den verwandtschaftlichen Beziehungen, d. h. der Kontinuität zwischen den Generationen und ihrer zur Allegorie gewordenen Geschichte: In den schwerwiegendsten Fällen sind die Allegorien Teil eines familiengeschichtlichen Überbaus, denn sie treten dort an die Stelle der symbolischen Bedeutungsträger.

Wir teilen also nicht die Auffassung einiger Familientherapeuten, die sich auf die psychoanalytische Theorie berufen und dabei dann von einem »psychischen Apparat der Familie« sprechen.[4] A. Ruffiot stellt diesen physischen Apparat als eine primäre Psyche

---

[4] A. Ruffiot, »Le groupe famille en analyse«, in: D. Anzieu u. R. Kaes (Hrsg.), *Thérapie familiale psychanalytique*, Paris, Dunod, 1980.

des kleinen Kindes dar, die reine Psyche ist und noch vor ihrer körperlichen Verankerung funktioniert; sie ist eng mit dem Urverdrängten verwandt und besitzt die Kraft zu Identifikation und Kommunikation. Diese Psyche wird als Betand eines ungeformten Grundstocks von psychischen Urkräften betrachtet, an dem sowohl die Eltern als auch das Kind teilhaben. Ruffiot übernimmt bei seinen Überlegungen auch Gedanken von D. Meltzer, bei dem von einer Ausgangsphase die Rede ist: »Es handelt sich um eine Phase von Unbestimmtheit und Verschmelzung, in der es noch keinen Behälter gibt, in der die Psyche noch keine Verbindung mit dem Somatischen eingegangen ist und in ihrer Schrankenlosigkeit mit der mütterlichen und väterlichen Psyche eins ist.«

Ruffiot führt aus: »Dieses Erleben von reiner Psyche, das den Säuglingen eigen ist, bildet den Grund für die unbewußte Kommunikation innerhalb der Familie; das wird auch durch die analytische Praxis mit Familien belegt. Es liefert ganz allgemein den Hintergrund für Gruppengeschehnisse und bezieht sich auch auf außerfamiliäre Gruppen; zweifellos stellt es das feine Gefüge einer jeden Kommunikation dar. Eine lapidare Formel kann diesen Sachverhalt zum Ausdruck bringen: Das Individuelle ist das Körperliche; der familiäre Zusammenhang hat einen psychischen Gehalt.«

Ich meinerseits habe aufgezeigt, daß der Austausch innerhalb einer Familie ebenso den individuellen Phantasien wie auch den zwischen den Generationen sich bildenden Allegorien gerecht werden kann: Wenn ich die Beteiligten auffordere, etwas über ihre Familie zu erzählen, versuche ich also, der familiären Zeit und Geschichte sowie dem familiären Raum und seine Allegorien eine Bedeutung zu verleihen.

Damit erweist sich das Baby in seiner Interaktionsökonomie als Resultat dieses doppelten Ansatzes, der uns für das Verständnis der Interaktionen unabdingbar erscheint.

25 Ein Vergleich mit den Interaktionen in anderen Kulturen

Wir haben vornehmlich die frühen Interaktionen dargestellt, so wie sie in der französischen Gesellschaft mit ihrer Stadtkultur zu beobachten sind. In vielen der von uns angeführten Fälle geht es um Familien von Gastarbeitern, die übrigens oft gemischt sind, d. h., einer der beiden Partner stammt aus dem Mutterland Frankreich. Immer wieder konnten wir dabei feststellen, daß die Familienkonflikte mit dieser Situation des Landeswechsels zusammenhingen, bei der zwei gegensätzliche Kulturen aufeinanderstoßen; kein Lösungsversuch wird dabei jedem der beiden Bereiche vollkommen gerecht.

Natürlich wurden die Interaktionen des frühesten Kindesalters auch in anderen Kulturen erforscht. Sie hängen zweifelsohne von den Pflege- und Erziehungsgewohnheiten sowie von dem Status der Familie ab. Wenn aber das Inzestverbot auch dort die Grundbedingung für die Ökonomie der Austauschvorgänge bleibt und wenn die vorzeitige Reife des Menschen bei gleichzeitigem Verharren auf einem bestimmten Entwicklungsstand ein wesentliches Vergleichsmoment bildet, dann muß der Ödipuskonflikt, auf welche Weise er auch zum Ausdruck gelangen mag, irgendwo erkennbar werden und die übrigen familiären Konstellationen des Menschen in ihrer Struktur beeinflussen.[1] Edmond Ortigues schreibt in seinem Vorwort zu einem Buch von J. Rabain[2]: »Es wird deutlich, daß man die Verhältnisse zwischen der Mutter und ihrem Kind nicht einwandfrei darstellen kann, ohne die Gebräuche und Glaubensvorstellungen zu kennen, die das Empfindungsvermögen jedes einzelnen dadurch prägen, daß sie den Gehalt der folgenden Frage bestimmen: ›Was bedeutet es in jener Gesellschaft, eine Frau oder ein Kind zu sein?‹«[3] J. Rabain hat untersucht, nach welchen Regeln beim Volk

---

[1] M. C. Ortigues u. E. Ortigues, *L'Œdipe african*, Paris, Plon, 1973.
[2] J. Rabain, *L'enfant du lignage (Du sevrage à la classe d'âge)*, Paris, Payot, 1979.
[3] a. a. O., S. 9.

der Wolof das Abstillen erfolgt und wie aus dem leiblichen Zusammenspiel mit der Mutter die körperliche Interaktion mit den Geschwistern erwächst. Durch die Erweiterung des Personenkreises über die Mutter hinaus entwickelt sich die lebendige Teilnahme an einer Gemeinschaft. Doch besteht in der Kultur des Wolof-Volkes für jedes einzelne Kind die Erwartung, daß sich in seinem Innern ein Einfluß geltend macht, der von einer überirdischen geistigen Kraft, von seinem Schutzengel, seinem Zwillingsgeschwister oder einer verstorbenen Person ausgeht, die sich im Kind wieder verkörpert. Diese Fragen verdeutlichen, wie das Muster der verwandtschaftlichen Verflechtung in spezifischer Weise die Eroberung des gesellschaftlichen Raumes prägt; Ausgangspunkt dafür ist die Eroberung des körperlichen Raumes, die Aneignung des Übermittlungsprozesses zwischen den Generationen und die Internalisierung von Verboten.

In Anbetracht dieser kulturellen Unterschiede sind also die Eigenheiten der körperlichen Beziehungen zwischen dem Baby und seiner Mutter zu berücksichtigen. In Afrika spielt das Stillen offensichtlich eine wesentliche Rolle; da es über eine längere Zeit beibehalten wird, kommt es zu einer ganz unvermittelten Entwöhnung, wenn die Mutter erneut schwanger wird. Auch wird das Baby anders gehalten und getragen; es bleibt ständig in direktem Hautkontakt mit seiner Mutter und wird bei Bedarf gestillt; die Mutter trägt es auf dem Rücken. Seine psychomotorische Entwicklung verläuft im allgemeinen rascher.[4] Uns interessiert in diesem Zusammenhang vor allem der besondere Charakter der Interaktionsvorgänge, die zumindest auf der Verhaltensebene den Dialog und den Austausch inhaltlich mitbestimmen.

Als Forscher muß man also unbedingt die besonderen Traditionen in Pflege und Erziehung beachten und darf bestimmte Praktiken nicht als Grobheiten ansehen. Neben dem häufigen Streichen und Massieren des Körpers, das in diesen Kulturen üblich ist, gibt es tatsächlich einige Gebräuche, die uns als rauh und hart erscheinen: Bei unseren Untersuchungen haben wir oft schwarze Mütter

---

[4] Vgl. S. Falade, *Le développement du jeune Africain originaire du Sénégal*, Paris, R. Foulon, 1955.

gesehen, die ihrem Baby kräftig den Rücken reiben; andere Frauen aus dem nordafrikanischen Kulturbereich streichen ihren Kindern derb übers Haar. In jedem Falle scheint den Babys diese Behandlungsweise angenehm zu sein, denn sie beruhigen sich und schlafen ein.

Zweifellos bietet die Großfamilie, wie immer sie auch strukturiert sein mag, den Babys eine weitaus größere Fülle an Interaktionsmöglichkeiten als unsere nachwuchsarmen Kernfamilien, in denen die Kinder zum Gegenstand leidenschaftlicher Besetzungen werden, um vielleicht eine narzißtische Bestätigung zu bewirken; wenn sich die Zwänge des Stadtlebens sehr ungünstig auswirken oder die Frau unbedingt berufstätig sein muß, können die Kinder auch das Opfer von Haß und Ablehnung werden, selbst wenn sich der Ehemann an der Erziehung beteiligt.

Anstatt die verschiedenen Strukturen der Familiensysteme miteinander zu vergleichen [5], bringen wir zunächst ein Fallbeispiel; es geht dabei um eine in Frankreich lebende algerische Familie (Fall 17).

Der Vater des Babys stammt aus einer Familie mit insgesamt drei Jungen und sechs Mädchen. Sein Vater sowie seine beiden älteren Brüder starben, als er noch sehr klein war; seine Mutter hatte also nur noch einen einzigen Jungen. Seine Familie war reich; mit 17 Jahren verheiratete seine Mutter ihn mit einem Mädchen aus ihrem Dorf. Im Jahre 1958 absolvierte er seinen Militärdienst in Frankreich und nahm die französische Staatsbürgerschaft an. Während des Algerienkrieges« war er dann auf seiten der »Harkis« [6]; er siedelte 1962 mit seiner Frau und mit seinem Sohn Mouloud nach Frankreich über und ist seitdem nicht wieder nach Algerien zurückgekehrt, weil er Angst vor Vergeltungsmaßnahmen hat.

Der Mann ist sehr depressiv, hypochondrisch und hat im Augen-

---

[5] Zahlreiche Veröffentlichungen sind diesen vergleichenden Untersuchungen gewidmet; uns jedoch geht es hier um das tiefere Verständnis der frühen Interaktionen beim Menschen; diese hängen von dem Gefüge seiner psychischen Konflikte ab, die sich an dem innerfamiliären Gleichgewicht ausrichten, welches seinerseits erwiesenermaßen durch die gesellschaftliche Ordnung bedingt ist.

[6] Ein »Harki« war ein Angehöriger einer einheimischen Miliz, die in Algerien auf der Seite Frankreichs gekämpft hat (Anm. d. Übers.).

blick keine Arbeit; er scheint irgendwelche Verfolgungsideen zu haben. Da er sich nur schwer ein Bild von seinem eigenen Vater machen kann, erzählt er gern folgende Sage von seinem Schwiegervater: Im Algerienkrieg sei diesem von den Franzosen der Kopf abgehackt worden; ihm sei es aber gelungen, ihn wieder auf den Rumpf zu setzen; darauf habe ihn ein von Allah gesandter Schakal ins nächste Dorf geführt.

Die Mutter stammt aus demselben Dorf wie ihr Mann. Ihre Familie hatte elf Kinder, sieben Mädchen und vier Jungen, von denen nur noch einer am Leben ist. Ihr Vater hatte im Zweiten Weltkrieg der französischen Armee angehört. Die Mutter verließ ihren Mann für einige Jahre und ging zu ihren Eltern nach Algerien; nur eines ihrer Kinder nahm sie mit.

Die Kinder

Im Jahre 1969 wird Mohamed geboren, der aber mit drei Jahren an Masern stirbt; im Jahre 1961 kommt Mouloud zur Welt, der zur Zeit im Gefängnis sitzt; Katia kommt 1964 hinzu; sie hat die Schule aufgegeben, um ihre Mutter zu unterstützen; Abdalha wird als elftes Kind 1981 geboren.

Die Familie wohnt in einer ärmlichen, ziemlich schmutzigen Siedlung.

Die Beratungssituation wurde aufgezeichnet und zeigt, daß die Mutter zwar einen trübsinnigen, ausgezehrten Eindruck macht, aber bisweilen eine ganz reichhaltige, rührende Beziehung zu Abdalha herstellen kann; doch geht der Anstoß zu dem Kontakt mit der Mutter meistens von dem Baby aus: Darin kann man erste Anzeichen dafür erkennen, daß hier eine allgemein übliche Zuständigkeit an das Baby delegiert wird. Tatsächlich ist die Mutter ganz von ihren Gedanken an Mouloud erfüllt, als sie ihrem Baby recht mechanisch über den Kopf streichelt.

Während der Beratung kam Abdalha zur Ruhe, indem er in die Weite sah, als ob er sich wie ein Erwachsener fühlt, der traurig und enttäuscht ist. Er ließ sich auch mit dem Schnuller beruhigen, der ein symbolischer Ersatz für die Mutter war.

Der Vater schien eifersüchtig auf seinen Sohn zu sein und konnte sich offenbar nicht damit abfinden, in dem Kind einen Konkurrenten zu haben: Dabei schien er alles besser zu machen als seine Frau; doch mißglückte ihm das Fingerschnippen, mit dem er das Baby beruhigen wollte. Jedenfalls beschuldigte er mehr oder weniger seine Frau, ihn mit einem Vetter betrogen zu haben, der bei ihnen wohnt: »Das Kind hat ja blaue Augen.«

Er spricht oft über die Gesetze des Islam; bevor Mouloud zum ersten Mal ins Gefängnis kam, hatte er ihn verheiratet; da diese Ehe scheiterte, hatte er ihm bei seiner Entlassung aus der Haft eine französische Frau gesucht.

Ein derartiger Fall zeigt, daß das letztgeborene Kind in der kulturbedingten Krise, von der diese Familie heimgesucht wird, großen Belastungen ausgesetzt ist: Seine Mutter denkt an ihren Sohn, der wieder inhaftiert ist; da sie sich außerstande sieht, aktiv im Interaktionsgeschehen teilzunehmen, muß ihr Baby sich damit behelfen, daß es den Schnuller nimmt oder in die Ferne blickt. Der niedergeschlagene, unter leichten Wahnideen leidende Vater erkennt das Kind nicht als seinen Sohn an. Vergeblich orientiert er sich an den Geboten des Korans, denn die Beachtung der religiösen Traditionen bei der Verheiratung seines Sohnes hat nicht verhindern können, daß er erneut ins Gefängnis mußte. Er selbst war ein Harki und wagt nicht nach Algerien zurückzukehren, obwohl er doch dort an etwas weit Zurückliegendes, wenn auch Unzugängliches anknüpfen kann, nämlich an seinen Schwiegervater, dem ein göttliches Wunder zustatten kam.

Eine derartige Fallbetrachtung zeigt doch mit aller Deutlichkeit, daß das lebensgeschichtliche Erbe die Grundlage für den Übermittlungsprozeß zwischen den Generationen bildet und daß diese Vermittlung den natürlichen Möglichkeiten zuwiderlaufen kann, die in den auf der Ebene der Phantasien angesiedelten Interaktionen angelegt sind; dies gilt besonders für Situationen, die zusätzlich durch den kulturell bedingten Konflikt belastet sind, der den gesellschaftlich ausgegrenzten Einwanderern außerordentlich stark zu schaffen macht. Der Konflikt kann auch in Gesellschaften auftreten, die in der Industrialisierung und in der Stadtentwicklung weniger weit fortgeschritten sind.

26 Die Therapie der Interaktionen

Diese Überschrift mag überraschen oder gar verwundern, da sie vermuten läßt, man könne auf das Geschehen zwischen Mutter und Baby einwirken, das zwischen beiden Beteiligten gleichzeitig abläuft, aber für jeden von ihnen einen anderen Gehalt hat. Dennoch wurde deutlich, daß die beiden Hauptakteure der wechselseitigen Handlung sich häufig aufeinander einspielen können, indem sich eine beachtliche zeitliche Übereinstimmung herstellt, die bereits vor der Geburt eintreten und über die Unterbrechungen und Fortführungen dieses zirkulären Zusammenhanges hinweg weiter bestehen kann. Auf der Ebene der Interaktionen wird die Leistungsfähigkeit des Gefüges durch einen rückwirkenden Ausgleich und durch epigenetische Entwicklungsansätze aufrechterhalten.

In den Fällen, wo es zu einer Störung kommt, kann eher das Kind in der Lage sein, der Interaktion eine positive Wendung zu verleihen, weil es der Mutter seine jeweilige Befindlichkeit zu erkennen gibt. Doch haben wir die vielfältigen Umstände untersucht, die zu einer Störung des Interaktionsprozesses durch einen der beiden Beteiligten führen können. Die Ausführungen zu diesem Thema zeigen jedenfalls, daß es für die genaue Betrachtung sowie für das Verständnis der Schwierigkeiten und möglicherweise auch für deren Behebung günstiger ist, wenn diese Arbeit an der Interaktion im Hause der Familie stattfindet und das Baby sich auch in den Armen seiner Mutter befindet.

Theoretische Grundlage für dieses Vorhaben ist der Rahmen der therapeutischen Beratung,[1] der folgendermaßen umrissen werden kann:

a) Sie umfaßt die Beobachtung der Interaktion zwischen der

---

[1] D. Winnicott hat diesen Ausdruck als erster verwendet, aber die Bedeutung dieser Situation geht weit über das Ziel einer Beratung in der Kinderpsychiatrie hinaus; D. Winnicott, *Therapeutic Consultations in Child Psychiatry*, Hogarth Presse, London, 1971.

Mutter und dem Baby sowie gegebenenfalls den übrigen Familienmitgliedern, insbesondere dem Vater.

b) Sie ermöglicht den Eltern, über sich selbst, über ihre Familien, über ihre Vergangenheit und über die Wiederholung ihrer Verhaltensweisen zu sprechen. Auch können dabei ihre auf das Baby projizierten Phantasien zur Sprache kommen.

c) Sie versetzt den therapeutischen Beobachter in die Lage, mit Hilfe der Eltern vielleicht zu einem Verständnis der bewußten und unbewußten Motive ihres Verhaltens zu gelangen.

d) Sie erfordert von den Therapeuten die Fähigkeit, sich in einer verhältnismäßig kontrollierten hysterischen Gemütsbewegung mit den jeweiligen an der Interaktion beteiligten Partnern zu identifizieren. Der Therapeut muß seine Worte so wählen, daß folgendes erreicht wird:

– Es muß zum Audruck kommen, was in ihm vorgeht, wenn er versucht, sich mit dem anderen zu identifizieren und dabei die Vorstellungen vom Noch-nicht-Benennbaren mit den Wortvorstellungen zu verbinden;
– der Therapeut muß sich in seiner Ausdrucksweise von den oben beschriebenen primären Identifizierungen lösen, um sie in deren eigenen Namen auszusprechen: Die Formulierung »Ich . . .« entspricht dieser unerläßlichen Ablösung.

In den günstigsten Fällen ermöglicht die therapeutische Beratung den Eltern, ihre projizierten Phantasien abzuwandeln und darauf zu verzichten, von ihrem Kind eine narzißtische Bestätigung zu fordern. Das Gleichgewicht, das von einer Generation auf die jeweils nächste übergeht, kann sich so wandeln, daß das Baby nicht mehr gezwungen ist, die ihm zugebilligte Funktion – insbesondere die des Sündenbocks – zu erfüllen.

In anderen, komplizierteren Fällen sind die Erwartungen bescheidener. Die Mutter kann jedoch über sich sprechen, weil sie ihr Baby bei sich in den Armen hält; daran kann sich dann eine richtige Psychotherapie anschließen.

Im folgenden Fall wurde die Mutter des Babys im zweiten Schwangerschaftsmonat von ihrem Partner verlassen (Fall 18). Ihre Eltern ließen sich scheiden, als sie 18 Monate alt war. Sie stammte aus Marokko, wuchs aber zunächst in Frankreich auf und kam darauf zu ihrer Großmutter mütterlicherseits; da wurde sie dann schwanger.

Sie hatte erfahren, daß ihre Großmutter, bei der sie großgeworden war, Gebärmutterkrebs hatte, und fuhr weg, um ihr in ihren letzten Tagen Beistand zu leisten; zu Hause hatte sie noch nichts von ihrer Schwangerschaft erwähnt. Als sie sah, wie ihre Großmutter blutete, war sie verwundert, daß sie selbst kein Blut verlor; bei ihrer Rückkehr nach Paris war sie im vierten Monat schwanger. Nun klärte sie ihre Mutter über die Schwangerschaft auf.

Es schmerzt, die Interaktionen zwischen Mutter und Baby mitanzuschauen: Das Baby wird senkrecht geschüttelt wie eine Flasche. Wenn die Mutter von sich spricht, schaut sie das Kind kaum an; und als sie über die letzten Stunden ihrer Großmutter berichtet, schläft das Kind schließlich ein. Jedoch wird aus ihren Worten deutlich, wie sie sich ihr Kind vorstellt: Es wird ein Mann sein, der sie besser behandelt, als sein Vater es ihr gegenüber getan hat; er wird sie niemals verlassen, es sei denn, sie muß ins Krankenhaus.

Zuletzt stellt sie eine Parallele zwischen der Krebserkrankung ihrer Großmutter, die sie »eine Schweinerei« nennt, und ihrer eigenen Schwangerschaft her, deren vorzeitiges Ende sie sich erhoffte, als sie die Blutungen ihrer krebskranken Großmutter sah. Sie sprach auch davon, daß es eine Schande sei, als Mutter ledig zu sein; es sei wie eine Krebskrankheit. Außerdem hat sie das Kind nicht lange stillen können, denn sie ernährte sich falsch und aß Apfelsinen, so daß das Baby Durchfall bekam.

Auf diese Weise wird dem Kind, das als künftiger Mann gilt, der Status eines Babys abgesprochen; es ist gekommen, als die Großmutter im Sterben lag, und wird zum Zeugnis für den Krebs, der durch ihre Schwangerschaft als ledige Mutter entstanden ist.

Obwohl die Interaktionen bei der Beobachtung ziemlich spärlich sind, kann eine junge Frau, die so ausführlich über ihr Baby spricht, therapeutisch behandelt werden, wenn sie es in den Armen hält.

Es handelt sich dabei um eine besondere Technik, deren Vorteil bei diesem Beispiel sichtbar wird.

In Fällen, wo die Interaktion stark pathologische Züge hat, sei es aus sozialen Gründen, sei es, weil die Eltern psychotisch sind, wird man zu Interventionen raten, die auf eine Verhaltensänderung zielen; die technischen Möglichkeiten sind vielfältig.

– Einige bestehen in dem Versuch, einfach die Palette der Interaktionen zu ändern und vor allem zu erweitern: Unterweisungen mit dem Ziel, daß das Baby besser gehalten wird, individuellere Pflege, Baden im Schwimmbad etc.

– In anderen Fällen wird man auf ausgefeiltere Methoden zurückgreifen.

Vor allem sind wir davon überzeugt, daß Vorschläge für eine Verhaltensänderung möglich sind, wenn man bei den Motiven und Beweggründen ansetzt, welche die Empfänglichkeit der Mutter für die ihr vom Baby entgegengebrachten Äußerungen beeinträchtigen. Wo immer diese Möglichkeit besteht, muß das Verständnis ihres Verhaltens in für sie nachvollziehbarer Weise von einer eingehenden Betrachtung ihrer Lebensgeschichte und ihre Phantasiene ausgehen. Im Gegensatz zu einer häufig geäußerten Meinung haben wir die Erfahrung gemacht, daß die Zugehörigkeit zu einer sozial benachteiligten Schicht oder zu einer fremden Kultur kein Hindernis für reichhaltige Austauschprozesse darstellt. Wenn unsere Arbeit erfolgreich verlaufen ist, wird eine Mutter spüren können, was das Verhalten des Babys bedeutet, wodurch es sie zur Mutter macht, wie sie ihre verhängnisvollen Verhaltenswiederholungen umgehen kann etc.

Andererseits haben wir mehrfach dargelegt, daß selbst junge Babys den affektiven Gehalt der Worte wahrnehmen und bei diesem Austauschgeschehen erste Ansätze von Vorstellungen ausbilden. Dadurch können sie zusätzlich auf ihre Interaktionspartnerin einwirken und so dazu beitragen, daß sie zur Mutter wird.

Unter diesen günstigen Verhältnissen gewinnt der Vorschlag, die Art des Umgangs und die körperlichen Positionen zu verändern, eine ganz andere Bedeutung. Diese Betrachtungen geben Anlaß zu der Hoffnung, daß bei einer solchen Arbeit an den frühen Interaktionen eine präventive Wirkung erzielt wird; auf diese Möglichkeiten werden wir in unseren Schlußfolgerungen eingehen.

Schlußbemerkung

Wir haben immer wieder auf das Postulat Freuds hingewiesen, daß das Neugeborene und die Fürsorge der Mutter eine Einheit bilden. Mit unserem Buch konnten wir zum Verständnis dieses Beziehungsgeflechtes beitragen, indem wir vorschlugen, zwei Theoreme mit einzubeziehen:

- Die mütterliche Fürsorge schließt das unbewußte Phantasieleben der Mutter mit ein;
- indem das kleine Kind seine Mutter libidinös besetzt, verleiht es ihr auch ihren Status.

Diese Grundsätze bestimmten die Entwicklung von einseitiger Abhängigkeit hin zur Interaktion. Dadurch ist es vielleicht möglich geworden, die metapsychologische Version des psychoanalytisch rekonstruierten Kindes mit jenen Perspektiven in Einklang zu bringen, die uns mit der Erforschung der Interaktionen auf der sozialen Ebene und im Bereich der Phantasien eröffnet werden.

In dieser Arbeit sind wir mehreren Kindern begegnet:

1. *Das in den Phantasien existierende Kind ist jenes, das dem Wunsch nach Mutterschaft entspricht.* Es schließt auch die Beziehungen der Mutter zu ihren Imagines mit ein. Als »Kind der Nacht« ist es ein Zeugnis für die ödipale Struktur der Mutter, ihrer Phantasien und für die Trauer über ihre ödipalen Objekte. Aber das Kind ist auch das funktionale Objekt seiner Mutter; es nimmt die Stelle eines inzestuösen Objektes ein und ermöglicht ihr zugleich, sich ihre eigene Mutter vorzustellen; so kann es zum Wortführer ihres Überichs werden.

2. *Das in der Vorstellung existierende Kind ist jenes, das dem Wunsch nach Schwangerschaft, dem Kinderwunsch entspricht.* In ihm gelangt zum Ausdruck, was die Mutter und der Erzeuger des Babys in ihrer Verbundenheit in die Zukunft projizieren und welche Befürchtungen sie für die unmittelbare Gegenwart hegen. Seine Existenz setzt die sekundäre, postödipale Verdrängung voraus.

3. *Das Kind, das sich in der primären Identifizierung mit seiner Mutter und seinen Eltern befindet,* ist ausschließlich von Affekten umgeben und lebt in der Welt der libidinösen Besetzungen, die noch keine Vorstellungen kennt. Dieses Baby ist der Partner bei den Interaktionen im Bereich der Phantasien; es verfügt noch über kein Bild von sich selbst.

4. *Das Kind, das in Interaktion mit seiner Mutter tritt* und seine frühen Kompetenzen hervorkehrt, wird das in der Realität lebende Kind genannt. Wird diesem Kind nun durch die Unterbrechungen der mütterlichen Zuwendung die affektive Besetzung entzogen? Wird das Kind nun durch den Reizschutz abgeschirmt, den die Person der Mutter ihm bietet? Haben wir es hier mit dem Kind zu tun, das ganz anders ist als das erträumte und sich zunehmend von ihm unterscheidet, das die Mutter aber tatsächlich sieht? Und übernimmt sie auch die Verantwortung dafür, wie sich ihre Vorstellungen entwickeln werden?

5. Es gibt auch *das Kind, das in die Welt des Familiengefüges eindringt* und dazu beiträgt, dessen Gleichgewicht zu festigen oder es zu verändern.

Wir haben nun den Versuch unternommen, diese verschiedenen Kinder in unserer Beobachtung und unserem Verständnis als Psychoanalytiker zu einer Einheit werden zu lassen. Dadurch werden wir in die Lage versetzt, uns in bestimmtem Maße mit beiden Interaktionspartnern zu identifizieren und von dieser Situation auch wieder Abstand zu gewinnen, um sie durchdenken, beschreiben und benennen zu können. Nach dieser Form der Auffassung kann das *psychoanalytische Kind* als ursprünglich bezeichnet werden.

Dennoch sind wir nicht der Meinung, daß die Entfaltung der sozialen Interaktionen und die Fortschritte im kognitiven Bereich bei der Betrachtung der Entwicklung des kleinen Kindes unberücksichtigt bleiben sollten. Aber die verhaltenswissenschaftliche Erforschung des Menschen muß eine Bereicherung erfahren, die ein Verständnis der Dimensionen des Denkens und der unbewußten psychischen Vorgänge einschließt.

Die Untersuchung der frühen Interaktionen schien uns von praktischer Bedeutung zu sein, da dadurch die Möglichkeit eröffnet wird, die sich herausbildenden Strukturen im »selbständig sich vollziehenden Interaktionsgeschehen« und die darin beschlossenen Schicksale zu begreifen.

Wir haben die therapeutischen Beratungen erwähnt, deren erfolgreicher Fortgang uns ebenfalls davon abzuhängen scheint, wie groß unsere Fähigkeit zu Identifizierung und Einfühlung ist, die wir zum Vorteil der Babys, ihrer Mutter und ihrer Familien einzusetzen vermögen. Im Zusammenhang mit der Flut von Affekten haben die Worte, mit denen die Vorstellung benannt wird, die sich die Mutter von ihrem Baby macht, und mit denen die entsprechenden Vorstellungen des Psychoanalytikers ausgeschmückt werden, eine beachtliche Wirkung.

Es wurde deutlich, daß der praxisbezogene Rahmen für die Untersuchung der Interaktionen bestimmte Eigenheiten aufweist, die ihm seine Originalität verleihen: Eine Mutter, die ihr Baby hält, kann tatsächlich etwas über ihr Verhalten sagen und es zu ihren Gefühlen und ihrem Phantasieleben in Beziehung bringen.

Die therapeutischen Auswirkungen auf das Verhalten sind nicht unerheblich und führen, wie wir gesehen haben, möglicherweise zu einer günstigen Veränderung in der Einstellung. Man muß hier den wechselseitigen Charakter der Vorgänge berücksichtigen: Einerseits die von der Mutter (und/oder der entsprechenden Ersatzperson) ausgehenden, auf das Baby bezogenen Handlungen, andererseits den wiederholt erwähnten günstigen Einfluß des Babys auf die Mutter.

Die interaktionsartigen Wechselbezüge innerhalb der Familie stellen gleichermaßen Kreisläufe dar, in die das Kind eingebunden ist; es muß sich aber auch aus ihnen zurückziehen können, um sich innerlich zu erholen und in seinen allmählich entstehenden Träumen neue Kraft zu schöpfen.

Die Hilfsmaßnahmen zugunsten der sozial benachteiligten Familien erscheinen also nicht mehr als ausreichend. Sie müßten in Zukunft mit Aufklärungsarbeit einhergehen, in der jeweils die verschiedenen Interaktionsmöglichkeiten aufgezeigt werden.

Jedoch steht noch aus, weniger intuitive Methoden zu erarbeiten, mit denen frühzeitig Einfluß auf pathologische Interaktionsmuster genommen werden kann und die allgemein zu einer besseren Gesundheit beitragen. Tatsächlich konnte festgestellt werden, daß jene neurotischen Erkrankungen, die mit einem aktiven Handeln in Zusammenhang stehen und die offenbar ein gesellschaftlich so bedeutsames Leiden darstellen, wohl durch starke Einschränkungen im Interaktionsgeschehen zustande kommen. Man glaubt zu wissen, daß die tiefgreifenden Depressionen, die zu psychosomatischen Krankheitsbildern und zur Borderline-Symptomatik führen, ihren Ursprung vielleicht in diesen so spärlichen Austauschprozessen haben.

Unsere Erfahrung mit der unmittelbaren Erforschung der frühen Beziehungen, insbesondere mit der genauen Auswertung von Videoaufzeichnungen, scheint uns in dieser Hinsicht von recht großem Gewinn zu sein:

- Alles deutet darauf hin, daß Kontakte, die als ganz verkümmert erscheinen, durchaus auch ein Interaktionsgeschehen beinhalten können. Wir haben Mütter und Babys gesehen, die vollkommen hilflos zu sein schienen und trotzdem einen intensiven Blickkontakt hatten.
- Eine soziokulturelle Benachteiligung ist kein Hindernis für die Entstehung eines Interaktionsaustausches; dieser kann angeregt werden, ohne daß es gerechtfertigt wäre, sich hinter dem bequemen Vorwand kultureller oder ethnischer Schranken zu verschanzen, deren Bedeutung jedoch auch nicht in Abrede gestellt werden soll.

Wir meinen daher, daß die Videoaufzeichnung des eigenen Verhaltens beachtliche Möglichkeiten bietet, sofern sie mit Bedacht gehandhabt wird. Wenn die Eltern sich zusammen mit ihrem Kind sehen, können sie die einzelnen Aspekte ihrer Beziehungen erfassen und sich besser damit auseinandersetzen; der Therapeut muß sie dabei unterstützen, sonst wird dieser Vorgang zu einem schwer erträglichen Erlebnis.

Schließlich sind die präventiven und therapeutischen Wirkungen dieser Erforschung der frühen Interaktionen nur gewährleistet, wenn die Fachkräfte aus dem fürsorgerischen, dem psychologischen und dem medizinischen Bereich samt ihrer Fähigkeit zu einer Identifizierung mit den Betroffenen auch zur Verfügung stehen.

Die Verbreitung der neuen Erkenntnisse über die frühen Interaktionen birgt aber auch Gefahren in sich:

- So können die Eltern zu der Haltung neigen, ihre Kinder müßten ständig unter Beweis stellen, zu welchen Leistungen sie jeweils schon in der Lage sind.
- Die Eltern werden vielleicht dazu verleitet, sich auf einfache Verhaltensmaßregeln wie die Herstellung eines direkten Hautkontaktes, das Tragen des Babys etc. zu verlassen.

Unsere Erkenntnisse können auch leicht für die einflußreichen, herrschenden Kräfte zum Alibi werden, wenn sie versucht sein sollten, die beste der vorprogrammierten Welten zum Segen der Babys anzubieten. Das Wohl der Kinder hängt davon ab, daß die natürlichen Voraussetzungen erfüllt sind, die ihnen eine einwandfreie Pflege und Erziehung gewährleisten; ebenso muß die Möglichkeit bestehen, daß die Babys ihrerseits zur Bestätigung der ursprünglichen Phantasiegebilde und des narzißtischen Gefüges beitragen. Dieser zweifache Kreislauf erfordert selbstverständlich ein Leben unter annehmbaren Bedingungen in einer friedlichen Welt.

Zusammenstellung der Fallbeispiele [1]

Fall 1: Antoine ist ein Junge von 13 Jahren; im Laufe einer Familientherapie erklärt seine Mutter, daß sie ihn nicht gewollt habe und er schon während der Schwangerschaft »bösartig« gewesen sei. In ihrer weiteren Entwicklung wird ein Grund für ihren Männerhaß sichtbar: Sie ist homosexuell.

Fall 2: Constance ist ein sieben Monate altes Baby, das seinen Kopf gegen die Wand schlägt. Die Worte der Mutter, die in ihrem affektiven Gehalt feindselig sind, führen beim Kind zu einem paradoxen Verständnis.

Fall 3: G. hatte mit sieben Monaten schwere Einschlafstörungen. Seine Mutter rühmte ihre modernen Erziehungsmethoden: Abends praktizierte sie mit dem Kind »den unmittelbaren Hautkontakt«. Wenn sie es trug, ermöglichte sie ihm jedoch nicht, sie auch zu einer Mutter zu machen: Er konnte nicht sehen, wie sie ihn anschaute.

Fall 4: Ein drei Monate altes Baby schläft in den Armen seiner zärtlichen Mutter. Aber als sie sich vorstellt, wie er als Jugendlicher sein wird, drückt sie ihn fest an sich, so daß er sich verspannt. Daher leidet dieses Baby an Verstopfung, obwohl es gestillt wird.

Fall 5: Ein neun Monate altes Baby, das unter Einschlafstörungen leidet, schlägt seiner Mutter ins Gesicht, als sie ausspricht, daß sie sich mehr um ihr eigenes Wohlbefinden sorgt als um das ihres Kindes.

Fall 6: Dieses Baby, das auf dem Rücken getragen wird, wacht auf, als seine epileptische Mutter erwähnt, daß der Teufel in sie gefahren sei.

Fall 7: Olivia ist ein kleines Mädchen von drei Monaten, das von der Mutter recht ungeschickt gehalten wird. Es bringt die an der Beratung Beteiligten dazu, seinem Blick in die Ferne zu folgen.

---

[1] In allen Fällen ist die Anonymität dadurch gesichert, daß wir möglichst keine allzu genauen Angaben gemacht oder bestimmte Daten geändert haben.

Fall 8: Das Baby einer ledigen Frau kann diese zu seiner Mutter machen, obwohl sie das Kind nicht »hält«, sondern sich in ihren Handlungen nur daran orientiert, was andere von ihr als Mutter erwarten.

Fall 9: Manuela hat den gleichen Vornamen wie ihr Bruder (Manuel), der mit drei Monaten gestorben ist. Dieses kleine Mädchen ist ein »Antidepressivum« für seine Mutter.

Fall 10: Laëtitia ist die Tochter eines sozial benachteiligten Ehepaares, das durch sie eine Aufwertung erfährt. Sie bietet der Mutter Gelegenheit, ihre eigene Rolle gegenüber einem Vater, der seine mütterlichen Fähigkeiten unter Beweis stellen will, ein bißchen besser zur Geltung zu bringen. Mit Unterstützung der Fachkräfte hat Laëtitia ihre Eltern *befähigt*, sie bei sich zu behalten.

Fall 11: Der kleine Olivier erhebt die Faust »gegen seinen Vater«: Er versteht die Bedeutung, die seine Mutter dieser Gebärde verleihen will, so als wolle er mit ihren Erwartungen entsprechen. Hier taucht die Frage auf, ob der Haß, den seine Mutter gegenüber ihrem Freund, ihrem Vater und ganz allgemein gegenüber den Männern hegt und den sie auch auf das Kind überträgt, nicht Störungen bei ihm hervorrufen könnte.

Fall 12: Ein kleiner Junge leidet unter Einschlafstörungen. Er kann wieder zur Ruhe finden, indem er die Kontinuität seines Selbst durch ein Versteckspiel erfährt und in einer Übertragungssituation mit seiner Mutter die Herstellung einer Urszene erlebt.

Fall 13: Eine Mutter setzt ihre zwanghaften Impulse ein, um ihre kleine Tochter von deren Vater fernzuhalten.

Fall 14: Ein Kind aus einer algerischen Familie muß den starren Blick seiner Mutter ertragen, wenn es in ihrer Phantasie zum Sohn ihres Ehemannes wird, der seinerseits von ihrem Vater verachtet wird. Beim Vater bildet sich dadurch eine mütterliche Haltung heraus, aber gegenüber seinem Schwiegervater wird er »nicht größer«.

Fall 15: Ein kleines Mädchen namens Émilie wird von seinen ersten Saugversuchen an beobachtet; die Mutter hatte bemerkt, wie überaus ungeschickt sie dabei vorgeht. Der Vater hat eine übermäßige Angst davor, daß das Baby stirbt; es ekelt ihn an und ruft seine homosexuellen Bestrebungen wach. Von dem kleinen Jungen, der geboren werden soll, verspricht er sich seine Heilung.

Fall 16: Eine Mutter, die drei Kinder hat, verachtet die Männer. Sie überträgt die Mutter- und auch die Vaterfunktion ihrem ältesten Sohn.

Fall 17: Die Mutter dieses Babys ist in Gedanken bei ihrem ältesten Sohn, der im Gefängnis sitzt. Der Vater war im Algerienkrieg ein Harki, und ist daher sozial abgesunken; er versucht vergeblich, seine Frau an mütterlichem Verhalten zu übertreffen. Lebhafte Liebkosungen wirken sich positiv aus!

Fall 18: Das Baby hat eine ledige Mutter. Es erinnert sie an den Tod ihrer Großmutter. Sie kann über ihr Kind sprechen, während es in ihren Armen liegt; im Rahmen dieser Interaktion kann sie auch behandelt werden.

Verlagsgemeinschaft Ernst Klett Verlag –
J. G. Cotta'sche Buchhandlung
Die Originalausgabe erschien unter dem Titel
»Le nourrisson, la mère et le psychanalyste«
im Verlag Editions du Centurion, Paris 1983
© Editions du Centurion, 1983
© für die deutsche Ausgabe
Ernst Klett Verlag für Wissen und Bildung GmbH
Stuttgart 1990
Fotomechanische Wiedergabe
nur mit Genehmigung des Verlags
Printed in Germany
Umschlag: Klett-Cotta-Design
Im Filmsatz gesetzt aus der Century
von Hans Janß, Pfungstadt
Auf säurefreiem und holzfreiem Werkdruckpapier
im Offset gedruckt und gebunden
von Hieronymus Mühlberger GmbH, Gersthofen.

CIP-Titelaufnahme der Deutschen Bibliothek

Lebovici, Serge:
Der Säugling, die Mutter und der Psychoanalytiker:
d. frühen Formen d. Kommunikation / Serge Lebovici.
Aus d. Franz. übers. von Dietmar Friehold. –
Stuttgart : Klett-Cotta, 1990
(Konzepte der Humanwissenschaften)
Einheitssacht.: Le nourrisson, la mère et le psychanalyste <dt.>
ISBN 3-608-95372-8

Konzepte der
Humanwissenschaften

Die 100 Bücher für die
Sozial- und Erziehungsberufe

Standardwerke der Psychologie

Albert Bandura
Sozial-kognitive Lerntheorie

D. E. Berlyne
Konflikt, Erregung, Neugier
Zur Psychologie der kognitiven
Motivation.

Urie Bronfenbrenner
Ökologische Sozialisationsforschung

George A. Miller, Eugene
Galanter, Karl H. Pribram
Strategien des Handelns
Pläne und Strukturen des Verhaltens.

Ulric Neisser
Kognitive Psychologie

Kurt Pawlik (Hrsg.)
Diagnose der Diagnostik
Beiträge zur Diskussion der
psychologischen Diagnostik in der
Verhaltensmodifikation.

Jean Piaget
**Biologische Anpassung und
Psychologie der Intelligenz**

Walter J. Schraml
**Einführung in die moderne
Entwicklungspsychologie**
Für Pädagogen und Sozialpädagogen.

Entwicklungspsychologie/ Kinderanalyse/ Kinder- und Jugendlichen- psychotherapie

Helen I. Bachmann
Malen als Lebensspur
Die Entwicklung kreativer
bildlicher Darstellung.

Bruno Bettelheim
Liebe allein genügt nicht

Bruno Bettelheim
So können sie nicht leben

Peter Blos
Adoleszenz
Eine psychoanalytische Interpretation.

John Bowlby
Das Glück und die Trauer
Herstellung und Lösung affektiver
Bindungen.

Madeleine Davis, David Wallbridge
**Eine Einführung in das Werk von
D.W. Winnicott**

Françoise Dolto
Praxis der Kinderanalyse

Mia Kellmer Pringle
Was Kinder brauchen

Evelyne Kestemberg, u. a.
Schauplatz Familie
Psychoanalytiker beobachten frühe
Mutter-Kind-Beziehungen im Alltag.

Rosine und Robert Lefort
Die Geburt des Anderen
Bericht einer Kinderanalyse aus
der Lacan-Schule.

Ashley Montagu
Körperkontakt
Die Bedeutung der Haut für die
Entwicklung des Menschen.

Violet Oaklander
**Gestalttherapie mit Kindern und
Jugendlichen**

René A. Spitz
Vom Dialog
Studien über den Ursprung der
menschlichen Kommunikation.

D.W. Winnicott
Piggle
Eine Kinderanalyse.

D.W. Winnicott
Vom Spiel zur Kreativität

D.W. Winnicott
Aggression
Versagen der Umwelt und antisoziale Tendenz.

Elizabeth R. Zetzel
Die Fähigkeit zu emotionalem Wachstum

Michel Zlotowicz
Warum haben Kinder Angst?

Psychoanalyse

Michael Balint, Enid Balint
Psychotherapeutische Techniken in der Medizin

Gertrude und Rubin Blanck
Angewandte Ich-Psychologie

Gertrude und Rubin Blanck
Ich-Psychologie II

Rubin und Gertrude Blanck
Ehe und seelische Entwicklung

Luc Ciompi
Affektlogik
Über die Struktur der Psyche und ihre Entwicklung. Ein Beitrag zur Schizophrenieforschung.

Peter Fürstenau
Zur Theorie psychoanalytischer Praxis

Heinz Hartmann
Psychoanalyse und moralische Werte

James Masterson
Psychotherapie bei Borderline-Patienten

Michael Lukas Moeller
Anders helfen
Selbsthilfegruppen und Fachleute arbeiten zusammen.

Wolf-Detlef Rost
Psychoanalyse des Alkoholismus
Theorie, Diagnostik, Behandlung.

Joseph Sandler, Christopher Dare, Alex Holder
Die Grundbegriffe der psychoanalytischen Therapie

Elaine V. Siegel
Tanztherapie
Ein psychoanalytisches Konzept.

Paul L. Wachtel
Psychoanalyse und Verhaltenstherapie
Ein Plädoyer für ihre Integration.

D.W. Winnicott
Bruchstück einer Psychoanalyse

Neue Therapien/ Humanistische Psychologie/ Transpersonale Psychologie

Anthony Barton
Freud, Jung, Rogers. Drei Systeme der Psychotherapie

Ruth C. Cohn
Von der Psychoanalyse zur themenzentrierten Interaktion
Von der Behandlung einzelner zu einer Pädagogik für alle.

Rudolf Dreikurs
Grundbegriffe der Individualpsychologie

Gerald Epstein
Wachtraumtherapie

Meine Stimme begleitet Sie überallhin
Ein Lehrseminar mit Milton H. Erickson, hrsg. von Jeffrey K. Zeig.

Mary McClure Goulding und Robert L. Goulding
Neuentscheidung
Ein Modell der Psychotherapie.

John Grinder, Richard Bandler
Therapie in Trance
Hypnose: Kommunikation mit dem Unbewußten. Neurolinguistische Programme.

Stanislav Grof
Topographie des Unbewußten
LSD im Dienst der tiefenpsychologischen Forschung.

Stanislav Grof, Joan Halifax
Die Begegnung mit dem Tod

Stanislav Grof
LSD-Psychotherapie

Diana Sullivan Everstine,
Louis Everstine
Krisentherapie

Hildegard Katschnig/
Esther Wanschura
Familientherapie in den Ferien

Frederick S. Perls
Gestalt-Therapie in Aktion

Frederick S. Perls
**Das Ich, der Hunger und die
Aggression**
Die Anfänge der Gestalt-Therapie.

Frederick S. Perls,
Ralph F. Hefferline, Paul Goodman
**Gestalt-Therapie. Lebensfreude
und Persönlichkeitsentfaltung**

Frederick S. Perls,
Ralph F. Hefferline, Paul Goodman
**Gestalt-Therapie. Wiederbelebung
des Selbst**

Diane und Albert Pesso
Dramaturgie des Unbewußten
Eine Einführung in die psycho-
motorische Therapie.

Mary Priestley
Analytische Musiktherapie
Vorlesungen am Gemeinschafts-
krankenhaus Herdecke.

Carl R. Rogers
Entwicklung der Persönlichkeit
Psychotherapie aus der Sicht eines
Therapeuten.

Carl R. Rogers, Rachel L. Rosenberg
**Die Person als Mittelpunkt der
Wirklichkeit**

Carl R. Rogers
Der neue Mensch

Ruth Ronall, Bud Feder
Gestaltgruppen

Anne Schützenberger
Einführung in das Rollenspiel
Anwendungen in Sozialarbeit,
Wirtschaft, Erziehung und Psycho-
therapie.

Charles T. Tart
Das Übersinnliche
Forschungen über einen Grenz-
bereich psychischen Erlebens.

Lewis Yablonsky
Psychodrama

Lewis Yablonsky
Synanon
Selbsthilfe der Süchtigen und
Kriminellen.

Texte zur Familien-dynamik

Maurizio Andolfi, u. a.
Das Spiel in der Maske
Therapeutischer Wandel in rigiden
Familiensystemen.

Ivan Boszormenyi-Nagy,
Geraldine M. Spark
Unsichtbare Bindungen

Josef Duss-von Werdt,
Rosemarie Welter-Enderlin (Hrsg.)
Der Familienmensch
Systemisches Denken und Handeln.

Theodore Lidz, Stephen Fleck
**Die Familienumwelt der
Schizophrenen**

Salvador Minuchin, u. a.
**Psychosomatische Krankheiten in
der Familie**

M. Selvini Palazzoli, u. a.
Paradoxon und Gegenparadoxon
Ein neues Therapiemodell für die
Familie mit schizophrener Störung.

Mara Selvini Palazzoli
Magersucht

Helm Stierlin
**Von der Psychoanalyse zur
Familientherapie**

Helm Stierlin, u. a.
Das erste Familiengespräch

Michael Wirsching, Helm Stierlin
Krankheit und Familie

Sozialarbeit

Martin Bonhoeffer,
Peter Widemann (Hrsg.)
Kinder in Ersatzfamilien

Arthur W. Combs, u. a.
Die helfenden Berufe

Helga Kaminski, Walter Kast,
Anne Dore Spellenberg
Das Leben Geistigbehinderter im Heim

Helmut Ortner, Reinhard Wetter
Sozialarbeit ohne Mauern
Anstöße zu einer „befreienden"
Gefangenenarbeit.

Isca Salzberger-Wittenberg
Die Psychoanalyse in der Sozialarbeit

Harald Hottelet, u. a.
Offensive Jugendhilfe

Angewandte Sozialwissenschaften

Mihaly Csikszentmihalyi
Das flow-Erlebnis
Jenseits von Angst und
Langeweile: im Tun aufgehen.

Adolf M. Däumling, u. a.
Angewandte Gruppendynamik

Gerhard Kaminski (Hrsg.)
Umweltpsychologie

Lisl Klein
Sozialwissenschaftliche Beratung in der Wirtschaft
Eine Einzelfallstudie.

Lothar Krappmann
Soziologische Dimensionen der Identität

Joseph Luft
Einführung in die Gruppendynamik

Max Pagès
Das affektive Leben der Gruppen
Eine Theorie der menschlichen
Beziehungen.

Albert E. Scheflen
Körpersprache und soziale Ordnung

Hugo Schmale
Psychologie der Arbeit

Mara Selvini Palazzoli u. a.
Hinter den Kulissen der Organisation

Mara Selvini Palazzoli u. a.
Der entzauberte Magier
Zur paradoxen Situation des
Schulpsychologen.

Burkhard Sievers (Hrsg.)
Organisationsentwicklung als Problem

Manès Sperber
Individuum und Gemeinschaft
Versuch einer sozialen
Charakterologie.

Rolf Verres, Ingrid Sobez
Ärger, Aggression und soziale Kompetenz
Zur konstruktiven Veränderung
destruktiven Verhaltens.

Gunnar Westerlund,
Sven-Erik Sjöstrand
Organisationsmythen

Pädagogik/Sonderpädagogik/Pädagogische Modelle

Christoph Ertle,
Andreas Möckel (Hrsg.)
Fälle und Unfälle der Erziehung

Kurt Guss
Psychologie als Erziehungswissenschaft
Eine theorienkritische
Untersuchung des Themas Lohn
und Strafe.

Gerhild Heuer
Selbstmord bei Kindern und Jugendlichen

Erhard Meueler
Erwachsene lernen

Reinhilt Plinke,
Inga und Herbert Sell
Erziehung in der Pflegefamilie

Paul Scheid,
Herbert Weidlich (Hrsg.)
Beiträge zur Montessori-Pädagogik 1977

Peter Schneider
Einführung in die Waldorfpädagogik

Myrna B. Shure, George Spivack
Probleme lösen im Gespräch
Erziehung als Hilfe zur Selbsthilfe.

Willem ter Horst
Einführung in die Orthopädagogik

Reinhard Voß
Anpassung auf Rezept
Die fortschreitende Medizinisierung
auffälligen Verhaltens von Kindern und
Jugendlichen.